Benedikt Weyerer

MÜNCHEN

1950 – 1975

Stadtrundgänge
zur politischen
Geschichte

Verlag
Geschichtswerkstatt
Neuhausen

Legende zur Umschlagseite vorne:
„Marienplatz, Anfang der 60er Jahre (StAM)"

Legende zur Umschlagseite hinten:
„Amtsübergabe Hans-Jochen Vogel an Georg Kronawitter, 5. Juli 1972 (StAM)"

Weyerer, Benedikt:
München, 1950–1975. Stadtrundgänge zur politischen Geschichte

Illustrationen (falls nicht anders bezeichnet):
BW: Archiv Benedikt Weyerer
StAM: Stadtarchiv München
Stadtpläne mit Genehmigung des Vermessungamtes
der Landeshauptstadt München vom 7. Juli 2003

Kontaktadresse: Benedikt Weyerer
Safferlingstraße 5
80634 München
Tel./Fax: 089 / 15 97 00 09

Verlagsadresse: Geschichtswerkstatt Neuhausen
Nymphenburger Straße 171
80634 München
Tel.: 089 / 13 99 96 89
Fax: 089 / 13 99 96 95
www.geschichtswerkstatt-neuhausen.de

Produktion: Benedikt Weyerer
Satz/Layout: Maximilian Strnad
Druck: Druckerei Gebr. Bremberger & Co. KG, München

ISBN: 3-931231-13-5

Inhaltsangabe

Einleitung 4

Bahnhofsviertel 6

Bogenhausen 38

Freimann / Milbertshofen 57

Haidhausen / Ramersdorf 78

Harlaching 90

Innenstadt 102

Isarvorstadt 128

Lehel 146

Marsfeld / Neuhausen 170

Maxvorstadt 183

Oberwiesenfeld 216

Pasing / Allach 230

Schwabing 244

Sendling 270

Anhang 279

Personenregister 280

Register der Platz- und Straßennamen 297

Themenregister 302

Literaturverzeichnis 305

Einleitung

Mit diesem dritten Stadtführer werden die politischen Entwicklungen Münchens während der Jahre 1950 bis 1975 beschrieben. Der erste Band umfasst die Jahre 1919 bis 1933, der zweite dann die Zeit von 1933 bis 1949. Dieser Zeitraum bedeutet – zusammen mit dem Ersten Weltkrieg 1914–1918 – einen grundlegenden Einschnitt in die deutsche wie auch in die europäische und weltweite Geschichte. Er wird ähnlich dem Dreißigjährigen Krieg des 17. Jahrhunderts noch sehr lange als negative Epoche im kollektiven Gedächtnis weiterleben.

In Westdeutschland begann nach dem Bankrott des „Dritten Reiches" und mit der Gründung der Bundesrepublik Deutschland im Jahr 1949 eine Zeit des wirtschaftlichen Aufschwungs, der politischen Konsolidierung und der geistigen Gesundung. Es darf dabei aber nicht vergessen werden, dass dies anfangs durch die bewaffnete Präsenz der westlichen Alliierten erzwungen wurde. Wenn die Kriegssieger nicht die politische Richtung gewiesen hätten, wäre nach einer durch die militärische Niederlage bedingten Atempause wahrscheinlich das „Dritte Reich" fortgesetzt worden – ähnlich der imperialistischen deutschen Politik nach 1918. Tatsächlich muss die Bundesrepublik in vielen Bereichen als personelle Fortsetzung des Nationalsozialismus gesehen werden. Das Führungspersonal jener dunklen Zeit blieb mit wenigen Ausnahmen an den Schalthebeln der Macht, die Mehrheit der Bevölkerung ordnete sich nur widerwillig den Kriegssiegern unter. Diese Unterordnung wurde erleichtert, weil die Westmächte schon kurz nach Kriegsende denselben Staat als Hauptfeind sahen wie ehedem das „Dritte Reich", nämlich die Sowjetunion. Politische Überzeugungsarbeit leistete auch der einsetzende materielle Wohlstand. Gleichzeitig konnten unter dem Schutz der Westmächte die demokratischen Kräfte, die zwischen 1933 und 1945 unterdrückt worden waren, wieder prägend in die politische Entwicklung eingreifen.

Der Blick zurück auf die geistig-moralische Katastrophe des Nationalsozialismus und damit auch die persönliche Vergangenheit war geprägt von Schweigen, Tabuisierung, Verdrehung und Lügen. Der verkrampfte Blick nach vorn ging häufig einher mit der Behauptung, ein unverschuldetes Opfer der Zeitläufte geworden zu sein. Aber die langen Schatten der jüngsten Vergangenheit blieben über Deutschland liegen und wurden erst langsam zerrissen von der Jugendrevolte, die Anfang der sechziger Jahre mit der musikalischen Auflehnung begann und dann in die politischen Unruhen der so genannten Achtundsechziger-Jahre über-

ging. Rückblickend muss diese Umbruchzeit als Stabilisierungsphase der westdeutschen Demokratie anerkannt werden.
Die politische Geschichte Münchens verlief im Rahmen dieser Entwicklungen. Die vergleichsweise begrenzten Kriegszerstörungen konnten seit 1950 in einem vorher kaum für möglich gehaltenen Tempo beseitigt werden. Das Wirtschaftswunder führte zu einem ökonomischen Höhenflug und zu einem starken Wachsen der Stadt. Speziell für München bedeutete die Vergabe der Olympischen Sommerspiele 1972 einen enormen städtebaulichen Impuls.
Die Bevölkerung Münchens – wie auch ganz Westdeutschlands – wuchs nicht nur stark an, sondern wurde immer facettenreicher und internationaler: Nach dem Krieg strömten deutsche und nichtdeutsche Flüchtlinge aus Ost- und Südosteuropa hierher; bald darauf begann die massenhafte Zuwanderung von DDR-Flüchtlingen. Die Weg nach Westdeutschland lohnte, weil hier Arbeitskräfte gebraucht wurden – so viele, dass seit den fünfziger Jahren auch Ausländer gezielt angeworben wurden. Mit dem Bau der Berliner Mauer im Jahr 1961 versiegte der Zuzug aus der DDR. Nun setzte die massive, von der Bundesregierung forcierte Zuwanderung der so genannten Gastarbeiter ein, die sich zunächst allein, später mit ihren Familien hier niederließen.
Der Zeitraum von 1950 bis 1975 war die Erholungsphase nach dem Sturz ins Dunkel während der ersten Hälfte des zwanzigsten Jahrhunderts. Nun konnte Westdeutschland in die zivilisierte Welt zurückkehren und sich innerlich wie äußerlich stabilisieren. Der schwierige Weg dieser Entwicklung zeigte sich natürlich auch in München. Der vorliegende Stadtführer nennt die Örtlichkeiten, an denen sich lokal wie auch überlokal wichtige Ereignisse abspielten, und beschreibt diese Ereignisse in ihrem historischen Zusammenhang. Dabei wird das gesamte Stadtgebiet einbezogen, auch wenn sich die Adressen nicht überall gleich verteilen.
An dieser Stelle soll der ganz besondere Dank der Monacensia-Sammlung der Stadtbibliothek München gelten, wo der Stadtführer hauptsächlich entstand. Insbesondere dankt der Autor dabei Herrn Radu Barbulescu, Frau Christine Hannig, Frau Irmtraud Stockinger und Frau Barbara Weimann. Das Kulturreferat der Landeshauptstadt München, vertreten durch Frau Dr. Angelika Baumann, unterstützte die Arbeit finanziell; auch dafür herzlichen Dank.

Benedikt Weyerer
August 2003

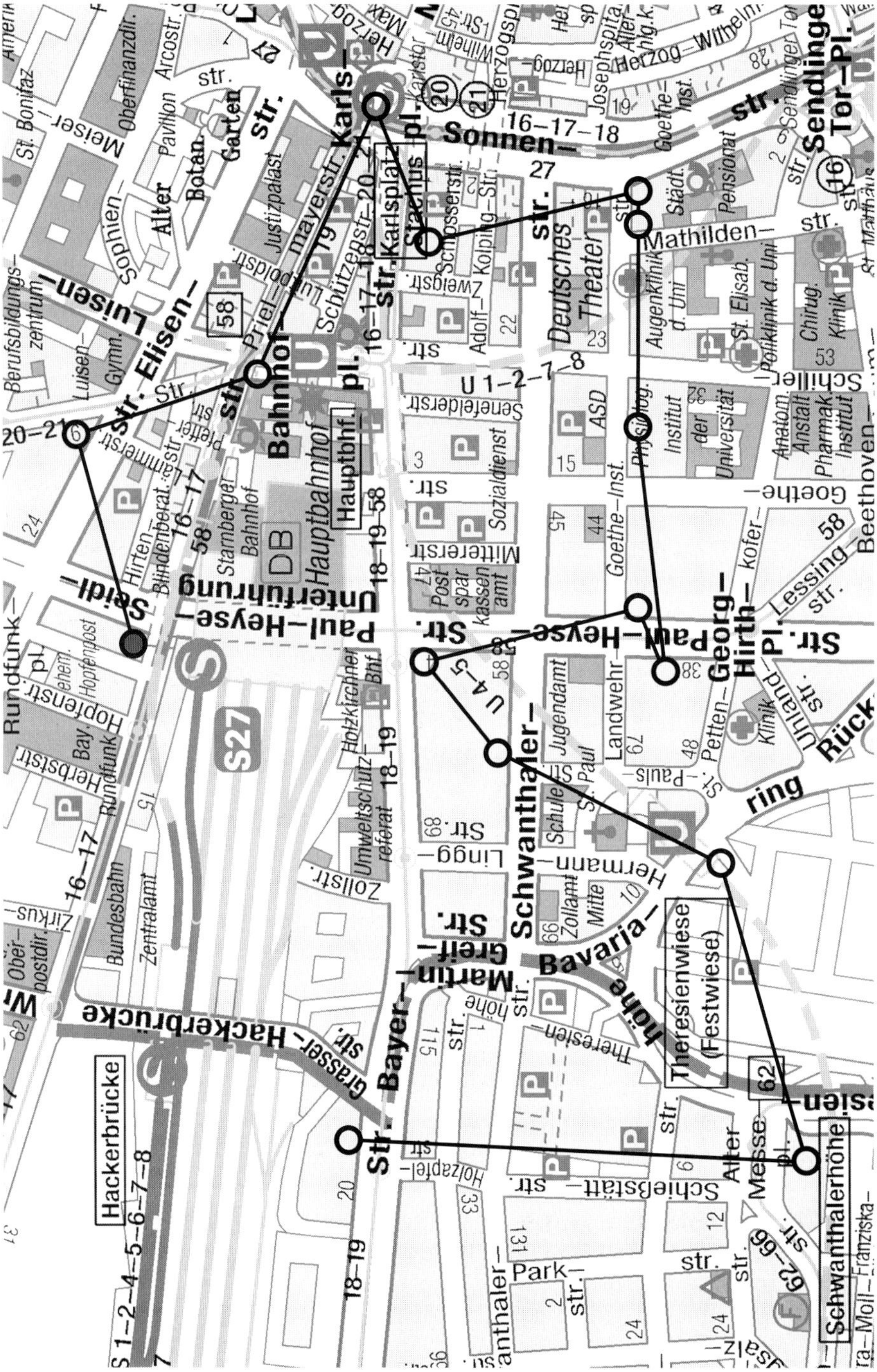
Hackerbrücke
Hauptbahnhof
Hauptbhf.
Starnberger Bahnhof
Bahnhof pl.
Karlsplatz
Stachus
Karls-
Sonnen–str.
Sendlinger Tor-Pl.
Mathilden–str.
Deutsches Theater
Paul–Heyse–Unterführung
Paul–Heyse–Str.
Schwanthaler–str.
Bayer–str.
Martin-Greif-Str.
Lingg-Str.
Hermann-Lingg-Str.
Bavariaring
Theresienwiese (Festwiese)
Schwanthalerhöhe
Alter Messe-pl.
Georg–Hirth–Pl.
Goethe–str.
Lessing-str.
Luisen–str.
Elisen–str.
Sophien–str.
Alter Botan. Garten
Justizpalast
Seidl-
Hirten-str.
Bayer. Rundfunk
Bundesbahn Zentralamt
Grasser-Hackerbrücke
Landwehr-str.
Schillerstr.
Augenklinik d. Uni
Anatom. Anstalt
Umweltschutz-referat
Zollamt Mitte
Jugendamt
Sozialdienst
Postsparkassenamt
S27
DB

Bahnhofsviertel

Das heute recht unattraktive Bahnhofsviertel spielte in der Geschichte Münchens nicht nur als Verkehrsknotenpunkt eine wichtige Rolle. Hier eskalierten wiederholt außerdeutsche Probleme, von denen die BRD berührt wurde. Aber auch Parteien und Gewerkschaften fanden hier ihren Sitz.

Arnulf-/Seidlstraße

Schon seit 1911 existierten Überlegungen, den Haupt- und den Ostbahnhof als Drehscheiben des Nah- und Fernverkehrs mittels einer Untergrundbahn miteinander zu verbinden. Im Jahr 1959 konnten erste Schritte unternommen werden. Der Stadtrat befasste sich am 13. Juli 1959 mit der Planung eines unterirdischen Massenverkehrsmittels. Man hatte dazu den international bekannten Stadtplaner Kurt Leibbrandt (1914-1985) verpflichtet. Er zeigte sich darüber besorgt, dass die Stadtverwaltung zuviel Geld in den Ausbau des Mittleren Ringes stecke und dabei die Innenstadt vernachlässige. Ansonsten vertrat er die Meinung, dass nur ein verknüpftes U- und S-Bahnnetz die Verkehrsprobleme Münchens lösen könne. Die S-Bahn müsse den Vorortverkehr in die Stadt hineinbringen, wo er von der U-Bahn verteilt werde. Diese Gedanken wurden im Stadtentwicklungsplan 1963 zur planerischen Vorgabe.
Während der Planungsarbeiten erlitten diese allerdings eine unerwartete Verzögerung aus der Vergangenheit. Am 23. Juli 1961 nahm die Polizei Leibbrandt fest, weil die Staatsanwaltschaft Frankfurt wegen Kriegsverbrechen gegen ihn ermittelte. In seinem Auftrag waren 1944 in Frankreich 22 Italiener ermordet worden, was er nicht bestritt. Die Stadt trennte sich daraufhin am 1. September 1961 von ihrem Verkehrsplaner.
Vor Gericht erachtete Leibbrandt seine Tat immer noch für rechtmäßig, da die Opfer Meuterer und Deserteure gewesen seien und in jeder Armee auf dieser Welt erschossen worden wären. Allerdings habe er trotzdem menschliches Bedauern verspürt, sei aber selbst nur Befehlsempfänger gewesen. Sein nun als Zeuge aussagender ehemaliger Vorgesetzter behauptete unter Eid, niemals diesen Befehl an Leibbrandt weitergegeben zu haben. Er hatte es inzwischen zum Oberst des österreichischen Bundesheeres und Stadtkommandanten von Wien gebracht. Leibbrandt wurde zwar aus Beweisnot freigesprochen, war aber beruflich ruiniert.
Am 15. Juni 1966 begannen die Bauarbeiten für die noch als Verbindungsbahn (V-Bahn) bezeichnete S-Bahn. Sechzehn Monate nach dem Baubeginn der U-

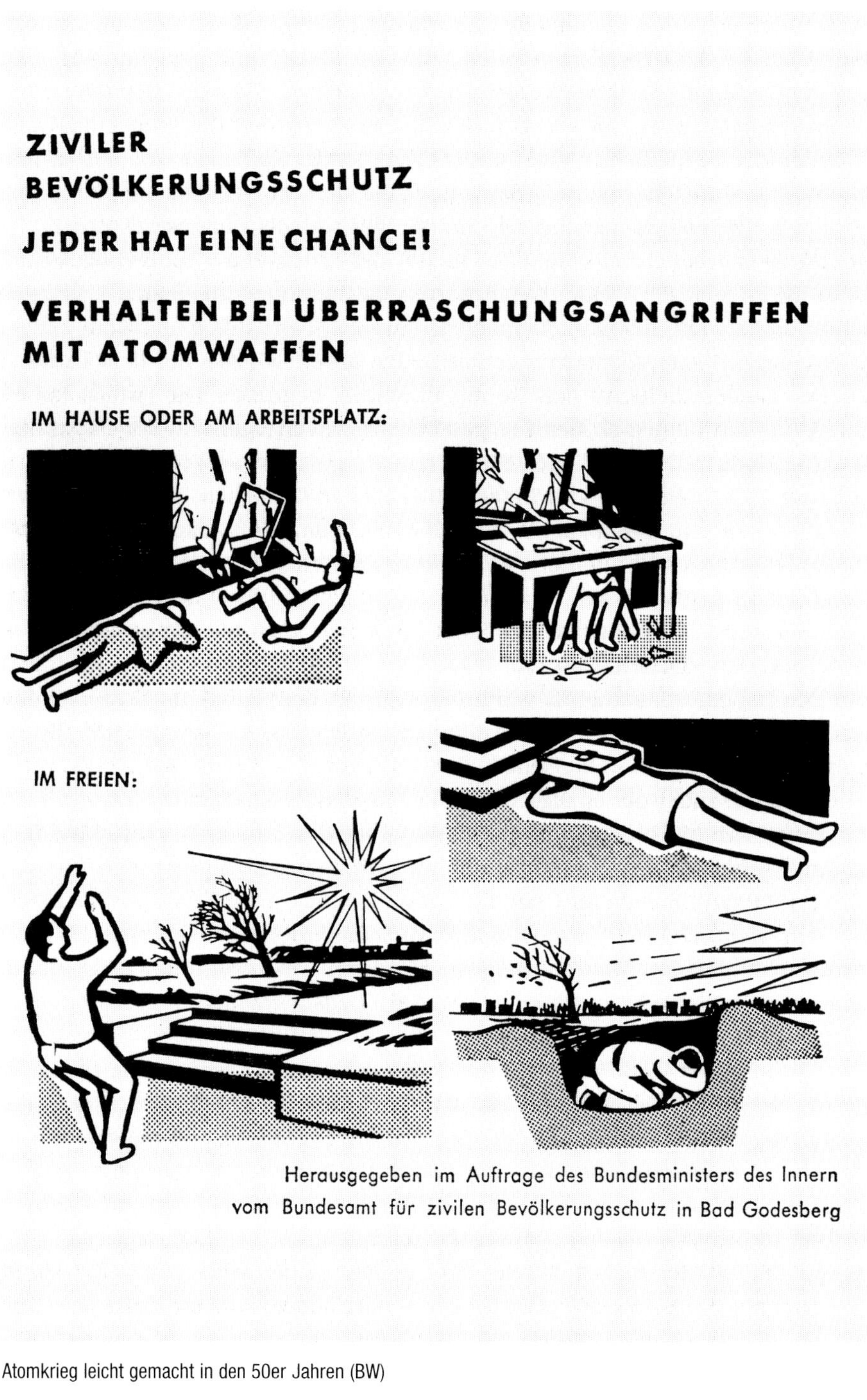

Atomkrieg leicht gemacht in den 50er Jahren (BW)

Wer im Fall des Falles draußen bleiben musste, hätte sich beim Roten Kreuz vorher Rat holen können. Hier verteilte man eine aus dem Amerikanischen übersetzte Broschüre, die unter anderem *„Geheimnisse, um Atomangriffe zu überleben"* preisgab. Einige dieser Geheimnisse seien hier verraten: Wenn der Atomblitz aufleuchtet, schnell den nächsten Keller aufsuchen. Ansonsten zu Boden werfen und das Gesicht und die Augen mit Aktentasche, Arm oder sonstigen Gegenständen vor Verbrennungen schützen. Nach der nuklearen Explosion einige Minuten verharren und anschließend bei der Brandbekämpfung mithelfen. Nahrung und Getränke sollten mit Vorsicht ausgewählt werden, um eine radioaktive Vergiftung auszuschließen. Dosen und Flaschen bieten sicheren Schutz vor Verseuchung...

Um das Überleben weiter Bevölkerungskreise bei einem Atomangriff noch besser sichern zu können, fand seit 1964 alljährlich ein allgemeiner Luftschutzalarm statt. In München heulten am 10. März 1964 die bis dahin installierten 183 Sirenen. Um 11.40 Uhr legte sich der Atomalarm über die Stadt: ein zweifach unterbrochener Heulton. Zwar übertönte der Verkehrslärm oft das Heulen, aber bei vielen Menschen riefen diese Übungen unangenehme Erinnerungen wach.

Der zuständige Beamte im Kreisverwaltungsreferat musste die Sinnlosigkeit des Alarms selbst zugeben: Im Ernstfall sei er höchstens das Zeichen, mit dem letzten Gebet zu beginnen. Denn man war sich über die Auswirkungen einer über München gezündeten schweren Atombombe völlig im Klaren: In München und bis Augsburg, Garmisch, Ulm und Regensburg würden sämtliche Gebäude zerstört und alle Menschen getötet werden. Bis nach Nürnberg, Lindau und Passau würden die Menschen schwerste Verbrennungen davontragen.

Diesen Folgen hoffte man durch den Bau von Atombunkern gewisse Grenzen setzen zu können. Bis 1984 entstanden in München vier solcher Anlagen; eine von ihnen war und ist die Tiefgarage des Hauptbahnhofes, die im Zusammenhang mit dem Bau der S-Bahn entstand. Das offiziöse Buch „München und seine Bauten" erklärt den erhofften Zweck des teuren Bunkerbaus: *„Die neueren Schutzbauten, die alle notwendigen versorgungstechnischen und sanitären Einrichtungen besitzen, bestehen überwiegend aus im Stadtgebiet verteilten Großschutzanlagen in Tiefgaragen öffentlich zugänglicher Einrichtungen. Sie sollen der in der Stadt außerhalb ihres Wohnbereiches weilenden Bevölkerung im Verteidigungsfall Zuflucht bieten."* (> Kölner Platz 1).

Karlsplatz

Der Trend zur zunehmenden Motorisierung seit den zwanziger Jahren setzte nach der kriegsbedingten Unterbrechung bald wieder ein. Im Jahr 1948 waren in München 19.800 Kraftfahrzeuge, davon 24 Prozent Personenwagen, zugelas-

sen, was 1 Fahrzeug auf 40 Bewohner entspricht. 1950 lauteten die Zahlen 53.200/38 Prozent/15,5, im Jahr 1955 dann 119.200/47 Prozent/7,8. Die Arbeitsgemeinschaft Deutsche Autobahnen wagte 1955 folgende Prognose: *„Nach vorsichtigen Schätzungen wird erst bei 5 Einwohnern/Kfz die Sättigungsgrenze erreicht sein. Das würde bedeuten, dass bei 1 Million Einwohnern 200.000 Kfz in München zugelassen sind."* Über die Verkehrssituation in der Stadt hieß es: *„Zudem bringt der starke Fremdenverkehr eine große Zahl von Gastfahrzeugen in die Stadt. Das umgebende Landgebiet, dessen Wirtschaftszentrum München ist, gehört zu den stärkst motorisierten Landschaften im Bundesgebiet. Die schwierigen Verkehrsverhältnisse sind außerdem darauf zurückzuführen, dass sich der Fernverkehr durch die Münchner Lücke im bayerischen Autobahnnetz ungeregelt in die ohnehin verstopfte Innenstadt ergießt."*
Zentrum des Verkehrsgeschehens in München war der Karlsplatz, angeblich der verkehrsreichste Platz Europas. Der Straßenverkehr jener Zeit glich einem Bürgerkrieg, zu dessen Entschärfung ab dem 23. Januar 1953 das Gesetz zur Sicherung des Straßenverkehrs in Kraft trat. Seine Bestimmungen erscheinen heute absurd: Es hob alle Geschwindigkeitsbeschränkungen für Personenkraftwagen und Motorräder innerhalb und außerhalb geschlossener Ortschaften auf. Das Polizeipräsidium ließ dazu verlauten: *„Aber auch die Rücksichtnahme gegenüber den übrigen Verkehrsteilnehmern sollte gerade wegen der eingeräumten Erleichterungen zur besonderen Vorsicht mahnen. Für Fußgänger und Rad-*

Umbau des Karlsplatzes, um 1967 (StAM)

fahrer hängt die Sicherheit auf der Straße jetzt mehr denn je von ihrer äußersten Aufmerksamkeit und Verkehrsdisziplin ab. Alle Verkehrsteilnehmer aber werden aufgerufen, gegenseitig Rücksicht zu üben und auf diese Weise mitzuhelfen, die Zahl der Opfer des Verkehrs zu vermindern."

Das infolge dieser Liberalisierung dramatisch steigende Blutvergießen auf den Straßen veranlasste die westdeutschen Kommunen, wieder Geschwindigkeitsbeschränkungen einzuführen. Die ersten 50-Kilometer-Schilder in München wurden bereits am 21. April 1954 an besonders unfallträchtigen Straßen aufgestellt. Ab dem 1. September 1957 galt diese Grenze für das gesamte Stadtgebiet. Das Polizeipräsidium meldete nun einen außerordentlichen Anfangserfolg, was die Zahl der Unfälle anlangte.

Die Verkehrsdichte stieg weiterhin und überschritt jeden für möglich gehaltenen Sättigungsgrad bei weitem. 1960 fuhren 182.000 Kraftfahrzeuge in München, davon 76 Prozent Personenkraftwagen, 1970 hatten die Werte 377.000 / 90 Prozent erreicht, 1980 schließlich 520.000 / 90 Prozent. Letztere Zahl entsprach 1 Kraftfahrzeug auf 2,75 Einwohner.

Um dieser Verkehrsflut Herr zu werden, wurde nun der Ausbau des öffentlichen Nahverkehrs gefördert. Im Rahmen des S-Bahn-Baus entstand der Bahnhof Karlsplatz/Stachus, der 25 Meter tief in die Erde ragt und insgesamt fünf Untergeschosse umfasst. Hier wurde das Konzept verwirklicht, Autos und Fußgänger räumlich zu trennen. Das am 26. November 1970 eröffnete Stachus-Untergeschoss verband die später fertig gestellten Fußgängerzonen zwischen Hauptbahnhof und Marienplatz.

Oberbürgermeister Hans-Jochen Vogel übergab das damals umfangreichste unterirdische Bauwerk Europas seiner Bestimmung. Die Weltstadt mit Herz war stolz darauf, dass sich ein vergleichbares Bauwerk nur noch in Tokio finden ließ. In den ganzen 812 Jahren der Münchner Geschichte war kein größeres Gebäude errichtet worden. Vogel musste in seiner von Superlativen durchsetzten Rede lange suchen, bis er ein seiner Meinung nach vergleichbares Menschenwerk finden konnte: die Cheops-Pyramide in Ägypten.

Bayerstraße 5

Es traf die Westmächte empfindlich, als die Welt am 5. Oktober 1957 erfuhr, dass die Sowjetunion am Tag zuvor zum ersten Mal einen künstlichen Erdsatelliten – Sputnik I – in den Weltraum geschickt hatte. Sputnik II folgte am 3. November 1957, Sputnik III am 15. Mai 1958.

Die US-Raumfahrt wurde maßgeblich von einem Mann geleitet, der seine fachliche Qualifikation bereits im „Dritten Reich" unter Beweis gestellt hatte. Wernher von Braun (1912–1977) hatte damals in Peenemünde die Raketenwaffe V2 entwickelt, von denen bis zur Eroberung der Abschussrampen durch die Rote Armee im März 1945 rund 2.500 Stück auf britische Städte abgefeuert wurden. Bei Erprobung und Bau der Raketen wurden Tausende von Zwangsarbeitern durch Arbeit ermordet. Braun und mehr als 100 seiner Spezialisten ergaben sich rechtzeitig den Amerikanern. In den USA trugen sie führend zur Verwirklichung des dortigen Weltraumprogramms bei.

Am 19. August 1960 nun fand im Kino Mathäser-Palast an der Bayerstraße 5 die Welturaufführung des Filmes „Ich greife nach den Sternen" statt. Er stellte in idealisierter Form und entsprechend gefiltert die Karriere Wernher von Brauns dar. Curd Jürgens (1915-1982) mimte den Raketenbauer. Braun wie auch Jürgens gaben sich zur Premiere die Ehre ebenso wie Tausende von Schaulustigen. Vor dem Kino standen Modelle der drei US-Raketentypen Corporal, Honest John und Lacrosse, für deren Entwicklung Braun verantwortlich zeichnete. Eine große Anzahl amerikanischer Generäle nahm ebenfalls an dem Ereignis teil. Eine Kapelle intonierte Marschmusik. Auf der Straße demonstrierten Mitglieder der Internationale der Kriegsdienstgegner und des Komitees gegen Atomrüstung. Sie hielten Plakate mit den Aufschriften *„Diese Raketen greifen nicht nach den Sternen, sondern nach dem Leben"* oder *„Jetzt Honest John, einstmals V2, wir zahlen, Braun ist stets dabei."*

Der Film selbst stellte Brauns Leben und Streben wie folgt dar: Schon als Kind habe er mit kleinen selbst gebastelten Raketen in den Weltraum greifen wollen. Im „Dritten Reich" dann leistete er Widerstand: Weil die Machthaber seine Forschungen zu missbrauchen drohten, musste er gezwungenermaßen der NSDAP beitreten. Braun konnte die Nationalsozialisten auch deswegen nicht leiden, weil sie den Krieg vergeigten, obwohl er doch all seine Kräfte in den Endsieg gesteckt hatte. Willensstark und Erfolg gewöhnt wie er war, wollte Braun dann den Kalten Krieg auf Seiten der USA mitgewinnen. Die Amerikaner konnten von Glück reden, Braun überhaupt zur Verfügung zu haben, denn nur mit Mühe hatte dieser Widerstandskämpfer sich einst aus den Klauen der mörderischen SS befreien können.

Der Film begann mit Marschmusik. Seine Handlung erwähnte die sowjetische Weltraumforschung nur am Rande, sowjetische Wissenschaftler wurden überhaupt nicht erwähnt. Umso peinlicher und schockierender wirkte dann die Nachricht von einem weiteren sowjetischen Triumph im Kosmos: Exakt am Tag der Münchner Uraufführung startete Sputnik V mit zwei Hunden in das Weltall. Nach 18 Erdumkreisungen kehrte das Raumschiff am nächsten Tag sicher zum vorbestimmten Landegebiet zurück. Auch den beiden Hunden ging es den Umständen entsprechend gut. Der verärgerte Braun kommentierte diesen erfolgreichen Schritt auf dem Weg zur bemannten Raumfahrt mit den Worten: *„Man muss endlich einmal aufhören, immer wieder so einen Start groß herauszustellen."*

Landwehrstraße 3

Die Freie Demokratische Partei (FDP) entstand 1948 aus dem Zusammenschluss nationalliberaler und linksliberaler Gruppen. Die FDP bemühte sich, die traditionelle Vielfalt des politischen Liberalismus in einer einheitlichen Parteiorganisation zu integrieren. Die daraus resultierenden internen Spannungen führten immer wieder zu schweren Auseinandersetzungen zwischen den Rechtsradikalen und den Demokraten innerhalb der Partei. Auch die Abspaltung rechtsradikaler Gruppen wie 1956 der Freien Volkspartei gehören zur Tradition der FDP. Während die Partei auf Bundesebene als Zünglein an der Waage, also als Koalitionspartnerin, politischen Einfluss ausüben konnte, spielte sie in Bayern und in München eine nebengeordnete Rolle.
In der Landwehrstraße 3 unterhielt der Landesverband der FDP von 1955 bis 1974 seine Geschäftsstelle. Bei den Landtagswahlen lag der Münchner Stimmenanteil der Partei zwischen 6,1 Prozent (1958) und 9,4 Prozent (1954), 1974 erreichte man 8,7 Prozent. In der Staatsregierung vertrat Otto Bezold (1899-1984) von 1954 bis 1957 als Wirtschaftsminister und 1957-1958 als Innenminister die FDP. Von 1957 bis 1962 amtierte Albrecht Haas (1906-1970) als Staatsekretär im Finanzministerium und dann als Justizminister (> Max-Planck-Straße 1). Bei den Bundestagswahlen schwankten die Ergebnisse zwischen 5,6 Prozent (1957) und 11,2 Prozent im Jahr 1961. Bei den Kommunalwahlen in München

Erich Mende (Mitte) mit Gleichgesinnten, um 1960 (StAM)

konnte die FDP nur zwischen 3,0 Prozent (1960) und 5,2 Prozent (1952) auf sich vereinen (> Marienplatz).

Das gute Ergebnis auf Landesebene bewog die Parteileitung, ihren Bundesparteitag 1963 nach München einzuberufen. Der Parteivorsitzende Erich Mende stellte in seinem Grundsatzreferat die großen Linien der FDP-Politik dar: Wenn die Partei in eine Regierungsverantwortung gelange, müsse sie ein Höchstmaß an Liberalisierung - wie Mende das Faustrecht der Starken bezeichnete - durchsetzen. Diese Politik müsse streng nach rechtstaatlichen Prinzipien ausgeführt werden. Mende nannte dies eine *„stärkere Koordinierung der Wirtschafts-, Sozial-, Finanz- und Währungspolitik"*.

Mende betonte auch, eine freiheitliche Ordnung könne nur entstehen, wenn man geistige Werte mobilisiere. Er sprach sich dagegen aus, ausschließlich die Vergangenheit zu bewältigen. Vergangenheit, Gegenwart und Zukunft seien ein unteilbares Ganzes. Gerade der Jugend müsse man auch die Lichtseiten der deutschen Geschichte vermitteln. Erich Mende hatte - nebenbei bemerkt - noch am 6. April 1945 von Hitler das Ritterkreuz des Eisernen Kreuzes verliehen bekommen. Diesen Orden, dessen Hakenkreuz er auf Verlangen Konrad Adenauers allerdings hatte entfernen müssen, pflegte er auch nach 1945 zu feierlichen Anlässen zu tragen.

Auch im Münchner Kreisverband bestanden starke Spannungen zwischen dem rechten und dem linken Flügel der Partei. Am 15. Oktober 1963 etwa kam es hier zum Eklat. Im Vorfeld der anfallenden Vorstandswahlen war es dem linken Flügel gelungen, 20 neue Mitglieder als Stimmvieh in die Partei zu manövrieren, während es ihre Parteifeinde auf 80 Personen brachten. Man hatte auch versucht, sich gegenseitig aus der Partei auszuschließen. Bei den Wahlen musste sich der linke Parteiflügel um Hildegard Hamm-Brücher geschlagen geben. Der neue Vorstand setzte sich ausschließlich aus *„Demokraten"* zusammen. So nannten sich die Gewinner, zu denen ausgewiese Rechtsradikale, Antisemiten, aber auch simple Karrieristen zählten.

Hildegard Hamm-Brücher, um 1955 (StAM)

Die parteiinternen Schwerpunkte verlagerten sich zeitweilig auch wieder weiter nach links. Anfang der siebziger Jahre beispielsweise meinte der Kreisverband: *„Das Grundübel der städtischen Entwicklung ist aber die ungehemmte Bodenspekulation. Die Sozialverpflichtung des Eigentums muss daher dringlich im Bodenrecht durchgesetzt werden"*, wie es im kommunalpolitischen Programm der Münchner FDP anlässlich der Stadtratswahl vom 11. Juni 1962 hieß. Daneben forderte man damals die *„Gleichbehandlung aller Patienten nach medizinischen Erfordernissen. Damit setzt sich die FDP dafür ein, dass jeder Kranke eine optimale medizinische Behandlung erfährt."* Abschließend betonte man: *„Generell ist darauf zu achten, dass die durch die notwendigen Investitionen der letzten Jahre eingetretene Verschuldung der Stadt auf ein beträchtliches Maß zurückgeführt wird und Kosten, die der Gemeinde bei der Erfüllung ihrer Aufgaben erwachsen, möglichst auf die Verursacher umgelegt werden, soweit soziale Gesichtspunkte nicht dagegen sprechen."*

Landwehrstraße 7-9

Bis zum Juni 1959 hatte der Deutsche Gewerkschaftsbund (DGB), Landesbezirk Bayern und Kreisausschuss München, seine Verwaltungsstelle in der Landwehrstraße 7–9. Anfang der fünfziger Jahre stand man noch ganz unter dem Eindruck des „Dritten Reiches", den damals erlittenen Verfolgungen und des Wissens, dass die Unternehmer ihre Interessen durch dieses „Dritte Reich" vertreten gesehen hatten.
Dementsprechend selbstbewusst vertrat der DGB nun seine sozialistischen Ziele und Forderungen. Die Feiern zum 1. Mai, die unter starker Anteilnahme alljährlich auf dem (>) Königsplatz stattfanden, machten dies deutlich. Auf der ersten Landesbezirkskonferenz des DGB-Bayern in München am 13./14. Mai 1950 drohte Georg Reuter (1902–1969), bis 1949 Generalsekretär des Bayerischen und jetzt Vorstandsmitglied des Deutschen Gewerkschaftsbundes, an: *„Das Lohnniveau des deutschen Arbeiters liegt im Vergleich mit anderen Ländern so tief, dass es nicht länger ertragen werden kann. Wir müssen uns damit vertraut machen, dass wir vor schweren Auseinandersetzungen mit dem deutschen Unternehmertum stehen. Die Gewerkschaften müssen aus ihrer bisherigen Reserve heraustreten. Wir haben Mittel angesammelt, die uns gestatten, in einer Anzahl von Industrien den Kampf nötigenfalls mit dem letzten gewerkschaftlichen Mittel aufzunehmen."*
Reuter foderte weiterhin die volle Mitbestimmung der Gewerkschaften in allen Betrieben und ohne Kompromisse. Die Vorschläge des Vizekanzlers Franz Blücher (1896–1959) von der FDP, der Arbeiterschaft anstatt der Mitbestimmung Gewinnbeteiligung und Vorschlagsrecht einzuräumen, lehnte Reuter als Augenwischerei ab. Die Grundstoffindustrien dürften auf keinen Fall wieder in Privatbesitz übergehen, da damit erneut eine kleine Gesellschaftsschicht die Möglich-

keit erhalte, Unheil über Europa zu bringen. Die deutschen Gewerkschaften stünden zur Idee der Vereinigten Staaten von Europa. Darunter verstünden sie aber eine Vereinigung der Völker, nicht der Unternehmer Europas.
In interner Hinsicht richtete Reuter eine ernste Mahnung an die kommunistischen Gewerkschaftsmitglieder (> Widenmayerstraße 25), sich bei ihrer Mitarbeit nur von den Satzungen des DGB, nicht aber von den Anweisungen einer fremden Macht leiten zu lassen. Aus einem Untersuchungsbericht gehe hervor, dass kommunistische Mitglieder im Auftrag der DDR alles daran gesetzt hätten, die Einheit der Gewerkschaften zu untergraben und ihre Arbeit zu sabotieren. Die Konferenz endete mit der Wahl zum Bezirksvorstand des DGB-Bayern. Zum ersten Vorsitzenden wurde fast einstimmig Lorenz Hagen (1885–1965) bestimmt, Max Wönner (1896–1960) und Gustav Schiefer (1876–1956) wurden seine Stellvertreter.
Die allgemeinen Restaurationstendenzen in der bundesdeutschen Wirtschaft und Politik sowie die Tatsache, dass ein immer größerer Anteil des erarbeiteten Volksvermögens einem immer kleineren Anteil der Bevölkerung zugute kam, führte zu wachsenden sozialen Spannungen in Westdeutschland. Am 9. August 1954 meldete etwa die „Süddeutsche Zeitung“: *„In Bayern streiken die Metaller. Eine Woche neuer schwerer Lohnstreitigkeiten in der Wirtschaft und im öffentlichen Dienst der Bundesrepublik bricht an. In Bayern haben in der Nacht zum Montag über 100.000 Arbeiter in rund 600 Betrieben der Metallindustrie die Arbeit niedergelegt. In Bayern begann heute um null Uhr einer der größten*

Urabstimmung zum Streik im Öffentlichen Dienst, 4. März 1958

Streiks im Bundesgebiet seit Kriegsende." Der Streik der Industriegewerkschaft Metall Bayern sollte auch die längste und am härtesten ausgeführte Tarifauseinandersetzung in der Bundesrepublik des Jahres 1954 werden (> Krauss-Maffei-Straße 2). Nach dreieinhalb Wochen und teilweise heftigen Unruhen endete er am 31. August 1954. Die Gewerkschaften hatten auch ihre finanzielle Macht spüren lassen, ohne die Macht der Unternehmer eingeschränkt zu haben. Beiden Seiten war klar geworden, dass sie miteinander auskommen mussten.

In der Wiederbewaffnung der BRD seit 1955 (> Domagkstraße 33) sah der DGB nicht nur eine allgemeine, sondern auch eine soziale Gefahr. Vor über 70.000 Menschen sprach sich etwa am 1. Mai 1958 auf dem Königsplatz der Gewerkschaftsfunktionär und SPD-Bundestagsabgeordnete Georg Leber gegen die diskutierte atomare Aufrüstung der BRD im speziellen und gegen die Atomrüstung ganz allgemein aus. Das Wettrüsten führe zum Atomkrieg mit seinen unvorstellbaren Folgen auf Generationen hinaus.

In diesem Zusammenhang wies Leber darauf hin, dass sich die ungeheuren Kosten der modernen Rüstung direkt auf den Lebensstandard der Bevölkerung auswirken: *„Man redet dem Volk ein, es soll bereit sein, für die Verteidigung der Freiheit ein Opfer zu bringen. Selbst wenn man der Meinung ist, ein solches Opfer müsse im Prinzip gebracht werden, so ist diese Freiheit doch Sache des ganzen Volkes und nicht Sache der Arbeitnehmer allein. Von einem Verzicht des Unternehmertums kann jedoch nicht die Rede sein. Im Gegenteil: Unternehmertum und Industrie haben ihre Dividenden in den letzten Monaten beträchtlich erhöht."*

Leber wies auch darauf hin, dass wegen der im Vergleich zu den Lohnerhöhungen stärker steigenden Lebenshaltungskosten immer mehr Ehepaare doppelverdienen müssten, selbst und gerade dann, wenn sie noch Kinder zu versorgen hätten. Der Statistik nach lag der Anteil der weiblichen Bevölkerung Bayerns am Erwerbsleben zwischen 1900 und 1939 um 42 Prozent. Seit 1946 pendelte sich dieser Wert auf etwa 38 Prozent mit insgesamt leicht fallender Tendenz ein. Soweit diese Frauen außerhalb der Landwirtschaft tätig waren, verstand sich der DGB als ihre Interessenvertretung. Dabei versuchte man auch, die weit verbreitete weibliche Heimarbeit vor ihrer traditionellen Ausbeutung zu schützen. *„Gleicher Lohn für gleiche Arbeit"*, lautete die damals noch ungewohnte Forderung der Gewerkschaften. (> Schwanthalerstraße 64)

Landwehrstraße 37

Der Bezirk Südbayern und der Unterbezirk München der Sozialdemokratischen Partei Deutschlands (SPD) hatten ihre Verwaltungen von 1950 bis 1965 in der Landwehrstraße 37. Die Sozialdemokraten organisierten sich am 1. März 1869 zum ersten Mal in München und sahen sich seitdem ständigen staatlichen Verfolgungen ausgesetzt. Bereits im September 1874 ordnete der Polizeipräsident Maximilian von Feilitzsch (1834-1913) die Aufhebung aller sozialdemokratischer Vereine an und ließ zahlreiche Funktionäre verurteilen. In dieser Tradition standen dann auch die Nationalsozialisten, die die SPD 1933 verboten und auflösten. Die SPD gab sich auf verbaler Ebene klassenkämpferisch und marxistisch, in der Praxis jedoch verfolgte sie eine vorsichtige, pragmatische Politik der sozialen Reformen. Am 14. Dezember 1893 zog mit Georg Birk der erste Sozialdemokrat in den Stadtrat ein. Bis 1933 hatte sich die SPD-Fraktion zur stärksten im Stadtrat entwickelt, ohne allerdings jemals berufsmäßige Stadträte oder gar Bürgermeister stellen zu können. Am 11. Juni 1933 mussten alle Sozialdemokraten aus dem Stadtrat ausscheiden. Zu diesem Zeitpunkt hatte die Partei rund 12.000 Mitglieder in München.

Nach 1945 konnte die SPD diesen hohen Mitgliederstand nie mehr erreichen. Seit dem 16. August 1945 amtierte Thomas Wimmer (1887-1964) als Bürgermeister und von 1948 bis 1960 als Oberbürgermeister. Unter seinen Nachfolgern Hans-Jochen Vogel (1960 bis 1972) und Georg Kronawitter galt München als rote Hochburg. Erst 1978 unterbrach Erich Kiesl von der CSU die bis dahin ohne Skandale ausgekommene sozialdemokratische Verwaltungstätigkeit (> Marienplatz). Umgekehrt zu den gesamtbayerischen Landtagswahlen, bei denen die CSU ihre Stellung immer stärker ausbauen konnte, entwickelte sich die SPD in München kontinuierlich zur Partei mit der absoluten Mehrheit. Bei der Stadtratsratswahl vom 30. März 1952 erreichte man 38,7 Prozent der Stimmen und am 18. März 1956 bereits 43,0 Prozent. Dies hing zu einem Teil auch mit der Person Thomas Wimmers zusammen.

Im November 1959 beschloss die westdeutsche SPD ihr Godesberger Grundsatzprogramm. Mit ihm verabschiedete sie sich auch formell von ihren marxistischen Ansätzen. Die ehemalige Arbeiterpartei wurde damit auch für breite bürgerliche Schichten wählbar. Auch vor diesem Hintergrund ist das Kommunalwahlergebnis vom 27. März 1960 zu verstehen: 53,4 Prozent der Wählerstimmen fielen auf die SPD und ihren Oberbürgermeisterkandidaten Hans-Jochen Vogel. Die Wahl am 13. März 1966 brachte eine weitere Steigerung auf 58,4 Prozent.

Das Recht auf politische Betätigung und das aktive und passive Wahlrecht der Frauen gehörte zu den traditionellen Forderungen der SPD. Das Reichsvereinsgesetz vom 15. Mai 1906 ermöglichte eine Teilnahme der Frauen am öffentlichen Leben. Die Revolution vom November 1918 erwirkte dann seit den Wahlen zur Nationalversammlung am 19. Januar 1919 auch das weibliche Wahlrecht. Anfang 1946 bildete sich innerhalb der Münchner SPD eine eigene Frauengruppe, da mehr als ein Fünftel der Parteimitglieder Frauen waren - weit mehr als in den anderen Parteien. Dies spiegelte sich auch in den zahlreichen Frauen wider, die für die SPD im Stadtrat saßen (> Oberanger 38).

Paul-Heyse-Straße 26

Der J.F.Lehmanns Verlag, der bis 1966 in der Paul-Heyse-Straße 26 seine Geschäfte abwickelte, steht wie kaum eine zweite Institution beispielhaft dafür, wie man die eigene tiefbraune Vergangenheit zu verstecken suchte, um sie gleichzeitig in der BRD fortzusetzen.

Der Verlag unter seinem Gründer Julius Friedrich Lehmann (1864–1935) gehörte spätestens seit dem Ersten Weltkrieg zu den aktivsten Förderern der völkisch-nationalsozialistischen Bewegung. Neben medizinischen Publikationen konzentrierte man sich auf folgende Gebiete: Rassenhygiene, Rassenbiologie, Rassenkunde, Volksgesundheit, Militärkunde, Volk und Rasse. Lehmanns Haus war der Treffpunkt schlechthin für Rassisten, Nationalsozialisten und Militaristen.

So konnte es nicht verwundern, dass der zum Reichskanzler aufgestiegene Adolf Hitler am 27. November 1934 folgenden Brief an Lehmann schickte: *„Mein lieber Parteigenosse Lehmann! Anlässlich ihres 70. Geburtstages verleihe ich Ihnen ehrenhalber die GOLDENE EHRENNADEL der NSDAP. Sie haben nicht nur durch Ihre verlegerische Tätigkeit in hohem Maße dazu beigetragen, den nationalen Gedanken und vor allem das Rasseempfinden im deutschen Volke zu fördern, sondern auch zu einer Zeit, in der unsere Freunde zu zählen waren, persönlich alles, was in Ihren Kräften stand, getan, um die Idee des Nationalsozialismus zum Siege zu verhelfen. Sie haben sich somit um die NSDAP außerordentlich verdient gemacht. Mit den aufrichtigsten Wünschen für Ihr ferneres Wohlergehen und mit herzlichstem Gruß Adolf Hitler.“*

Otto Spatz (BW)

Im Jahre 1940 blickte der Gesellschafter des Verlages, Otto Spatz (1900–1989) zurück: *„Wir wissen aber, dass wir all die schönen Erfolge, die uns in den letzten Jahren beschieden waren, nicht hätten erreichen können, wenn nicht der Führer und seine im gleichen Geiste arbeitenden Mitstreiter den Gedanken zum Durchbruch verholfen hätten, für die wir seit Anbeginn kämpfen. Die starke Hand Adolf Hitlers hat das Großdeutsche Reich in beispielloser Tatkraft und Kühnheit geschaffen; wir sind glücklich, in dieser Zeit leben und arbeiten zu dürfen. Nicht*

tiz. Die Staatsanwaltschaft Koblenz beispielsweise ließ in Verfolgung eines Fahndungsbefehls der nationalsozialistischen Gestapo am 3. November 1961 den ehemaligen Partisanen Lazo Vracaric in München verhaften. Ihm wurde vorgeworfen, im Oktober 1941 zwei deutsche Wehrmachtsangehörige ermordet zu haben. Nach einem Proteststurm hauptsächlich außerhalb Westdeutschlands entließ man Vracaric nach fünf Tagen wieder in die Freiheit. Als Erklärung für das Verhalten der Behörden wurde angegeben, man habe aus Versehen in diesem Fall routinemäßig gehandelt.
Die innerjugoslawischen Differenzen rückten endgültig am 28. Oktober 1968 in den Mittelpunkt des öffentlichen Interesses, als im Haus Paul-Heyse-Straße 25 drei Exilkroaten ermordet wurden: Mila Rukorina fungierte als Präsident des Bundes der Vereinigten Kroaten und soll als Anführer einer in der BRD formierten Partisanengruppe für Anschläge innerhalb und außerhalb Jugoslawiens verantwortlich gewesen sein. Aus Angst vor serbischer Rache lebte er viele Jahre unter falschem Namen. Er wurde nämlich wegen im Zweiten Weltkrieg begangenen Massenmordes an Serben und abgeschossenen amerikanischen Piloten gesucht und galt als Führer der exilkroatischen Faschisten in Westdeutschland. Der zweite Tote hieß Kresir Tolj und gab die in der BRD erscheinende kroatische Zeitung „Hrvatska Sloboda“ heraus. Über das dritte Opfer, Vid Maricic, war nichts Politisches bekannt. Die Polizei erklärte, die Reihe der Möglichkeiten, über das Tatmotiv zu spekulieren, sei unbegrenzt. Die „Süddeutsche Zeitung“ kommentierte: *„Die Freunde der jetzt Getöteten behaupten sofort, die Tat müsse im Auftrag jugoslawischer Behörden geschehen sein. Tatsächlich liegt die Belgrader Politische Polizei in ständigem Kleinkrieg mit den kroatischen Emigranten, die ihrerseits Attentate auch in Jugoslawien selbst versuchen. Damit ist aber noch nicht erwiesen, wer diesmal in München geschossen hat. Die kroatischen Nationalisten haben auch Todfeinde in der Emigration selbst, so die serbischen Königstreuen und nicht zuletzt Abtrünnige aus den eigenen Reihen.“*
Am 9. April 1969 fiel der Inhaber eines kroatischen Lokals in Mittersendling einem Sprengstoffanschlag zum Opfer. Das Begräbnis des auch als Banknotenfälscher Tätigen nahm einen hochpolitischen Charakter an. Bereits am 17. April 1969 wurde der Serbe Ratko Obradovic am Hasenbergl ermordet. Er war 1945 in den Westen geflüchtet und gab seit 1949 das Kampfblatt „Iskra“ heraus, das sich für ein serbisch dominiertes, gesamtjugoslawisches Königreich stark machte. Einer der Märtyrer dieser Monarchisten war König Alexander I. (1888-1934), der im Oktober 1934 von kroatischen Faschisten in Marseille ermordet worden war. Aus der Kette von Anschlägen seien noch zwei genannt: Ein Bombenattentat auf das jugoslawische Generalkonsulat am Böhmerwaldplatz 2 am 14. Juni 1972 und ebenfalls ein Bombenanschlag auf den (leeren) Bus einer jugoslawischen Musikgrupppe vor dem Circus Krone am 30. April 1975. Die meisten dieser Verbrechen blieben im Dunkel des Untergrundkampfes unaufgeklärt.

Paul-Heyse-Straße 2-4

Seit 1948 erscheint die Tageszeitung „Münchner Merkur" im Münchener Zeitungsverlag an der Paul-Heyse-Straße 2–4. Sein Verbreitungsgebiet ist weniger die Landeshauptstadt selbst als vielmehr die Landkreise in ihrem Einzugsgebiet. Die so genannten Heimatblätter bestehen aus einem zentralen politischen und wirtschaftspolitischen Teil, der in München redigiert wird, und aus den jeweiligen Lokalteilen. Mit insgesamt fünfzehn Heimatblättern wie dem „Freisinger Tagblatt" oder der „Tegernseer Zeitung" deckt der „Münchner Merkur" weite Teile Oberbayerns ab und übt dort einen dementsprechend starken Einfluss aus.

Der „Münchner Merkur" sieht sich als bürgerlich-konservative Zeitung, die, ohne parteigebunden zu sein, der CSU kritisch nahe steht. Richtig verstandener Konservatismus bedeutet – nach eigener Einschätzung – Wirklichkeitssinn, Sachgerechtigkeit und Misstrauen gegen abstrakte Erkenntnisse. Der „Merkur" hielt die Fahne dieser politischen Einstellung immer hoch, besonders bewusst während der sechziger und siebziger Jahre, als Konservatismus oft gleichgesetzt wurde mit reaktionärer und antidemokratischer Gesinnung.

Anlässlich des dreißigjährigen Geburtstages der Zeitung schätzte sich der „Merkur" folgendermaßen ein: *„Unsere Waffen sind Worte und Argumente und – wir bestreiten es nicht – notfalls auch Polemik. Sie ist ein legitimes Instrument der politischen Meinungszeitung. Und sofern der Polemiker mit dem Degen ficht, ist er vom journalistischen Standpunkt aus dem langatmigen und langweiligen Argumentierer, der sich meist einredet, besonders nuanciert zu sein, unbedingt vorzuziehen. Wir bekennen, dass wir, um mit Goethe zu reden, Partei sind, aber nicht parteiisch. Wir bekennen, dass wir als eine bayerische, genauer gesagt oberbayerische Zeitung nicht den törichten Ehrgeiz haben, einem Publikum, das in seiner Mehrheit konservativ fühlt und denkt, progressive, avantgardistische Meinungen um die Ohren zu schlagen und uns über das 'gesunde Volksempfinden' zu mokieren."*

Der „Münchner Merkur" bekämpft *„Systemveränderer"*, *„selbst ernannte Herolde der liberalen Rechtsstaatlichkeit"*, Toleranz gegenüber dem *„totalitären Kommunismus"*, Feinde traditioneller Werte wie *„Ehe, Liebe, Familie und Kindererziehung"*. Er setzt sich ein für den Erhalt der hiesigen Gesellschaftsordnung und für soziale Gerechtigkeit, für eine *„kraftvolle Friedenspolitik"*, für das *„Profitstreben der Unternehmer, so lange es den Arbeitnehmern mehr einbringt als die Neidgefühle kollektivistisch denkender Funktionäre"*. Die männlichen Redakteure pfeifen laut Selbstaussage aus Liebe zu ihren Frauen auf die Feministinnen ebenso wie auf die sexuelle Emanzipation. Die Kinder sollen in der Schule Goethe und auch Marx kennen lernen, aber nicht durch marxistische Lehrer. Denn der „Münchner Merkur" will sich dereinst eines nicht vorwerfen

lassen müssen: *„Denn niemand soll einmal sagen können, wir hätten nicht begriffen, was auf dem Spiel steht."*
Seit dem 14. August 1968 erscheint im Münchener Zeitungsverlag auch das Boulevardblatt „tz", das im selben inhaltlichen Sinn wie der „Münchner Merkur" *„müde Leser munter"* machen will, wie die erste Ausgabe ankündigte.

Schwanthalerstraße 64

Am 19. Juni 1959 eröffnete der Landesbezirk Bayern des Deutschen Gewerkschaftsbundes (DGB) sein neues Gewerkschaftshaus an der Schwanthalerstraße 64, das in seinen Ausmaßen der steigenden politischen Bedeutung der Arbeitnehmervertretung entsprach (> Landwehrstraße 7–9). Der DGB verstand und versteht sich zwar als überparteilich neutral, doch bedingen seine historischen Wurzeln und Traditionen eine unübersehbare Nähe zur SPD. Als diese im November 1959 ihr Godesberger Programm beschloss (> Landwehrstraße 37), wirkte sich das auch auf den DGB aus. Von nun an gehörten die Gewerkschaften endgültig zu den staatstragenden Säulen der BRD. Mit den gewerkschaftsnahen Firmen wie der Neuen Heimat oder der Konsum-Genossenschaft (> Boschetsrieder Straße 99–103) verkörperte der DGB ein Idealunternehmen der sozialen Marktwirtschaft: freies Unternehmertum mit sozialer Verpflichtung und sozialem Auftrag.

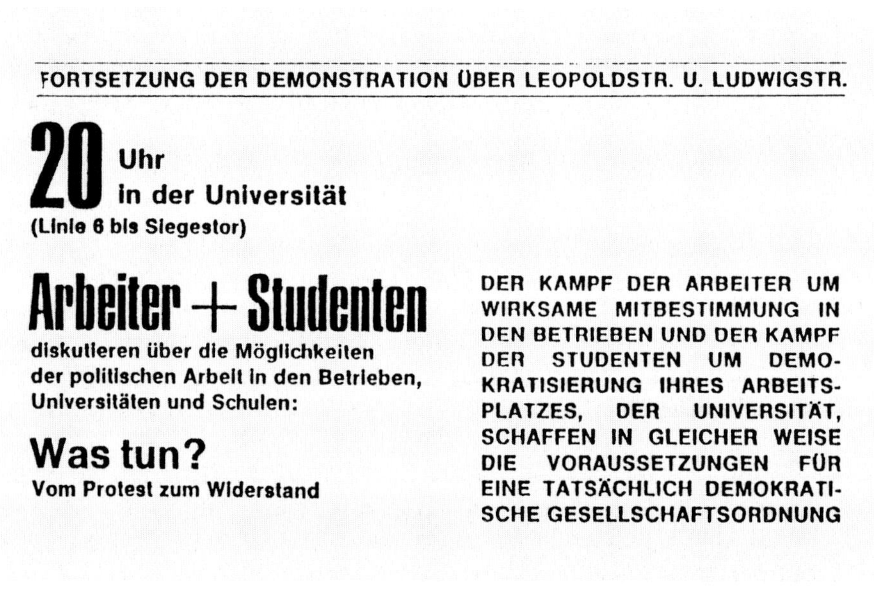

FORTSETZUNG DER DEMONSTRATION ÜBER LEOPOLDSTR. U. LUDWIGSTR.

20 Uhr
in der Universität
(Linie 6 bis Siegestor)

Arbeiter + Studenten
diskutieren über die Möglichkeiten
der politischen Arbeit in den Betrieben,
Universitäten und Schulen:

Was tun?
Vom Protest zum Widerstand

DER KAMPF DER ARBEITER UM WIRKSAME MITBESTIMMUNG IN DEN BETRIEBEN UND DER KAMPF DER STUDENTEN UM DEMOKRATISIERUNG IHRES ARBEITSPLATZES, DER UNIVERSITÄT, SCHAFFEN IN GLEICHER WEISE DIE VORAUSSETZUNGEN FÜR EINE TATSÄCHLICH DEMOKRATISCHE GESELLSCHAFTSORDNUNG

Vergebliche Hoffnung linker Akademiker: Arbeiter und Studenten – Hand in Hand, 8. Mai 1968 (BW)

Der DGB sah seine Aufgabe nicht mehr in der Durchsetzung von zumindest verbal vorgetragenen, klassenkämpferischen Zielen, sondern in der Korrektur sozialer Missstände innerhalb des Systems. Dieser staatstragende Standort schlug sich nicht nur in den Parolen zum traditionsreichen 1. Mai nieder, sondern auch in der abnehmenden Zahl der sich zu diesem Anlass Versammelnden.
Im Jahr 1960 etwa hieß es recht unverbindlich *„Schon Vatis Opa war dabei - 70 Jahre 1. Mai“*, 1964 *„Sonst wären wir nicht so weit - DGB“*, 1966 *„dabei sein, mitbestimmen, Erfolg haben - DGB“* oder 1967 noch aussagefreier *„Auf sozialem Kurs voran - DGB“*.
Gegen Ende der sechziger Jahre kam etwas politische Würze in das behäbige Gewerkschaftstreiben, als von außen - vor allem von studentischer Seite - immer schärfere außen- und innenpolitische Forderungen an den DGB herangetragen wurden. Schon am 1. Mai 1966 verlangte ein großes, rotes Plakat auf dem Königsplatz: *„Keine Mark und keinen Mann / für den Krieg in Vietnam“*. Seitdem gehörten auch DGB-fremde Portraits wie die der zu Ikonen erhobenen Linken Rudi Dutschke, Mao Tse Tung, Rosa Luxemburg, Karl Liebknecht, Che Guevara sowie der Altmeister Karl Marx und Friedrich Engels zum gewohnten Bild der 1. Mai-Feierlichkeiten.
Die neue radikale Linke an den Universitäten (> Geschwister-Scholl-Platz) glaubte, auf ihrer Suche nach einer revolutionären westdeutschen Arbeiterklasse beim DGB fündig werden zu können. Sie konstruierte daher Interessengemeinschaften zwischen sich und den Arbeitern, indem sie behauptete, politische Unterdrückung und soziales Elend beträfen beide Bevölkerungsgruppen.
Während der Debatte um die stark umstrittenen Notstandsgesetze forderten etwa am 21. Mai 1968 rund 2.000 studentische Demonstranten vor dem Gewerkschaftshaus einen Generalstreik an den Universitäten wie auch in den Betrieben, um einer drohenden faschistischen Diktatur in der BRD zuvorzukommen. Als Vertreter des DGB solidarisierten sich Ludwig Koch (1909-2002) und Erwin Essl (1910-2001) zwar mit der Forderung der Verhinderung der Notstandsgesetze, einen politisch motivierten Streik lehnten sie aber ab. Im Gegensatz zu den französischen Gewerkschaften jener Zeit verweigerte der DGB jede Teilnahme an Handlungen, die das Staatssystem ernsthaft gefährden könnten. In Frankreich hatte ausgehend von der Universität Nanterre eine allgemeine gesellschaftliche Unzufriedenheit zu Demonstrationen, Massenstreiks und Fabrikbesetzungen und zu bürgerkriegsähnlichen Auseinandersetzungen mit der Staatsgewalt geführt. Eine solche Entwicklung ließ sich mit dem DGB nicht erreichen.
Zur Erhaltung des inneren Friedens trug der DGB auch mit seiner Forderung nach tariflicher Gleichstellung der Frauen und Ausländer bei. Innerhalb der Gewerkschaften konnten letztere beispielsweise in die Betriebsräte gewählt werden, selbst wenn sie die deutsche Staatsbürgerschaft nicht besaßen.

Theresienwiese

Der Tag der Vereinigten Streitkräfte fand weltweit alljährlich in allen größeren Städten, in denen US-Truppen stationiert waren, statt (> Königsplatz). Am 20. Mai 1950 wurde dazu zum ersten Mal auch die deutsche Bevölkerung eingeladen, denn aus den ehemaligen Kriegsgegnern und -siegern war inzwischen nach der Berlin-Blockade 1948/1949 und unmittelbar vor Beginn des Korea-Krieges die Schutzmacht gegen die Sowjetunion geworden.
US-Luftwaffe und -Armee wollten ihre militärischen Muskeln zeigen und wählten für den Aufmarsch in München die Theresienwiese aus. Rund 100.000 Menschen fanden sich ein, um sich von der Kriegstechnik beeindrucken zu lassen. Im Tiefflug überquerten Düsenjäger und schwere Bomber das Gelände, gefolgt von einer sechzehn Kilometer langen Parade von Panzern und anderen Fahrzeugen. Im und nach dem Krieg hatten sich viele Deutsche – stolz auf die ihnen aufgezwungenen Marschleistungen – über die Amerikaner lustig gemacht, weil diese meist auf Lastwagen transportiert wurden. Dieser Eindruck bestätigte sich nun auch auf der Theresienwiese: *„Niemand braucht zu Fuß gehen“*, stellte etwa die „Süddeutsche Zeitung“ fest; selbst die Musikkapelle fuhr in mehr als einem Dutzend Jeeps vor.
Anschließend durfte man die Waffen und sonstigen Ausrüstungen aus der Nähe bestaunen. Zu diesem Zweck waren eigens auch zwei Jagdflugzeuge auf der Theresienwiese gelandet. Eine Feldküche versorgte die Hungrigen, getrunken wurde Coca-Cola. Fünf Jahre nach Kriegsende und inmitten der noch zerstörten Stadt übte die Kriegstechnik wieder eine starke Anziehungskraft und Faszination aus. Die „Süddeutsche Zeitung“ sah sich daher veranlasst zu berichten: *„Am Ausgang der Theresienwiese sitzt im*

US-Truppenparade auf der Theresienwiese, 20. Mai 1950 (StAM)

Schatten eines Baumes auf einem kleinen Wagerl ein Doppel-Beinamputierter. Er bittet um Almosen." Der Stadtverwaltung blieb nach der Parade die Aufgabe, die von den Panzerketten völlig aufgewühlte Theresienwiese wiederherzustellen.
Auf der Theresienwiese fanden aber auch die großen Versammlungen der verschiedenen christlichen Konfessionen statt. Die Zeugen Jehovas veranstalteten hier vom 17. bis 21. Juli 1957 einen Kongress, zu dem rund 20.000 Menschen anreisten. In einer Zeltstadt traf man sich, um das Königreich Gottes zu proklamieren und mit dem warnenden Hinweis auf den nahen Weltuntergang neue Anhänger zu gewinnen. Ebenfalls auf der Theresienwiese trafen sich am 27./28. Juli 1963 weit über 100.000 Zeugen Jehovas aus allen fünf Kontinenten zum 5. Weltkongreß unter dem Motto *„Ewige, gute Botschaft"*. Während sich die Teilnehmer und Teilnehmerinnen für die in München erlebte Gastfreundschaft bedankten, machten sie auf die Verfolgung ihrer Glaubensbrüder und -schwestern in anderen Ländern aufmerksam. So hatte es die Griechisch-Orthodoxe Kirche erreicht, dass der 7. Weltkongress in Athen verboten wurde. Auch wies man auf die Situation der Zeugen Jehovas im Ostblock hin, wo seit 1950 aus politischen Gründen insgesamt 15.000 Jahre Gefängnis gegen sie verhängt worden waren.
Die protestantischen Landeskirchen riefen vom 12. bis 16. August 1959 zu ihrem 9. Deutschen Evangelischen Kirchentag nach München. Unter dem Leitwort *„Ihr sollt mein Volk sein"* diskutierte man die Stellung der Kirche in der Welt. Zur Abschlusskundgebung auf der Theresienwiese kamen 350.000 Menschen, unter ihnen Bundespräsident Theodor Heuss (1884-1963). In seiner Rede erhob er die immer aktuelle Forderung, die Haltung der Männer am Hebel der Staatsmacht solle geprägt sein von der christlichen Verkündigung. In einem gemeinsamen

Schlussfeier des Eucharistischen Weltkongresses (StAM)

Gebet baten die Anwesenden dann Gott, die Trennung der Christenheit und die Teilung Deutschlands aufzuheben. Außerdem wurde zu Toleranz gegenüber anderen Rassen aufgerufen, so weit sie sich zum christlichen Glauben bekannten: *„Zeigt, dass ihr nicht zuerst Europäer seid. Zuerst sind wir doch Christen, ob Asiaten, Afrikaner oder Europäer."* (> Meiserstraße 13)
Zu einem noch größeren Ereignis lud die katholische Kirche. Ihr 37. Eucharistischer Weltkongress fand vom 31. Juli bis zum 7. August 1960 in München statt. Papst Johannes XXIII. (1881-1963) drückte in einem Schreiben seine Hoffnung aus, *„dass der so genannte Materialismus, der das sittliche Leben der Menschheit unterwühlt, höheren geistigen Einsichten weiche und überwunden werde."*
Mehr als eine Million Menschen füllten am 7. August 1960 die Theresienweise, wo der Päpstliche Legat, Kardinal Gustavo Testa (1886-1969) zum Abschluss des Weltkongresses ein Pontifikalamt zelebrierte. Es war der größte Gottesdienst, der bis dahin jemals gefeiert wurde. Eine Botschaft des Papstes, die dieser lateinisch auf Tonband gesprochen hatte, wurde abgespielt. Auch Johannes XXIII. rief die Gläubigen auf, Jesus zu bitten, dass er den Geist der Staatenlenker erleuchte und den Völkern so Frieden schenke. (> Kardinal-Faulhaber-Straße 7)

Theresienhöhe 13

Seit 1950 fand alljährlich zu Pfingsten der Sudetendeutsche Tag im Münchner Messegelände an der Theresienhöhe 13 statt. Seit 1945 hatten 1,9 Millionen vertriebene Sudetendeutsche in Bayern eine neue Heimat gefunden, von ihnen 70.000 allein in München (> Knorrstraße), 300.000 konnten oder mussten in ihrer Heimat zurückbleiben. Gerade die Sudetendeutschen trugen zur Entwicklung Bayerns vom Agrar- zum Industrieland entscheidend bei, obwohl ihre Vertreibung zum Ziel gehabt hatte, die sozialen Strukturen Westdeutschlands zusammenbrechen zu lassen und das Land damit für die Sowjetisierung reif zu machen. Naturgemäß hingen die Vertriebenen an ihrer alten Heimat und fühlten sich von den CDU/CSU/FDP-Bundesregierungen politisch ausreichend vertreten, verweigerten diese doch unvermindert die Anerkennung der Oder-Neiße-Grenze und erhoben die Forderung einer Rückkehr der Sudetendeutschen in ihre angestammte Heimat.
Mehr als 350.000 Sudetendeutsche versammelten sich am 5./6./7. Juni 1960 in München. Als Ehrengäste nahmen Politiker der verschiedenen Parteien statt, einen optisch geschlossenen Rahmen bildete die Sudetendeutsche Jugend mit ihrer einheitlich grau-schwarz-roten Kleidung, den Farben des Sudetenlandes. Als Vertreter der Bundesregierung trat Bundesverkehrsminister Hans-Christoph Seebohm (1903-1967) auf. Er amtierte seit 1959 auch als Sprecher der Sudetendeutschen Landsmannschaft und bekräftigte nun: *„Unsere Treue gehört den Menschenrechten,*

die auf dem Recht des Einzelnen auf seine Heimat und dem Recht der Völker und Volksgruppen auf Selbstbestimmung gegründet sind.“ Bundeskanzler Konrad Adenauer (1876-1967) ließ in einem Grußtelegramm wissen: *„Durch Ihren Lebenswillen und Ihre Tüchtigkeit haben Sie nicht nur das schwere Schicksal nach 1945 überwunden, sondern auch wesentlich zum Wiederaufbau der Bundesrepublik beigetragen.“* Der Vorsitzende der SPD, Erich Ollenhauer (1901-1963) - auch er auf Stimmenjagd für die nächste Wahl -, betonte in seinem Grußschreiben, seine Partei sei mit den Sudetendeutschen in dem Bestreben einig, die friedliche Rückkehr aller Vertriebenen in ihre Heimat zu erreichen. Im selben Sinne äußerten sich vierzig US-Senatoren, denen die Destabilisierung des Ostblocks am Herzen lag. Dass in den ehemals deutschen Gebieten nun Polen und Tschechen lebten, die ihrerseits ebenfalls Vertriebene waren, interessierte in diesem Zusammenhang nicht.

Auch Oberbürgermeister Hans-Jochen Vogel stimmte in diesen gleich klingenden Chor ein, als er sagte: *„Die deutschen Städte und auch München verfechten das Recht auf Selbstverwaltung. Es ist dem Recht auf Selbstbestimmung nahe verwandt. Wir verfolgen daher Ihren Kampf um das Selbstbestimmungsrecht und das Heimatrecht mit besonderer Anteilnahme und stehen in diesem Kampf an Ihrer Seite.“*

Der politische Konsens verwandelte sich in scharfe Gegensätze, als die seit Oktober 1969 amtierende SPD/FDP-Regierung unter Willy Brandt (1913-1992) und Walther Scheel die außenpolitischen Gegebenheiten als Realität anzuerkennen bereit war und entsprechende Verhandlungen mit den betroffenen Staaten begann. Der Sudetendeutsche Tag mit seinen 350.000 Besuchern und Besuche-

Rechtsradikale Agitation gegen die Ostverträge, 1972 (BW)

rinnen am 16./17./18. Mai 1970 war von massiven Dissonanzen gekennzeichnet. Sein Motto lautete zwar *„Für ein freies Europa – Frieden durch Partnerschaft"*, aber ein toleriertes Plakat gab die Stimmung eher wider: *„Sudetenland bleibt deutsches Land, trotz Verrat von Kanzler Brandt."*
Die Redner beschuldigten die Bundesregierung, deutsche Interessen an die Kommunisten zu verkaufen und damit gleichzeitig den Freiheitswillen der polnischen und tschechischen Völker zu verraten. Es liege ein Verstoß gegen das Grundgesetz und der allgemeinen Menschenrechte vor, weswegen auch eine eventuelle Mehrheit im Bundestag nicht über entsprechende Verträge entscheiden könne.
Nachdem Ernährungsminister Josef Ertl (FDP) als Vertreter der Bundesregierung mit Pfiffen und Buhrufen konfrontiert worden war, kam Oberbürgermeister Vogel an die Reihe, als er sagte: *„In einer Charta vom 5. August 1950 haben die Vertriebenen auf jede Gewaltanwendung verzichtet. Und auf dieser Grundlage muss es auch zur Verständigung und Aussöhnung mit unseren östlichen Nachbarn, insbesondere mit der CSSR und Polen, kommen. Und ich möchte ohne alle Umschweife und Undeutlichkeiten hinzufügen, dass sich die Politik der Bundesregierung nach meiner Überzeugung auf diesem Weg befindet."*
Ein Entrüstungssturm war die Antwort des Publikums.
Der Vertriebenensprecher und CSU-Bundestagsabgeordnete Walter Becher (> Reichenbachstraße 19) forderte seine Landsleute zum Widerstand gegen die Regierung auf, die altes deutsches Land verschachere und das gemeinsame deutsche Vaterland von der Landkarte verschwinden lassen wolle, wie dies schon bei der Wetterkarte des Fernsehens der Fall sei. Als Becher die *„Schreiberlinge"* der Presse und *„das Fernsehen"* als seine Erzfeinde aufs Korn nahm, kochte die Stimmung über. Rufe wie *„Dreckschweine"* und Forderungen nach *„Aufhängen am höchsten Laternenmast"* füllten die Halle.
Der CDU-Bundestagsabgeordnete und Vorsitzende des Bundes der Vertriebenen, Herbert Czaja, sah durch die Regierungspolitik eine *„tödliche Gefährdung der Freiheit"* aufziehen und warnte: *„Das Recht auf die Heimat aller und eine dauerhafte gerechte Friedensordnung für alle sind bedroht."* Nun verließen der Vorsitzende der bayerischen SPD, Volkmar Gabert, und Oberbürgermeister Vogel aus Protest die Veranstaltung. Sitzen blieben die Ehrengäste, unter ihnen der CSU-Vorsitzende Franz Josef Strauß, Ministerpräsident Alfons Gop-

Titel der Ausgabe 1/1972 des rechtsradikalen Schülermagazins „Im Brennpunkt" (BW)

pel (CSU), Otto von Habsburg sowie die beiden Landtagsabgeordneten der NPD, Siegfried Pöhlmann und Walter Bachmann.
Das Rad der Geschichte ließ sich jedoch nicht aufhalten. So trafen zum Sudetendeutschen Tag am 9./10./11. Juni 1973 nur noch 200.000 Menschen in München ein. Von der SPD und der FDP hatte niemand eine Einladung angenommen, die uniformierte Jugend trat nicht mehr auf. Walter Becher brachte seine immer rechtsradikaleren Ansichten zum Ausdruck, als er zu erkennen glaubte: *„Die Kombination von Maulschellen und Sperrung von öffentlichen Mitteln, wie sie diesem Sudetendeutschen Tag gegenüber angewandt wurde, deutet auf Befehlszentralen, die mehr beabsichtigen, als nur uns allein Schwierigkeiten zu bereiten. Wenn die Methode von Oberbürgermeister Georg Kronawitter Schule macht, befindet sich die Bevölkerung in der Bundesrepublik auf dem Wege zu jenem politischen Eunuchentum, das offenbar einigen Machthabern dieser Erde als Idealzustand der deutschen Nation und ihrer Nachbarländer vorschwebt."* In diesem Zusammenhang sprach er auch einen Dank aus: *„Ich möchte hier auch ein Wort des Dankes an die SPD-Stadträtin Frau Schönhuber sagen, die sich in der Abstimmung über unser Treffen von der Haltung ihrer Partei distanziert hat."*
Ministerpräsident Goppel äußerte sich differenzierter: *„Die Bundesregierung hat bei den Verhandlungen mit Prag über die Normalisierung der gegenseitigen Beziehungen nichts übereilt und ist bemüht gewesen, dass aus dem Vertrag mit der CSSR für unsere von dort vertriebenen Landsleute kein neues Unrecht entsteht."* Bezüglich der sudetendeutschen Volksgruppe vermutete er: *„Sie ist, im Gegensatz zu den gleich bleibend wiederholten Diffamierungen von bestimmter Seite, eben kein Stoßtrupp eines nationalistischen Radikalismus, sondern ein aufbauendes, staatstragendes Element, das auch das eigene und unabdingbare Recht nur auf dem Wege einer friedlichen Verständigung und Versöhnung mit dem tschechischen Nachbarvolk sucht und realisiert sehen will."*

Landsberger Straße 4

Seit 1951 in der Pettenkoferstraße 39 ansässig, siedelten der Landesverband Bayern und der Bezirksverband München der Bayernpartei (BP) 1960 in die Landsberger Straße 4 um. Die BP entstand im Jahr 1946 als betont bayerische Partei mit extrem föderalistischer Zielsetzung. Bei der Bundestagswahl am 14. August 1949 konnte sie sich 20,9 Prozent der in Bayern abgegebenen Stimmen und damit 17 Mandate im Bundestag sichern. Bei der bayerischen Landtagswahl am 26. November 1950 erhielt die BP 39, ihre konservative Konkurrenz von der CSU 64 Sitze. Es blieb der BP vorbehalten, durch Zusammengehen mit der SPD von 1954 bis 1957 dem SPD-geführten Kabinett von Wilhelm Hoegner anzugehören und dadurch die CSU zum ersten und bislang letzten Mal von der Regierungs-

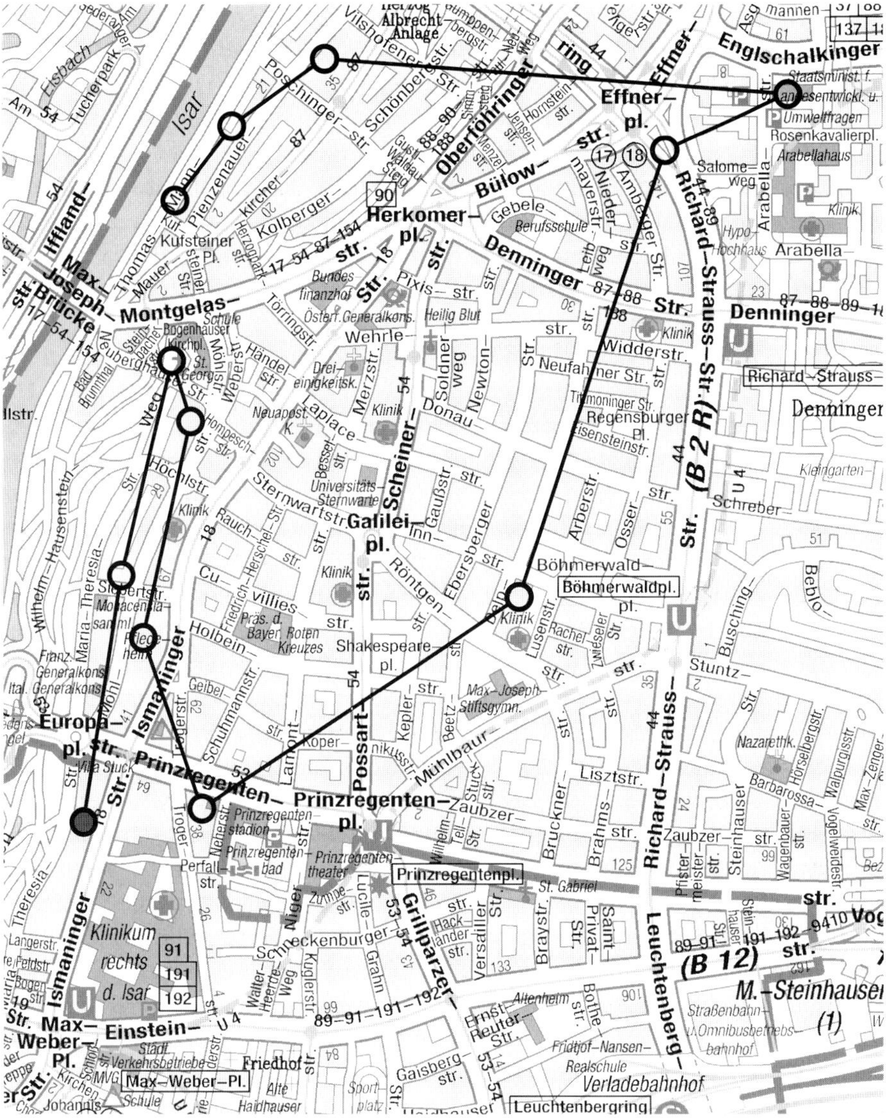

Bogenhausen

Bogenhausen mit seinen noblen Villen entwickelte sich seit 1950 zu dem Stadtviertel, in dem sich ein Großteil der Konsulate in München ansiedelte. Mit dem Wirtschaftswunder gefährdete die Immobilienspekulation den alten Hausbestand. Am Rande Bogenhausens entstanden neue Siedlungen und der Mittlere Ring; zwar noch immer ein „Nobelviertel" Münchens, zeigt der Stadtteil heute ein sehr unterschiedliches Gesicht.

Maria-Theresia-Straße 11

Nach der Gründung des Staates Israel am 15. Mai 1948 begann in der Maria-Theresia-Straße 11 am 1. März 1949 das erste und einzige Konsulat Israels in Westdeutschland mit seiner Arbeit. Ausschlaggebend für die Wahl Münchens war der Umstand, dass sich in der US-Zone die meisten Überlebenden des Holocaust gesammelt hatten, um nach Palästina auswandern zu können. Dies wurde jedoch in großem Umfang erst seit Mai 1948 möglich. Eine der Hauptaufgaben des Konsuls Elijahu Livneh bestand in der Organisation der Auswanderung nach Israel, die Ende 1949 weitgehend abgeschlossen war. Zurück blieben hauptsächlich Kranke und Alte, die für das entbehrungsreiche Pionierleben in Israel zu schwach waren.
Livneh zeichnete außerdem verantwortlich für den so genannten Wiedergutmachungsvertrag zwischen der BRD und Israel vom 10. September 1952. In ihm verpflichtete sich die BRD als Rechtsnachfolgerin des „Dritten Reiches", *„in den Grenzen ihrer Leistungsfähigkeit den materiellen Schaden der nationalsozialistischen Verfolgungsmaßnahmen gegen das jüdische Volk wieder gutzumachen."* Dem Staat Israel wurde die Zahlung von drei Milliarden DM in Sachwerten innerhalb der nächsten vierzehn Jahre zugesichert. Weitere 400 Millionen DM erhielten jüdische Organisationen zur Unterstützung, Eingliederung und Ansiedlung jüdischer Opfer des Nationalsozialismus. 50 Millionen DM wurden den durch diese Organisationen nicht vertretenen Juden zuerkannt. Im Gegenzug sagte Israel die Entschädigung der Eigentümer beschlagnahmter deutscher Vermögen in Israel zu. Die Warenlieferungen sollten aus der laufenden deutschen Produktion entnommen werden. Dies bedeutete, dass die deutsche Wirtschaft auf dem israelischen Markt präsent wurde und langfristig auch blieb.
Die DDR-Regierung, die sich in keiner Weise für das „Dritte Reich" verantwortlich sah, schloss kein solches Abkommen mit Israel ab. Als Reaktion auf die Unterzeichnung des westdeutsch-israelischen Abkommens ließen zahlreiche islamische Staaten verlauten, denjenigen westdeutschen Firmen, die Lieferungen

nach Israel durchführten, keine Einfuhrgenehmigungen mehr auszustellen und sie nicht mehr an Ausschreibungen zu beteiligen. Der innerdeutsche Konflikt wurde somit auch auf den Nahen Osten projeziert.
Die Umstände der Vertragsunterzeichnung standen symptomatisch für das deutsch-israelische Verhältnis. Die „Süddeutsche Zeitung" berichtete am 11. September 1952: *„Auf neutralem Boden, im Rathaus von Luxemburg, und unter eisigem Schweigen der beiden Delegationen setzten Bundeskanzler Adenauer und der israelische Außenminister Mosche Scharett ihre Unterschriften unter das Dokument. Während der Unterzeichnung wurde kein Wort gewechselt. Ohne sich die Hände zu schütteln, begaben sich Adenauer und Scharett anschließend zu einem vertraulichen, zehn Minuten dauernden Gespräch in ein Nebenzimmer."*
Konsul Livneh äußerte sich später zu dem von ihm ausformulierten Vertrag: *„Es kommt vor allem auf den Geist an, in dem der Vertrag erfüllt wird, auf die moralische Grundhaltung. Und da können wir wohl hoffen, dass er mehr sein wird als ein reiner Lieferungsvertrag."*
Das israelische Konsulat in Bogenhausen hatte damit seine Aufgaben erfüllt. Es schloss seine Pforten am 30. Juni 1953. In Köln entstand als Vorläuferin einer regulären Botschaft die „Israel-Mission", die die Durchführung des Luxemburger Vertrages organisierte. Erst 1973 erhielt München wieder ein israelisches Konsulat (> Widenmayerstraße 11)

Siebertstraße 3

Das letzte Lager in Deutschland, in dem 1953 noch heimatlose Überlebende des Holocaust, die so genannten Displaced Persons, lebten, war das Lager Föhrenwald südlich von Wolfratshausen. Ein Teil der etwa 1.500 Bewohner und Bewohnerinnen waren zu alt, zu krank oder zu jung, um nach Israel auswandern zu können. Ein anderer Teil setzte sich aus Menschen zusammen, die nach Israel ausgewandert waren, sich dort aber keine neue Existenz aufbauten konnten und illegal nach Deutschland zurückgekehrt waren. Von hier hofften sie, in Länder ihrer Wahl emigrieren zu können.
Das American Joint Distribution Committee mit Sitz in der Siebertstraße 3 organisierte die Auswanderung aus Deutschland im Rahmen der deutschen Gesetze und der Einwanderungsbedingungen anderer Staaten. In der BRD als Illegale von der Polizei gesucht oder vom Ausland als Einwanderer nicht gewünscht, fristeten die Insassen von Föhrenwald ein armseliges Leben. Sie durften das bewachte Lager nur mit Genehmigung der Lagerleitung verlassen, erhielten pro Tag 50 Pfennig Unterstützung und warteten teilweise seit Jahren darauf, dass ihr Schicksal eine positive Wende nehme.

Ihre zahlreichen Proteste dagegen gipfelten am 12. August 1953 in der Besetzung des Hauses Siebertstraße 3, wo einige Hundert illegaler Einwanderer gegen ihre drohende Ausweisung aus Deutschland demonstrierten. Sie wollten das Gebäude erst wieder verlassen, wenn sie bis zu ihrer Ausreise eine vorübergehende Aufenthaltserlaubnis erhalten hätten. Beruhigende Verlautbarungen deutscher, amerikanischer und jüdischer Stellen, das Problem in humaner Weise behandeln und Ausreisewillige in der Funkkaserne (> Domagkstraße 33) unterbringen zu wollen, beendeten die Besetzung.
Nachdem keine Taten gefolgt waren, setzten rund 600 Menschen aus Föhrenwald am 17. Februar 1954 zum Sturm auf die Siebertstraße 3 an. Das so bedrohte Committee bat um den Schutz der deutschen Polizei, die mit zwei Hundertschaften und einem Wasserwerfer gegen die Demonstranten vorging und sie zurückdrängte. Vier Sprecher der Lagerinsassen, die man schließlich zum Committee durchließ, forderten eine Auflösung des Lagers, ihre Auswanderung oder die Eingliederung in das normale Leben in Deutschland. Das Committee seinerseits strich seine Bemühungen zur Lösung der Probleme heraus und bekräftigte, dass man sich dem *„Druck der Straße"* nicht beugen werde. Für mehrere Tage stand das Gebäude unter Polizeischutz.
Zur selben Zeit, als in der Siebertstraße der Konflikt schwelte, sangen und tanzten vierzig Grundschulkinder aus Föhrenwald im Altersheim an der Osterwaldstraße 25 vor den dort lebenden heimatlosen Ausländern. Schwermütige Lieder aus Israel, Tiroler Schnadahüpfln und Gedichte von Gottfried Keller und Detlev von Liliencron gelangten zur Aufführung. Zum Abschluss trugen die Kinder das Lied „Kein schöner Land in dieser Zeit" vor. Staatssekretär Walter Stain drückte seine Hoffnung aus: *„Ich wünsche von Herzen, dass die Menschen im Lager Föhrenwald und in den Ausländerheimen bald nicht mehr als Displaced Persons, sondern als vollständige Mitglieder unserer Gemeinschaft anerkannt werden."*
Ende des Jahres 1955 wurde Föhrenwald geschlossen, die Baracken abgerissen und die Siedlung Waldram auf dem Gelände errichtet. Kein Denkmal erinnert dort heute an das Lager.

Bogenhauser Kirchplatz

Von den zahlreichen prominenten Toten, die auf dem Bogenhauser Friedhof ruhen, seien vier literarisch und politisch tätige hervorgehoben: Wilhelm Hausenstein (1882–1957) arbeitete als Kunsthistoriker, Schriftsteller und Übersetzer französischer Autoren. Seine geistige Verbindung zur französischsprachigen Welt personifizierte sich in seiner belgischen Frau. Im „Dritten Reich" war er mit einem so genannten Schreibverbot belegt, durfte seine Werke also nicht veröffentlichen. Bundeskanzler Konrad Adenauer (1876-1967) sah in ihm die ideale Persönlichkeit, um die BRD in Frankreich diplomatisch zu vertreten. 1950 ernannte er Hausenstein zum deutschen Generalkonsul, 1953 zum Botschafter in Paris. In seiner Amtszeit bis 1955 knüpfte Hausenstein die zerrissenen kulturellen und politischen Kontakte zwischen den beiden Ländern wieder neu und war maßgeblich an der deutsch-französischen Aussöhnung beteiligt (> Odeonsplatz).

Annette Kolb (1870–1967) war die Tochter einer Französin und eines Deutschen, beherrschte beide Sprachen perfekt und fühlte sich als Europäerin. Ihr ganzes Leben wurde begleitet und überschattet von den Konflikten zwischen Deutschland und Frankreich, beginnend mit dem Krieg der Jahre 1870/71 über den Ersten und schließlich den Zweiten Weltkrieg. Als Pianistin und Schriftstellerin bereits bekannt, griff sie mit flammenden Appellen an Humanität und Vernunft in die vergiftete politische Atmosphäre in Europa ein. So sorgte sie im Januar 1915 für einen Aufschrei der Empörung gegen sich, als sie in einer Rede *„die 10.000 hetzerischen Journalisten in Deutschland und Frankreich"* angriff. Im Februar 1917 entfloh Kolb ihrer gesellschaftlichen Isolation in die Schweiz. Sowohl die deutschen wie auch die französischen Geheimdienste hielten sie für eine Spionin, weil sie mit Personen aus beiden Ländern Kontakte pflegte. Nach dem Krieg kehrte sie 1919 aus dem Exil zurück und blieb weiterhin gegen den sich steigernden Nationalismus aktiv. Als prominente Pazifistin musste sie 1933 zum zweiten Mal emigrieren, zuerst in die Schweiz, dann über Paris, Spanien und Portugal nach New York. Seit 1945 lebte Kolb in Paris und

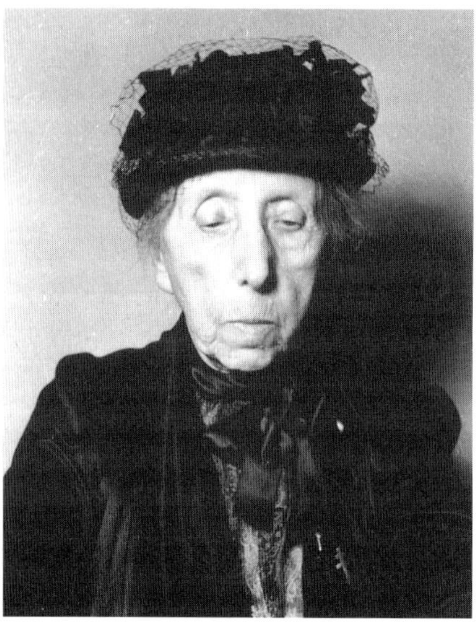

Annette Kolb, August 1950 (StAM)

Oskar Maria Grafs Ankunft in Riem (StAM)

München und konnte miterleben, wie sich in den Personen Konrad Adenauers und Charles de Gaulles (1890-1970) ein gutnachbarliches Verhältnis zwischen den Völkern zu entwickeln begann, denen beiden sie sich zugehörig fühlte. Die lebenslange Kettenraucherin starb mit 97 Jahren.

Der Schriftsteller Oskar Maria Graf (1894-1967) musste als Pazifist und Sozialist Deutschland ebenfalls 1933 verlassen und fand sich nach einer Odyssee der Flucht wie so viele in New York wieder. Obwohl er sich wehrte, Englisch zu lernen und die amerikanische Staatsbürgerschaft anzunehmen, und obwohl er im Exil ein demonstratives Bayerntum zur Schau stellte, verlegte er seinen Wohnsitz nicht mehr nach Deutschland oder gar München zurück. Solange in Deutschland noch Täter des „Dritten Reiches" ungestraft leben konnten, wollte er nicht zurückkehren. Besuchshalber traf Graf nach 25 Jahren zum ersten Mal wieder am 3. Juli 1958 in seiner alten und geistigen Heimatstadt München ein. Die „Süddeutsche Zeitung" war am Flughafen Riem mit dabei: *„... als ein Mann die Gangway herunterkraxelte, der jeden Prospektzeichner als Prototyp eines original-bayerischen Naturburschen hätte Modell stehen können: breitschultrig und hochgewachsen, mit einem gesund geröteten Gesicht und angetan mit vorschriftsmäßig angespeckten Lederhos'n, grünlich karierter Leinenjoppe, grob gestrickten Wadlstrümpfen und einem malerisch verbeulten, mit einer Handvoll Federn besteckten Filzhut. Nach fast 25 Jahren war der bayerische Volksschriftsteller wieder daheim."* Zur Begrüßung reichte man ihm einen gut gefüllten Masskrug. Am 28. Juni 1967 starb der verlorene und oft unverstandene Sohn der Stadt München in seinem New Yorker Exil. Genau ein Jahr später wurde - seinem Wunsch entsprechend - eine Urne mit seiner Asche auf dem Bogenhauser Friedhof beigesetzt.

Zum Schluss sei an Erich Kästner (1899-1974) erinnert. Kriegs- und Ausbildungszeit hatten ihm geisttötenden Drill und Nationalismus verhasst gemacht. Er hoffte auf die Vernunft und das Gute im Menschen. Mit Hilfe seiner literarischen Begabung wollte er ohne elitären Anspruch für die alltäglichen Bedürfnisse alltäglicher Menschen schreiben. In seinen Kinderbüchern („Emil und die Detektive", „Das fliegende Klassenzimmer") stellte Kästner Kinder als vollwertige und ernstzunehmende Menschen dar.

Erich Kästner, 1959 (StAM)

Seine Warnungen vor der heraufziehenden Diktatur und dem dann unausweichlichen Krieg führten am 10. Mai 1933 zur symbolischen Verbrennung seiner als undeutsch bezeichneten Schriften. Kästner erhielt ein Publikationsverbot, blieb aber in Deutschland, um als Augenzeuge das Schicksal der Deutschen zu teilen. Bei diesem Vorhaben unterschätzte er allerdings Ausmaß und Dauer der Diktatur. Sofort nach Kriegsende stellte er sich dem demokratischen Neubeginn als Journalist zur Verfügung. Er arbeitete bei verschiedenen Zeitungen mit und gründete in München die Kabarette „Die Schaubühne" und „Die kleine Freiheit". Da er als Pazifist an den Kampagnen gegen die konventionelle und atomare Aufrüstung und gegen die Notstandsgesetze teilnahm, blieb seine Person wie vor 1933 stark umstritten.

Möhlstraße 17

Die Gebäude im Viertel um die Möhlstraße hatten den Bombenkrieg fast unversehrt überstanden. Das Wirtschaftswunder und insbesondere die Zeiten hektischer Immobilienspekulation vor den Olympischen Spielen 1972 führten jedoch zu einer *„Zweiten Zerstörung"*, die sich gerade in Münchens Villenvierteln besonders augenfällig zeigt.
Im Jahr 1971 etwa standen allein in der Möhlstraße rund zehn der Villen und Residenzen aus der Gründer- und Jugendstilzeit leer und verkamen in ihrer Bausubstanz. Sie waren zu dem alleinigen Zweck gekauft worden, um abgerissen und durch profitable Verwaltungsbauten im damals vorherrschenden Betonkastenstil ersetzt zu werden. Die Stadt konnte aus rechtlichen Gründen Abbruchgenehmigungen nicht verweigern. Das Stadtpalais an der Möhlstraße 17 etwa fiel Anfang 1972 der Spitzhacke zum Opfer und machte Platz für das als modern empfundene Gebäude einer Ölfirma.
Da die Zerstörung historischer Bauten in München ungehindert voranschritt, sah sich etwa der Universitätsprofessor Jorrit de Boer zu folgender Forderung veranlasst: *„Im Namen aller, die München schätzen oder schätzen gelernt haben, rufe ich dazu auf, dass die öffentliche Hand Wege finde, die Rentabilität alter Bausubstanz so zu sichern, dass sie für die Nachwelt erhalten bleibt."* Basierend auf dem allgemeinen Bedürfnis nach städtebaulich-historischen Identifikationsmöglichkeiten und der sich langsam durchsetzenden Überzeugung, dass Eigentum nicht nur berechtigt, sondern auch verpflichtet, legte die Staatsregierung dem Landtag 1971 den Entwurf eines Denkmalschutzgesetzes vor. In ihm ging es nicht mehr allein um den Schutz einzelner Objekte, sondern auch ganzer Häusergruppen, Straßen, Stadtteile und sogar Ortsbilder. Mit der Annahme dieses Gesetzes am 7. Juni 1973 konnte die Zerstörung historischer Gebäude aus Profitinteressen heraus eingedämmt werden.

Möhlstraße 35

Viele Gebäude in der Möhlstraße mussten Neubauten weichen, andere verwandelten sich von Wohnraum in Büros. Dabei entwickelte sich Bogenhausen zu dem Stadtteil mit den meisten Konsulaten und Generalkonsulaten (>Thiemestraße 1-7). In der Möhlstraße 35 etwa unterhielt das Kaiserreich Iran von 1960 bis 1975 ein Generalkonsulat - ein Zeichen für die wichtige Rolle, die der Iran für die deutsche und insbesondere bayerische Industrie als Exportmarkt spielte. Die schon damals wachsenden innenpolitischen Spannungen in Persien führten 1967 zu Ausschreitungen anlässlich des Besuchs von Schah Mohammad Resa Pahlevi (1919-1980) in München (> Max-Joseph-Platz).

Am 4. August 1970 besetzten mittags rund 70 persische Studenten völlig unerwartet und daher erfolgreich das Generalkonsulat. Aus Angst vor Verfolgung durch den heimatlichen Geheimdienst traten sie vermummt auf, denn nach ihrer Überzeugung arbeiteten sämtliche Angestellten des Konsulats für diesen. Anlass der Besetzung war nach Angaben der Studenten der wachsende Terror des Schah-Regimes gegen oppositionelle Kräfte im Iran. 20.000 Gefangene würden aus politischen Gründen festgehalten, teilweise gefoltert und ermordet. Erst kürzlich habe ein geheimes Militärgericht vier oppostionelle Geistliche zum Tode verurteilt. Anfang des Jahres seien etliche Demonstrationen im Iran mit Waffengewalt aufgelöst worden. Diese hätten sich gegen die Absicht amerikanischer Konzerne gerichtet, in Persien große Summen in den Bergbau, die Landwirtschaft und den Tourismus zu investieren, wodurch das Land zu einer US-Kolonie herabgedrückt werde. Nach diesen Demonstrationen habe eine groß angelegte Verhaftungswelle begonnen, der nun eine Reihe von geheimen politischen Prozessen folge. Die Besetzer traten in den Hungerstreik, um die Zulassung internationaler Beobachter zu den Prozessen und die Freilassung aller politischen Gefangenen zu erzwingen. Gegen Abend beendete die Polizei auf Ersuchen der iranischen Botschaft in Köln die Besetzung und trug die Studenten aus dem Haus.

Möhlstraße 14

Das Haus Möhlstraße 14 blickt auf eine bewegte Geschichte zurück. Bis zum April 1945 war hier der Reichsluftschutzbund für Südbayern und Tirol untergebracht. Dann übernahm der neu erstandene Freitstaat Bayern das Anwesen und brachte dort das Bayerische Hilfswerk für die durch die Nürnberger Gesetze Betroffenen, also für die überlebenden Juden, unter. Diese Einrichtung stellte 1961 ihre Arbeit ein, und das Amt des Hohen Kommissars der Vereinten Nationen für Flüchtlinge zog von der Neuhauser Straße 39 hierher. Im Jahr 1962 wechselten die Mieter: Nun wurde das Freizeitheim Maon Hanoar der Israelitischen Kultusgemeinde eingerichtet. 1972 kam die Sinai-Schule, eine private jüdische Volksschule, hinzu.

Möhlstraße 3-5

Die Möhlstraße 10 beherbergte seit 1956 das französische Generalkonsulat, das später in die Möhlstraße 5 umzog. (> Widenmayerstraße 51). Seit 1951 befindet sich das italienische Generalkonsulat in der Möhlstraße 3. Die traditionell engen Beziehungen zwischen Bayern und Italien zeigten sich bereits anfangs der fünfziger Jahre, als das deutsche Wirtschaftswunder begann, auf ausländische Arbeitskräfte angewiesen zu sein. Eine der Aufgaben des Generalkonsulats war es, die jährlich nach Tausenden zählenden italienischen Saisonarbeiter zu betreuen, die im Frühjahr in der bayerischen Landwirtschaft Beschäftigung fanden, um im Herbst nach der Ernte wieder nach Hause zurückkehren zu müssen. (> Bahnhofplatz)

Prinzregentenstraße 70

Ende der sechziger Jahre war es weltweit üblich geworden, dass Untergrundkämpfer aus politischen Gründen Geiseln nahmen oder Banken überfielen. Auch in München hatte eine solche Aktion bereits stattgefunden (> Frankfurter Ring 28). Am Nachmittag des 4. August 1971 überfielen zwei Maskierte und Bewaffnete die Filiale der Deutschen Bank an der Prinzregentenstraße 70. Sie brachten die Anwesenden in ihre Gewalt und forderten zwei Millionen DM Lösegeld sowie einen Fluchtwagen. Zur Vortäuschung einer politisch motivierten Tat ließen die beiden Verbrecher verlauten, sie seien Mitglieder einer Roten Front. Der Polizei war eine derartige Gruppierung unbekannt, aber man vermutete sie im anarchistischen Spektrum. Die Erpresser drohten, bei einem Scheitern ihrer Mission würde sich ihre Rote Front mit brachialer Gewalt an der Bevölkerung rächen. Sie selbst würden mittels Gift Selbstmord begehen, anschließend würde die „Vergeltungsaktion Elend" anlaufen. Im Raum München würden dabei während der folgenden 48 Stunden Mordanschläge ausgeführt. Als Beweis für die Existenz der Roten Front explodierte in der Nacht ein Sprengsatz an der Ecke Prinzregenten-/Lerchenfeldstraße.

Gegen Mitternacht fand diese erste Geiselnahme aus rein kriminellen Gründen in Deutschland ihr blutiges Ende. Als die Polizei das Feuer eröffnete, wurde einer der Bankräuber, Hans Georg Rammelmayr, erschossen. Vor seinem Tod ermordete er eine Geisel, die Bankangestellte Ingrid Reppel. Der zweite Verbrecher, Dimitri Todorov, wurde unverletzt festgenommen. Erst 1978 stellte sich heraus, dass tatsächlich eine Komplizin und ein Komplize außerhalb der Bank zur Unterstützung bereitgestanden hatten. Außerdem wurde klar, dass Rammelmayr für eine Reihe anderer außergewöhnlicher Raubüberfälle verantwortlich gewesen war. So hatte er am 5. Dezember 1970 als Nikolaus verkleidet im Kaufhof am Karlsplatz 21 einen hohen Geldbetrag geraubt.

Das dramatische Geschehen wurde von einer großen Menschenmenge aus sicherer Entfernung beobachtet, die offensichtlich darauf wartete, dass etwas passierte. Teilweise nahm die Stimmung Volksfestcharakter an. So sah sich die Polizei genötigt, die von pfeifenden und johlenden Menschen überfüllte Trogerstraße zu räumen. In seinen Erinnerungen schreibt der damals amtierende Oberbürgermeister Hans-Jochen Vogel dazu: *„Widerwärtig und für die Polizeimaßnahmen in hohem Maße hinderlich waren auch hier die Schaulustigen, die nur mit Mühe im Zaum gehalten werden konnten. Dass zwei oder drei Dutzend von ihnen die Geschehnisse vom Balkon eines Restaurants aus bei Sekt und Wein verfolgten und die Aktionen der Gangster zum Teil sogar mit Beifall bedachten, war allerdings nicht nur widerwärtig, sondern makaber und ein Indiz dafür, dass leider auch in München einige jeden Halt und jedes Maß verloren haben."*

Delpstraße 6

Das britische Generalkonsulat zog 1949 von der Ludwigstraße 2 in die Delpstraße 6 (damals Wasserburger Straße 6). Das Haus hatte dem Generaldirektor des Zentralverlages der NSDAP, Max Amann (1891-1975), gehört, der als Hauptschuldiger enteignet worden war.
Ähnlich dem Amerika-Haus (> Arcisstraße 12) eröffnete hier im Gartengebäude am 1. Februar 1950 ein Lesesaal seine Pforten, der das deutsche Publikum über Großbritannien informieren sollte. Britische Zeitungen, Wochenblätter und Magazine ermöglichten einen Einblick in das politische und sonstige Leben auf der Insel.
Seit dem 8. April 1951 konnte man sich in der zentraler gelegenen Weinstraße 11 die Lektüre zu Gemüte führen. Die nun Britisch Information Services genannte Einrichtung stand unter der Leitung von George Needham, der bis 1939 an der Universität Breslau als Dozent für Englisch gearbeitet hatte. Das erweiterte Angebot umfasste nun auch englische Nachschlagewerke aller Art und Fachzeitschriften, die man nach Gebrauch der Technischen Hochschule überließ. So ungezwungen wie im Amerika-Haus ging es aber in der britischen Einrichtung nicht zu: Eine Zeitung meldete, pro Monat kämen fast keine Frauen, dafür aber rund 200 Männer, die sich meist in die Börsenberichte vertieften.

Richard-Strauß-Straße

Die Idee, die Verkehrsströme in München auf Ringstraßen zu bündeln, ist fast so alt wie das Automobil selbst. Schon in den zwanziger Jahren entstanden entsprechende Planungen, die immer wieder überarbeitet und immer wieder infol-

ge von Wirtschaftskrisen und Krieg in den Schubladen verschwanden. Eine Studie aus dem Jahr 1946 nahm das Ringkonzept wieder auf und sah einen Ausbau mit drei Fahrspuren pro Richtung, einen Mittelstreifen, beidseitige Radwege, Baumreihen und Gehwege vor.
Im Jahr 1955 begann schließlich der Bau des Mittleren Ringes. Sein erstes Teilstück war die Richard-Strauß-Straße, die allerdings nur vierspurig angelegt wurde. Man ging damals von einer Sättigungsgrenze der Stadt von 200.000 Kraftfahrzeugen und Gesamtkosten für den Ring von rund 30 Millionen Mark aus. So begann 1955 eine Entwicklung, die bis heute andauert: Man konnte Straßen bauen, so viel man wollte, der lawinenartig anschwellende Verkehr ließ sich dadurch nicht in den Griff bekommen.
Am 17. September 1971 gab Bundesverkehrsminister Georg Leber das letzte Teilstück des Mittleren Ringes, den Verkehrsknoten auf dem Olympiagelände, frei. Der Ring, in den zwischenzeitlich 320 Millionen Mark verbaut worden waren, war nun durchgängig auf 28 Kilometern befahrbar. Von vornherein bedeutete dies aber nicht die Fertigstellung des Verkehrsbauwerks. Kreuzungsfreier Ausbau, Brücken, Tunnels und Abgas- sowie Lärmschutzmaßnahmen behielten weiterhin hohe Priorität. Der wachsende Bestand an Autos (1996 rund 700.000 Fahrzeuge) überstieg die Kapazitäten des Mittleren Ringes, der sich darüber hinaus meist durch dicht besiedelte Wohngebiete zog.
Bereits 1970 hatte Oberbürgermeister Hans-Jochen Vogel von einer USA-Reise die Erkenntnis mitgebracht, dass man selbst mit finanziellen Kraftakten im Stra-

Richard-Strauß-Straße am Effnerplatz, 20. August 1961 (StAM)

ßenbau nicht mit der Motorisierung Schritt halten könne. Und am 23. März 1973 stellte die „Süddeutsche Zeitung" *„Eine Grundsatzfrage für alle Bürger: Die Zukunft des Autos im Stadtverkehr"*. Über den Mittleren Ring und die auf und an ihm herrschenden Zustände konnte man lesen: *„Der Mittlere Ring, viel gelobt und oft belästert, ist heute wichtigster Bestandteil des Münchner Hauptstraßennetzes. Der Individualverkehr wäre ohne ihn im mittleren Stadtbereich zum Erliegen verdammt. Der Mittlere Ring ist aber auch Quelle ständigen Ärgers. Einerseits für die Anlieger, die sich Tag und Nacht von lärmenden und giftige Abgase produzierenden Straßenverkehr aufs Übelste belästigt fühlen. Andererseits für die Kraftfahrer, die auf seinen noch nicht voll ausgebauten Strecken täglich beträchtliche Zeitverluste in Kauf zu nehmen haben."*
Der Mittlere Ring konnte von Anfang an nicht die in ihn gesetzten Hoffnungen erfüllen. Anstatt dass der Verkehr flott dahinfloss, bewegte sich die so genannte Reisegeschwindigkeit zwischen sieben und 19 Uhr bei durchschnittlich 15 Stundenkilometern. Eine Lösung der Verkehrsprobleme schien daher im Ausbau des öffentlichen Nahverkehrs zu liegen.

Rosenkavalierplatz 2

Nach der Landtagswahl vom 22. November 1970, bei der die CSU die absolute Mehrheit erreichte, stellte Ministerpräsident Alfons Goppel (1905-1991) am 8. Dezember sein neues Kabinett vor. Es enthielt einen neuen Posten: Der bisherige CSU-Generalsekretär Max Streibl (1932-1998) übernahm das neu eingerichtete Staatsministerium für Landesentwicklung und Umweltfragen, das erste seiner Art in der BRD. Seine Adresse lautete Rosenkavalierplatz 2. Laut Gesetz war und ist das Ministerium zuständig für Raumordnung und Landesplanung, für die Abwehr von Gefahren, die Natur, Landschaft, Boden, Wasser und Luft drohen, für Landschaftsschutz und -pflege, Freizeit und Erholung. Auch zeichnet es verantwortlich für die Koordinierung aller Planungen, die die Landesentwicklung betreffen.
Streibl selbst sah es als seine Aufgabe an, permanente Anstrengungen zur Reinhaltung von Luft und Wasser, zum Schutz vor quälendem Lärm, zur geregelten Beseitigung der Abfälle, zum Schutz vor Strahlungen, zur Erhaltung der Landschaft und zur Anlage von Erholungsgebieten zu unternehmen. Er prophezeite *„einen großen Sturm"*, wenn die Pläne seines Ministeriums für den Landschaftsschutz veröffentlicht würden. Darüber hinaus forderte er: *„Die Ausgaben für den Umweltschutz und die Umweltvorsorge müssen künftig in jede Kostenrechnung der Industrie miteingehen. Enges, absolutes Profitdenken eines missverstandenen Kapitalismus würde die Gefahr der Vernichtung unseres Lebensraumes heraufbeschwören."*

Pienzenauerstraße 30

Nach der Revolution im russischen Zarenreich 1917 flohen viele Russen außer Landes. Nach einigen Jahren in Jugoslawien mussten sie 1944 vor der Roten Armee erneut flüchten. Etliche von ihnen fanden in München eine vorübergehende oder auch dauernde neue Heimat. (> Schirmerweg 78). Sie hatten Teile des legendären Schatzes des Generals Pjotr Wrangel (1878-1928) mit nach München gebracht.

Ein Einbruch in die halb verfallene, aber dennoch wohl bewachte Villa an der Pienzenauerstraße 30 am 16. September 1950 machte die Öffentlichkeit auf den Schatz aufmerksam. Die Bewohner gehörten dem Ausschuss der russischen Emigranten an und bewahrten im Keller die Restbestände des Schatzes im Wert von 30.000 Mark auf. Nachdem schon mehrmals versucht worden war, die Wertgegenstände zu stehlen, war das Haus in eine Art Festung verwandelt worden. Der Ausschuss benötige den Schatz nämlich als finanzielle Basis für seine politischen Aktivitäten.

Die wertvollen Gegenstände stammten aus einer versunkenen Welt. Verarmter russischer Adel hatte sie vor dem Ersten Weltkrieg gegen Bargeld in einem Pfandhaus in St. Petersburg deponiert. Während der Revolution brachte man die Reichtümer nach Südrussland, von wo sie 1920 in 26 Eisenbahnwaggons von General Wrangel nach Jugoslawien in die erste Emigration überführt wurden. Als die Wehrmacht 1941 in Jugoslawien einmarschierte, schlugen sich die Exilrussen auf deren Seite und zogen sich 1944 vor der anrückenden Roten Armee nach Deutschland, genauer: nach Münden zurück. Von den ursprünglich 400 Kisten kamen 20 hier an und sollten dem mit den Deutschen kämpfenden General Andrei Wlassow (1901-1946) übergeben werden. Nach dessen Auslieferung an die Sowjetunion 1945 beschlagnahmte die US-Armee den Schatz als Feindeigentum. Erst 1948 übergaben sie ihn an die in München lebenden Russen, die die nur noch 13 Kisten in der Pienzenauerstraße aufbewahrten.

Innerhalb der zahlreichen Osteuropäer in München – Slowaken, Tschechen, Balten, Polen, Georgier, Ukrainer – erfreuten sich die Russen keiner sonderlichen Beliebtheit. Zwar waren sie ebenso wie die anderen auch vor der Roten Armee geflüchtet, stellten aber dennoch eine Bedrohung dar, wie die „Süddeutsche Zeitung“ am 15. Dezember 1950 schrieb: *„Abseits von den übrigen osteuropäischen Emigranten führen die Russen ihr eigenes Leben. Eine Reihe östlicher Nationalgruppen misstraut ihnen. Sie sehen in den antikommunistischen Emigrés noch immer Vertreter des zaristischen Imperialismus... Wir sprechen den Präsidenten des Russischen Nationalkomitees... Im Korridor hängt die alte russische Flagge mit den Farben Weiß-Blau-Rot. Darunter der Doppeladler des Zaren, auf dessen Brustschild der heilige Georg abgebildet ist. Alles, was wir sehen, zeugt von der Armut dieses Fleckchens Russland im Exil.“*

Pienzenauerstraße 15

Die Ukraine sah sich immer wieder als Opfer großrussischer Expansion. Im Zarenreich als „Klein-Russland" bezeichnet, ergriffen nationalistische urkrainische Kräfte die erste Gelegenheit, von Russland loszukommen. So unterzeichneten Vertreter der seit dem 22. Januar 1918 unabhängigen Ukrainischen Volksrepublik am 9. Februar 1918 in Brest-Litowsk einen Sonderfrieden mit Deutschland und Österreich, der der Ukraine die Unabhängigkeit vom inzwischen bolschewistischen Russland zusicherte. Der Preis der Freiheit bestand in einer starken Anlehnung an Deutschland.
Am 10. März 1919 ließ die kommunistische russische Regierung unter den Schutz der siegreichen Roten Armee die Ukrainische Sowjetische Sozialistische Republik gründen, die sich schon am 1. Juni 1919 mit Russland vereinigen musste. Die gnadenlose Verfolgung aller antisowjetischen Kräfte bis weit in die dreißiger Jahre hinein verursachte einen Strom von Emigranten, von denen sich viele in München niederließen.
Vor diesem Hintergrund erstaunt es wenig, dass zahlreiche Ukrainer im In- und Ausland die Besetzung ihrer Heimat durch die Wehrmacht im Jahr 1941 als Befreigung vom bolschewistischen Joch empfanden. Unter dem Schirm des „Dritten Reiches" gedachte man eine von kommunistischen, russischen und auch jüdischen Einflüssen freie Ukraine aufzubauen. Dieses Ansinnen nahm mit der Rückkehr der Roten Armee 1943 ein gewaltsames Ende. Nun mussten zahllose ukrainische Nationalisten mit der Wehrmacht zusammen nach Westen flüchten. München wurde wiederum ein Zentrum der osteuropäischen Emigration, eine *„Heimat der Heimatlosen"*, wie man damals sagte.
Der Lebensweg eines Mannes, der nach 1945 Einfluss innerhalb der ukrainischen Gemeinschaft ausübte, sei hier exemplarisch vorgestellt: Ivan Poltavee von Ostranytza (1890–1957), Kosakenführer und Politiker. Während der Revolution 1917/1918 nutzte er die Schwäche der russischen Regierung, um die nationale Unabhängigkeit der Ukraine zu fördern. Der hohe ehemalige zaristische Offizier bildete eine ukrainische Armee. In dem 1958 im Verlag Ukraine erschienenen Buch „Ukrainer in München" heißt es über ihn: *„Die im Laufe von Jahrhunderten von zaristischen Statthaltern in der Ukraine geraubten und verschleppten Kleinodien des ukrainischen Kosaken- und Hetmanentums wurden von ihm zusammen mit den ukrainischen Regimentern in die Ukraine zurückgebracht. In seiner Eigenschaft als Kanzler der Hetmanen versuchte er in Verbindung mit den Mittelmächten, seine Heimat vor der Bolschewisierung zu bewahren. Seit 1919 als Emigrant in München lebend... In den Jahren 1923-1934 gründete er den Kosakischen Generalrat und gab in München die Zeitung 'Ukrainskyi Kosak' heraus. Um diese Zeitung gruppierten sich viele Patrioten aus der Armee der ehemaligen ukrainischen Republik,*

und ihre Gedanken drangen bis in die weiten Steppen der vom moskowitischen Feind geknechteten Ukraine. Während des Zweiten Weltkrieges war sich Ostranytza dessen bewusst, dass die Freiheit der Ukraine schwer erkämpft werden muss. So stellte er sich auch im zweiten Krieg der deutschen Wehrmacht zur Verfügung und übernahm die Pflichten eines Kommandeurs des Kosakenkorps, welches sich aus kriegsgefangenen Ukrainern zusammensetzte, in der Hoffnung, dass dieses Kosakenkorps die Keimzelle für die künftige Aufstellung einer ukrainischen Streitmacht werde." Der Sieg der Roten Armee hatte die Flucht der 30.000 in deutschen Diensten stehenden Kosaken ins Ausland zur Folge. Auch Ostranytza fand sich wieder in München ein, *„fortwährend mit dem Gedanken der Wiedergeburt der Ukraine, für die er mit seinen Getreuen sein Leben lang gekämpft hat, beschäftigt."*
Ebenfalls im Jahr 1945 siedelte sich die Ukrainische Freie Universität aus Prag fliehend in München an. 1921 war sie in Wien gegründet und im selben Jahr in die Tschechoslowakei verlegt worden. Ihre zwei Fakultäten - Philosophie sowie Rechts- und Wirtschaftswissenschaften - erarbeiteten hauptsächlich Veröffentlichungen zu Themen, die die Ukraine betrafen. Seit 1974 befindet sich die Ukrainische Freie Universität in der Pienzenauerstraße 15. Sie gilt als geistiger Mittelpunkt der Exil-Ukrainer.
Zahlreiche andere ukrainische Organisationen bildeten sich in München, etwa das Koordinationszentrum des antibolschewistischen Kampfes oder die Revolutionäre Befreiungsfront der Jugend des antibolschewistischen Blocks der Nationen in der Fremde. Der sowjetische Geheimdienst lieferte sich mit diesen Vereinen einen erbitterten Kampf, der auch in München ausgetragen wurde (> Zeppelinstraße 67). Zur weiteren Infrastruktur gehörten karitative und soziale Vereine, ein Zeitgeschichtlicher Forschungsverein Ukraine und Diaspora, der Verlag Ukraine, der Verband der Kriegsbeschädigten Ukrainer, eine Staatsregierung im Exil, die Ukrainisch-Katholische Exilkirche und die Deutsch-Ukrainische Gesellschaft, die bereits 1918 in Berlin gegründet worden war und seit 1945 in München arbeitete (> Dachauer Straße 9). Im Jahr 1989 schlossen die ukrainische Hauptstadt Kiew und München eine Städtepartnerschaft.

Thomas-Mann-Allee

Die Föhringer Allee erfuhr 1956 eine Umbenennung: Der südliche Teil hieß fortan Thomas-Mann-Allee, der nördliche Heinrich-Mann-Allee. Das Schicksal der beiden literarisch und damit auch politisch bedeutenden Brüder steht stellvertretend für die Entwicklung des deutschen Geistes vor und während des „Dritten Reiches" und die schwierige Besinnung danach.
Heinrich Mann (1871-1950) kritisierte in seinem 1918 erschienenen Roman

„Der Untertan" das allgemeine Duckmäusertum im wilhelminischen Deutschland. Er gehörte auch zu den wenigen europäischen Intellektuellen, die sich bei Ausbruch des Ersten Weltkrieges 1914 gegen den nationalistischen Chauvinismus auf allen Seiten wandte. In den zwanziger Jahren setzte er sich - gegen den Strom der Zeit schwimmend - für die deutsch-französische Verständigung und ein geeintes Europa ein. Da ihm das politische Klima in München zunehmend unerträglich wurde, siedelte er 1928 nach Berlin über. Dort berief ihn die Sektion Dichtkunst der Preußischen Akademie der Künste 1931 zu ihrem Präsidenten. Auch schon vor seiner Unterzeichnung eines Aufrufs des Internationalen Sozialistischen Kampfbundes zur Einigung von SPD und KPD im Februar 1933 spürte Heinrich Mann seine zunehmende persönliche Isolierung. Viele zogen sich in opportunistischer Erwartung des „Dritten Reiches" von ihm zurück. Bereits im Februar 1933 wurde er zum Austritt aus der Akademie gezwungen und emigrierte nach Frankreich. Das Deutsche Reich entzog ihm postwendend die Staatsbürgerschaft. In Frankreich und nach seiner Flucht in die USA im Jahr 1940 gehörte Heinrich Mann zu den einflussreichsten deutschen Emigranten, die das „Dritte Reich" bekämpften.
Nach 1945 mussten sich Repräsentanten der deutschen Kultur wie Mann von zahlreichen politisch belasteten Deutschen herbe Vorwürfe anhören, die fast immer demselben Muster folgten: Während sie zwölf harte Jahre der Entbehrung und Unterdrückung erleiden mussten, hätten es sich Leute wie Heinrich Mann im sonnigen Kalifornien gut gehen lassen. Daher seien diese nicht berechtigt, im Nachhinein den moralischen Zeigefinger zu heben. Heinrich Manns Unbeliebtheit steigerte sich noch dadurch, dass er 1947 die Ehrendoktorwürde der Ost-Berliner Humboldt-Universität annahm und 1949 den Nationalpreis 1. Klasse für Kunst und Literatur der DDR verliehen bekam. Ebenfalls 1949 nahm er die Berufung zum Präsidenten der Deutschen Akademie der Künste der DDR an. Er starb jedoch am 12. März 1950 in seinem Noch-Exil in Santa Moncia.
Sein Bruder Thomas Mann (1875-1955) war ein Vertreter des humanistischen Bildungsbürgertums. Der Nobelpreisträger für Literatur des Jahres 1929 konnte aus Angst vor politischer Verfolgung im Februar 1933 nach einer Auslandsreise nicht mehr nach München zurückkehren. Im April 1933 forderten führende Persönlichkeiten des Münchner Kulturlebens die Ausbürgerung Thomas Manns. Der Staat vollzog 1936 dieses Ansinnen gegen den in der Schweiz, in Frankreich und seit 1938 in den USA lebenden Schriftsteller, der sich publizistisch wie sein Bruder gegen das „Dritte Reich" engagierte.
Ebenso wie Heinrich mußte Thomas Mann nach dem Krieg neben Bewunderung auch Schmähungen zur Kenntnis nehmen. Folgender Leserbrief an den „Münchner Merkur" vom 6. November 1954 steht dafür symptomatisch: *„Während des Krieges saß er in Amerika und machte für hohe Bezahlung Propaganda gegen sein Vaterland. Nach dem Kriege kam er nach Deutschland*

(wohlweislich nur zu Besuch, denn die Fleischtöpfe waren leer!) und wurde von einer durch Not und Schrecken irrsinnig gewordenen Bevölkerung gefeiert. Dann ging er in die Ostzone und ließ sich dort huldigen. Als ihm die Tantiemen in gewünschter Höhe nicht bewilligt wurden, ging er zurück in die Vereinigten Staaten. Weil ihm nun auch dort nicht mehr die gewünschte Beachtung zuteil wird, will er sich nun anscheinend den Franzosen anbiedern. Wir haben nun die Bitte: Verschonen Sie uns künftig mit Nachrichten über diesen Schriftsteller!"
Ein anderer Leser antwortete in der Ausgabe vom 13. November 1954: *„Thomas Mann ist neben Hermann Hesse der bedeutenste deutsche Dichter der Gegenwart. Vom Hitlerregime wurde er abgelehnt und ging nach Amerika. Thomas Mann hat, wie jeder Mensch, eine Heimat, gewiss aber kein Vaterland im nationalsozialistischen Sinne. Er besucht bestimmt nicht irgendeinen Staat, sondern seine Freunde, die es überall gibt."*
Wie sein Bruder starb Thomas Mann im Exil, am 12. August 1955 in Zürich. Am 1. März 1956 beschloss der Stadtrat die Umbenennung der Föhringer Allee. Die Wahl fiel auf diese Straße, weil Thomas Mann von 1914 bis 1933 im Haus Poschingerstraße 1 gelebt hatte. Die Namensgebung galt als nachträgliche Anerkennung der Lebensleistung der beiden Mann-Brüder von Seiten der ehemaligen „Hauptstadt der Bewegung".

Freimann / Milbertshofen

Im Münchner Norden spiegelt sich die rasante Entwicklung in der jungen Bundesrepublik der Nachkriegsjahrzehnte wider wie in kaum einem anderen Stadtgebiet: Neue Verkehrseinrichtungen, insbesondere Straßenerweiterungen sowie Müllprobleme der Millionenstadt eskalieren hier. Die zahlreichen Kasernen machten Freimann und Milbertshofen zu dem militärischen Zentrum der Stadt.

Ungererstraße 75

Das U-Bahn-Zeitalter in München begann am Vormittag des 1. Februar 1965 an der Ungererstraße 75. In Anwesenheit von Prominenz und zahlreichen Schaulustigen sagte Ministerpräsident Alfons Goppel (1905-1991): *„Ich möchte das Werk beginnen zum Wohle aller Münchner und der Bürger des ganzen Landes, in Gottes Namen."* Daraufhin wurde ein 18 Meter langer Stahlträger im Erdreich versenkt, begleitet von der Trambahner-Kapelle mit dem Marsch „Die Bosniaken kommen". Das obere Ende des Trägers blieb aus dem Boden ragen und trägt heute eine Inschrift, die auf das Ereignis hinweist.

Die erste Münchner U-Bahn-Linie führte vom Kieferngarten zum Goetheplatz und sollte um 1975 herum fertig gestellt sein. Die im Jahr 1966 an München vergebenen Olympischen Sommerspiele 1972 machten aber eine frühzeitigere Fertigstellung notwendig. Am 19. Oktober 1971 konnte Bundesverkehrsminister Georg Leber tatsächlich den ersten U-Bahn-Zug offiziell starten lassen.

Der erste Stahlträger vom 1. Februar 1965 (BW)

Oberbürgermeister Hans-Jochen Vogel wies bei dieser Gelegenheit auf die positiven Auswirkungen des neuen Verkehrsmittels hin: *„Wenn mit Hilfe dieser U-Bahn jährlich zehn Menschen ihr Leben behalten, die sonst im Straßenverkehr getötet worden wären, wenn hundert bei Verkehrsunfällen nicht verletzt und verstümmelt wer-*

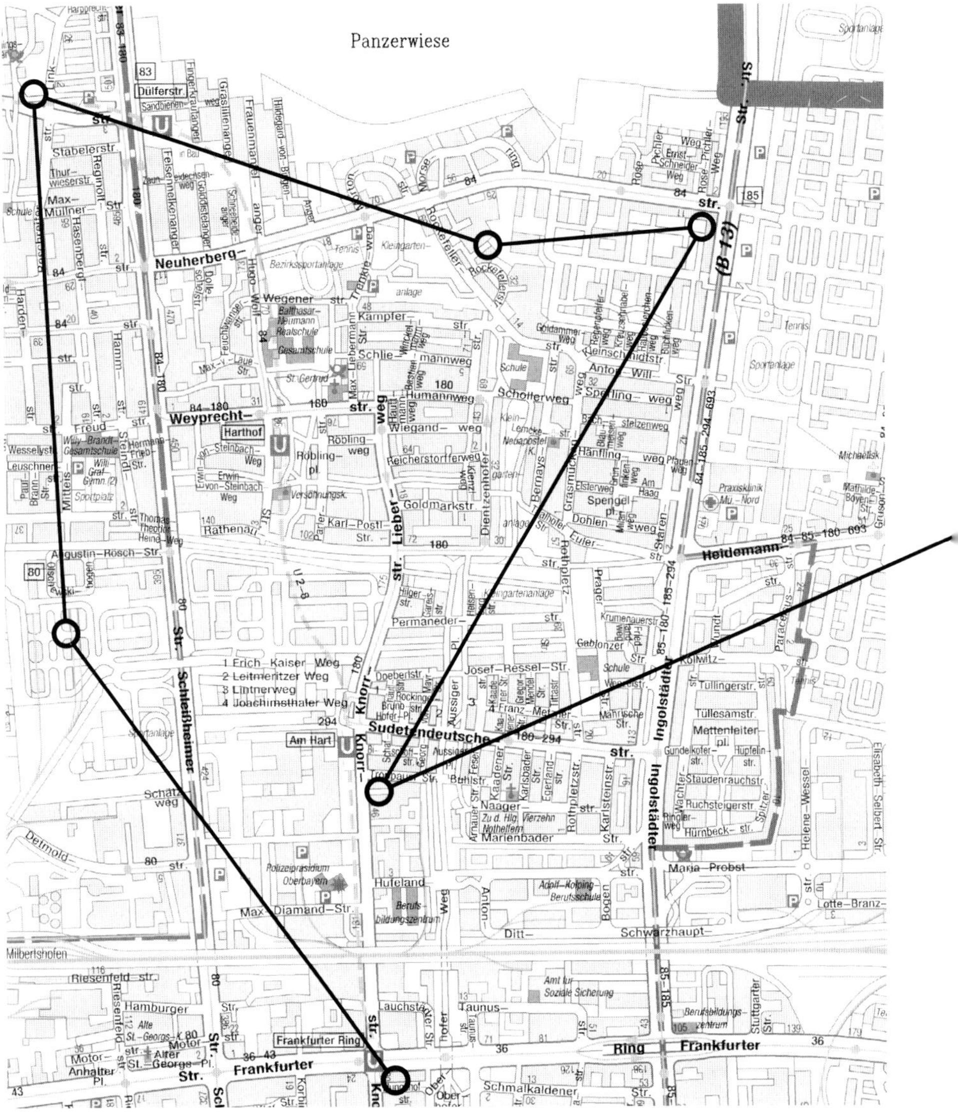
Panzerwiese
Dülferstr.
Neuherberg-
Weyprecht-
Harthof
Wegener
Kampfer-
Schlie-
mannweg
Humannweg
Schotterweg
Wiegand-
weg
Röbling-
weg
Reicherstorfferweg
Goldmarkstr.
Karl-Postl-
Str.
Rathenau-
Liebe-
Augustin-Rösch-Str.
Heidemann-
Permaneder-
1 Erich-Kaiser-Weg
2 Leitmeritzer Weg
3 Lintnerweg
4 Joachimsthaler Weg
Josef-Ressel-Str.
Sudetendeutsche
Am Hart
Knorr-
Schleißheimer
Ingolstädter
Tüllingerstr.
Mettenleiter-
pl.
Staudenrauchstr.
Ruchsteigerstr.
Marienbader
Maria-Probst-
Hufeland
Max-Diamand-Str.
Polizeipräsidium
Oberbayern
Schwarzhaupt-
Ditt-
Milbertshofen
Riesenfeld-str.
Hamburger
Frankfurter Ring
Frankfurter
Ring
Schmalkaldener
Taunus-
Lauchstädter Str.
Detmold-
Schatz-
weg
Freud
Hasenbergl-
Stabelerstr.
Heinrich-Willi-Graf-Gymn. (2)
(B 13)
Lotte-Branz-
Elisabeth-Selbert-Str.

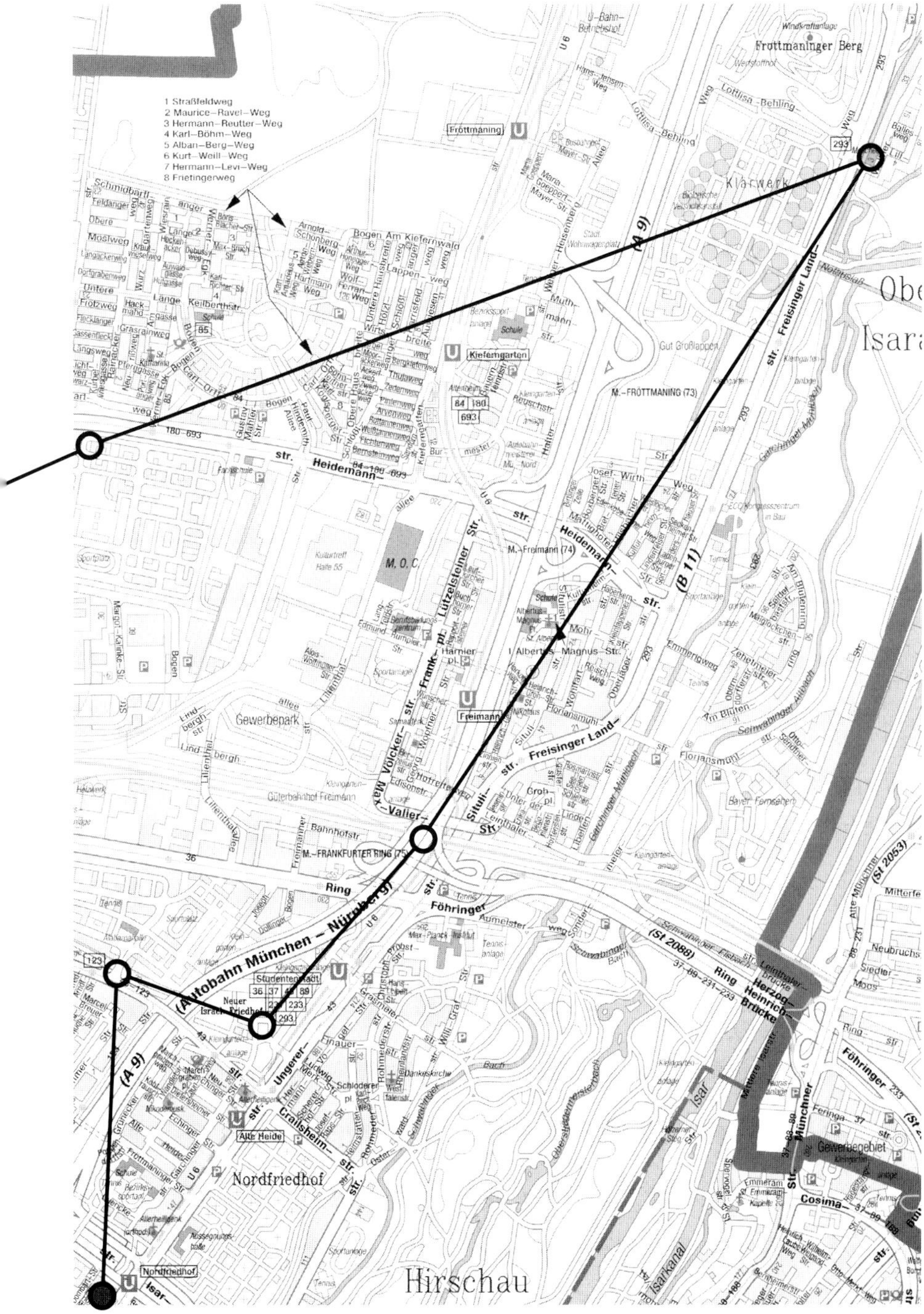
1 Straßfeldweg
2 Maurice-Ravel-Weg
3 Hermann-Reutter-Weg
4 Karl-Böhm-Weg
5 Alban-Berg-Weg
6 Kurt-Weill-Weg
7 Hermann-Levi-Weg
8 Frietingerweg
Fröttmaninger Berg
Fröttmaning
Klärwerk
Kieferngarten
M.-FRÖTTMANING (73)
Heidemann-str.
M.O.C.
M.-Freimann (74)
Freimann
Gewerbepark
Güterbahnhof Freimann
Freisinger Land-str.
Florians-mühl
M.-FRANKFURTER RING (75)
Frankfurter Ring
Autobahn München - Nürnberg
Studentenstadt
Föhringer Ring
Neuer Israel. Friedhof
Alte Heide
Nordfriedhof
Hirschau
Herzog-Heinrich-Brücke
Gewerbegebiet
Isar
Isarkanal
Obe
Isar

den, wenn Zehntausende täglich im Durchschnitt 40 Minuten länger zu Hause bleiben und ohne physische und psychische Anspannung den Weg von der Wohnung zur Arbeitsstätte und zurück bewältigen können, wenn überdies möglichst viele entlang der Strecke ihr Auto zu Hause lassen und damit zur Luftverbesserung beitragen – dann hat sich diese Anstrengung durchaus gelohnt.“
Zur Olympiade kam noch eine zweite Linie hinzu, die von der Münchner Freiheit zum Olympiazentrum führte. Seit dem 22. November 1975 konnte man dann bis zum Harras fahren. Dieses Mal eröffnete Hans-Jochen Vogel, inzwischen Bundesjustizminister, den Verkehr.

Domagkstraße 33

Die Funkkaserne an der Domagkstraße 33 diente als Durchgangslager für durch den Krieg heimatlos gewordene Ausländer, die „Displaced Persons“. Sie unterstand der International Refugees Organization (IRO). Nach deren Auflösung zum 1. März 1952 ging das ehemalige Militärgelände in den Besitz der bayerischen Vertriebenenverwaltung über. Die Gebäude standen nicht lange leer, denn nun strömten Flüchtlinge aus der DDR nach Westdeutschland, insbesondere nach dem niedergeschlagenen Aufstand vom 17. Juni 1953. Die ersten Ostdeutschen trafen am 3.April 1953 in der Funkkaserne ein, täglich zwischen 100 bis 130 Personen, die nach kurzer Zeit in Auffanglager in der BRD weitergeleitet wurden.
Die typische Infrastruktur eines Flüchtlingslagers hatte sich schnell entwickelt: Läden, Friseure, ein Arzt, eine Lesestube für die völlig mittellosen Menschen, die nichts mehr besaßen außer dem, das sie in Rucksäcken und Kartons mitgebracht hatten. Der Westen befand sich dank des exportierten US-Kapitals des Marshall-Plans wirtschaftlich bereits auf dem Weg nach oben. Die Flüchtlinge erhielten Arbeitslosenunterstützung und Fürsorgezahlungen. *„Viele vertragen das gute Essen nicht“*, konnte man in der Zeitung lesen, so dass der Lagerarzt hier ein Betätigungsfeld besonderer Art vorfand. Aber so golden war der Westen doch noch nicht, als dass die Auswanderung als Zukunftsperspektive ausschied. Die Büros des Zwischenstaatlichen Komitees für die Auswanderung aus Europa lenkten in Zusammenarbeit mit vier Auswanderungsmissionen vor Ort Arbeitskräfte in Länder, die Bedarf danach anmeldeten.
Chile war an volksdeutschen Bauernfamilien interessiert. Ebenso Venezuela, das eine eigene, 20.000 Hektar große bäuerliche Kolonie mit komplett eingerichteten Bauernhäusern zur Verfügung stellte. Die dorthin Ausgewanderten konnten diese zu günstigen Bedingungen kaufen. Australien benötigte Feldarbeiter, Landarbeiter sowie Hausangestellte, Kanada denselben Personenkreis plus Krankenschwestern. Ein europäisches Land unterhielt ebenfalls eine eigene Auswanderungsmission in der Funkkaserne: Belgien war auf der Suche nach qualifizierten

Bergarbeitern. Wer von den DDR-Flüchtlingen keine Berufsausbildung nachweisen konnte, hatte kaum Auswanderungschancen.

Am 15. Mai 1955 verließen die letzten Flüchtlinge die Funkkaserne, die Auswanderungsbüros schlossen ihre Pforten. Die Münchner Zweigstelle des Hohen Kommissars für Flüchtlinge der Vereinten Nationen beendete ihre Arbeit allerdings erst im Jahr 1962 (> Ludwigsfeld). Angemerkt sei, dass noch im Jahr 1975 etwa 9.000 Münchner und Münchnerinnen bei den drei Beratungsstellen in der Stadt vorsprachen. Als Wunschländer gaben sie Australien, Kanada, die USA und den Iran an.

Seit 1950 berieten die hohen ehemaligen Wehrmachtsoffiziere Adolf Heusinger (1897-1982) und Hans Speidel (1897-1984) Bundeskanzler Konrad Adenauer in militärischen Fragen. Im Rahmen der NATO und westeuropäischer Strukturen sollte die BRD erneut eine Armee aufbauen, um den Westblock gegen den Ostblock zu stärken. Der Gewerkschaftsführer Theodor Blank (1905-1972) leitete die politischen und organisatorischen Vorbereitungen. Ende 1954 hatten sich Abgesandte des Amtes Blank in München auf die Suche nach geeigneten Kasernen gemacht. Sie fanden im Stadtgebiet sieben unbeschädigte vor, von denen aber sechs von der US-Armee belegt waren. Die einzige, die kurzfristig für deutsche militärische Zwecke nutzbar gemacht werden konnte, war die damals noch von Flüchtlingen bewohnte Funkkaserne.

Die absehbare Wiederbewaffnung der BRD führte zu zahlreichen Protestaktionen wie am 8. Januar 1955 am Stiglmaierplatz. Etwa 400 Menschen, unter ihnen ungewohnt viele Frauen, traten gegen die geplante Einführung der allgemeinen Wehrpflicht auf. Transparente mit Aufschriften wie *„Es mahnen uns die Toten, Kommiss gehört verboten"* oder *„Wir wollen weder für Dollar noch für Rubel sterben"* gaben ihrer Ablehnung der politischen Entwicklung Ausdruck. Diese nahm aber ihren Lauf. Mit der Aufnahme der BRD in die NATO am 5. Mai 1955 und der Gründung der Westeuropäischen Union am selben Tag konnte die Bundeswehr zunächst als Freiwilligenarmee aufgebaut werden.

Demonstration der „Internationalen der Kriegsdienstgegner", 28. März 1956 (StAM)

Die nun frei gewordene Funkkaserne wurde für die Bedürfnisse eines Pionier-Lehrbataillons hergerichtet. Die ersten 80 Freiwilligen - 60 Unteroffiziere und 20 Offiziere - bezogen am 4. April 1956 den Gebäudekomplex, der nach elf Jahren kriegsbedingter Unterbrechung nun wieder seiner ursprünglichen Bestimmung diente. Hier nahm also der schnell wachsende Bundeswehrstand-

ort München seinen Ausgang (> Dachauer Straße 128). Die deutschen Soldaten kamen ohne Waffen und ohne Ausrüstung. Sie richteten die Kaserne so weit ein, dass ab Juni 1956 das amerikanische Lehrpersonal einziehen konnte, das dann Waffen und Maschinen mitbrachte.
Am 21. Juli 1956 trat das Wehrpflichtgesetz in Kraft. Es legte die Wehrpflicht für alle Männer ab dem vollendeten 18. Lebensjahr fest. Gleichzeitig garantierte es die Möglichkeit der Kriegsdienstverweigerung aus Gewissensgründen. Ab Juli 1956 lief der Betrieb in der Funkkaserne dann mit rund 1.600 Soldaten auf dem geplanten Niveau. Die Kaserne war aufgeteilt in ein schweres Pionierbataillon, das den Brücken- und Straßenbau übte, und in ein leichtes Pionierbataillon, das sich auf die Zerstörung derselben spezialisierte.
Jenes Jahr 1956 war gekennzeichnet von schweren internationalen Spannungen. Aufstände in Polen (Juni), in der CSSR (Juli) und Ungarn im Oktober wurden militärisch niedergeschlagen. Großbritannien und Frankreich nutzten die Ereignisse in Ungarn aus, um den zuvor von Ägypten, das dem Ostblock zuneigte, verstaatlichen Suezkanal zu besetzen. Zu genau derselben Zeit griff das westlich orientierte Israel seine sowjetisch ausgerichteten arabischen Nachbarn an.
Bis Oktober 1959 hatte man die Funkkaserne baulich so erweitert, dass das Instandsetzungsbataillon 500 einziehen konnte. Seine Aufgabe bestand in der Reparatur aller technischen Geräte und Maschinen des Wehrbereiches Bayern. Auf dem eigenen Bahnanschluss wurden nun pro Monat 600 Fahrzeuge, Geschütze und Panzer nach und von Freimann transportiert.

Garchinger Straße 37

Im Israelitischen Friedhof an der Garchinger Straße 37 ist ein Denkmal *„Den Opfern der schweren Verfolgungszeit 1933–1945 zum Andenken“* gewidmet. In seiner Nachbarschaft liegt Philipp Auerbach (1906–1952) begraben. Das Schicksal des ehemaligen Generalanwalts für die Verfolgten des Naziregimes und Präsidenten des Bayerischen Landesentschädigungsamtes steht stellvertretend für die Lage der jüdischen Überlebenden im Nachkriegsdeutschland.
Auerbach hatte die Verfolgungen des „Dritten Reiches“ überlebt und wurde von den britischen Besatzungsbehörden 1945 in Düsseldorf zum Oberregierungsrat ernannt. 1946 wurde er als Staatskommissar beziehungsweise Generalanwalt nach München berufen. Ihm fiel damit die Aufgabe zu, im allgemeinen Chaos die zahllosen Überlebenden des Terrors, die sich in der US-Zone, insbesondere in München, sammelten, mit dem Notwendigsten auszustatten und ihnen ein neues Leben außerhalb Europas oder sogar in Deutschland zu ermöglichen. Da Auerbach selbst Jude war, empfand er diese Arbeit nicht nur als Broterwerb und Pflicht, sondern angesichts der Ungeheuerlichkeit der begangenen Verbrechen als inneres, persönliches Anliegen.

Die ihm zur Verfügung gestellten Wiedergutmachungsgelder verwaltete und verteilte Auerbach mit der ihm eigenen aggressiven Hilfsbereitschaft. Er entwickelte sich zum *„heimlichen König von Bayern“* und seine Behörde zum *„Staat im Staate“*, wie es hieß.
Je mehr die staatlichen Behörden zu normaler Verwaltungstätigkeit zurückkehrten, desto weniger wurden die zwar als notwendig erachteten, aber oft undurchsichtig durchgeführten Aktivitäten des Landesentschädigungsamtes akzeptiert. Hinzu kamen Neid auf die finanzielle Ausstattung der Behörde und daran aufgehängt ein latenter Antisemitismus. Ein Übriges tat Auerbachs Eitelkeit, die ihn dazu verleitet hatte, unberechtigt einen Doktortitel zu führen. Im Nachherein gesehen wäre es vielleicht doch besser gewesen, einen Verwaltungsfachmann, der Auerbach nicht war, und einen Nichtjuden an die Spitze des Amtes zu stellen.
Justizminister Josef Müller (1898-1979) strengte gegen Auerbach einen Prozess an, bei dem es unter anderem um die Auszahlung von Entschädigungsgeldern an nicht existierende Empfänger ging. Dieses Verfahren wiederum nahm Müllers CSU-Parteifeind, der frühere Kultusminister Alois Hundhammer (1900-1974) zum Anlass, ersteren am 5. Juni 1952 zu stürzen. Er konnte nämlich nachweisen, dass Müller von Auerbach Parteispenden aus Wiedergutmachungsgeldern angenommen hatte. Der Prozess erregte Aufsehen im In- und Ausland, galt es doch, ein menschlich und politisch verständliches, juristisch aber unentschuldbares Fehlverhalten zu bewerten. Dass der Angeklagte Jude, der anklagende Staat aber Rechtsnachfolger des „Dritten Reiches“ war, ließ alsbald das Schlagwort von der *„bayerischen*

Philipp Auerbachs Beisetzung, 18. August 1952 (StAM)

Dreyfuß-Affäre" entstehen. Der französische Offizier Alfred Dreyfuß (1859-1935) war auf Grund gefälschter Papiere des Landesverrates an Deutschland bezichtigt und vom Militärgericht in Paris in einem Willkürurteil einzig wegen seines jüdischen Glaubens verurteil worden.
Am 14. August 1952 verkündete Landgerichtsdirektor Josef Mulzer *„Im Namen des Volkes"* das Urteil: zweieinhalb Jahre Gefängnis und 2.700 DM Geldstrafe. Die 15-monatige Untersuchungshaft wurde angerechnet. Schwerkrank und zitternd vor Erregung beschwor daraufhin Auerbach mit sich überschlagender Stimme seine Unschuld und bezeichnete sich als zweiten Alfred Dreyfuß. Am 16. August schied er freiwillig aus dem Leben. Frau und Kind blieben mittellos zurück – eine nachträgliche Rechtfertigung gegen die Anklage der privaten Bereicherung. Am 18. August geleiteten Tausende den Toten von der Synagoge an der Reichenbachstraße zum Israelitischen Friedhof. Der Andrang dort war so groß, dass starke Polizeikräfte den Friedhof abriegeln mussten. Es wurden Transparente mit Aufschriften wie *„Nieder mit dem nazistischen Dreyfuß-Prozess"* und *„Nieder mit dem Nazirichter Mulzer"* gezeigt. Letzteres wollte die Polizei beschlagnahmen, wobei es zu schweren Krawallen kam. Zwei Hundertschaften Polizei mit Karabinern trafen ein, ein Wasserwerfer trieb die Demonstranten auseinander. Zum zusätzlichen Eklat kam es, als bewaffnete Polizisten den Friedhof betraten und die geladenen Trauergäste zum Verlassen des Geländes aufforderten. Nach jüdischer Auffassung bedeutet das Betreten eines Friedhofes unter Waffen seine Schändung, noch dazu in diesem Fall begangen von der deutschen Staatsgewalt.

Autobahn Nürnberg

Der stetig zunehmende Straßenverkehr ließ die verschiedensten Planungsvarianten entstehen. Eine ihrer radikalsten dürfte die im Juni 1954 vorgestellte gewesen sein, die von Bund, Land und Stadt mit 200.000 Mark finanziert wurde: Die drei nach München führenden Autobahnen von Stuttgart, Nürnberg und Salzburg sollten teils als Hochstraßen, teils als Einschnitte in die Innenstadt geführt werden. Zwischen Hacker- und Donnersbergerbrücke sollten die vier- bis sechsspurigen Trassen über den Gleisanlagen verknotet und mit dem städtischen Straßennetz verbunden werden.
Von dieser damals als *„großzügig"* und *„modernst"* empfundenen Lösung ließ der traditionelle Geldmangel nur die Hochbrücke Freimann, den so genannten Tatzelwurm, entstehen. Die Autobahn Nürnberg war nach dem Krieg einspurig zur Situlistraße weitergeführt worden. Insbesondere die Bahnunterführung stellte für die täglich etwa 20.000 Fahrzeuge (Stand 1956) ein Hindernis dar. Der Eucharistische Weltkongress, zu dem Ende Juli 1960 eine Million Besucher und Besucherinnen erwartet wurden, galt als Stichdatum, zu dem das Freimanner Nadelöhr beseitigt sein sollte. Im Januar 1959 begannen die Bauarbeiten. In elf Meter Höhe und auf 800 Meter

Länge führte die Autobahn über die Bahnanlagen und den Frankfurter Ring, der Verkehr nach Salzburg wurde über den Föhringer Ring nach Osten geleitet.
Die Anwohnerschaft hatte sich anfangs gegen die ihr Stadtviertel dominierenden Planungen gewehrt. Das Autobahnbauamt versicherte jedoch, diese damals größte Brücke Bayerns zu einer Sehenswürdigkeit ausgestalten zu wollen. Insbesondere würden alle Dämme und Auffahrtrampen begrünt werden. Die Alternative einer unterirdischen Führung des Verkehrskreuzes sei außerdem nicht finanzierbar. Von diesem Argument hatte sich auch der Stadtrat überzeugen lassen und im Sommer 1958 die Pläne gebilligt, die er für *„gerade noch tragbar und städtebaulich vertretbar"* hielt.
Zur offiziellen Einweihung des Brückenwerks am 22. Juli 1960 hatten sich Tausende von Schaulustige eingefunden. Kardinal Joseph Wendel (1901-1960) sagte bei der Segnung des Gebäudes: *„Dass bei der Verkehrsübergabe der Autobahneinfahrt der Segen Gottes erbeten wurde, zeugt davon, dass man gewillt ist, die Wege Gottes nicht zu verlassen und die Brücken zu ihm nicht abzubrechen."* Oberbürgermeister Hans-Jochen Vogel lobte das Bauwerk, das *„das ästhetische Gefühl des Betrachters nicht nur nicht verletzt, sondern sogar zu befriedigen vermag."* Bundesverkehrsminister Hans-Christoph Seebohm (1903-1967) gab seiner Hoffnung Ausdruck: *„Möge die neue Anlage die Stadt vor einem übermäßigen Verkehr bewahren!"*
In politischer Hinsicht erinnerten sich die Festredner der Teilung Deutschlands und der verbindenden Funktion von Verkehrswegen. Vogel erinnerte daran, dass die Autobahn in Berlin beginne und in München ende, also durch den Eisernen Vorhang unter-

Einweihung und Eröffnung des „Tatzelwurmes", 22. Juli 1960 (StAM)

brochen werden: *„Ich möchte deshalb auch bei dieser Gelegenheit unseren Brüdern und Schwestern in Berlin und in der Zone zurufen, dass wir hier in München den Tag herbeiwünschen, an dem die Autobahn München-Berlin nicht mehr die Spaltung, sondern die wieder hergestellte Einheit Deutschlands symbolisiert.“*

Zeitungsanzeige aus dem Jahr 1969 (BW)

Anfang Juni 1962 - inzwischen war die Berliner Mauer errichtet und damit die Teilung Deutschlands perfektioniert worden - fand in München eine Solidaritätswoche mit der geteilten Stadt statt. Bei dieser Gelegenheit enthüllte deren Regierender Bürgermeister Willy Brandt am 4. Juni 1962 an der Autobahnausfahrt Freimann ein Denkmal mit dem Berliner Bären, das zwischen den Fahrbahnen steht. Brandt sprach die Hoffnung aus, *„...dass wir nicht allzu weit entfernt sein mögen von einem Deutschland und einem Europa ohne unmenschliche Mauern, ohne Stacheldrähte und Todesstreifen.“*

Wallnerstraße 1

Vor 1939 gab es in Bayern einige wenige Moslems. Infolge der Kriegsereignisse verschlug es dann Tausende von Moslems nach Süddeutschland; die meisten lebten nach 1945 als „Displaced Persons“ in zwei Lagern in Neu-Ulm und Schwabach. Viele kehrten später freiwillig oder gezwungen in ihre Heimatländer zurück, viele wanderten nach Übersee aus. Zurück blieben rund 700 Personen, meist Männer, die sich häufig mit deutschen Frauen verheirateten. Aus diesen Ehen stammten 1951 etwa 150 Kinder.
Die kleine islamische Gemeinschaft in München brachte gerade das Geld auf, um zu hohen Festtagen einen Raum im Deutschen Museum für religiöse Zwecke zu mieten. Die deutschen Behörden anerkannten die Gemeinde nicht als religiöse Gemeinschaft, so dass sie auf rein privater Ebene ihre spärlichen Aktivitäten entfaltete. Eine gewisse Unterstützung erfuhr sie vom türkischen Generalkonsulat (> Sieberstraße 6). Später stellten Kolping-Häuser Räume für die Gottesdienste zur Verfügung. Dass in München seit Kriegsende Moslems lebten, davon zeugen auch die islamischen Gräberfelder auf dem Waldfriedhof und dem Westfriedhof.
In den fünfziger Jahren nahmen die ersten jungen Männer aus islamischen Staaten ihr Studium an den Münchner Hochschulen auf. Ihnen folgten bald Arbeiter, die von der BRD gezielt angeworben wurden (> Bahnhofplatz). *„Man holte*

Arbeitskräfte, aber es kamen Menschen", wie es später so treffend hieß, und diese brachten ihren Glauben mit in das christliche Abendland. Der Islam wurde zur drittstärksten Konfession in Westdeutschland.
Im Jahr 1958 fasste die islamische Gemeinde in München den Beschluss, eine eigene Moschee zu errichten. Die Durchführung dieses Beschlusses stieß aber auf zwei Schwierigkeiten: In erster Linie fehlte es an Geld, da die Gemeinschaft nur über private Spenden verfügte. Zum zweiten glaubten die Öffentlichkeit und die Behörden, eine Moschee mit ihrem Minarett passe – im Gegensatz wohl zu Hochhäusern und Straßenbauwerken – nicht in eine christlich geprägte Umgebung.
Seit 1958 suchte die Islamische Gemeinde in Süddeutschland Kontakte zu islamischen Staaten in Afrika und Asien, um dort Gelder für den Bau einer Moschee in München zu erbitten. Jahrelange Bemühungen machten schließlich 1967 den Kauf des Grundstückes Wallnerstraße 1 möglich. Seine Lage in unmittelbarer Nähe zu Müllberg und Kläranlage und am äußersten Rand des Stadtgebietes scheint symbolisch für die Stellung der Muslime in der abendländischen Gesellschaft. Die negativ exponierte Lage war bezeichnenderweise gleichzeitig die Voraussetzung zur Baugenehmigung für die Moschee, da in dieser Umgebung ein islamisches Gotteshaus offenbar auch nicht mehr als störend empfunden wurde.
Im Oktober 1967 wurde der Grundstein für diese erste Moschee im süddeutschen Raum gelegt, nach sieben Monaten konnte man bereits Richtfest feiern. Doch damit waren die Geldmittel erschöpft, die Bautätigkeit musste eingestellt werden. Auf der Suche nach weiterer finanzieller Unterstützung stieß man auf Libyiens Staatschef Muamar Al Khaddafi, der seinerseits seine Erdöleinnahmen zur weltweiten Stärkung des Islams einsetzen wollte. Mit 1,6 Millionen Mark ermöglichte er die Fertigstellung der Moschee am Münchner Stadtrand. Dieses libysche Geld scheint den Charakter des Islamischen Zentrums an der Wallnerstraße bis heute geprägt zu haben. Obwohl der Türke Osman Gürel als Architekt verantwortlich zeichnete, ist die Moschee Treffpunkt hauptsächlich arabischer Muslime, weniger von Persern und Türken.
Im März 1973 war das Gotteshaus bezugsfertig. Sein 33 Meter hohes Minarett überragte damals noch den benachbarten Müllberg. Der Ruf des Muezzin vom Minarett zur Sammlung der Gläubigen zum Gebet war mit Rücksicht auf die nicht-islamische Nachbarschaft nicht gestattet worden, hätte allerdings in dieser Umgebung auch von keinem Muslim gehört werden können. Immerhin: Die damals 25.000 in München lebenden Muslims erhielten mit der Moschee ein Zentrum, das sie religiös und auch architektonisch mit ihrer Heimat verbindet. Am 1. April 1973 fand die erste religiöse Zeremonie in der neuen Moschee statt: Ein pakistanischer Student und eine in Bayern aufgewachsene Französin schlossen ihren Bund fürs Leben, sozusagen eine Verbindung zwischen Morgen- und Abendland auf privater Ebene.
Am 24. August 1973 schließlich wurde die Moschee feierlich eingeweiht. Unter den zahlreichen Ehrengästen aus dem In- und Ausland befanden sich auch Ver-

treter des Erzbistums Freising-München, das symbolisch 5.000 Mark zum Bau gespendet hatte. Das Zweite Vatikanische Konzil 1962/1965 hatte den Muslimen nämlich Hochachtung für ihre Glaubensstärke ausgesprochen.
Die Einweihung selbst nahm der aus Libyen angereiste Scheich Mohmoud Soubhy vor. Auf Arabisch bezeichnete er München als *„Fenster zum Orient"*. Deshalb sei es Aufgabe des Münchner Islamischen Zentrums, die Beziehungen zwischen der Islamischen Welt und der Bundesrepublik zu verbessern. Auf seiner Rückreise nahm er als Ausdruck des Dankes der hier lebenden Muslime den goldenen Schlüssel der Moschee für Khaddafi mit.

Heidemannstraße 50

Eine der Freimanner Wehrmachtskasernen, die seit 1945 von der US-Armee genutzt wurden, war die Henry-Kaserne an der Heidemannstraße 50. Hier waren Infanterieeinheiten der 7. Armee stationiert.
Das Verhältnis zwischen der amerikanischen Besatzungsmacht und der besiegten deutschen Bevölkerung gestaltete sich zwiespältig, unter dem Strich aber entspannt. Immerhin garantierten die Amerikaner mit denselben Waffen, mit denen sie das „Dritte Reich" gegen den fanatischen Widerstand der Wehrmacht niedergekämpft hatten, nun die Sicherheit gegenüber der gefürchteten Roten Armee. Ihr materieller Überfluss und ihre militärische Stärke erregten Bewunderung, aber auch Neid. Dass sie die wahren Herren im Lande waren – daran ließen die Amerikaner keinen Zweifel.

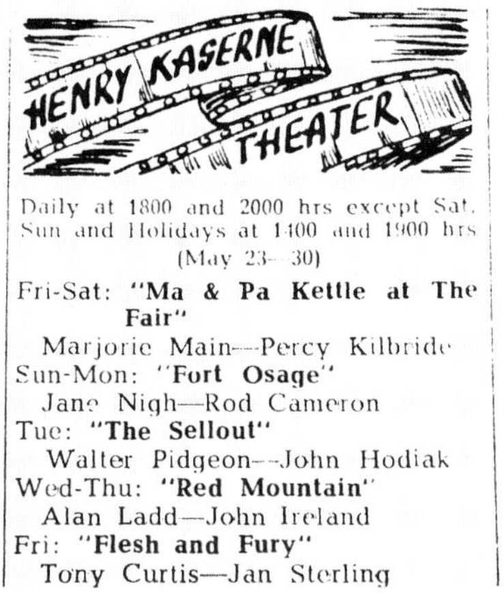

„The Munich American", 1950 (BW)

Überall, wo sich amerikanische Truppen im Ausland befanden, wurde einmal im Jahr der „Tag der Armee", der „Armed Forces' Day", begangen. An diesem Tag der offenen Tür konnte sich die Zivilbevölkerung in den Kasernen umsehen und den amerikanischen Lebensstandard und die Waffen bewundern. Der 17. Mai 1952 war wieder ein solcher Tag: Die Henry-Kaserne stand der deutschen Bevölkerung und amerikanischen Zivilisten offen.
Als Höhepunkt des Tages war ein Panzermanöver mit scharfer Munition gegen einen ungenannt gebliebenen Feind auf der so genannten Panzer-

wiese nördlich der Neuherbergstraße angesetzt. Die Wochenzeitung des US-Militärbezirkes München, „The Munich American", berichtete ausführlich über die Waffenschau in der Henry-Kaserne. Hunderte von Menschen seien tief beeindruckt gewesen vom hohen Stand der amerikanischen Technik. Mit offenen Mündern hätten sie die gewaltigen Panzer angestarrt, die ein Symbol für die Stärke der USA seien. Die Zuschauer hätten die mobile Schlagkraft demonstriert bekommen, die der einer ganzen Weltkriegs-II-Division entsprochen habe. Besonders wirkungsvoll habe sich die simulierte Panzerschlacht den Besuchern eingeprägt.

Im Jahr 1968 verließ die US-Armee die Henry-Kaserne, die nun von der Bundeswehr bezogen wurde. Seit Oktober 1969 heißt das Areal Bayern-Kaserne.

Knorrstraße 148

Anfang 1941 entstand das „Judenlager Milbertshofen" an der Knorrstraße 148, von wo Tausende zu ihrer Ermordung forttransportiert wurden. In den seit September 1942 leer stehenden achtzehn großen Holzbaracken richtete die Firma BMW eines ihrer Zwangsarbeiterlager ein. Nach dem Krieg diente das Lager Vertriebenen als Notunterkunft. Bis zum Jahr 1950 hatten sich rund 71.000 deutsche Vertriebene und Flüchtlinge in München niedergelassen; dies entsprach etwa einem Zehntel der Bevölkerung. Mindestens 500 Menschen, meist aus der DDR und West-Berlin, baten weiterhin monatlich um Aufnahme in eines der 19 Flüchtlingslager der Stadt.

Obwohl seit 1949 der Wohnungsbau wieder aufgenommen worden war, herrschten in den Lagern weiterhin menschenunwürdige Zustände. Im Frühjahr wurden an der Knorrstraße zwei neue Baracken mit insgesamt 24 „Wohnungen" gebaut. Sie bestanden aus einer Art Küche und einem „Zimmer", in dem nur ein Bett und ein Schrank Platz fanden. Die „Süddeutsche Zeitung" schrieb am 9. Mai 1950: *„Überall dasselbe Bild: Familienleben zwischen Pappendeckelwänden und qualvolle Enge."* Viele der Bewohner hatten über Jahre hinweg noch aus finanziellen Gründen keine Möglichkeit, in richtige Wohnungen umzuziehen.

Bayern war bis zum Kriegsende ein hauptsächlich landwirtschaftlich geprägtes Land gewesen. Die Flüchtlinge und Heimatvertriebenen, die nach dem Krieg die Bevölkerungszahlen sehr stark ansteigen ließen, stellten anfangs eine kaum zu bewältigende Belastung im Wohnungs- und Ernährungsbereich dar. Langfristig jedoch wirkte sich ihre völlige Besitzlosigkeit als Nachfragepotential nach Konsumgütern und Kapital aus. Die Flüchtlinge in Bayern stammten meist aus dem industrialisierten Schlesien und Sudetenland und brachten ihr Wissen und ihre Qualifikationen mit. Dadurch spielten sie eine wichtige Rolle bei der Industrialisierung Bayerns auch außerhalb der wenigen traditionellen Indus-

triestandorte. Umgekehrt förderte der geringe Industrialisierungsgrad Bayerns erst die gewerbliche Tätigkeit der Flüchtlinge, die hier kaum auf alteingesessene Konkurrenz stießen.
Der niedergeschlagene Aufstand in der DDR vom 17. Juni 1953 ließ den Strom der Flüchtlinge noch einmal anschwellen. Im Jahr 1955 lebten 170.000 Vertriebene und Flüchtlinge in München, was etwa ein Fünftel der Bevölkerung ausmachte. Die Integration dieses großen Personenkreises in die westdeutsche Gesellschaft ging, auch gefördert durch den wirtschaftlichen Aufschwung, sehr schnell vor sich. So bedauerte Arbeitsminister Walter Stain, ein Sudetendeutscher, anlässlich des „Tages der Deutschen Einheit" am 17. Juni 1955, er könne sich manchmal des Eindruckes nicht erwehren, dass weite Kreise der Bevölkerung diesem Feiertag teilnahmslos gegenüberstünden. Obwohl die öffentlichen Gebäude beflaggt seien, habe es oft den Anschein, als wäre das ganze Gerede von der Wiedervereinigung nur eine Farce.
Die Diskrepanz zwischen der offiziellen Politik und den privaten Bestrebungen der ehemals Heimatlosen kam auch am 3. Juli 1955, dem zehnten Jahrestag der Vertreibung, zum Ausdruck. Vor nur 5.000 Menschen rief Stain auf dem Königsplatz zum Kampf gegen politische Müdigkeit auf. Leidenschaftlich wandte er sich gegen die Meinung, die Heimatvertriebenen hätten kein Interesse mehr, in ihre alte Heimat zurückzukehren. Sicherlich gäbe es viele unter ihnen, die bereits so festen Boden unter den Füßen hätten, dass sie kaum mehr zurückkehren wollten. Dies sei allerdings nur durch die wirtschaftliche Hochkonjunktur möglich. Stain forderte die Bundesregierung auf, bei außenpolitischen Verhandlungen auch die Zukunft der ehemals deutsch besiedelten Gebiete zu berücksichtigen.
Seit 1949 erschien in München der „Vertriebenen-Anzeiger", der sich als *„überparteiliches Betreuungsorgan für Heimatvertriebene, Sowjetzonen-Flüchtlinge und Kriegsgeschädigte"* verstand. In enger Verbindung mit dem Gesamtdeutschen Block / Bund der Heimatvertriebenen und Entrechteten (> Reichenbachstraße 19) zeichnete diese Wochenzeitung das Bild einer kommunistischen Weltverschwörung, warnte vor einer Unterwanderung Westdeutschlands durch linke Intellektuelle und vor zu viel falsch verstandener Demokratie und wurde nicht müde, die tatsächlichen oder vermeintlichen Rechte der Vertriebenen einzufordern.
Am 27. September 1958 etwa, zum zwanzigsten Jahrestag des Münchner Abkommens, durch das der Tschechoslowakei ultimativ das Sudetenland abgepresst wurde, konnte man im „Vertriebenen-Anzeiger" lesen: *„Als das Sudetenland deutsches Land wurde. Im Münchner Abkommen 1938 wurde die Negierung des Selbstbestimmungsrechts durch Benesch* [Eduard Benesch (1884-1948), Präsident der CSR, d.V.] *korrigiert."* Weiter hieß es: *„Man kann also nicht behaupten, dass in München etwas Völkerrechtswidriges oder gegen den Willen der Sudetendeutschen Bevölkerung geschehen sei."* Die

Schuld daran, dass bald darauf der Krieg begann, sei im Grunde genommen dem *„Spiel Stalins“* zuzuschreiben.

Die offizielle Politik der Vertriebenenverbände, insbesondere der Sudetendeutschen, blieb geprägt von der Nichtanerkennung der Tatsachen, die der von Deutschland begonnene Krieg geschaffen hatte, bei gleichzeitiger Leugnung und Relativierung der deutschen Schuld. Noch lange sorgte diese Haltung für Kontroversen und Eklats (> Theresienhöhe 13).

Beim Bau der Siedlung Am Hart 1935 wurden viele Straßen nach Orten im Sudetenland benannt. Dies sollte das politische Ziel des „Dritten Reiches“, nämlich die Eingliederung des Sudetenlandes, ausdrücken. 1938 erreichte man dieses Ziel, doch schon 1945 wurde die dortige deutsche Bevölkerung vertrieben. Viele Sudetendeutsche siedelten sich in München an, weswegen die Stadtverwaltung seit 1953 neue Straßen Am Hart nach tschechischen Städten benannte, in denen früher Deutsche gelebt hatten: Prag und Gablonz, oder nach Namen, die sich auf diese Gebiete bezogen: Wenzel- und Krumenauerstraße.

Der Aussiger Platz ist ein Thema für sich: Die Stadt Aussig in Nordböhmen hatte 1930 rund 71.000 Einwohner,

Extrablatt der Aktion Neue Rechte

NZ

NEUE ZEIT

Ostverträge: Stalin darf in Bonn nicht siegen!

Publikation der „Aktion Neue Rechte“, April 1972 (BW)

Vertriebenen-Anzeiger

Überparteiliches Betreuungsorgan für Heimatvertriebene, Sowjetzonen-Flüchtlinge und Kriegsgeschädigte

Zersetzung durch Rundfunk

Das Linksmonopol muß endlich gebrochen werden

Ausgabe vom 16. August 1958 (BW)

ein Jahr nach dem Anschluss des Sudetenlandes an das Deutsche Reich nur noch 67.000. Dieser Rückgang erklärt sich aus der Flucht oder Vertreibung der tschechischen Bevölkerung wie auch derjenigen Deutschen, die vom „Dritten Reich" Verfolgung zu fürchten hatten. Im Juli 1945 begann dann die Vertreibung der Deutschen durch Tschechen. Dabei wurden etwa 100 Menschen ermordet.
Am 17. August 1952 übernahm die Stadt München einseitig die Patenschaft für Aussig, weil hier in München besonders viele ehemalige Bewohner eine neue Heimat gefunden hatten. Deshalb wurde 1953 eine Freifläche in Aussiger Platz benannt und 1970 ein Gedenkstein aufgestellt. Seine Inschrift lautet: *„Dieser Platz ist nach der früheren sudetendeutschen Stadt Aussig benannt. München übernahm 1952 die Patenschaft über d. ehemaligen Bürger dieser Stadt. 1970 vom Hilfsverein Aussig E.V. errichtet im 25. Jahre der Vertreibung."*
Südlich davon steht ein zweites Denkmal; es erinnert an Leopold Pölzl (1879-1944). Pölzl gehörte bis 1938 dem Vorstand der Deutschen Sozialdemokratischen Arbeiterpartei in der Tschechoslowakischen Republik an und musste als Antifaschist nach dem Einmarsch der Wehrmacht sein Amt als Bürgermeister von Aussig abgeben. Er starb an den Folgen der Folterungen, die er durch die Gestapo erleiden musste, und zählt zu der Minderheit derjenigen Sudetendeutschen, die den Anschluss an das Deutsche Reich nicht begrüßten, sondern sogar fürchten mussten.

Ingolstädter Straße 193

Im Mai 1945 übernahm die US-Armee die SS-Kaserne an der Ingolstädter Straße 193 und gab ihr den Namen Warner-Kaserne.
Die Beziehungen zwischen der Besatzungsmacht und den Deutschen waren kompliziert. Die US-Streitkräfte hatten die deutschen Städte bombardiert und gegen den fanatischen Widerstand der deutschen Streitkräfte das „Dritte Reich" niedergerungen. Sie kamen als Sieger zu Besiegten, denen sie Demokratie und Freiheit aufzwangen. Der relative materielle Überfluss der einzelnen amerikanischen Soldaten ermöglichte es ihnen, sich bei der verarmten deutschen Bevölkerung Dienstleistungen aller Art einzutauschen. Die Amerikaner waren als Herren im Lande gefürchtet und gleichzeitig bewundert.
Die gehobenen Schichten auf amerikanischer wie deutscher Seite begannen bald, sich näher zu kommen. Die Columbus-Gesellschaft pflegte den deutsch-amerikanischen Austausch ebenso wie der Deutsch-Amerikanische Damen- und Herrenclub. Man organisierte gemeinsame Ausflüge, Opernbesuche und Feste und gefiel sich in Wohltätigkeitsaktivitäten.
Ansonsten lebten die Amerikaner in ihrer eigenen Welt: abgesperrte Wohnviertel, eigene Zeitung („The Munich American") und Rundfunksender („AFN" in

der (>) Kaulbachstraße 15), gesonderte Schulen und sogar eine Universität (> Tegernseer Landstraße 202-234). Selbst die Versorgung mit Lebensmitteln und Alltagsbedarf wurde über Bremerhaven direkt aus den USA sichergestellt. Deutsche Sprachkenntnisse waren so gut wie unbekannt.
Als Wirtschaftsfaktor machte sich die Besatzungsmacht auf dem deutschen Markt positiv bemerkbar. Die in München stationierten Amerikaner gaben privat monatlich etwa eine Million Mark aus, hauptsächlich für Taxifahrten und in Gaststätten. Beliebt war der Kauf von Lodenkleidung, denn auch die Amerikaner vergaßen schnell, dass München der Geburtsort des Nationalsozialismus gewesen war. Bei ihnen überwog bald das folkloristische Frem-

WARNER KASERNE THEATER

Daily at 1830 and 2030 hrs
Matinee on Sat and Sun at 1400 hrs
(Jan 11—18)

Fri: **"Warpath"**
Polly Bergen—Edmund O'Brien

Sat: **"A Millionaire for Christy"**
Eleanor Parker—Fred MacMurray

Sun-Mon: **"Captain Horatio Hornblower"**
Virginia Mayo—Gregory Peck

Tue-Wed: **"Peking Express"**
Corinne Calvet—Joseph Cotten

Thu-Fri: **"The Secret of Convict Lake"**
Gene Tierney—Glenn Ford

„The Munich American", 1950 (BW)

US-Soldaten und deutsche „Frauleins" in einer Musikbar, 7. Oktober 1953 (StAM)

denverkehrsklischee, das Bayern als Hort der Gemütlichkeit zeigte. München galt als der weltweit beliebteste Stationierungsort der US-Armee.
Die Renovierungs- und Instandsetzungsarbeiten an den US-Kasernen in München wurden an deutsche Firmen vergeben. So betrug beispielsweise allein im Jahr 1951 das Auftragsvolumen rund 16 Millionen Mark. Finanziert wurden diese Arbeiten vom bayerischen Staat und der Bundesregierung, denen die Kasernen gehörten. Acht Millionen Mark verschlang der Umbau allein der Warner-Kaserne. Standen einem SS-Mann noch sechs Quadratmeter Platz zur Verfügung, so sah die US-Armee nur vier für jeden ihrer Soldaten vor. Nach Abschluss der Arbeiten beherbergte die Warner-Kaserne 5.000 Mann, insgesamt waren in Freimann etwa 15.000 stationiert.
Militärischer Drill, die isolierte Situation von Soldaten im Ausland, die Ansammlung Tausender von allein stehenden Männern auf engstem Raum ohne soziale Bindungen ließen in Freimann ein Milieu entstehen, das typisch für das Umfeld von Besatzungsarmeen ist. In „Klein-Alabama“, wie man diese Gegend taufte, schossen die Bars wie Pilze aus dem Boden. In Lokalitäten wie dem Casanova Club, Times Square oder der Dolly Bar langweilten sich die GI's an ihren Feierabenden. Überfälle, Schlägereien, Prostitution, Mord- und Totschlag gehörten zur Tagesordnung ebenso wie die Vielzahl alkoholbedingter Vorkommnisse. Dieses Treiben versetzte die direkt damit konfrontierte deutsche Nachbarschaft in Angst und Schrecken, weil auch die aus amerikanischer Militär- und deutscher Polizei bestehenden Doppelstreifen nicht in der Lage waren, das Aggressionspotential einzudämmen.
Eine besondere Rolle nahmen die schwarzen US-Soldaten ein. Auf der einen Seite

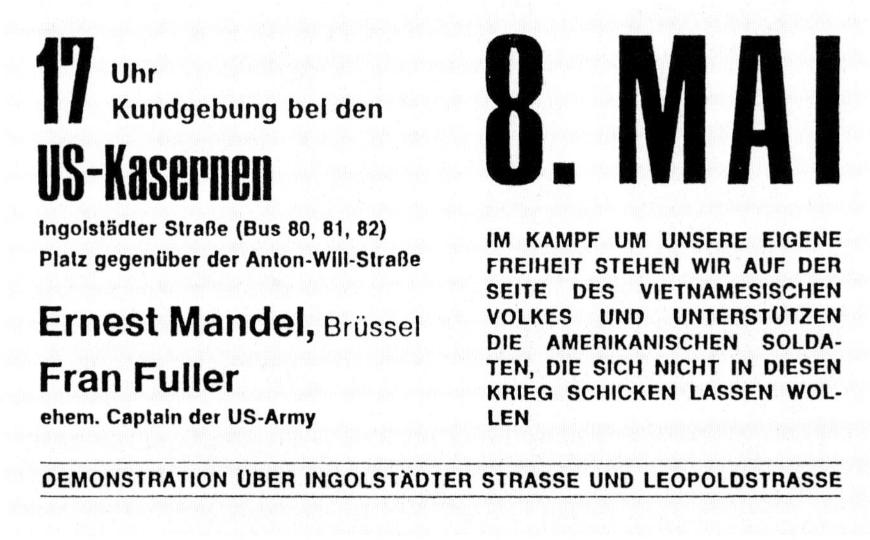
17 Uhr
Kundgebung bei den
US-Kasernen
Ingolstädter Straße (Bus 80, 81, 82)
Platz gegenüber der Anton-Will-Straße
Ernest Mandel, Brüssel
Fran Fuller
ehem. Captain der US-Army

8. MAI
IM KAMPF UM UNSERE EIGENE FREIHEIT STEHEN WIR AUF DER SEITE DES VIETNAMESISCHEN VOLKES UND UNTERSTÜTZEN DIE AMERIKANISCHEN SOLDATEN, DIE SICH NICHT IN DIESEN KRIEG SCHICKEN LASSEN WOLLEN

DEMONSTRATION ÜBER INGOLSTÄDTER STRASSE UND LEOPOLDSTRASSE

Aufruf zum Protest am 8. Mai 1968 (BW)

galten sie im Gegensatz zu ihren weißen Kameraden als herzensgute Väter der zahlreichen „Besatzungskinder“, vielleicht auch, weil sie in dieser Rolle die Anerkennung genossen, die ihnen in ihrer amerikanischen Umgebung versagt blieb. Auf der anderen Seite machte sich ihre tägliche Diskriminierung in überdurchschnittlicher Aggressivität Luft. Einen Höhepunkt erreichte dies am 17. Juni 1956 im Lokal Hasenbräu in der Heidemannstraße, das auch den bezeichnenden Zweitnamen Seven Heavens Bar trug. Die „Süddeutsche Zeitung“ meldete: *„Alle Gewalttaten, die sich Angehörige der US-Streitkräfte in den letzten Wochen hatten zuschulden kommen lassen - Straßenraub, Taxiüberfälle und sogar der Amoklauf eines Soldaten im Bahnhofsviertel waren zu melden -, wurden durch das Attentat überboten, das ein farbiger Besatzungsangehöriger verübte: Er warf eine Handgranate in die Gaststätte Hasenbräu an der Heidemannstraße. 17 Personen, darunter fünf Frauen, wurden verletzt. Zwei schweben in Lebensgefahr.“*
Die „Abendzeitung“ stellte am 14. Juli 1956 fest: *„Die Übergriffe amerikanischer Soldaten gegen die deutsche Zivilbevölkerung haben einen solchen Umfang angenommen, dass die Sicherheit auf unseren Straßen praktisch aufgehoben ist ... Den Polizeieinsatz selbst muss man in den gefährdeten Gebieten erheblich verstärken. Wozu haben wir Bereitschaftspolizei und Bundesgrenzschutz?“*
Die Führung der US-Armee hatte durchaus den Willen, Ordnung in ihre Reihen

Solidarität mit Vietnam, 8. Mai 1968 (BW)

zu bringen. Das permanent tagende Kriegsgericht bestrafte schon relativ geringe Vergehen mit drakonischen Maßnahmen. So fand man etwa im Mai 1952 einen Militärpolizisten für schuldig, betrunken im Dienst drei Wehrpflichtige mit seiner geladenen und entsicherten Pistole bedroht und außerdem betrunken und in Uniform dem öffentlichen Ansehen der Armee geschadet zu haben. Als Strafe verhängte das Gericht die unehrenhafte Entlassung, Einzug aller Bezüge und ein Jahr Zwangsarbeit. Allerdings erwiesen sich diese Maßnahmen als ungeeignet, die Disziplin in der US-Armee durchzusetzen.
Die Ursachen für die Spannungen innerhalb der Armee lagen tiefer: Wehrpflichtige, oft Unterprivilegierte aus den Armenvierteln der USA, mussten weitab ihrer Heimat auf dem gesamten Erdball die Politik ihrer Regierungen durchsetzen. Dabei entsprach die gespannte Situation in Europa nicht ihren persönlichen Sorgen und Interessen. Und zu allem: Wer in München stationiert war, konnte sich schon bald im Koreakrieg (1950–1953) oder im Vietnamkrieg (1960–1973) wiederfinden.
Gerade während des Vietnamkrieges desertierten in der BRD jährlich Hunderte von US-Soldaten und flohen vor den Kriegsgerichten nach Kanada, Schweden oder Holland, von wo sie nicht in die USA ausgeliefert wurden. Auch in München kam es vor den Toren der US-Kasernen zu Demonstrationen, die sich gegen den Vietnamkrieg richteten und zur Desertion aufriefen. Am 8. Mai 1968, dem Jahrestag des Endes des Zweiten Weltkriegs, fand eine solche Aktion an der Ingolstädter Straße statt.
Im Rahmen einer globalen Umstrukturierung gab die US-Armee ihren Standort Freimann Ende 1968 auf und übergab die Kasernen an die Bundeswehr. Aus der Warner-Kaserne wurde nach längeren Umbauarbeiten 1971 die Ernst-von-Bergmann-Kaserne, aus der gegenüberliegenden Will-Kaserne an der Ingolstädter Straße 240 die Fürst-Wrede-Kaserne.

Rockefellerstraße

Mussten die einfachen Soldaten zu Tausenden zusammengepfercht in den Kasernen leben, so wohnten die Offiziere mit ihren Familien in den Häusern entlang der Rockefeller- und Mortonstraße sowie am Morsering. In direkter Nachbarschaft zur Warner-Kaserne errichtete die BRD die Wohnanlage in US-typischer, autogerechter Architektur. Seit 1954 zogen dann die Amerikaner ein, wodurch die direkt nach Kriegsende beschlagnahmten Wohnungen im Stadtgebiet ihren Besitzern wieder übergeben werden konnten. Ab 1975 belegten Schritt für Schritt deutsche Mieter die amerikanischen Siedlung.

Dülferstraße

In der „Süddeutschen Zeitung" konnte man am 8. März 1950 lesen: *„Inmitten des ehemaligen Exerzierplatzes, dessen zahlreiche Vertiefungen noch an die Flakstellungen erinnern, liegt das idyllische Hasenbergl. Leider fiel sein Baumbestand 1945 der Axt zum Opfer. Es müsste wieder aufgeforstet werden."*
Nördlich des Goldschmiedplatzes lag das im Krieg erbaute Barackenlager Frauenholz, dessen letzte Gebäude erst 1965 abgerissen wurden. Wegen der finanziellen Schwäche seiner Bewohner und Bewohnerinnen stempelte der „Volksmund" ihnen das Kainsmal der Asozialität und Aggressivität auf. Die Rede war von den *„weißen Zigeunern"*.
Am 25. Mai 1960 fand südlich des Frauenholzes die feierliche Grundsteinlegung für die Großsiedlung Am Hasenbergl statt. Bis dahin hatte man neuen Wohnraum in Baulücken oder durch den Wiederaufbau zerstörter Häuser geschaffen. Nachdem das Stadtbild wieder ein einigermaßen unversehrtes Gesicht erhalten hatte, begann man mit dem Bau neuer Siedlungen, die, als große Einheiten geplant, auf Freiflächen am Stadtrand entstanden. Das Hasenbergl machte dabei in München den Anfang. Einen Höhepunkt erreichte diese Entwicklung im Bau der Siedlung (>) Neuperlach. Über 20.000 Menschen sollten hier im Norden ein neues Zuhause finden, hauptsächlich Münchner mit geringem Einkommen sowie Flüchtlinge aus der DDR. Unter der Bauträgerschaft der gewerkschaftseigenen Neuen Heimat entstanden mehrgeschossige Wohnblocks in aufgelockerter Zeilenbauweise. Damit sollten die sozialen Vorteile eines Mehrfamilienhauses mit der Nutzung großzügigen Grünflächen verbunden werden. Einige Wohnhochhäuser sollten als städtebauliche Blickpunkte dienen.
Das Stadtzentrum war acht Kilometer vom Hasenbergl entfernt. Zwar verband eine Trambahnlinie die neue Siedlung mit der Stadt, aber ansonsten lebte man dort ein Leben für sich. Diese Stadt am Rande der Stadt besaß eigene Kirchen, Schulen und Geschäfte. Die Tatsache, dass 96 Prozent der im Jahr 1965 fertig gestellten Siedlung im Rahmen des sozialen Wohnungsbaus entstanden waren, kam dem allgemeinen Bedürfnis nach Diskriminierung ganzer Bevölkerungsgruppen entgegen. Das Wort „Hasenbergl" stand bald als Synonym für ein Ghetto verwahrloster Unterprivilegierter, gefördert noch von sensationsheischenden Presseberichten. Wohlmeinende Soziologen schlugen daher eine Umbenennung des neuen Stadtteils in „Parksiedlung am Schleißheimer Forst" oder „Parksiedlung am Föhrenwald" vor. Diese verbale Kosmetik konnte sich aber nicht durchsetzen.

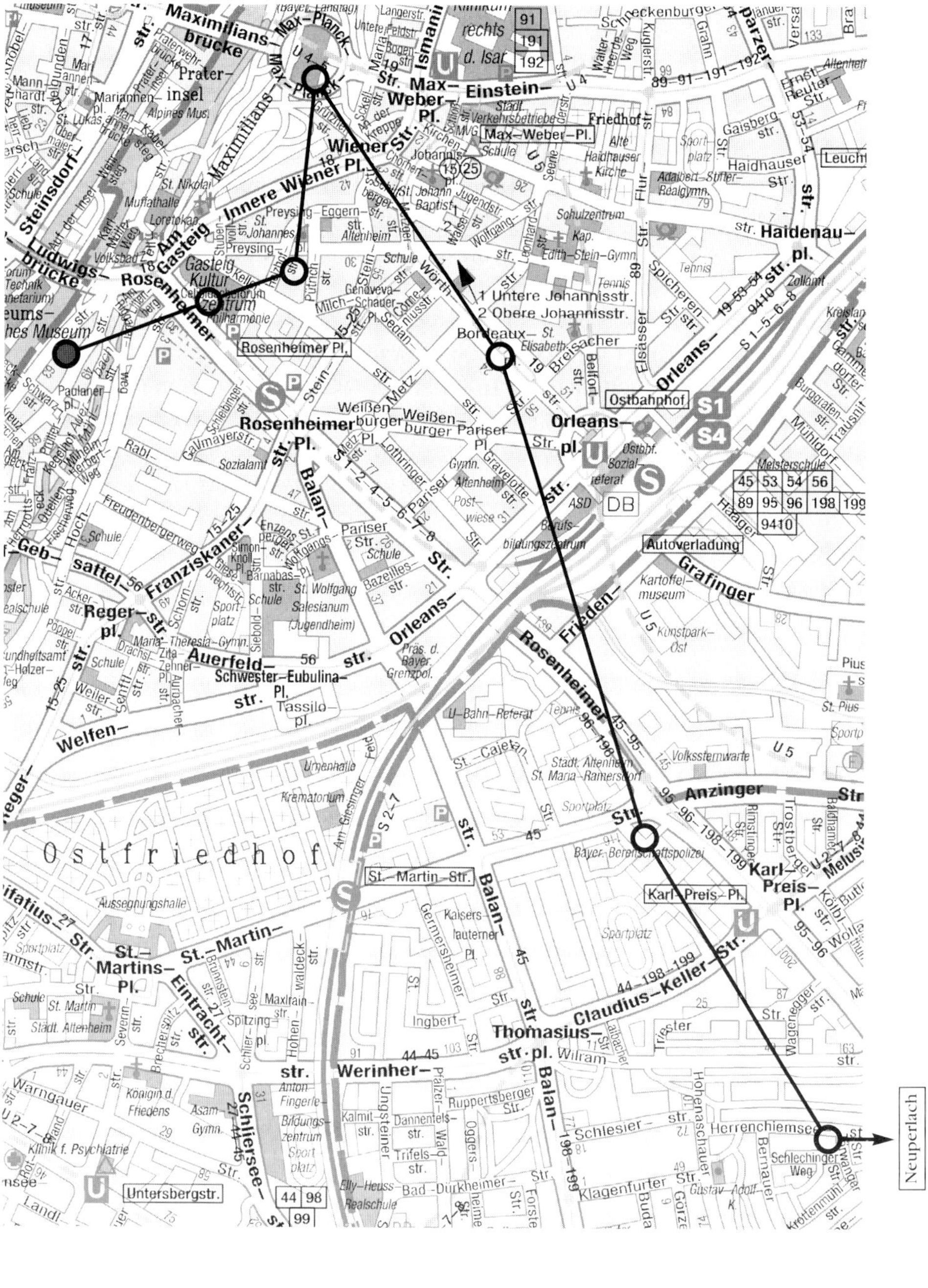

Maximilians-brücke
Prater-insel
Max-Planck-Str.
Max-Weber-Pl.
Einstein-
Wiener Str.
Innere Wiener Pl.
Steinsdorf-
Ludwigs-brücke
Am Gasteig
Gasteig Kultur zentrum
Philharmonie
Rosenheimer Pl.
Rosenheimer str.
Rosenheimer Str.
Preysing-
Eggern-
Wörth-
1 Untere Johannisstr.
2 Obere Johannisstr.
Bordeaux-
Breisacher
Orleans-
Orleans-pl.
Ostbahnhof
S1
S4
DB
Autoverladung
Grafinger
Friedenstr.
Balan-
Pariser Str.
Weißenburger Str.
Franziskaner-
Gebsattel-
Auerfeld-
Schwester-Eubulina-Pl.
Tassilo-pl.
Welfen-
Ostfriedhof
St.-Martin-Str.
St.-Martins-Pl.
Eintracht-
Anzinger Str
Karl-Preis-Pl.
Claudius-Keller-Str.
Thomasius-str.-pl.
Werinher-
Schlesier-
Herrenchiemseestr.
Untersbergstr.
Schliersee-
Neuperlach

Haidhausen / Ramersdorf

Der kurze Rundgang durch Haidhausen führt zu Stätten, an denen sich auch hier die Folgen des Zweiten Weltkrieges und des nachfolgenden Kalten Krieges aufspüren lassen. Aber auch die Festigung des demokratischen Systems in Westdeutschland und seine westeuropäische Integration haben Spuren hinterlassen.

Zeppelinstraße 67

Nach der deutschen Niederlage im Zweiten Weltkrieg nahm das ukrainische Leben in München einen starken Aufschwung. Eine große Zahl von Flüchtlingen – meistens Angehörige der Armee des Generals Andrei Wlassow (1901-1946), die mit der Wehrmacht gegen die Rote Armee gekämpft hatten – strömten in die amerikanische Besatzungszone, denn der Kalte Krieg zwischen den beiden Supermächten hatte begonnen. München entwickelte sich zum Zentrum der ukrainischen Emigration in Deutschland (> Dachauer Straße 9, > Pienzenauerstraße 15). In München hatte sich etwa die Organisation Ukrainischer Nationalisten niedergelassen, deren Vorsitzender Jaroslaw Stetzko von 1941 bis 1944 als Ministerpräsident der Ukraine fungiert und die Zusammenarbeit mit den deutschen Besatzern organisiert hatte. Nun lebte er als Wasyl Dankiw in Schwabing.
Im Jahr 1948 entstand die 1918 in Berlin gegründete Deutsch-Ukrainische-Gesellschaft in München neu. Ihre Ziele bestanden nach eigenen Angaben im *„Studium und der Festigung der deutsch-ukrainischen Beziehungen"*, ihre Veranstaltungen befassten sich mit Themen wie *„Das militärische Potential der Ukraine"*, *„Europa als geistige Aufgabe"* oder *„Kommunismus – Verrat an der Kirche, Verrat am Vaterland"*. Folgende weitere Organisationen hegten in München ähnlichen Gedanken: Antibolschewistischer Block der Nationen, Ukrainische Exilregierung und Nationalrat, Ukrainische Freie Akademie der Wissenschaften, Ukrainischer Oberster Befreiungsrat, Metropolit der Ukrainisch-Katholischen Exilkirche.
Einer der ukrainischen Emigrantenführer hieß Stefan Bandera (1909–1959), in München als Stephan Popel lebend. Seine politische Laufbahn begann 1933, als er den polnischen Innenminister Bronislaw Pieracki als tatsächlichen oder angeblichen Verantwortlichen für die missliche Lage der unterdrückten ukrainischen Minderheit in Polen ermordete. 1939 befreite die Wehrmacht Bandera aus dem Gefängnis, damit er die faschistische Organisation Ukrainischer Nationalisten gründete, die Polen von innen her aufweichen sollte. Als Bandera sich jedoch nach dem deutschen Angriff auf die Sowjetunion 1941 eigenmächtig in Lemberg

zum „Führer“ eines neuen ukrainischen Nationalstaates aufschwang, wurde er bis 1944 im Konzentrationslager Sachsenhausen inhaftiert. Banderas bewaffnete Anhänger hatten während dieser Zeit in der Ukraine einen blutigen Dreifronten-Untergrundkampf gegen die Deutschen, die Sowjets und rivalisierende Ukrainergruppen geführt. Diese Auseinandersetzungen verlagerten sich mit dem Kriegsende nach Westdeutschland, insbesondere nach München.
In der „Süddeutschen Zeitung“ hieß es am 14. Januar 1950: *„Seine Leibgarde... etwa 600 Mann starke illegale Polizei... beherrschen mit den bekannten Methoden die Lagerverwaltungen in den größeren Ukrainersiedlungen. Auf ihr Konto buchen Kenner zahlreiche nicht aufgeklärte Mordfälle in verschiedenen Lagern.“* Bandera legte an einem geheim gehaltenen Ort im März 1950 seine Ziele dar: 45 Millionen Ukrainer würden sich bei einem Aufstand hinter ihn stellen. Wenn die Zeit reif sei, werde überall dort, wo der Kommunismus existiere, eine blutige Revolution ausbrechen, die das Regime zerschmettern werde. Dieser Zeitpunkt werde nicht mehr in allzu langer Ferne liegen. Es werde ein langer und blutiger Kampf werden.
Die Jagd der sowjetischen Geheimdienste auf ukrainische Kriegsverbrecher und antisowjetische Aktivisten begann, auch in München spürbar zu werden. Eines seiner Ziele war das Haus Zeppelinstraße 67. Ukrainische Exilorganisationen hatten es 1953 gekauft und dort den Verlag Iwan Cholawka und die Druckereigenossenschaft Cicero untergebracht, die antisowjetische Schriften herstellten.
Der „Münchner Merkur“ schrieb am 29. April 1954: *„Dieser unterirdische Krieg vollzieht sich für gewöhnlich in einer Zone politischen Schlammes, aus der nur selten platzende Blasen an die Oberfläche steigen. Mit Bauern, Läufern und Springern wird auf dem deutschen Feld zwischen West und Ost im Spiel des um keinen Grad weniger Kalten Krieges gezogen. München hat die zweifelhafte Ehre, der Sitz einer ganzen Reihe von derartigen Verbänden und Institutionen zu sein.“*
Kein Wunder also, dass die terroristischen Potentiale der Geheimdienste und der Emigranten auch in München aufeinander trafen. Am 12. Oktober 1957 fand man Lew Rebet (1908-1957), den Chefredakteur der ukrainischen Exilzeitschriften „Ukrainiski Samostinik“ und „Sucasna Ukraina“, ermordet auf. Die Todesursache konnte nicht ermittelt werden.
Am 18. April 1958 erschütterte eine Explosion das Haus Zeppelinstraße 67. Die Paketbombe galt dem Chefredakteur der dort hergestellten Zeitung „Schlach Peremohy“, infolge einer Fehlzündung entstand aber nur Sachschaden. Die Zeitung teilte später mit: *„... können wir uns nicht des Eindruckes erwehren, dass es sich hier um die bolschewistischen Agentenkreise handeln dürfte. Die Behauptung, dass der Zwischenfall auf die politischen Auseinandersetzungen innerhalb der Osteuropaemigration zurückzuführen sei, betrachten wir als völlig unbegründet.“*

Am 15. Oktober 1959 schließlich fand man Stefan Bandera tödlich mit Zyankali vergiftet. Alles deutete darauf hin, dass er das Gift selbst eingenommen hatte. Selbstmord, erzwungener Selbstmord oder vergiftetes Essen – die Polizei konnte das Rätsel nicht lösen. Banderas Anhänger waren sich der Täterschaft des sowjetischen Geheimdienstes sicher. Allein schon deshalb, da noch immer ukrainische Partisanengruppen unter dem fernen Kommando Banderas in Polen, der Tschechoslowakei und der sowjetischen Ukraine mit der Waffe in der Hand die dortigen kommunistischen Regierungen bekämpften. Ihre Vermutung erwies sich im August 1961 als gerechtfertigt: Kurz vor dem Bau der Berliner Mauer flüchtete ein Bogdan Staschyskij nach Westberlin und stellte sich der Polizei. Beim Schwarzfahren in der Eisenbahn, so berichtete er, sei er erwischt worden. Seine Eltern waren dem Geheimdienst als ukrainisch-nationalistische Aktivisten bekannt. In der Hoffnung, sie vor Verfolgung schützen zu können, musste er das „Angebot" des KGB annehmen, seit 1951 in Lemberg gegen den antisowjetischen Untergrund zu arbeiten. Später wählte man ihn für zwei Spezialaufträge in München aus: Mitttels einer extradünnen Giftspritze ermordete er Rebet und Bandera.
Schon am 12. April 1961 explodierte in der Zeppelinstraße 67 eine zweite Paketbombe, die die Druckerei schwer beschädigte. Als schließlich am 25. Mai 1966 der Generalsekretär des Antibolschewistischen Blockes, Fürst Viko Nakaschidse,

In tiefer Trauer geben wir bekannt, dass der Leiter des nationalen Freiheitskampfes des ukrainischen Volkes und Vorstandsvorsitzender der Organisation der ukrainischen Nationalisten

STEFAN BANDERA

am 15. Oktober 1959 den Heldentod von bolschewistischer Hand starb.

Er war uns ein großer Freund, Mitkämpfer und Kamerad. Wir werden sein Andenken mit Liebe und Stolz bewahren und durch treue Freundschaft zu seinem ukrainischen Volk ihm Dank und Ehre erweisen.

Das Begräbnis findet am 20. Oktober 1959 um 15.30 Uhr auf dem Waldfriedhof statt.

Der Völkerrat und das Zentralkomitee
des
Anti-Bolschewistischen Blocks der Nationen (A.B.N.)

Mit der Post verschickte Todesanzeige (BW)

tot in seiner Wohnung aufgefunden wurde, glaubte nur die Polizei nach einer Obduktion an einen natürlichen Tod des Siebzigjährigen. Emigrantenkreise waren sich der Urheberschaft sowjetischer Organisationen sicher. Der Fürst hatte nämlich in der deutschen Wehrmacht einen höheren Offiziersrang bekleidet und war dann aus seiner georgischen Heimat in das nationalsozialistische Deutschland ausgewandert. In diesem Sinne hatte er dann nach 1945 weiter gewirkt.
Etwas verspätet – zum 20. Jahrestag der Ermordung Banderas – schließlich, am 19. Dezember 1979, zerstörte ein Brandanschlag das Büro der sowjetischen Fluggesellschaft Aeroflot am Lenbachplatz 3 vollständig. Ein Kommando 15. Oktober zur Befreiung der Ukraine bekannte sich mit folgender Botschaft zur Tat: *„Sie kämpfen für die Befreiung der Ukraine und fordern den sofortigen Rückzug der sowjetischen Okkupationstruppen aus der Ukraine. Die Okkupation der Ukraine hat viele Millionen Todesopfer gefordert. Deshalb bekämpfen sie die russischen Imperialisten. Nieder mit den russischen Imperialisten! Freiheit für die Ukraine!"*

Rosenheimer Straße 29

Nach dem Krieg beschlagnahmte die US-Armee den Bürgerbräukeller und wandelte den Festsaal in eine Sporthalle um. Zum 30. Juni 1956 schloss das „US-Gym" seine Tore, und fortan diente das Gebäude wieder seiner ursprünglichen Bestimmung.
Eine Versammlung hier am 2. Mai 1970 steht stellvertretend dafür, wie sich außenpolitische Ereignisse und Entwicklungen auch innerpolitisch auswirken können (> Max-Joseph-Platz): Das griechische Generalkonsulat zusammen mit dem Verein der Griechen im Ausland führte eine Feierstunde anlässlich des dritten Jahrestages des Militärputsches in der Heimat durch. Die Militärregierung zeichnete sich durch eine nationalistische, autoritäre und betont unternehmerorientierte Politik aus. Mit seinen Konzentrationslagern war Griechenland zu einem faschistisch regierten Land geworden.
Die Feier im Bürgerbräukeller führte zu den erwarteten Auseinandersetzungen. Deutsche und griechische Linke versuchten, die Veranstaltung zu verhindern, während die Polizei dies wiederum verhindern musste. Im Vorfeld hatte der Pächter des Lokals aus Angst um sein Mobiliar versucht, die Feier abzusagen, doch wurde er gerichtlich gezwungen, seinen Vertrag einzuhalten. 400 Polizisten mussten die 300 teilnahmewilligen Griechen vor etwa 1. Demonstranten schützen. Steine und Flaschen flogen, Sprechchöre skandierten *„Deutsche Polizisten / schützen Faschisten."* Am Ende blieben acht Polizisten und drei Demonstranten verletzt zurück.
In städtebaulicher Hinsicht ist der Gasteig ein exponierter Ort. Seit Kriegsende dehnte sich zwischen Rosenheimer und Kellerstraße ein verwahrloster Wirrwarr aus Behelfsläden und halb zerstörten Gebäuden aus. Seit 1965 planten die

Stadtverwaltung und die Besitzerin des Areals, die Löwenbrauerei, eine Neubebauung. Eine „Löwenbräu-City" sollte entstehen: ein repräsentatives Kongreszentrum, das größte Hotel Münchens, ein Einkaufszentrum und ein Bürohochhaus. Diese „City" sollte zusammen mit dem Deutschen Museum und dem Europäischen Patentamt einen städtebaulichen Schwerpunkt bilden, der die Isar sozusagen optisch überbrücken sollte.
Außerdem sollte die Neubebauung des Gasteigs den Anfang der Sanierung der Haidhauser Altbauviertel machen. Dem damaligen Zeitgeist entsprechend, stellte sich die Stadtverwaltung für den Gasteig *„repräsentative Gebäude, wahrscheinlich auch Hochhäuser, von monumentaler Wirkung als Pedant zum Maximilianeum"* vor – so Bürgermeister Albert Bayerle (1906-1972).

Holzhofstraße 6

Am 28. November 1947 konstituierte sich Der Deutsche Block, eine militant antikommunistische, völkisch-nationalsozialistisch orientierte Partei mit Sitz in der Holzhofstraße 6. Ihr Vorsitzender hieß Karl Meißner (1920-1996), der nach der Landtagswahl vom 1. Dezember 1946 für die Wirtschaftliche Aufbauvereinigung in das Parlament einzog. Bald trennte er sich von seiner Partei und verschaffte somit seinem Deutschen Block ein Landtagsmandat, das er bis zur Wahl vom 26. November 1950 innehatte. In einer Rede in Memmingen erklärte der Landtagsabgeordnete Meißner am 8. Dezember 1949, das parlamentarische System müsse zertrümmert werden, die Demokratie habe keine Daseinsberechtigung mehr. Die deutsche Jugend müsse wieder Zucht und Ordnung lernen. Zu diesem Zweck müsse eine neue Wehrmacht aufgestellt werden.
Die Wählerzahl des Deutschen Blocks blieb bayernweit verschwindend klein. Bei der Wahl des Jahres 1950 erlangte man 0,4 Prozent der Stimmen, in der Oberpfalz und Oberfranken allerdings erreichte man bis zu 16 Prozent. Die Orte dieser Erfolge blickten ausnahmslos auf eine lange nationalistische und nationalsozialistische Tradition zurück.
Im Jahr 1952 benannte sich der Deutsche Block in Reichsverband um, 1953 dann in Nationale Sammlung, vormals Deutscher Block, 1957 schließlich verschwand der Verein von der politischen Bühne. Seine Anhänger fanden bei Gerhard Frey eine neue Heimat (> Paosostraße 2).
In enger Zusammenarbeit mit dem Deutschen Block stand die Vaterländische Union (VU) des Karl Feitenhansel. In einer von ihm organisierten Versammlung im Dezember 1949 in München kamen ehemalige Mitglieder der SS, der Gestapo und des Sicherheitsdienstes SD zusammen. Sie wollten das „Dritte Reich" mittels eines erneuten *„Opferganges der Nation"*, also eines Krieges, wieder aufrichten. Die deutsche Sozialdemokratie, als *„rote Pest"* und *„internationale*

Schlange" beschimpft, sollte vernichtet werden. Die Regierung bestehe aus *„Verbrechern, Schweinen und Schweinigeln"*.

Um diese Ziele durchsetzen zu können, hielt man intensiven Kontakt zu Otto Ernst Remer und seinem Umfeld. Remer hatte als Kommandeur des Berliner Wachbataillons „Großdeutschland" eine Schlüsselrolle bei der Niederschlagung des Putsches vom 20. Juli 1944 gespielt. 1949 gründete er die nationalsozialistische Sozialistische Reichspartei.

Feitenhansel erhielt 1950 wegen neonazistischer Umtriebe ein zweijähriges Verbot politischer Betätigung, das später auf fünf Jahre verlängert wurde. Dennoch gründete er 1951 eine Gesamtdeutsche Friedens- und Wiedervereinigungsbewegung sowie eine Nationale Deutsche Arbeiterpartei (NDAP), die aber völlig bedeutungslos blieben.

Am 7. Dezember 1951 kündigte ein anonymer Anrufer dem Inneminister Wilhelm Hoegner seine Ermordnung an. Außerdem würden demnächst mehrere Dienstgebäude in die Luft gesprengt werden. Dies löste die größte Polizeiaktion in Bayern nach dem Krieg aus (> Rosenheimer Straße 130). 70.000 Menschen wurden überprüft, bis man schließlich Karl Feitenhansel als Anrufer identifizierte.

Er behauptete, Verschwörer hätten eine Nationalregierung bilden wollen und er, Feitenhansel, hätte den Umsturz in Bayern leiten sollen. Die ganze Bundesrepublik sollte im nationalen Sinne verändert werden. Am 6. Februar 1952 verurteilte man den gefährlichen Wichtigtuer zu drei Monaten Gefängnis, weil er *„einer Dienststelle des Staates wider besseren Wissens eine Straftat vorgetäuscht hat."*

Um Feitenhansel wurde es still, bis er als Landtagskandidat der NPD (> Holzstraße 49) in Mittelfranken wieder auftauchte. Vom 20. November 1966 bis zum 22. November 1970 vertrat er die NPD als Abgeordneter im Maximilianeum.

Max-Planck-Straße 1

Der Bayerische Landtag zog am 11. Januar 1949 in das Gebäude des Maximilianeums an der Max-Planck-Straße 1 ein. Seit der Wahl vom 26. November 1950 ist die Zahl der Abgeordneten, nämlich 204, gleich geblieben. Geändert hat sich dagegen die Stärke der im Landtag vertretenen Parteien. Die CSU stellte zwischen 1950 und 1975 stets die meisten Abgeordneten, wobei deren Anzahl stetig stieg: von 64 (1950) auf 132 (1975). Die SPD hielt sich mit einigen Schwankungen: von 63 Abgeordneten (1950) auf 64 (1975). Die FDP, die von 1966 bis 1970 keine Abgeordnete ins Maximilianeum entsenden konnte, begann 1950 mit 12 und hatte 1975 acht Fraktionsmitglieder.

Die politische Landschaft in Bayern entwickelte sich mit dem zunehmenden wirtschaftlichen Erfolg der Bundesrepublik Deutschland zu einem Drei-Parteien-System aus vorwiegend demokratischen Kräften. In den wirtschaftlich schwierigen

Anfangsjahren jedoch konnten weit rechts stehende Parteien noch viele Stimmen auf sich vereinen, mit fallender Tendenz: Die Bayernpartei von 39 (1950) auf 8 (1962); nach 1966 konnte die Partei keine Abgeordneten mehr stellen. Und der GB/BHE von 26 (1950) auf 17 bis 1962. Danach verschwand auch diese Partei aus dem Landtag. Während der wirtschaftlich gespannten Zeit zwischen 1966 und 1970 schließlich stellt die Nationaldemokratische Partei Deutschlands 15 Abgeordnete. Noch während der fünfziger Jahre konnte die CSU zur vorherrschenden politischen Kraft in Bayern aufsteigen. Dies zeigte sich nicht nur in ihrem zunehmenden Stimmenanteil bei den Landtagswahlen, sondern auch in der Zusammensetzung der Staatsregierung (> Prinzregentenstraße 7).
Auch der Bayerische Senat arbeitete im Maximilianeum. Das Zwei-Kammer-System hat in Europa eine lange Tradition. Im 19. Jahrhundert hatte es sich herausgebildet, dass die Abgeordneten der einen Kammer von Monarchen ernannt, die Abgeordneten der anderen Kammer indirekt oder direkt von den erwachsenen, männlichen Untertanen gewählt wurden. Das Ende der Monarchien in Deutschland nach dem Ersten Weltkrieg 1918 brachte dann außer dem Wahlrecht für Frauen auch die Abschaffung der nichtgewählten Kammern.
Die am 2. Dezember 1946 mit einem Volksentscheid in Kraft getretene Bayerische Verfassung belebte die Idee einer solchen Kammer wieder. In Artikel 34 hieß es: *„Der Senat ist die Vertretung der sozialen, wirtschaftlichen, kulturellen und gemeindlichen Körperschaften des Landes."* Artikel 35 legte die Zahl

Landtagswahl 1954 (StAM)

der Mitglieder des Senats auf 60 fest. Die beiden stärksten Gruppen stellten die Forst- und Landwirtschaft sowie die Gewerkschaften. Weiterhin waren vertreten: Industrie und Handel, Handwerke, freie Berufe, Genossenschaften, Religionsgemeinschaften (nur Juden, Katholiken, Protestanten), Wohltätigkeitsorganisationen, Hochschulen und Akademien, Gemeinden und Gemeindeverbände. Diese wählten ihre Senatoren eigenverantwortlich und nach demokratischen Grundsätzen.
Als nicht allgemein gewähltes Gremium verfügte der Senat über keine Befugnisse, er hatte nur beratende Funktion aus der beruflichen Erfahrung seiner Mitglieder heraus. In Artikel 40 hieß es: *„Der Senat ist dazu berufen, zu den Gesetzesvorlagen der Staatsregierung auf deren Ersuchen gutachterlich Stellung zu nehmen."* Artikel 41 bestimmte: *„Die vom Landtag beschlossenen Gesetze sind dem Senat noch vor der Veröffentlichung zur Kenntnisnahme vorzulegen. Der Landtag beschließt darüber, ob er den Einwendungen Rechnung tragen will."*

Bordeauxplatz

Die leidvollen Erfahrungen aus dem Zweiten Weltkrieg und der aktuelle Kalte Krieg ließen in Westeuropa das Bedürfnis nach Überwindung nationaler Gegensätze entstehen. Dies zeigte sich auch in den Städtepartnerschaften, die München und Edinburgh 1954 und München und Verona 1960 schloss.
Am 30. Mai 1964 wurde in Bordeaux die Partnerschaft mit München feierlich begonnen. Im Rathaus der Stadt besiegelten Oberbürgermeister Vogel und sein Kollege Jacques Chaban-Delmas die Partnerschaft, aus der bald eine Freundschaft entstehen sollte. In Anwesenheit auch des deutschen Botschafters in Frankreich, Manfred Klaiber, sagte Vogel: *„Wenn es eines solchen Zeichens bedarf, dann ist dieser Empfang ein Beweis für den tief greifenden Wandel, der sich im Verhältnis zwischen Ihrem Volk und dem unsrigen in den letzten beiden Jahrzehnten vollzogen hat."* Er schloss seine Rede nach dem Vorbild, das der französische Präsident Charles de Gaulle bei seinem Besuch in München 1962 (> Odeonsplatz) gegeben hatte: *„Vive la France, vive Bordeaux, vive Munich, vive Allemagne!"* Man vereinbarte, dass sich die Partnerschaft hauptsächlich auf fünf Gebieten entwickeln sollte: Wirtschaft, Unterricht, Jugend und Sport, Fremdenverkehr, Kultus. Begonnen wurde mit dem Schüler- und Lehreraustausch.
Anlässlich eines Besuches von Chaban-Delmas in München wurde am 17. September 1976 ein Teilstück der Wörthstraße in Bordeauxplatz umbenannt, allerdings nur die parkartige Erweiterung, denn die Adresse Wörthstraße blieb aus praktischen Erwägungen erhalten. Oberbürgermeister Georg Kronawitter sagte, die örtliche Wahl der Anlage sei nicht zufällig. Sie liege im so genannten Franzosenviertel, in dem die Straßen nach Orten benannt seien, an denen sich bayeri-

sche und französische Truppen im Krieg von 1870/1871 gegenüberstanden. Er fuhr fort: „*Unserer Generation, die inmitten des von Krieg und Gewalt überschatteten 20. Jahrhunderts mit historischen Siegen ohnehin nichts anzufangen weiß, sind die Pariser Straße und der Orleansplatz Symbole einer friedlichen und freundschaftlichen Nachbarschaft mit Frankreich geworden.*"
In seiner Erwiderung verstieg sich Chaban-Delmas vor lauter Höflickeit zu folgenden Äußerungen: Der Platz sei so schön, dass ihn Bordeaux gar nicht verdiene. Nach seiner Rückkehr werde ihm die Suche nach einem ähnlich schönen Platz für eine Umbenennung nach München vor schwere Probleme stellen.

Rosenheimer Straße 130

Als 1949 die Bundesrepublik Deutschland gegründet wurde, mussten auch die Probleme der inneren Sicherheit gelöst werden. Es gab zwar in allen Bundesländern den Polizeieinzeldienst, aber keine Polizeiverbände, die bei außergewöhnlichen Sicherheitsstörungen geschlossen eingesetzt werden konnten. Die Aufrechterhaltung der äußeren und inneren Sicherheit Westdeutschlands war den alliierten Besatzungstruppen vorbehalten. Im Falle innerer Unruhen wären sie gegen deutsche Bürger eingesetzt worden. Dies war aus politischen Gründen jedoch unerwünscht.
Am 1. Februar 1950 entstand als erste in Westdeutschland die Münchner Einsatzpolizei. Unter amerikanischer Anleitung übte man Einsätze bei politischen Unruhen, Demonstrationen, Saalschlachten und sportlichen Großereignissen. Die Ausrüstung für den Ernstfall bestand aus Gewehren, Rauch- und Tränengasbomben. Um Tag und Nacht verfügbar zu sein, sollte die Einsatzpolizei kaserniert werden, doch verhinderte dies vorerst der Platzmangel.
Der Landtag beschloss am 16. Mai 1951 die Aufstellung der kasernierten Bayerischen Bereitschaftspolizei. Sie sollte der regulären Polizei bei der Aufrechterhaltung der inneren Sicherheit und Ordnung und dem Schutz wichtiger Einrichtungen dienen. Auf Antrag der Bundesregierung konnte die Bereitschaftspolizei auch in anderen Bundesländern eingesetzt werden. Die Münchner Hundertschaften wurden in der Kaserne der ehemaligen Schutzpolizei an der Rosenheimer Straße 130 untergebracht.
Der erste Einsatz der Bayerischen Bereitschaftspolizei fand bereits vom 10. bis 12. Dezember 1951 statt, als Drohungen bekannt wurden, Regierungsgebäude würden in die Luft gesprengt werden (> Holzhofstraße 6).
Die Ausrüstung der Bereitschaftspolizei vervollständigte sich bis Ende 1952 um eine Fernmeldeeinheit sowie einen gepanzerten Sonderwagenzug. Dies waren drei dreiachsige Straßenpanzer mit je einem schwenkbaren Maschinengewehr amerikanischer Herkunft. Auch sie waren in der Rosenheimer Straße stationiert.

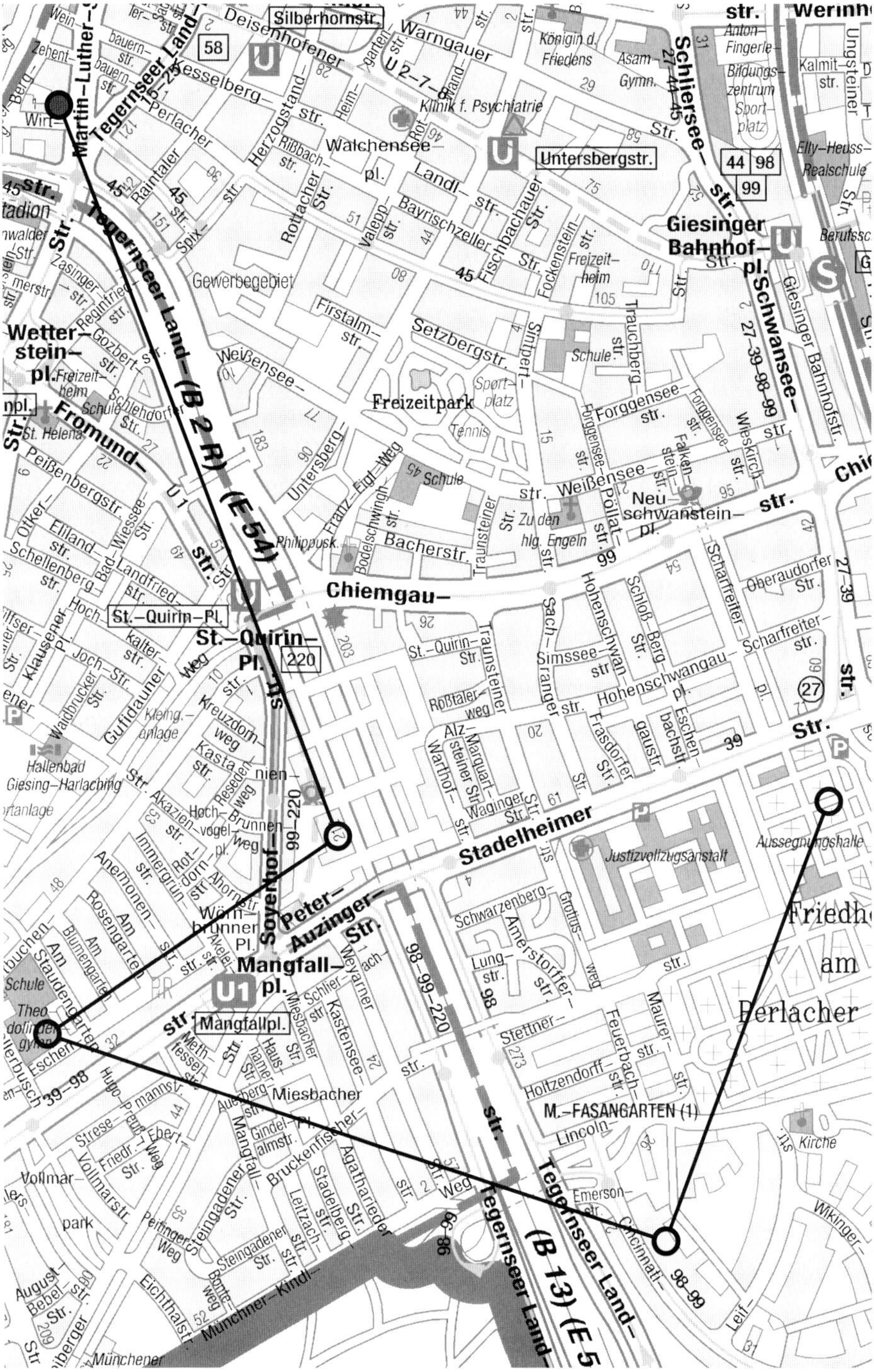
Silberhornstr.
Deisenhofener
Warngauer
U 2-7-8
Königin d. Friedens
Asam-Gymn.
Schliersee-
Anton-Fingerle-Bildungszentrum
Sportplatz
Kalmitstr.
Ungsteiner
Elly-Heuss-Realschule
Martin-Luther-
Tegernseer Land-
Kesselberg-
Perlacher
Herzogstand-
Rißbach-str.
Klinik f. Psychiatrie
Walchensee-pl.
Untersbergstr.
Landl-str.
Bayrischzeller Str.
Fischbachauer Str.
Fockenstein-str.
Freizeitheim
Giesinger Bahnhof-pl.
Schwansee-
Giesinger Bahnhofstr.
Raintaler
Rottacher Str.
Valepp-str.
Spix-
Gewerbegebiet
Firstalm-str.
Setzbergstr.
Tegernseer Land-(B 2 R) (E 54)
Wetterstein-pl.
Freizeitheim
Schule
Fromund-
St. Helena
Zasinger-str.
Reginfried-str.
Gozbert-str.
Schlehdorfer Str.
Weißensee-
Freizeitpark
Sportplatz
Tennis
Sintpert-
Trauchberg-
Schule
Forggensee-str.
Wieskirch-str.
Falkenstein-str.
Neuschwanstein-pl.
Weißensee-
Pöllat-str.
Zu den hlg. Engeln
Untersberg-
Franz-Fihl-Weg
Schule
Bodenschwingh-str.
Bacherstr.
Traunsteiner Str.
Philippusk.
Peißenbergstr.
Otker-
Eiland-str.
Schellenberg-str.
Bad-Wiessee-Str.
Landfried-str.
St.-Quirin-Pl.
St.-Quirin-Pl.
Chiemgau-
St.-Quirin-Str.
Hohenschwangau-pl.
Schloß-Berg-Str.
Scharfreiter-str.
Oberaudorfer Str.
Simssee-str.
Sach-ranger str.
Roßtaler-weg
Kalter-str.
Joch-Str.
Klausener-
Waldbrucker-Str.
Gufidauner-str.
Kleing.-anlage
Kreuzdorn-weg
Kastanien-
Reseden-weg
Hallenbad Giesing-Harlaching
Akazien-str.
Hoch-vogel-pl.
Brunnen-weg
Alz-
Marquart-steiner Str.
Warthof-str.
Waginger Str.
Frasdorfer Str.
Eschenbachstr.
Stadelheimer
Justizvollzugsanstalt
Aussegnungshalle
Friedhof am Perlacher
Immergrün-str.
Anemonen-
Am Rosengarten
Rot-dorn-str.
Ahorn-
Wörn-brunner Pl.
Soyerhof-str.
Peter-Auzinger-Str.
Mangfall-pl.
Mangfallpl.
Schwarzenberg-str.
Amerstorffer-str.
Grotius-weg
Lung-str.
Am Staudengarten
Theodolinden-gym.
Schule
Blumengarten
Miesbacher
Kastensee-
Weyarner
Schlier-ach-
Stettner-
Holtzendorff-str.
Feuerbach-
Maurer-str.
M.-FASANGARTEN (1)
Lincoln-
Kirche
Hugo-Preuß-Str.
Strese-mannstr.
Friedr.-Ebert-Weg
Vollmar-park
Vollmarstr.
Peitinger Weg
Steingadener Str.
Mangfall-
Gindelalmstr.
Bruckenfischer-
Agatharieder-
Stadelberg-str.
Leitzach-str.
Tegernseer Land-(B 13) (E 5
Emerson-
Cincinnati-
Wikinger-
Leif-
August-Bebel-Str.
Münchener-Kindl-
Eichthalstr.
Bonifa-weg

Harlaching

Seit 1945 dominierten die US-Streitkräfte und die bald nachgekommenen Angehörigen den Stadtteil. Hier saß die Militärregierung für Bayern und das Hauptquartier der US-Truppen in Europa-Süd, ausgedehnten Wohnanlagen entstanden und prägten das Viertel äußerlich wie atmosphärisch. Harlaching wurde Münchens „Klein-Amerika". Daneben der Friedhof am Perlacher Forst: eine Stätte der Erinnerung an den mörderischen Wahnsinn, den die US-Truppen 1945 gewaltsam beendeten, und an den Umgang der Deutschen mit ihrer jüngsten Vergangenheit.

Martin-Luther-Straße 26

Anfang der siebziger Jahre schien sich die herkömmliche Gastronomie überlebt zu haben. Hohe Preise, mangelnde Qualität und lange Wartezeiten waren die Norm. Dazu kam, dass die Gastronomie damals die Entwicklung verschlafen hatte und nicht auf die Bedürfnisse von Kindern und Jugendlichen einging.

In diese große Marktlücke stieß der US-Konzern McDonald's vor, der seine erste deutsche Filiale am 4. Dezember 1971 in der Münchner Martin-Luther-Straße 26 eröffnete. In der Rückschau stellte das Unternehmen die damalige Situation wie folgt dar: *„In Deutschland traf McDonald's auf ein Land mit völlig anderen Lebens- und Essgewohnheiten und auf eine Gastronomie, die die vertrauten Vorstellungen von Geselligkeit und Gemütlichkeit in all ihren regionalen Facetten reflektierte."*

Das anfängliche Angebot umfaste Hamburger, Cheeseburger, Pommes Frites, Cola, Limo und Kaffee. Ein Hamburger kostete 95 Pfennige. Die Käsescheiben wurden noch mit der Hand vom Block geschnitten, die Kartoffeln für die Pommes ebenfalls von Hand geschält und geschnittten. Diese typisch amerikanische Esskultur erfuhr Ablehnung von konservativen wie auch linksintellektuellen Kreisen, die ihren emotionalen Anti-Amerikanismus an McDonald's festmachten. Die Firma wurde als vermeintlich kurzlebige Modeerscheinung belächelt und als Unkultur verdammt.

In seiner Werbung knüpfte McDonald's an den erfolgreichen Wienerwald-Spruch *„Heute bleibt die Küche kalt, wir gehen in den Wienerwald."* an. Die Botschaft, speziell an Hausfrauen gerichtet, lautete: *„Kochen Sie nur noch, wenn Sie genug Zeit dafür haben! An den anderen Tagen serviert Ihnen McDonald's Menüs für die ganze Familie."* Der schlagartig einsetzende Erfolg gab den Marktstrategen mit ihrer Standortwahl Deutschland recht: Bereits im ersten Monat, dem Dezember 1971, betrug der Umsatz des Lokals 110.000 DM.

Der Standort in München war nicht ohne Bedacht gewählt worden: in der Nähe des Stadions an der Grünwalder Straße und leicht zu erreichen mit dem Auto.

Einen sicheren Kundenstamm hatte man zudem mit den zahlreichen Amerikaner, die im Südosten Münchens ihre Militär- und Wohnanlagen unterhielten und in McDonald's ein Stück Zuhause vorfanden.

Tegernseer Landstraße 202–234

Die McGraw-Kaserne an der Tegernseer Landstraße 202–234 beherbergte die US-Militärregierung für Bayern. Hier lag bis zur Gründung der Bundesrepublik im Mai 1949 die Machtzentrale des Landes, die selbst allerdings nur ausführte, was aus dem amerikanischen Hauptquartier in Frankfurt angewiesen wurde. Entnazifizierung, Wiedergutmachung, Demontagen, Kontrolle der bayerischen Regierung und der politischen und wirtschaftlichen Organisationen – dies waren die Aufgaben, die die Militärregierung wahrnahm, um in Bayern eine demokratische Entwicklung im Sinne der USA zu erzwingen.
Diese eher negativ empfundene Phase ging im Rahmen des Kalten Krieges ab 1948 in eine positive Phase über. In Westdeutschland bildete sich ein neuer Staat heraus, der sich in die Politik der Westmächte einpasste. Das am 8. Mai 1949 vom Parlamentarischen Rat verabschiedete und am 12. Mai 1949 von den westalliierten Militärgouverneuren genehmigte Grundgesetz begründete die Bundesrepublik Deutschland. Das daraufhin am 21. September 1949 in Kraft gesetzte Besatzungsstatut beendete die Militärregierung und ersetzte sie durch die Alliierte Hohe Kommission.
In München vollzog sich dieser Wandel unter den Militärgouverneuren Murray D. van Wagoner (1898-1986) und Clarance M. Bolds, der nunmehr als Landeskommissar amtierte. Rein äußerlich zeigte sich diese Veränderung in der symbolträchtigen Beflaggung. Seit dem 26. Januar 1950 wehten über der Mc Graw-Kaserne die US-amerikanische, die bayerische und die westdeutsche Fahne nebeneinander.
Die Tätigkeit der Hohen Kommission umfasste nun neben der diskreten Kontrolle der deutschen Aktivitäten die Verteilung der Gelder aus dem Marshallplan (> Attenkoferstraße 2, > Ludwigsfeld), die Unterstützung der demokratischen Entwicklung, den kulturellen Austausch, die Errichtung unabhängiger Presseerzeugnisse – um nur einiges zu nennen. Van Wagoner hatte sich 1949 noch skeptisch geäußert: *„Einem alten Zirkuspferd kann man keine neuen Kunststücke mehr beibringen."* Anlässlich der Flaggenhissung meinte dagegen ein US-General: *„Ich sehe mit Freude, dass Deutschland wieder dabei ist, einen geachteten Platz in der Völkerfamilie einzunehmen."*
Am 1. Juni 1950 trat George N. Shuster (1894-1977) das Amt des Landeskommissars an. In seiner Person spiegelte sich die veränderte US-Politik gegenüber Westdeutschland wider: Sein Deutsch war perfekt, während seine Kollegen meist nur das Amerikanische beherrschten. Von Beruf war er nicht Soldat, sondern Professor für englische Literatur und Präsident einer Hochschule. Als großer Freund deutscher Kultur meinte er, das „Dritte Reich" sei eine Art Betriebsunfall gewesen,

eigentlich untypisch für das Volk der Dichter und Denker. Bei seiner Amtseinführung sagte Shuster in fließendem Deutsch hinsichtlich der fortlebenden nationalsozialistischen Umtriebe (> Holzhofstraße 6): *„Angesichts der üblen Erfahrungen der Vergangenheit muss sich Deutschland von diesen Tendenzen mehr denn je fernhalten, damit es in die Familie der westlichen Nationen, deren lebenswichtiger Bestandteil es zweifellos ist, wieder aufgenommen werden kann.“*

Die fortschreitende innere demokratische Stabilisierung der Bundesrepublik und ihre internationale Einbindung führten zur Schließung der Landeskommissariate am 30. Juni 1952. Nur die drei britischen, französischen und amerikanischen Hohen Kommissare blieben in ihren Ämtern. Diese wurden am 5. Mai 1955 zu Botschaftern ihrer Länder in Bonn ernannt, als die Bundesrepublik ihre staatliche Souveränität erlangte und sich wieder bewaffnen durfte.

Die Mc Graw-Kaserne diente seit 1952 hauptsächlich militärischen Zwecken. In ihr residierte bis zum Juni 1992 das Hauptquartier des Südlichen Befehlsbereichs der US-Streitkräfte in Europa.

Auch in städtebaulicher Hinsicht machte sich die McGraw-Kaserne bemerkbar. Kurz nach Kriegsende 1945 wurde die Tegernseer Landstraße im Kasernenbereich für deutsche Fahrzeuge gesperrt. Auf dem Weg von und nach Süden musste man nun Umwege in Kauf nehmen. Mit dem schnell wachsenden Verkehrsaufkommen entwickelte sich die gesperrte Straße zum Nadelör und stand dem geplanten Bau des Mittleren Ringes und einer zuführenden Autobahn im Weg. Seit 1956 bemühte sich die Stadtverwaltung, bei der US-Armee die Durchfahrt zu erwirken. Die

George N. Shuster mit Frau, 20. April 1951 (StAM)

„Süddeutsche Zeitung“ stellte am 4. September 1959 die diesbezügliche Diskussion auch in einen größeren politischen Rahmen: *„… erinnern sich noch viele, dass es in jenen Tagen nicht ratsam war, gegen dieMaßnahmen der allmächtigen Militärregierung zu opponieren. Die Amerikaner waren gewohnt, ihren Willen durchzusetzen. Den harten Zeiten in den Beziehungen zwischen den Amerikanern und uns folgte das Tauwetter. Allerlei Schranken wurden niedergelegt. Die an der Tegernseer Landstraße indes erwies sich als dauerhaft.“*
Das Militär sah sich zu keiner Konzession in der Lage. Man argumentierte mit Sicherheits- und Geheimhaltungsbedürfnissen und befürchtete, feindliche Geheimdienste aus dem Osten könnten aus Fahrzeugen heraus Spionage treiben. Diese Interessengegensätze schlugen sich in dem am 2. August 1972 eröffneteten Straßenbau nieder: Der zivile deutsche Verkehr unterquerte das Kasernengelände in einem vierspurigen Graben, während die US-Armee ein Stockwerk höher ungestört unter sich bleiben konnte.

Harlaching

Die zivilen und militärischen Angehörigen der Besatzungsmacht und ihre Familien lebten für sich in eigenen Stadtvierteln mit eigener Infrastruktur. Nach dem Krieg beschlagnahmte man Wohngebiete zu diesem Zweck, am 12. April 1946 große Teile Harlachings. Im Jahr 1950 machte dieser beschlagnahmte Wohnraum

„Klein-Amerika“ an der Peter-Auzinger-Straße, 1990 (BW)

0,5 Prozent der gesamten Wohnfläche in München aus. Dennoch mussten viele Amerikaner täglich aus ganz Oberbayern zur Arbeit nach München pendeln. Abhilfe dieser Situation war erst mit dem Neubau eigener US-Viertel in Sicht. Die „Süddeutsche Zeitung" beobachtete am 1. Juli 1950: *„Südlich vom Tiroler Platz in Harlaching beginnt Klein-Amerika. Vor den Einfamilenhäusern und Villen stehen glitzernde Fords und Buicks, kleine Amerikaner in bunten Hosen und Pullovern spielen auf den Straßen."* Die Amerikaner unterhielten einen eigenen Sportplatz an der Säbener Straße, wo man das für die meisten Deutschen unverständliche Baseball und Football spielte. Mit Gegenständen des täglichen Gebrauchs versorgte man sich im PX-Laden an der Prinzregentenstraße 28. Diese Waren wurden über Bremerhaven direkt aus den USA importiert. Man bewegte sich grundsätzlich nur im Auto. Auch eigene Kirchen und der eigene Rundfunksenker AFN (> Kaulbachstraße 15) gehörten zu dieser Welt.
Am 2. Januar 1951 begann der Unterricht für 1.700 Kinder in der neu erbauten US-Schule mit der Adresse Am Staudengarten. Innerhalb der Mc Graw-Kaserne konnte man an einer Filiale der University of Maryland eine Vielzahl von Fächern studieren. Diese Einrichtung warb für sich mit dem Satz: *„Das Leben unserer Studenten ist eine angenehme Mischung aus typisch amerikanischen Aktivitäten und der Kultur der Alten Welt."*
Im Jahr 1956 verließen die Amerikaner Harlaching und zogen in die Siedlung im Perlacher Forst (> Cincinnatistraße).

Cincinnatistraße

Um die von der US-Armee beschlagnahmten Wohnungen ihren deutschen Besitzern wieder zugänglich zu machen und um die US-Bürger in eigenen Siedlungen gemeinsam unterzubringen, sollten auch in München entsprechende Bauvorhaben realisiert werden. In der Nähe der Mc Graw-Kaserne schien dies besonders vordringlich, doch gab es keine ausreichend große Freifläche dafür. Deshalb kaufte die Bundesrepublik Deutschland als Bauherrin ein umfangreiches Stück des Perlacher Forstes, den man als Wald für nicht besonders wertvoll hielt und auf einen Quadratkilometer abholzte. Am 25. November 1953 erfolgte der erste, symbolische Spatenstich: Eine Siedlung für rund 5.000 Bewohner sollte entstehen. Dabei äußerte ein amerikanischer Offizier: *„Ich tue diesen Spatenstich in der Hoffnung, dass die zukünftigen Bewohner dieser Anlage in Freude und Glück leben können, und dass die Stadt München schöne Häuser erhält, wenn die weltpolitische Lage den Abzug der Truppen erlaubt."*
Die Siedlung entstand im typisch amerikanischen Stil: breite Straßen ohne Fußwege, ausgedehnte Parkplätze und viel Platz zwischen den einzelnen Gebäuden. Diese trugen keine Hausnummern mit Straßenbenennung, sondern waren durchnummeriert. Die Straßen selbst waren benannt nach Personen und Regionen, die in der amerikanischen Geschichte eine Rolle spielen. Eine Straße wurde

nach Cincinnati benannt. Der dortige Stadtrat hatte am 14. März 1951 beschlossen, Münchens Paten- und Schwesterstadt zu sein, ähnlich dem schweizerischen St. Gallen, das sofort nach Kriegsende 1945 seine Patenschaft über München erklärt hatte. München wiederum übernahm 1952 die Patenschaft über das ehemals mehrheitlich deutsch bewohnte sudetendeutsche Aussig (> Aussiger Platz).
Am 21. März 1951 erläuterte der US-Kommandant von München, George H. Godfrey (1901-1998), Sinn und Zweck der Städtepatenschaft Cincinnatis: *„... soll zur gemeinsamen Teilnahme an den auswärtigen Angelegenheiten Deutschlands und der Vereinigten Staaten führen. Der Zweck muss in enger Übereinstimmung mit den Absichten unserer nationalen Politik stehen. Die Ziele sind: 1. Zwischen den Menschen Cincinnatis und der Bevölkerung Münchens Verständnis für den gemeinsamen Vorsatz, die westliche Welt zu verteidigen, zu entwickeln. 2. Durch diesen Geist der Einigkeit in jedem nur möglichen Maß zu der Moral der freien Welt beizutragen. 3. Durch diese erhöhte Moral zur Stärke und dadurch zur Sicherheit dieser Welt beizutragen. ... bedeutet einzig und allein eine Mobilmachung der moralischen Kräfte der Menschen von Cincinnati für die Verteidigung unserer Freiheit und der Freiheit der westlichen Welt.“* Im Jahr 1989 schließlich begründeten Cincinnati und München ihre beidseitige Partnerschaft.
Ab 1955 zogen die Amerikaner in die Siedlung im Perlacher Forst ein. Die Siedlungen der US-Armee wurden auf der ganzen Welt in mehr oder weniger einheitlicher Architektur gebaut, damit man sich überall wie zu Hause fühlte. Die Verweildauer der Soldaten in München währte im Durchschnitt jeweils nur 18 Monate, dann wurden sie an andere Standorte kommandiert. Die häufigen Umzüge rund um den Globus fanden nur mit Büchern, Bekleidung und ähnlichen persönlichen Gegenständen statt. Folglich mussten die Wohnungen voll möbliert und ausgestattet sein.
Im Harlachinger „Klein-Amerika“ lebte man unter sich. Deutschkenntnisse waren selten anzutreffen, der Lebensstil rein amerikanisch. Grundschule, Gymnasium, Theater, Kino, diverse Gotteshäuser, Sportplätze und ein Krankenhaus machten Kontakte nach außen nicht notwendig. Die Amerikaner galten dabei als unkompliziert und Neuem gegenüber aufgeschlossen. Ihre Isolation im *„Goldenen Ghetto“*, wie sie es selbst nannten, lag vorwiegend an der Zurückhaltung vieler Deutscher.
Eine ungewohnte Welt fand hier der „Münchner Merkur“ vom 27.April 1963 vor: *„Das Krankenhaus, durch das das Schwabinger Krankenhaus am Kölner Platz für Deutsche wieder benutzbar wurde, stellte sich als Ausbund des Luxus dar. Alle Patienten verfügten über einen eigenen Fernseher, Radio, Telefon und Gegensprechanlage zum Personal. Im Haus befanden sich Postamt, Friseur, Snack Bar, Kino sowie Läden.“*
Auch die Kinder führten ein anderes Leben als gleichaltrige Deutsche. Gekleidet waren sie in bunten Hemden und blauen Hosen einheitlichen Aussehens, den so genannten Blue Jeans. Viele liefen mit Spielzeugwaffen umher und spielten

Krieg. Jeden Tag gab es Eiscreme. Rannten sie unachtsam auf die Straße, hielten die zahlreichen Fahrzeuge rücksichtsvoll an. Am Anfang eines jeden Schultages standen die Kinder und Jugendlichen gemeinsam auf, die US-Fahne wurde entrollt und alle gelobten mit der rechten Hand auf dem Herzen *„Treue zur Flagge der Vereinigten Staaten und zu der Republik, für die sie steht: eine Nation, unteilbar unter Gott mit Freiheit und Gleichheit für alle.“* So etwas war für Deutsche seit 1945 undenkbar.
Verblüffend unverkrampft stellte sich auch das Verhalten der US-Autofahrer dem Journalisten dar. Von seinen Landsleuten kannte er den damaligen Bürgerkrieg auf den Straßen (> Karlsplatz), an dem er vielleicht sogar selbst teilnahm. Im Perlacher Forst durfte nicht schneller als 30 Stundenkilometer gefahren werden, und alle hielten sich – für Deutsche kaum fassbar – daran! Die Siedlung kannte keine Verkehrsunfälle, während in der deutschen Umgebung der Tod an jeder Ecke lauerte. Ihren Straßenkreuzern maßen die Besitzer einen reinen Nutzwert zu, der jede Pflege ausschloss. Niemand putzte sein Auto oder missbrauchte es als Statussymbol. In der ganzen Siedlung gab es keine Garage – auch das damals für Deutsche unvorstellbar.
Kaum ein Deutscher verirrte sich in diesen US-Ableger, vielleicht einmal Handwerker. Sie erlebten eine künstliche Welt: Naturgemäß traf man keine alten Menschen, keine Arbeitslosen und Arme und untertags auch keine Männer. Seit 1958 brachte das alljährliche Little Octoberfest etwas Abwechslung und Kontakte nach außen. Im Jahr 1993 zogen die Amerikaner schließlich aus und verließen München nach 48 Jahren Präsenz.

Stadelheimer Straße 24

Etliche repräsentative Umfragen durch die US-Besatzungsmacht zwischen 1945 und 1949 ergaben, dass mehr als die Hälfte der Befragten den Nationalsozialismus für eine gute Idee hielten, die nur schlecht ausgeführt worden sei. Ende 1949 ging die juristische Beurteilung von NS-Straftätern, die so genannte Entnazifizierung, von den Alliierten in deutsche Hände über. So verwundert es nicht, dass die frühen fünfziger Jahre von allgemeinen Amnestien geprägt waren. Mehr noch: In Artikel 131 des Grundgesetzes war eine Regelung für jene öffentlich Bediensteten angekündigt worden, die wegen ihrer politischen Vergangenheit von den Alliierten seit 1945 aus dem Dienst entfernt worden waren.. In Ausführung dieses Auftrages des Grundgesetzes beschloss der Bundestag am 11. Mai 1951 ein Gesetz, das die öffentlichen Arbeitgeber verpflichtete, 20 Prozent ihrer Planstellen für die Einstellung dieses Personenkreises zu verwenden. Die Strafverfolgung von NS-Verbrechern kam fast völlig zum Erliegen, nur einige wenige spektakuläre Fälle wurden verhandelt. Erst am 3. Oktober 1958 beschlossen die westdeutschen Justizminister die Einrichtung der Zentralen Stelle der Landesjustizverwaltungen zur Aufklärung nationalsozialistischer Verbrechen in Ludwigsburg. Deren Arbeit ermöglichte ab 1959 eine systematischere Verfolgung der im „Dritten Reich“ begangenen Verbrechen. Eine Unzahl von Massenmördern konnte sich bis dahin völlig frei in Westdeutschland bewegen, arbeiten und ihre Sicht der Vergangenheit verbreiten.

Am 7. Februar 1950 beschloss der Münchner Stadtrat einstimmig, auf dem Friedhof am Perlacher Forst einen Ehrenhain mit Denkmal für die Opfer des Nationalsozialismus zu errichten. Anlässlich des Tages der Opfer des Faschismus wurde er am 10. September 1950 eingeweiht. Die Gedenkstunde stand unter dem Motto *„Keine Rache, keine Vergeltung – aber Würdigung der Toten und Überlebenden“*. Der stellvertretende Ministerpräsident Josef Müller (1898-1979) legte einen Kranz nieder, auf dessen Schleife *„Wir vergessen euch nie!“* stand. Müller sagte *„Ich fürchte, ich könnte nie wagen, eine solche Erklärung im Namen des ganzen bayerischen und deutschen Volkes abzugeben.“* Außerdem bedauerte er, dass das Grundgesetz die Todesstrafe selbst für Massenmörder verbiete. Hierbei unterlief ihm ein interessanter Freud'scher Lapsus hinichtlich der Opferkreise, deren Los er beklagte: *„... dass deutsche Gerichte nicht in der Lage sind, einzelne Menschen, die das Leben Tausender Deutscher auf dem Gewissen haben, mit dem Tode zu bestrafen.“* Diese Äußerungen zeigten, dass man hauptsächlich sich selbst als Opfer des „Dritten Reiches“ sah, während die tatsächlich Unschuldigen schon damals ignoriert blieben.

Eine ähnliche Selektion der – überlebenden – Opfer nahm der Bundestag vor. Am 18. September 1953 verabschiedete er ein Gesetz zur Entschädigung für Opfer der nationalsozialistischen Verfolgung. Dieses schloss allerdings diejenigen ehemaligen Verfolgten aus, die sich nach Inkrafttreten des Grundgesetzes weiterhin als Kommunisten betätigten. Nicht entschädigungsberechtigt waren ferner Homosexuelle sowie Sinti und Roma.

Gleichzeitig erhielten durch das Gesetz vom 11. Mai 1951 hochrangige Verbrecher Entschädigungen und Bezüge. Genannt seien etwa Anton Kässler, ein ehemaliger Kommandant des Konzentrationslagers Sachsenhausen, oder der Stellvertreter Hermann Görings, Paul Körner, der eine monatliche Pension von etwa 1.500 DM bezog – für damalige Verhältnisse sehr viel Geld. Auch der ehemalige General Alexander Andrae bezog eine üppige Generalspension, obwohl er nach 1949 dem Direktorium der nationalsozialistischen Sozialistischen Reichspartei angehörte. (> Prielmayerstraße 5)

Neben den Mitgliedern der Widerstandsgruppe Weiße Rose, die auf dem Friedhof am Perlacher Forst begraben liegen, mussten die Verschwörer vom 20. Juli 1944 zur Ehrenrettung Deutschlands herhalten. Ihre überlebenden Angehörigen führten zwar meist ein Leben in Armut und Diskriminierung (> Platz der Opfer des Nationalsozialismus), die ermordeten Männer hingegen erfreuten sich einer eigentümlich wirkenden Hochachtung.

Am zehnten Jahrestag des Attentatsveruches, am 20. Juli 1954, rief Bundeskanzler Konrad Adenauer in Berlin die bezeichnenden Worte aus: *„Ihrer gedenken wir in Treue, in Verehrung, in Liebe – ihrer, die unsere Ehre retteten.“* Ort die-

ser Handlung war die Gedenkstätte im Gebäude des ehemaligen Oberkommandos der Wehrmacht in der Bendlerstraße. Hier waren die Verbrechen des „Dritten Reiches" erst militärisch ermöglicht und auch mitbegangen worden.
Nun wollte man die Wehrmacht und die Deutschen überhaupt mittels einiger Offiziere exkulpieren. Einer von ihnen war Ludwig Beck (1880-1944), der nach dem missglückten Putsch Selbstmord begangen hatte. Beck, der Prototyp des preußischen Offiziers und militaristisch-konservativ durch und durch, zeichnete von 1935 bis 1938 verantwortlich für die gesamte deutsche Aufrüstung. 1938 trat er zurück, weil er Deutschland für den für 1939 geplanten Krieg nicht hinreichend gerüstet hielt. Sein „Widerstand" bestand darin, dass er Hitler für militärisch unfähig hielt, Deutschlands Vormachtstellung mit Waffengewalt zu erringen. In dieser Auffassung sah er sich durch den Kriegsverlauf bestätigt. Als sich die endgültige Niederlage des „Dritten Reiches" abzeichnete, wolle Beck retten, was zu retten war. Dafür musste Hitler geopfert werden, denn nur ohne ihn würden die Westalliierten gemeinsam mit Deutschland den Krieg gegen die Sowjetunion fortzusetzen gewillt sein. Mit diesen Plänen gedachte Ludwig Beck nach der Ermordung Hitlers dessen Amt als Staatsoberhaupt zu übernehmen.
Nicht nur rein militärische, sondern auch ethische Motive trieben den hohen Offizier Claus Schenk Graf von Stauffenberg (1907-1944) in den Widerstand. Ihn besorgten der Zusammenbruch der Wehrmacht ebenso wie die Verbrechen des „Dritten Reiches". Als Stabschef beim Befehlshaber des Ersatzheeres wollte er dieses für den Umsturz einsetzen. Er selbst wollte Hitler mit einer Bombe ermorden.

Gedächtnisfeier für die Opfer des Nationalsozialismus an der Gedenkstätte im Friedhof am Perlacher Forst, 9. September 1951 (StAM)

Als dies wider jede Wahrscheinlichkeit misslang, wurde er noch am 20. Juli 1944 in der Bendlerstraße erschossen (> Holzhofstraße 6). Stauffenberg starb mit den nationalistisch-pathetischen Worten: *„Lang lebe unser heiliges Deutschland!“*
So baute sich die Öffentlichkeit einige wenige echte und angebliche Widerstandskämpfer als Lichtgestalten deutscher Ehre und Würde auch in dunkelster Zeit auf. Ansonsten breitete man einen dichten Schleier des Schweigens über die eigene und kollektive Vergangenheit. Doch diese meldete sich immer wieder, wenn etwa in einem Prozess die ungeheuerlichsten Verbrechen, ausgeführt von durchschnittlich erscheinenden Menschen, an den Tag traten. Als durchgehendes Verhalten bei den Angeklagten stachen völlige Reuelosigkeit und Arroganz hervor, gepaart mit absurden Behauptungen des Befehlsnotstandes und des Verbotsirrtums: Man musste, um nicht selbst wegen Befehlsverweigerung erschossen zu werden, Massenmorde begehen, von deren Rechtswidrigkeit man gleichzeitig nichts wusste – so die widersinnige Argumentation.
Ein solcher Prozess lief im Oktober 1968 in München ab. Der Angeklagte Hugo Raschendorfer war als Privatmann im Baltikum mit seiner Pistole auf Judenjagd gegangen. Ohne irgendeiner Befehlsgewalt unterworfen zu sein, schoss er jüdische Menschen von Fahrrädern und Balkonen hinunter. Dabei brachte er es auf über 200 Morde. Gegen Ende des Krieges konnte er sich eine neue Identität besorgen. Doch schon in den fünfziger Jahren erlaubte ihm die politische Atmosphäre in Westdeutschland, auf diese Unannehmlichkeit zu verzichten und offen unter seinem richtigen Namen zu leben. Raschendorfer heiratete, setzte zwei Kinder in die Welt und führte ein unauffälliges Leben. Vor Gericht gab er über den Zustand seines Gewissens an, er habe all die schrecklichen Vorkommnisse verdrängen und darüber schweigen müssen. Zu schwer lägen die seelischen Belastungen seiner Tätigkeit im Baltikum ansonsten auf ihm, um in Beruf und Familie aufgehen zu können.
Am 30. August 1958 kommentierte die „Süddeutsche Zeitung“: *„Redliche und Unredliche fordern aus Anlass der späten Prozesse mit erhobener Stimme:*

Macht Schluss mit diesen Dingen, jetzt, dreizehn Jahre nach Kriegsende! In Wahrheit hat man aber eigentlich noch nichts Systematisches gegen die Verbrecher aus jener Zeit unternommen."
Am 20. Juli 1964 etwa gab es wie alljährlich wieder Gelegenheit, dem dumpfen Unbehagen vollmundig entgegenzutreten: Zwar wurde die Gedenkstätte in Berlin finanziell denkbar kurz gehalten, aber umso pompöser fielen die Worte des Bundespräsidenten Heinrich Lübke (1894-1972), ehemals Konstrukteur von Lagerbaracken, aus. Er würdigte den Aufstand gegen Hitler als ein Symbol der Selbstachtung des deutschen Volkes und den Beginn seiner Rehabilitierung in der Völkerfamilie. Damit die Jugend nicht wieder in eine ähnliche Gefahr gerate, müssten die Älteren Anstand und Redlichkeit, Opferbereitschaft und Verantwortungsbewusstsein vorleben. Die Instrumentalisierung der heroisierten Generäle trat vollends an den Tag, als Lübke ausführte: In der geistigen Tradition der Männer des 20. Juli stünden auch die Menschen, die am 17. Juni 1953 einen Aufstand gegen das kommunistische Regime in der DDR gewagt hätten.
Zu Protesten kam es am 20. Juli 1974, als der baden-württembergische Ministerpräsident Hans Filbinger die Gedenkrede hielt. Filbinger gehörte zur Kaste der berüchtigten Marinerichter und hatte noch am 10. Mai 1945, zwei Tage nach der deutschen Kapitulation, einen Soldaten wegen *„Auflehnung gegen Zucht und Ordnung"* sowie *„zersetzender Wirkungen auf die Manneszucht"* zu sechs Monaten Gefängnis verurteilt. Filbinger erklärte, die Widerstandsbewegung sei insgesamt eine Mahnung gewesen, die Polarisierung des gegenwärtigen staatlichen und parteipolitischen Lebens auf keinen Fall weiterzutreiben, sondern abzubauen. Anschließend räumte er – den Änderungen in der öffentlichen Meinung folgend – ein, dass auch Kirchen und Gewerkschaften, ja sogar Sozialdemokraten und Kommunisten ehrenwerten Widerstand gegen die Barbarei geleistet hätten. Zuletzt betonte der Regierende Bürgermeister von Berlin, Klaus Schütz, dem deutschen Volk würden ohne den deutschen Widerstand gegen den Nationalsozialismus heute die Grundlage für seine moralische Existenz fehlen.

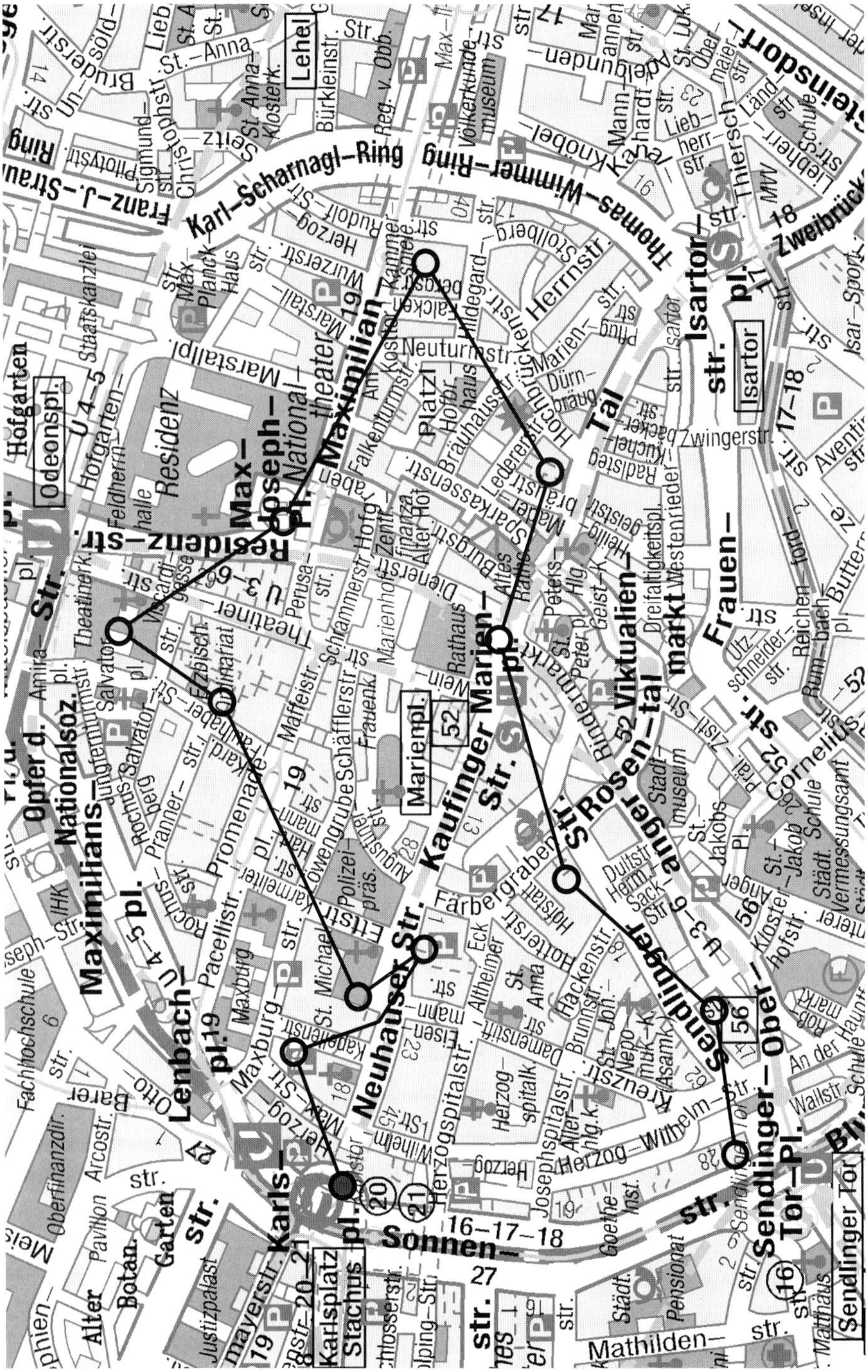

Karl-Scharnagl-Ring
Thomas-Wimmer-Ring
Franz-J.-Strauß-Ring
Maximilianstr.
Max-Joseph-Pl.
Residenzstr.
Residenz
Hofgarten
Odeonspl.
Marienpl.
Kaufinger Str.
Neuhauser Str.
Karlspl.
Karlsplatz Stachus
Sonnenstr.
Sendlinger Str.
Sendlinger-Tor-Pl.
Sendlinger Tor
Frauenstr.
Viktualienmarkt
Tal
Isartor
Isartorpl.
Rosental
Promenadepl.
Lenbachpl.
Maximilianspl.
Herzog-Wilhelm-Str.
Oberanger

Innenstadt

In den fünfziger und sechziger Jahren war die Innenstadt nicht nur Geschäftszentrum, sondern auch Verkehrsknotenpunkt Münchens. Städteplanerisches Umdenken hat dann das Bild der Innenstadt radikal verändert und ihr die Funktion eines urbanen Treffpunktes - wie einst im Mittelalter - zurückgegeben. Was sich in Münchens Innenstadt in der jüngsten Geschichte vor und hinter den Fassaden abgespielt hat, muss man hinter den wenigen sichtbaren Hinweisen entdecken.

Karlstor

Nach dem Krieg behielt der Wiederaufbau der Innenstadt die alten Straßenzüge bei, so dass die Verkehrswege dem stark anwachsenden Individualverkehr bald nicht mehr genügen konnten. Im April 1954 meinte der zuständige Referent, Helmut Fischer, zu dem Problem: *„Wenn die Innenstadt am Leben erhalten werden soll, muss der Verkehr durch sie hindurch führen; sonst wird sie in zehn bis fünfzehn Jahren nicht mehr existenzfähig sein. Wenn es uns nicht gelingt, ausreichende Parkmöglichkeiten zu schaffen, so laufen wir Gefahr, dass sich das Geschäftsleben in die Außenbezirke verlagert, was ein Absterben des Stadtkernes bedeuten würde."* Es dauerte nicht lange und jeden Tag durchquerten 75.000 Kraftfahrzeuge und 1.400 Straßenbahnen die Neuhauser und Kaufingerstraße zwischen Stachus und

Gemeinsam mit Karl Marx, Friedrich Engels, Wladimir Lenin, Iossif Stalin und Mao Tse-Tung erfolgreich gegen die kapitalistische Weltverschwörung, 1972 (BW)

Marienplatz. Die Fußgänger mussten mit den engen Gehwegen vorlieb nehmen. An den Dezembersamstagen des Jahres 1961 etwa ging es laut „Süddeutscher Zeitung" folgendermaßen zu: *„Ein riesiger Käufersturm wälzte sich am Samstag von früh bis spät durch die Innenstadt - zeitweise in einem geradezu beängstigenden Ausmaß. Zwischen Stachus und Marienplatz kam man nur im gemäßigten Schritttempo vorwärts, und an gewissen Brennpunkten, wie etwa unter den Karlstor-Arkaden, gab es oft Stockungen. Da und dort musste die Polizei mit Seilen die Gehwege nach der Straße hin verbreitern, um den Verkehr in Fluss zu halten. Freilich konnte von dieser Möglichkeit nur selten Gebrauch gemacht werden, weil auch der motorisierte Verkehr einen zuweilen beängstigenden Umfang annahm. Wie die Kennzeichen an den Fahrzeugen zeigten, waren unter den Autofahrern viele aus der Umgebung."*

Das Konzept der autogerechten Stadt hatte sich selbst widerlegt. Nach langen Diskussionen und Vorplanungen beschloss der Stadtrat daher am 16. Februar 1966, durch die Innenstadt hindurch eine Fußgängerzone zu errichten. Der Individualverkehr sollte ebenso verdrängt werden wie der straßengebundene öffentliche Verkehr. Da die Innenstadt aber gleichzeitig verkehrsgünstig zu erreichen sein musste, konnte das Konzept der Verkehrsberuhigung nur zusammen mit unterirdischen Transportmitteln verwirklicht werden. Unter Leitung des Verkehrsexperten Herbert Jensen (1900-1968) konkretisierten sich die Planungen. Am 17. April 1968 wurde der Straßenzug gesperrt und der Bau der S-Bahn begon-

Die „Schlacht am Karlstor", 2. September 1972 (StAM)

nen. Rechtzeitig zur Olympiade eröffnete Oberbürgermeister Hans-Jochen Vogel als seine letzte Amtshandlung am 31. Juni 1972 offiziell die Fußgängerzone. Vogel lobte: *„München hat die richtige Rangordnung der Nutzungen wieder hergestellt und die Menschlichkeit und die Urbanität, die in Blechschlangen, Motorenlärm und Abgaswolken zu ersticken drohten, in das Herz der Stadt zurückgeholt.“* Bevor das Freibier floss, erklang die Bayernhymne, und Vogel enthüllte im Karlstor eine Gedenktafel für den bereits verstorbenen Herbert Jernsen.
Kurz darauf, während der Olympischen Spiele, proklamierte die maoistische Kommunistische Partei Deutschlands / Marxisten-Leninisten (KPD/ML) den 2. September 1972 zum „Roten Antikriegstag“. Im Kampf gegen ein weltweites kapitalistisches Ausbeutersystem waren die Maoisten bereit, Gewalt nicht nur gegen Sachen, sondern auch gegen Personen anzuwenden, sofern dies aus taktischen Gründen empfehlenswert schien. Die Zahl der Mitglieder der konspirativen Gruppe, die sich nur mit Vor- oder Decknamen anredeten, wurde auf bundesweit 300 geschätzt. In den Zeitungen der KPD/ML - „Rote Fahne“, „Kämpfende Jugend“, „Dem Volke dienen“, „Schulkampf“ - proklamierte man den bewaffneten, proletarischen Klassenkampf. Die dafür notwendigen Volksmassen glaubte man unter den eigenen Fahnen geschart.
Am 2. September 1972 nun setzten diese 300 mit Knüppeln und Schutzhelmen ausgestatteten Revolutionäre zum *„Sturm auf das Karlstor“* an. Am nächsten Tag erklärte die anonyme Parteileitung, wer nach der *„Schlacht am Karlstor“* noch glaube, auf friedlichem Wege die Macht im Staate erringen zu können, sei blind. Die KPD/ML werde der Gewalt der Bourgeoisie die revolutionäre Gewalt der Volksmassen entgegenstellen. Am 5. September 1972 überfielen arabische Terroristen die Olympiamannschaft Israels und verursachten ein Blutbad (> Connollystraße 31). Diese Tat stellte nach Meinung der KPD/ML einen Akt des *„individuellen Terrors der palästinensischen Kämpfer“* dar und wurde als *„richtiges Mittel im Kampf um die Befreiung Palästinas“* in der „Roten Fahne“ begrüßt.

Herzog-Max-Straße

Am 31. Jahrestag der antisemitischen Pogrome von 1938, am 9. November 1969, wurde der Gedenkstein an der Herzog-Max-Straße enthüllt. Er steht, wo bis zum Juni 1938 die Münchner Hauptsynagoge stand, die als erste in Deutschland zerstört wurde. Oberbürgermeister Hans-Jochen Vogel sagte in seiner Rede, die Synagoge sei ein Stück München gewesen und ein deutliches Zeichen dafür, wie sehr die jüdische Gemeinde in München verwurzelt war. Angesichts der Untaten des „Dritten Reiches“ gäbe es zwar keine kollektive Schuld, wohl aber ein kollektives Gefühl der Beschämung. Als *„Zeichen der Versöhnung“* und *„Signal für die Zukunft“* übergab Vogel den Stein in die Obhut der Israelitischen Kultusgemeinde.

Rabbiner Hans Isaak Grünewald (1914-1998) dankte der Stadt, die einmal die „Hauptstadt der Bewegung" gewesen war, für die Errichtung des Denkmals. Er wertete das Denkmal als Zeichen der Einigkeit des jüdischen Volkes trotz aller Verfolgungen und gab seiner Hoffnung Ausdruck: *„Möge der Stein warnen, dass der Mensch sich nie wieder am Göttlichen vergreift."* (> Reichenbachstraße 27)

Neuhauser Straße 3

In der Neuhauser Straße 3 betrieb der Rechtsanwalt Alfred Seidl (1911-1993) seine Kanzlei. Er promovierte im jahr 1936 mit einer Doktorarbeit über den „Beginn der Straftat", in der er die Machtübergabe an die Nationalsozialisten und die daraus entstandenen Konsequenzen und Veränderungen im Strafrecht und der Rechtsprechung als positiv würdigte.
Nach dem Krieg begannen 1945 die Kriegsverbrecherprozesse in Nürnberg. Seidl trat hier als Verteidiger höchstrangiger Angeklagter auf: Karl Gebhardt etwa war General der SS, Präsident des Deutschen Roten Kreuzes und medizinischer Berater Heinrich Himmlers (1900-1945) gewesen. Als solcher zeichnete er verantwortlich für zahllose Menschenversuche mit meist tödlichem Ausgang. Seidl gab während des Prozesses zu bedenken, die polnischen Versuchspersonen, *„die zu den Sulfonamidversuchen herangezogen wurden, waren Mitglieder der Widerstandsbewegung...dass sie gegen Gesetze verstoßen haben, die damals für sie verbindlich waren und die die Besatzungsmacht berechtigten, mit entsprechenden Strafmaßnahmen gegen sie vorzugehen."* Außerdem habe Gebhardt bei den Opfern die *„Annahme der Einwilligung"* vorausgesetzt und die Versuche *„im Interesse der Opfer"* selbst durchgeführt. Denn diese hätten sich freiwillig zur Verfügung gestellt, um so der sicheren Hinrichtung zu entgehen.
Ebenso vehement verteidigte Seidl Oswald Pohl (1892-1951). Dieser hatte die wirtschaftliche Ausbeutung im Rahmen der Judenvernichtung organisiert und geleitet. Die Schuld an den Zuständen in den Konzentrationslagern lag nach Seidls Auffassung

Alfred Seidl als Biedermann, 1975 (StAM)

nicht auf deutscher Seite, diese seien vielmehr auf die alliierte Bombardierung Deutschlands zurückzuführen. Wegen der dadurch entstandenen Schäden sei man gezwungen gewesen, die Arbeitsleistung in den Lagern etwas zu erhöhen. Dabei dürfe man aber nicht vergessen, dass die Gefangenen *„für Unterbringung, Bewachung, Verpflegung, Bekleidung etc."* nichts bezahlen mussten.

Auch Hans Frank (1900-1946) ließ sich von Seidl verteidigen. Frank war Generalgouverneur in Polen gewesen und damit verantwortlich für die dort begangenen Verbrechen. Und auch der Stellvertreter Hitlers, Rudolf Heß (1894-1987), setzte sein Vertrauen in die juristischen Künste des Alfred Seidl, der bei dieser Tätigkeit nicht nur beträchtliche Honorare verdiente, sondern auch als entschiedener Feind der Todesstrafe in Erscheinung trat.

Die Kanzlei Seidls galt bald als erste Adresse für Menschen, die sich wegen nationalsozialistischer Verbrechen zu verantworten hatten: Im Februar 1950 verteidigte Seidl den stellvertretenden Reichspressechef, Helmuth Sündermann (1911-1972) - der gründete dann 1952 den nationalsozialistischen Druffel-Verlag -, im März 1950 den Neonazi Karl Feitenhansel (> Holzhofstraße 6), im Januar 1951 die berüchtigte Ilse Koch (1906-1967), Kommandeuse des Konzentrationslagers Buchenwald. Im November 1952 lief ein Prozess gegen die Mörder des im April 1945 hingerichteten Admirals Wilhelm Canaris (1887-1945). Wieder stand Seidl auf der Seite der Mörder. Zu ihrer Entlastung gab er zu bedenken: Widerstandskämpfer vom Schlage eines Canaris seien möglicherweise mitschuldig für den Ausbruch des Zweiten Weltkrieges gewesen. Ihre Handlungsweise hätte die ehemaligen Gegner Deutschlands vielleicht erst zum Krieg ermuntert.

Seidl setzte sich auch für Nationalsozialisten ein, die sich sowohl wegen ihrer Verbrechen während des Krieges als auch ihrer nationalsozialistischen Aktivitäten nach Kriegsende verantworten mussten: Joachim Nehring etwa war als Pressereferent des oben genannten Hans Frank im deutsch besetzten Polen tätig und war außerdem im Oktober 1950 angeklagt, nach dem Krieg in seiner Untergrundzeitschrift „Der Scheinwerfer" die Politik des „Dritten Reiches" verteidigt zu haben. Bei seinem Prozess attestierte Nehring dem „Dritten Reich" viele gute Seiten, insbesondere seine Rassenpolitik, denn eine *„Notgemeinschaft der weißen Rasse"* sei notwendig wie eh und je. Die beiden Weltkriege seien Deutschland von Großbritannien aufgezwungen worden, und dafür hätten Millionen deutscher Soldaten ihr Leben lassen müssen. In seinem temperamentvollen Plädoyer forderte Verteidiger Seidl eine Einstellung des Verfahrens. Das Gericht verurteilte Nehring aber am 30. Oktober 1950 zu vier Jahren Arbeitslager.

Am 23. November 1958 zog Alfred Seidl für die CSU in den Landtag ein. 1970 wurde er stellvertretender Fraktionsvorsitzender, 1972 Fraktionsvorsitzender seiner Partei, 1974 Staatssekretär im Justizministerium, 1977 Staatsminister des Innern - und damit auch verantwortlich für den Verfassungsschutz (> Neuhauser Straße 8). Als Innenminister trat Seidl nun für die Wiedereinführung der

Todesstrafe ein. Es könnten Umstände und Entwicklungen eintreten, in denen der Staat nur noch durch die Androhung dieses schärfsten Machtmittels in der Lage sei, die öffentliche Ordnung und die öffentliche Sicherheit aufrechtzuerhalten, meinte er. Im März 1978 erklärte er, man sei im Begriff, *„den Feinden der Freiheit zuviel Freiheit zu lassen, ihnen die Möglichkeit zu geben, unter Missbrauch eben dieser Freiheit die staatliche Existenz und damit die Garantie für die Freiheit aller zu bekämpfen."*

Unter *„Feinden der Freiheit"* verstand der Innenminister mit Sicherheit nicht die Rechtsextremisten. Kurz nach seinem Tod nämlich erklärte Gerhard Frey, der Chef der nationalsozialistischen Deutschen Volksunion (> Paosostraße 2), zwischen ihm und Seidl habe es ein *„jahrzehntelanges harmonisches und vielfältiges Zusammenwirken"* gegeben. Seidl habe ihn rechtlich und politisch beraten, auch in der Zeit, als dieser für den Verfassungsschutz zuständig war.

Neuhauser Straße 8

Im November 1950 entstand das Bayerische Landesamt für Verfassungsschutz, das von 1956 bis 1975 in der Neuhauser Straße 8 (damals 51) seiner Arbeit nachging. Anlässlich seines Dienstantritts als Präsident des Amtes am 10. November 1971 äußerte sich Hans Ziegler in einem Gespräch über seine neue Tätigkeit. Es liege in der Natur der Aufgabe des Verfassungsschutzes, nicht immer in voller Öffentlichkeit arbeiten zu können. Dies werde durch die Tätigkeit derjenigen erzwungen, die unsere verfassungsmäßige Ordnung, unseren freiheitlichen Rechtsstaat gewaltsam verändern wollten. Das Amt für Verfassungsschutz werde aber sehr wohl kontrolliert. Unter anderem unterstehe es der Aufsicht des Innenministeriums. Die Aufgabe des Verfassungsschutzes sei das Sammeln und Auswerten von Tatsachen und Erkenntnissen. Die Entscheidung darüber, welche Schlussfolgerungen daraus gezogen würden, sei Sache der politischen Führung (> Neuhauser Straße 3).

Kardinal-Faulhaber-Straße 7

Kardinal Michael von Faulhaber (1869-1952) amtierte seit 1917 als Erzbischof von München-Freising und seit 1921 als Kardinal. Ebenfalls 1917 wurde Eugenio Pacelli, der spätere Papst Pius XII. (1876-1958), Nuntius in München. Diese beiden Männer, die auch eine persönliche Freundschaft verband, personifizierten den Felsen der katholischen Kirche während der Katastrophen des zwanzigsten Jahrhunderts. Die politischen Systeme kamen und gingen, die Kirche blieb bestehen. Ausdruck dieser Beständigkeit war Kardinal Faulhaber, der noch im König-

reich Bayern sein Amt antrat, dann während der Weimarer Republik die moralische und politische Säule schlechthin im Freistaat Bayern war. Er und Pacelli sicherten ihrer Kirche im bayerischen Konkordat von 1924 eine staatsrechtliche Stellung. Nach diesem Vorbild schloss man 1933 mit dem jungen „Dritten Reich" das gesamtdeutsche Konkordat und wertete damit die braunen Verbrecher national und international auf.
Faulhaber lehnte den Nationalsozialismus aus moralischen Gründen ab. Dessen Neuheidentum und Selbstüberhöhung mitsamt seinem allgemeinen Werteverfall standen konträr zu den christlichen Idealen der Nächstenliebe und Demut. Allerdings hielten Faulhaber und Pacelli den Bolschewismus und seine Staatswerdung in der Sowjetunion für erheblich gefährlicher für die katholische Kirche. Deshalb arrangierte man sich mit den Nationalsozialisten und den anderen faschistischen Bewegungen in Europa.
Als das „Dritte Reich" Ende April 1945 einen materiellen und ethischen Trümmerhaufen hinterließ, stellten die katholische Kirche und insbesondere die autoritative Person Kardinal Faulhabers für die völlig verunsicherte Mehrheit der Bevölkerung die einzige bestehende deutsche Autorität dar. Sie fand bei der katholischen Kirche den inneren Halt, dessen sie dringend bedurfte. Mehr noch: Viele Nationalsozialisten, die sich hochmütig von der Kirche abgewandt hatten, wurden nach der Katastrophe von dieser wieder aufgenommen. Denn die Kirche verurteilte zwar unchristliche Lehren, verzieh aber reumütigen Anhängern solcher Ideen.
Faulhabers Tod am 12. Juni 1952 rief nicht nur bei den Gläubigen Münchens Bestürzung und Beklemmung hervor. Mit seinem Leben endete für sie eine lange Epoche weltlicher Katastrophen und geistlicher Prinzipientreue. Der Kalte Krieg bedrohte den Fortbestand der Menschheit. Die Hoffnungen richteten sich nun vornehmlich auf eine andere väterliche Symbolfigur, die wie Faulhaber einen geraden Weg in unruhigen Zeiten gegangen war: auf den Bundeskanzler Konrad Adenauer (1876-1967), als Oberbürgermeister von Köln ebenfalls seit 1917 in der Öffentlichkeit stehend und wie Faulhaber ein entschiedener Katholik.
Papst Pius XII. ernannte am 9. August 1952 Joseph Wendel (1901-1960) zu Faulhabers Nachfolger. Schien dieser noch aus patriarchalischer Vergangenheit in die Gegenwart hineinzuragen, so gehörte Wendel mehr der neuen Zeit an. Er bemühte sich, die kirchlichen Strukturen auch in wirtschaftlicher und organisatorischer Hinsicht effektiver zu gestalten. In religiöser Hinsicht trat er für eine Annäherung der verschiedenen christlichen Konfessionen an, wobei er die zentrale Rolle der katholischen Kirche betonte. Innerhalb seiner Kirche strebte er eine Öffnung und Erweiterung der Glaubensinhalte an. Dies fand seinen Ausdruck in der 1957 begründeten Katholischen Akademie (> Mandlstraße 23), die den kritischen und kontroversen und damit konstruktiven Dialog pflegte. In dieselbe Richtung wies der Eucharistische Weltkongress 1960 (> Theresienwiese), der im Vorfeld des Zweiten Vatikanischen Konzils (1962-1965) stattfand.

Nach Wendels Tod an Silvester 1960 übergab Papst Johannes XXIII. (1881-1963) das Erzbistum an Julius Döpfner (1913-1976). Er gehörte neben dem Papst zu den vier leitenden Persönlichkeiten des Konzils, das den Aufbruch der Weltkirche in eine verstärkt kirchenfern werdende Zukunft einleitete. In seinem eigenen Bistum lenkte Döpfner den nach dem Konzil aufgebrochenen Erneuerungswillen in geordnete Strukturreformen und in eine ausgeglichene Neugestaltung des kirchlichen Lebens. Als Vorsitzender der Deutschen Bischofskonferenz bemühte er sich um einen möglichst gleichen Abstand der Kirche zu allen politischen Parteien. So fiel in Döpfners Amtszeit die generelle Annäherung der Kirche an die SPD trotz häufiger Konfrontationen in Teilbereichen, etwa bei der Reform des Paragraphen 218 und der Eherechtsreform. Döpfner starb am 24. Juli 1976; zu seinem Nachfolger ernannte Papst Paul VI. (1897-1978) am 25. März 1977 Joseph Ratzinger.

Julius Kardinal Döpfner (StAM)

Salvatorplatz 2

Fülle und Charakter der Aufgaben des Bayerischen Staatsministeriums für Unterricht und Kultus am Salvatorplatz 2 sei am Beispiel der Bekenntnisschule skizziert. Das „Dritte Reich“ hatte eine Entkonfessionalisierung der Schulen gebracht. Nach 1945 wendete sich das Blatt. Der ultrakonservative Kultusminister Alois Hundhammer (1900-1974) von der CSU, der bis Dezember 1950 amtierte, setzte selbst gegen den Druck der US-Besatzungsmacht die Bekenntnisschule durch. In ihr wurden die Kinder nach Katholiken und Protestanten getrennt unterrichtet. Schon am 11. März 1950 etwa entluden sich die unterschiedlichen Meinungen zu dieser Politik in Handgreiflichkeiten. Eine Elternvereinigung zur Förderung der Gemeinschaftsschule hatte in München zu einer Versammlung geladen. Die Vereinigung meinte, die Bekenntnisschule benachteilige viele Kinder und stehe im Widerspruch zum Grundgesetz. Als die SPD-Stadträtin Paula Breitenbach (1895-1954) erklärte: *„Der Totalitätsanspruch der Kirche ist der letzte Grund für die Bekenntnisschule“*, kam es unter den Zuhörern zu Tumulten. Anhänger der Bekenntnisschule und Verteidiger der Gemeinschaftsschule lieferten sich eine heftige Schlägerei.

Zwar wuchs die Kritik an der Bekenntnisschule, aber an der Bildungspolitik änderte sich nichts. Erst am 19. Oktober 1966 beschloss die CSU-Mehrheit im Landtag ein neues Volksschulgesetz. Es schrieb die Bekenntnisschule als Regelschule fest. Die Gemeinschaftsschule blieb eine so genannte Antragsschule. Wenn die Mehrheit der betroffenen Eltern eine solche wünschten, wurde sie eingerichtet. Ihre Bezeichnung lautete ausdrücklich „Christliche Gemeinschaftsschule".

Da die CSU-Mehrheit alle Änderungswünsche der Landtagsopposition abblockte, startete die SPD am 17. Juli 1967 ein Volksbegehren, nach dem alle Volksschulen Gemeinschaftsschulen werden sollten. Die CSU initiierte ihrerseits ein zweites Volksbegehren. Nach ihm sollten Bekenntnisschulen auf Wunsch der Erziehungsberechtigten eingerichtet werden, ansonsten der Unterricht nach den Grundsätzen der christlichen Bekenntnisse durchgeführt werden. Da beide Volksbegehren erfolgreich waren, einigten sich beide Seiten auf einen Kompromiss, nach dem am 22. Juli 1968 Artikel 135 der Bayerischen Verfassung geändert wurde. Er lautet seitdem: *„Die öffentlichen Volksschulen sind gemeinsame Schulen für alle volksschulpflichtigen Kinder. In ihnen werden die Schüler nach den Grundsätzen der christlichen Bekenntnisse unterrichtet und erzogen."*

Besondere Aufmerksamkeit verdient aus politischen Gründen Kultusminister Theodor Maunz (1901-1993), von 1957 bis 1964 im Amt: Als Professor der Rechtswissenschaft hatte er während des „Dritten Reiches" bemerkenswerte Thesen vertreten, etwa dass der Plan und der Wille des „Führers" oberstes Rechtsgebot seien und dass der „Führer" berufen sei, das Recht zu erkennen, kundzutun und auch noch zu vollstrecken. Zum braunen Polizeiterror meinte er, *„das entschlossene Zugreifen nach situationsgebundenen örtlichen Bedürfnissen* [sei] *wichtiger als das peinliche Klammern an sorgsam ausgefeilte Rechtssätze."* Diese Zitate stehen nur für einen kleinen Teil seiner Schreibtischtäterschaft.

Theodor Maunz als Kultusminister (StAM)

Nach dem Krieg redete sich Maunz darauf hinaus, er habe den Unrechtsstaat nur beschreiben wollen. Also konnte er - nach anderen Ämtern - im Jahr 1952 in München Professor

für öffentliches Recht werden. Sein Hauptwerk „Deutsches Staatsrecht" gilt als der Kommentar zur bundesdeutschen Verfassung schlechthin. 1957 berief ihn Ministerpräsident Hanns Seidel zum Kultusminister.
1964 wurden die Schriften des Maunz aus dem „Dritten Reich" der Öffentlichkeit zugänglich gemacht. Er trat am 15. Juli 1964 ohne Widerstand zurück. Ministerpräsident Alfons Goppel stellte bei dieser Gelegenheit fest: *„In der breiten Öffentlichkeit scheint der Eindruck entstanden zu sein, bei uns werde immer noch entnazifiziert und selbst rückhaltloser Einsatz für den demokratischen Rechtsstaat in den vergangenen neunzehn Jahren könne Irrtümer in der Vergangenheit nicht aufwiegen. Ich glaube, dass einmal ein Schlussstrich unter jene Zeit gezogen werden muss."*
Nach Maunz' Tod verkündete der Herausgeber der rechtsradikalen „Deutschen National-Zeitung", Gerhard Frey, am 24. September 1993, er habe *„einen wunderbaren Wegbegleiter"* verloren. Maunz habe *„beinahe allwöchentlich durch seine hervorragenden politischen Beiträge ohne Autorenangabe"* die „Nationalzeitung" bereichert. Auch sei er den Rechtsradikalen stets juristisch beratend zur Seite gestanden (> Paosostraße 2).

Max-Joseph-Platz

Auf seiner Reise durch die BRD besuchte das persische Kaiserpaar, Schah Resa Pahlevi und seine in München aufgewachsene Frau Farah Diba, vom 31. Mai bis zum 2. Juni 1967 auch München. Der Aufenthalt dieser Repräsentanten einer vom Westen gestützten Militärdiktatur fand unter starken Sicherheitsvorkehrungen statt, da die Herrschaft des „Königs der Könige" die Unterdrückung breiter iranischer Bevölkerungsschichten, Inhaftierung und Folter sowie die Flucht zahlreicher Oppositioneller aus dem Land gebracht hatte. Deshalb stieß der Besuch auf den Protest nicht nur persischer Exilbürger, sondern auch deutscher Linker.
Im Vorfeld des Staatsbesuches teilten die Behörden 107 in München lebenden Studenten, darunter 90 persischen, mit, sie müssten während dieser Zeit München und Oberbayern verlassen. Sozusagen als Ersatz kündigte die iranische Botschaft in Bonn die Ankunft von 120 staatstreuen Persern an, die das Kaiserpaar auf seinem Weg durch die BRD als so genannte Jubelperser begleiteten. Einige Minuten vor dem kaiserlichen Sonderzug fuhr eine Lokomotive, um eventuelle Sprengladungen auf den Gleisen zur Explosion zu bringen. In München selbst sollten nicht nur 2.500 Polizisten auf Straßen und in Gebäuden für Sicherheit sorgen; Kollegen harrten auch in den Abwasserkanälen unter der Fahrtroute aus, bis die Gäste vorbeigefahren waren. Selbst bei den offiziellen Banketten etwa mit der bayerischen Staatsregierung kam ein Vorkoster zum Einsatz.
Das Kaiserpaar verbrachte seine Nächte standesgemäß in der Residenz. Während

seiner Auftritte in der Öffentlichkeit kam es nicht nur zu Beifall seitens der Jubelperser und der Leserschaft der gelben Presse, sondern auch zu politisch motivierten Missfallenskundgebungen. Denn nicht nur extra deshalb angereiste Perser gaben ihrem Unmut lautstarken Ausdruck, sondern auch *„eine Gruppe junger Leute, darunter einige bärtige Gammler“* deutscher Nationalität, wie die „Süddeutsche Zeitung“ meldete. Das regnerische Wetter verhinderte allerdings – trotz der angespannten Atmosphäre – größere tätliche Auseinandersetzungen zwischen Schah-Gegnern und -Anhängern beziehungsweise der Polizei.
Am 1. Juni reiste das kaiserliche Paar und mit ihm die Jubelperser nach Westberlin weiter. In der Stadt herrschte eine politisch weitaus aufgeladenere Stimmung als in Westdeutschland, so dass die Demonstrationen gegen die Staatsgäste massiver ausfielen als in München, auch weil die Jubelperser ihren Vorsatz, zur Gewalt zu greifen, in die Tat umsetzten. Bei den Auseinandersetzungen erschoss am 2. Juni 1967 ein Polizist den Studenten Benno Ohnesorg aus nächster Nähe. Am 5. Juni demonstrierten 7.000 Münchner Studenten und Studentinnen unter schwarzen Fahnen gegen diesen *„politischen Mord“*, wie auf Transparenten zu lesen stand. Der Besuch des persischen Kaiserpaares und der Tod in Westberlin standen für viele in Zusammenhang mit einem weltweiten, imperialistischen Unterdrückungsapparat, mit einer westdeutschen Komplizenschaft damit und mit dem Inhalt der Zeitungen des Springer-Verlages (> Schellingstraße 39-41, > Möhlstraße 35, > Rosenheimer Straße 29)

Empfang für das persische Kaiserpaar im Rathaus, 31. Mai 1967 (StAM)

Maximilianstraße 26

Die städtischen Münchner Kammerspiele im Schauspielhaus an der Maximilianstraße 26 hatten sich schon vor 1933 den Ruf einer liberalen, zeitkritischen Bühne erworben. Unter der Leitung von Otto Falckenberg (1873-1947) entwickelte sich insbesondere Therese Giehse (1898-1975) zur herausragenden Schauspielerin. Obwohl von den Nationalsozialisten umworben, emigrierte sie 1933 in die Schweiz. Neben vielen anderen Rollen brillierte sie dort 1941 als Mutter Courage in Bert Brechts (1898-1956) gleichnamigem Stück. Dieses Stück stellt die Zeit des Dreißigjährigen Krieges und das Schicksal einer Marketenderin und kleinen Kriegsgewinnlerin dar. Zwar kann sie sich durch den Krieg schlagen, zerbricht aber an den Geschehnissen. Brechts Stück steht also damit zeitlos und symbolisch für alle Kriegszeiten.

Giehse kehrte nach 1945 in ihre Heimatstadt München zurück, Brecht fand in Ostberlin seine neue Heimat. Am 8. Oktober 1950 wurde „Mutter Courage und ihre Kinder" in den Kammerspielen aufgeführt. Regie führte Brecht, Giehse, die Brecht für die weltweit beste Schauspielerin hielt, übernahm die Rolle der Mutter Courage.

Dass ausgerechnet Brecht ein Antikriegsstück inszenierte, sorgte im Vorfeld für erhebliche Kontroversen. Der Korea-Krieg, in dem sich der Westen und der Osten gegenüberstanden, trat gerade in seine heiße Phase, der Kalte Krieg lastete über Europa. Viele setzten den Kommunismus mit Krieg gleich. Die Aufführung wurde zum umjubelten Erfolg. Der „Münchner Merkur" schrieb: *„Man muss den Kammerspielen danken, dieses reife Werk eines unserer größten Theaterdichter so vollendet zur Aufführung gebracht zu haben. Die Ovationen, die Bert Brecht und den Schauspielern entgegenbrausten, wollten kein Ende nehmen."*

Im politisch unruhigen Jahr 1968 äußerte sich die inzwischen siebzigjährige Therese Giehse zur Lage in Deutschland: Sie beklagte den überall anzutreffenden *„Mief"* und ermunterte die Jugend, weiterhin zu rebellieren: *„Was hat man ihnen denn schon Großartiges geboten? Zwei entsetzliche Kriege mit ihren schrecklichen Folgen. Und dieser Gesellschaft sollen sie noch trauen? Sie wollen lernen, Frieden haben und nicht schießen. Und dafür verachtet man sie."*

Innerhalb der Kammerspiele nahm der Einfluss der Neuen Linken immer mehr zu. Peter Stein etwa inszenierte 1968 einen Vietnam-Diskurs, bei dem Geld zum Kauf von Waffen für den Vietkong gesammelt wurde. Im Jahr 1971 kündigte der Chefdramaturg Heinar Kipphardt (1922-1982) das Stück „Der DRA-DRA" an. Im Programmheft hieß es faschistoid, *„Drachen und Drachenblut müssen getötet werden"*. Zur Konkretisierung dieser Meinung sollten später 24 Persönlichkeiten des öffentlichen Lebens mit dem Hinweis abgebildet werden, sie seien als solche Drachen denkbar. Der Intendant August Everding (1928-1999) unterband den Druck dieser Aufforderung. Ende Juli 1971 verließ Kipphardt die Kammerspiele. Er musste der Kritik weichen, dass die Stadt mit Steuergeldern die Verherrlichung von politischem Mord unterstütze.

Tal 13

„Süddeutsche Zeitung", 22. Oktober 1959

Am 22. Oktober 1959 fand im Mohren-Filmtheater im Tal 13 die Erstaufführung von Bernhard Wickis (1919-2000) Film „Die Brücke" statt. Die „Süddeutsche Zeitung" bezeichnete ihn am 24. Oktober 1959 als *„einen der härtesten, schonungslosesten, bittersten Antikriegsfilme, die je über eine Leinwand liefen"*. Der Film handelt am 27. April 1945. Er zeigt, wie einige halbwüchsige Jungen von der Schulbank weg in Uniformen gesteckt werden. Verblendet und missbraucht empfinden sie ihre Einberufung in den letzten Tagen des Krieges als heroischen Einsatz zur Rettung des Vaterlandes. Sie sollen eine strategisch unwichtige Brücke gegen eine feindliche Übermacht verteidigen. Für ihren fernen „Führer" und im Namen eines pervertierten Ehrbegriffes hetzen Wehrmachtsoffiziere willige Jugendliche ins letzte, aussichtslose Gefecht. Es gibt nichts mehr zu retten außer der eigenen Haut. In der Wirklichkeit des Krieges gehen den Jungen die Augen darüber auf, was mit ihnen geschehen ist und nun geschieht. Aber einer nach dem anderen stirbt auf grausige Weise. Am Ende taumelt der einzige Überlebende irren Blickes vom Schauplatz.

„Die Brücke" zeigt diese Ereignisse mit realistischer, krasser Brutalität. Sehr viele Deutsche kannten solche Situationen noch aus eigener Erfahrung. Aber vierzehn Jahre nach Kriegsende war die Verklärung des Krieges nach Art der „Landser"-Hefte in vollem Gange. Der Krieg wurde dort als teils heldenhaftes, teilweise auch deftig-lustiges Erlebnis dargestellt, in dem Kameradschaft und Humanität trotz aller Härte vorherrschten. „Die Brücke" zeigte die Wirklichkeit des schmutzigen Krieges und wirkte dementsprechend schockierend, aber auch erleichternd.

Marienplatz/Altes Rathaus

Im Herbst 1949 kehrten unerwartet rund 450.000 deutsche Kriegsgefangene aus der Sowjetunion zurück. Man bezeichnete sie im Amtsdeutsch als „Spätheimkehrer", wenn sie nach dem 31. März 1949 eintrafen. Der plötzliche Rückstrom hatte politische Hintergründe: Die erst am 23. Mai 1949 gegründete Bundesrepublik Deutschland befand sich nach der Währungsreform vom 20. Juni 1948 in einer schweren Wirtschaftskrise mit hoher Arbeitslosigkeit. Um Westdeutschland zu destabilisieren, entließ die Sowjetunion Hunderttausende Gefangener, die nun auf den Arbeitsmarkt drängten.

nationale Deutschland!" Die „Abendzeitung" druckte als Titelgeschichte: *„Der unwillkommene Heimkehrer Schörner".* Die Justiz begann, einen Prozess gegen den ehemaligen Generalfeldmarschall vorzubereiten.
Das Verfahren begann am 1. Oktober 1957. Welche Emotionen die Person Schörners auslöste, zeigte sich etwa am 10. Oktober 1957. Ein Unbekannter überfiel ihn am helllichten Tag auf der Straße und schlug ihn nieder. Kurz darauf rief er bei einer Zeitung an und erklärte: *„Ich habe eben dem Schörner im Namen meiner ermordeter Kameraden eine in die Fresse geschlagen."* Am 4. März 1958 meinte Stadtrat Albert Bayerle (1906-1972): *„Wir haben keinen Anlass, die Rückkehr dieses Mannes zu begrüßen. Im Gegenteil: Wenn wir ihn an dieser Rückkehr hätten hindern können, hätten wir es getan."* Schörner wurde wegen zweifachen Totschlages zu viereinhalb Jahren Gefängnis verurteilt. Aus Gesundheitsgründen entließ man ihn im August 1960. Dreizehn Jahre später starb der angebliche Kranke.
Auf eine positivere Vergangenheit weist die Statue der Julia von Verona hin, die am Turm des Alten Rathauses steht. Sie wurde der Stadt München am 20. September 1974 von der Sparkasse Verona geschenkt und soll die Gemeinsamkeit, Herzlichkeit und Brüderlichkeit zwischen den beiden Städten ausdrücken. Beide begründeten am 29. September 1960 eine offizielle Partnerschaft. Man wollte damit die Jahrhunderte alte politische, kulturelle und wirtschaftliche Verbundenheit des italienischen Tors zum Norden und des deutschen Tors zum Süden offiziell bekräftigen.

Marienplatz/Neues Rathaus

Seit der Kommunalwahl vom 30. Mai 1948 konnte sich die SPD in München stets als stärkste Partei behaupten und daher den Oberbürgermeister stellen. 1948 musste man sich noch mit 27,5 Prozent knapp von der Bayernpartei (24,0), der CSU (18,7) und der KPD (11,1) begnügen. Stadtoberhaupt wurde der Sozialdemokrat Thomas Wimmer (1887-1964). Während seiner Amtszeit entwickelten sich die Wahlergebnisse ähnlich derer auf Landes- und Bundesebene. Die SPD und CSU teilten sich in immer stärkerem Maße den Großteil der Stimmen, wobei sich die CSU allerdings auf niedrigem Niveau einpendelte, während die SPD eine ständige Steigerung erfuhr.

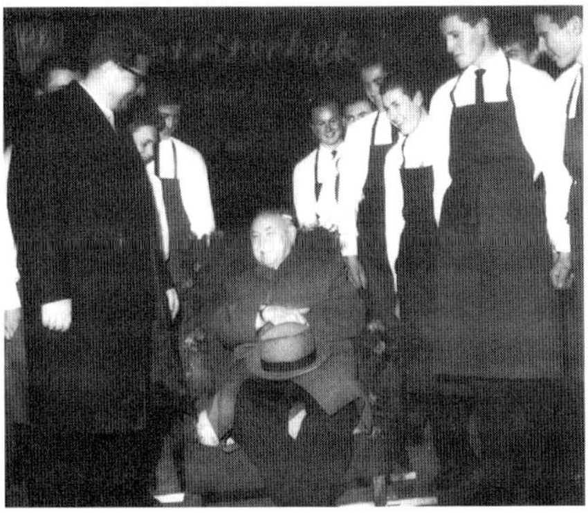

Verabschiedung von Thomas Wimmer auf dem Marienplatz, links sein Nachfolger Hans-Jochen Vogel, 3. Mai 1960 (StAM)

Zur Stadtratswahl vom 27. März 1960 erklärte Wimmer seinen Rücktritt. Der erst 34jährige Hans-Jochen Vogel trat als SPD-Kandidat an und konnte infolge der allgemeinen Beliebtheit seines Vorgängers 54,4 Prozent der Stimmen auf seine Partei vereinen, während sich die CSU mit Josef Müller (1898-1979) mit 23,9 Prozent abfinden musste. Auch unter Vogel hielt der Trend an: Bei der Wahl am 13. März 1966 erhielt die SPD 58,4, die CSU 26,1 Prozent. Vogel als Person konnte sogar 77,9 Prozent verbuchen, während sein Gegenkandidat von der CSU, Georg Brauchle (1915-1068), 19,2 Prozent zur Kenntnis nehmen musste.
Die parteiinternen Flügelkämpfe der SPD am Anfang der siebziger Jahre (> Oberanger 38) machten sich auch bei den Wahlergebnissen bemerkbar. Am 11. Juni 1972 konnte Vogels Nachfolger Georg Kronawitter zwar noch 52,5 Prozent für seine Partei und 55,7 Prozent für seine Person verbuchen, die CSU stieg jedoch auf 35,7 Prozent. Ihr Oberbürgermeisterkandidat, Winfried Zehetmeier, errang für sich bereits 37,7 Prozent der abgegebenen Stimmen. Erst die Stadtratswahl vom 5. März 1978 brachte dann die sensationelle Wende: Erich Kiesl von der CSU erlangte 50,0 Prozent und Max von Heckel als Kandidat der SPD nur 37,7 Prozent für ihre Parteien.

Dr. Vogel mit 77,9 Prozent wiedergewählt

Wahlbeteiligung betrug 64,0 Prozent / Die Stadtrats-SPD wird künftig noch stärker

„Süddeutsche Zeitung", 14. März 1966

Amtsübergabe Hans-Jochen Vogel an Georg Kronawitter, 5. Juli 1972 (StAM)

Marienplatz

Der Marienplatz – bis 1854 hieß er Schrannenplatz – war seit dem Mittelalter das Zentrum der Stadt. Hier kreuzten sich die beiden Handelsstraßen, die die Stadt vom Karls- zum Isartor und vom Sendlinger zum ehemaligen Schwabinger Tor am heutigen Odeonsplatz durchquerten. An dieser zentralen Verkehrsfunktion änderte sich im Laufe der Zeit nichts. Im 20. Jahrhundert führten hier etliche Straßenbahnlinien hindurch, und der aufkommende Autoverkehr beherrschte in immer stärkerem Maße den Marienplatz.

Nach Kriegsende 1945 hätte kaum jemand geglaubt, dass der Straßenverkehr jemals zum Problem werden könnte. Doch bereits 1958 fuhren rund 146.000 Autos auf den Straßen Münchens. Individualverkehr und Straßenbahnen blockierten sich gegenseitig, eine Entflechtung schien also notwendig. Hans-Jochen Vogel schreibt in seinen Erinnerungen „Die Amtskette“: *„Das Auto stand als Symbol des Wiederaufstiegs und des so genannten Wirtschaftswunders im höchsten Ansehen. Gegen das Auto Stellung zu nehmen, war deshalb in den fünfziger Jahren für einen Politiker nahezu lebensgefährlich.“* So entstanden Pläne, die Straßenbahnen unter die Erde zu verlegen, damit der Autoverkehr auf der Straße freier fließen könne. Die Stadt sollte radikal autogerecht gestaltet werden. So sollte ein Autobahnknoten bei der Hackerbrücke entstehen, um den Verkehr direkt in die Innenstadt zu lenken (> Autobahn Nürnberg, > Verdistraße). Andere Planer dachten an eine aufnahmefähige, breite Ringstraße um die Altstadt (> Thomas-Wimmer-Ring).

Marienplatz, Anfang der 60er Jahre (StAM)

Im Jahr 1966 schließlich konnten sich urbanere Ideen durchsetzen: Der Stadtrat beschloss den Bau einer Fußgängerzone und die Errichtung eines U- und S-Bahn-Netzes (> Karlstor). Seit dem 19. Oktober 1971 (> Ungererstraße 75) beziehungsweise 28.April 1972 (>Arnulf-/Seidlstraße) verkehren diese beiden Transportmittel. Sie kreuzen sich – wie die mittelalterlichen Handelswege – am Marienplatz.

Zunehmendes Verkehrsaufkommen und steigende Einwohnerzahlen hängen natürlich miteinander zusammen. Im April 1950 schätzte das Statistische Amt der Landeshauptstadt, dass 890.000 Bewohner bis zum Jahr 1960 die oberste Grenze darstellen dürften. Dann wären die Kapazitäten der städtischen Infrastrukturen ausgelastet und das Wachstum damit automatisch begrenzt. Bis zum Jahr 1975 erwartete man dann wieder einen Rückgang auf 864.000 Menschen.Tatsächlich erblickte rechtzeitig zur 800-Jahr-Feier der Stadt 1958 deren einmillionster Bewohner am 15. Dezember 1957 das Licht der Welt. Bis 1975 schließlich hatte sich der Einwohnerstand auf 1,3 Millionen eingependelt. Die Entscheidung des Stadtrates aus dem Jahr 1966 erwies sich also als weitblickend.

Die Innenstadt war im Bombenkrieg stark in Mitleidenschaft gezogen worden. Der Wiederaufbau orientierte sich – ebenso weitsichtig – an den alten Straßenzügen. Historisch wertvolle Gebäude wurden möglichst wieder hergestellt, Neubauten häufig dem überkommenem Stadtbild angepasst. Allerdings gab es auch Ausnahmen. Eine davon ist der Kaufhof an der Kaufingerstraße 1-5 am Marienplatz.

Die Kölner Kaufhof AG sah die städtebauliche Entwicklung in München voraus und kaufte 1964 das Kaufhaus Roman Mayr. Hinsichtlich der künftigen Massenverkehrsmittel lag dieses extrem günstig. Das alte Haus mit seiner traditionellen Fassade sollte abgerissen und durch einen modernen Zweckbau ersetzt werden. Die Pläne sahen eine graue Granitsteinfassade vor. Die Stadtverwaltung drängte darauf, diese zu gliedern, damit die architektonische Harmonie des Marienplatzes erhalten bleibe. Diese Lösung wurde vom Baukunstausschuss des Stadtrates als *„besonders glückliche, eigenständige und münchnerische Lösung“* gepriesen.

Die Fassade des am 18. Mai 1972 eröffneten Kaufhofs stieß auf breite Ablehnung. Viele sprachen von einer Verkaufsmaschine und einem Bunker. Man empfand das Haus als Kriegserklärung an das Münchner Stadtbild und dementsprechend militärisch äußerte sich die Kritik. Die Rede war von Sehschlitzen und Schießscharten. Die Ecke des Gebäudes schiebe sich aggressiv in den Marienplatz hinein. Ein feindseliges, mit langweilig gefugten Steinplatten gepanzertes Monstrum beherrsche wie ein Brückenkopf in harmloser, friedlicher Gegend die ganze architektonische Situation.

Um ihren Umsatz besorgt, wies die Geschäftsleitung des Kaufhofes diese Angriffe als ungerecht zurück. Sie konnte nämlich darauf hinweisen, dass man ursprünglich die alte Roman-Mayr-Fassade erhalten und erst dahinter einen Neubau errichtet wollte. Die Stadtverwaltung sei es gewesen, die auf etwas „Modernes“ gedrungen habe. Diese befand sich zu Zeiten der Genehmigung offenbar in einem Weltstadttaumel und wollte München etwas wirklich Großstädtisches gönnen, und das auch noch auf Kosten eines privaten Investors. Dagegen konnte die Stadtverwaltung nichts erwidern, auch wenn sich mittlerweile dort eine gewisse Ernüchterung breit gemacht hatte.

Sendlinger Straße 8

In ihrer ersten Ausgabe schrieb die „Süddeutsche Zeitung“ am 6. Oktober 1945 über ihr Selbstverständnis: *„Die Süddeutsche Zeitung wird, durch ihren Erscheinungsort München verpflichtet, aus dem süddeutschen, insbesondere bayerischen Geschichtsbewusstsein leben und in Ablehnung eines öden, undeutschen Zentralismus einen kräftigen, den besten Überlieferungen verbundenen Föderalismus vertreten. Alle preußisch-militaristischen Tendenzen bekämpfend, wird sie jene religiösen und kulturellen Kräfte pflegen, die gerade auch in Bayern beheimatet sind und denen Deutschland einstmals Ansehen und Sympathie in der Welt verdankte. Sie wird als Stimme einer freiheitlichen Gegenwart allen jenen jungen Kräften offen stehen, die an der geistigen und kulturellen Umgestaltung Europas mitwirken wollen. Wir beginnen auf schmaler Plattform mit geringen Mitteln und spiegeln damit die allgemeine Lage. Wir glauben, dass wir in nicht allzu ferner Zeit auch den allmählichen Aufstieg spiegeln werden.“*
Die „Süddeutsche Zeitung“ entwickelte sich zu einer der größten Tageszeitungen Westdeutschlands. Anlässlich ihres 25-jährigen Jubiläums gaben ihr auch Bundeskanzler Willy Brandt, Ministerpräsident Alfons Goppel und Oberbürgermeister Hans-Jochen Vogel die Ehre ihrer Anwesenheit. Letzterer lehnte sich in seiner Festansprache an König Ludwig I. (1786-1868) an und meinte, niemand kenne München, der nicht die „Süddeutsche“ gelesen habe. Außerdem wünschte er, dass München *„immer eine Stadt mit einer freien, liberalen, geistvollen und auch aggressiven Zeitung, dass es immer eine Stadt mit einer 'Süddeutschen Zeitung' sein möge.“*

Sendlinger Straße 10

In ihrer ersten Ausgabe, am 16. Juni 1948, teilte die „Abendzeitung“ mit, sie sei die erste Zeitung in den amerikanischen und britischen Besatzungszonen, die täglich erscheine. Außerdem erfuhr man: *„Die Abendzeitung ist kein Erwerbsunternehmen. Sie wird ihre gesamten Reinerträge der Förderung und Ausbildung junger Journalisten zur Verfügung stellen.“*
Den damaligen Zeiten entsprechend, erschien das Blatt schlicht in Schwarz-Weiß. Auch fehlte noch die inhaltliche Farbigkeit, die später immer stärker in den Vordergrund trat. Zum 25-jährigen Jubiläum im Juni 1973 schließlich schätzte sich die „Abendzeitung“ selbst als *„gepfeffert – aber auch gewissenhaft“* und *„die beste deutsche Boulevard-Zeitung“* ein: *„... möchte eine junge lebendige, unkonventionelle Zeitung sein, die die Schlagzeile nicht scheut, aber bei*

allem Temperament solide, bei allem Pfeffer intelligent gemacht ist. Ihr Radius reicht von der amüsanten Gesellschaftsnachricht bis zum zupackenden Feuilleton." Auch Bundeskanzler Willy Brandt lobte: *„Eine liebenswürdige und zugleich politisch wichtige Stimme in der deutschen Zeitungswelt."* Eine Schlagzeile jenes 16. Juni 1973 lautete: *„Bayerischer Dickschädel bezwang Fluglotsen. 30-jähriger Münchner ertrotzte Flug von Düsseldorf nach München."*

Oberanger 38

Seit 1965 befinden sich der Landesverband und der Unterbezirk München der SPD am Oberanger 38 (> Landwehrstraße 37). Die Sozialdemokraten hatten 1959 in ihrem Godesberger Programm dem Marxismus auch verbal abgeschworen. Die sich im Laufe der sechziger Jahre bildende Neue Linke griff die Thesen und Ideen von Karl Marx (1818-1883) und Friedrich Engels (1820-1895) wieder auf. Auf der Suche nach einer politischen Organisation, über die man diese Ziele zu erreichen hoffte, bot sich vielen die SPD an. Die Partei wurde dadurch zum Konfliktfeld zwischen pragmatischen Reformern und Vertretern einer klassenkampforientierten Politik. In München erlangten diese Auseinandersetzungen eine besondere Schärfe.

Am 21. Februar 1970 kam es auf dem SPD-Jahresparteitag zum politischen Generationswechsel. Der seit sechzehn Jahren amtierende Vorsitzende Hans Demeter (1905-1993) legte in seinem Rechenschaftsbericht den erfolgreichen Weg der Partei unter seiner Führung dar. Der Mitgliederstand war auf über 10.000 gestiegen und unter den Oberbürgermeistern Thomas Wimmer und Hans-Jochen Vogel konnte die SPD in München immer mehr Stimmen auf sich vereinen (> Marienplatz).

Die Delegierten des Parteitages wählten sodann einen neuen Vorstand, dessen sechs Mitglieder ausschließlich dem linken Lager innerhalb der SPD zugehörten: Helmut Meyer, Rudolf Schöfberger, Ingrid Fischer-Rohn, Jürgen Böddrich, Hans Bleibinhaus und Hans Bojer. Dieser Vorstand bekannte sich zu dem Ziel, die bestehende Gesellschaft im Sinne des demokratischen Sozialismus zu verändern. Er forderte die Mitbestimmung der Bürger in allen Bereichen, eine soziale Wirtschaftsordnung, eine konsequente Politisierung der SPD sowie eine sozialistische Kommunalpolitik. Diese sollte unter anderem klassenlose Krankenhäuser, die kostenlose Benutzun¥g der öffentlichen Verkehrsmittel und eine gebührenfreie Energieversorgung ermöglichen.

Die Ankündigung, im Rahmen der geänderten Mehrheitsverhältnisse auch vor Personaldiskussionen nicht zurückzuscheuen, deutete bereits die kommenden Konflikte an. Der rechte Parteiflügel bedauerte, dass unter den neuen Mitgliedern kaum noch Arbeiter seien, sondern Schüler und Studenten dominierten. Man warf den *„Intellektuellen"* vor, sie benützten eine Sprache, die von Arbeitern kaum verstanden werde. Der Gewerkschaftsfunktionär Ludwig Koch meinte: *„Es ist kaum noch anzuhören, was die Nicht-Arbeiter in der SPD über die Arbeiterklasse verzapfen."* Oberbürgermeister Vogel versuchte abzuwiegeln: *„Das ist keine Stunde des Grabens, sondern eine Stunde der Kontinuität."*

Die Kraftprobe zwischen dem neu gewählten Münchner SPD-Vorstand und der im Rathaus regierenden SPD mit Vogel an der Spitze entlud sich bereits am 2. Mai 1970 anlässlich einer Feier zum dritten Jahrestag des Militärputsches in Griechenland (> Rosenheimer Straße 29). Die Stadtverwaltung sah keine Handhabe, die Veranstaltung zu verbieten, so dass diese denn auch von der Polizei geschützt werden musste. Hierin wiederum sahen die Jungsozialisten eine Zusammenarbeit zwischen der Rathaus-SPD und Faschisten. Auf einer Versammlung zu dem Thema am 25. Mai 1970 kam es zu erbitterten Auseinandersetzungen und tumultartigen Szenen, über die in der Presse ausführlich berichtet wurde.

Die Differenzen innerhalb der Partei erfuhren eine Verschärfung, als Vogel am 18. Februar 1971 seinen Rücktritt von einer erneuten Kandidatur für das Amt des Oberbürgermeisters erklärte. Er sagte, er lasse sich nicht als Aushängeschild für Kräfte benutzen, deren Weg er für verderblich halte. Damit verlor die SPD die Person, die ihr einen großen Teil der Stimmen eingebracht hatte.

Am 27. Februar 1971 fand unter starken Sicherheitsvorkehrungen der Polizei ein Unterbezirks-Parteitag der SPD statt. Zentraler Tagesordnungspunkt war der Misstrauensantrag Vogels gegen den Parteivorstand. Über 200 Journalisten aus dem In- und Ausland hatten sich angesagt, um dieses weit über München beachtete Ereignis zu verfolgen. Nach einer dramatischen, neunstündigen Diskussion stürzte die Mehrheit der Delegierten den erst vor einem Jahr gewählten Vorstand. Die Neuwahl wurde auf den 13. März gelegt und Vogel kandidierte nun für den Vorsitz. Im Vorfeld sah sich Bundeskanzler Willy Brandt veranlasst, in den verbissenen Kampf in München einzugreifen, um Schaden für die gesamte SPD abzuwehren. Er forderte die Münchner SPD am 8. März zu Solidarität und Konsolidierung auf. Brandt zog dabei einen klaren Trennungsstrich zu Kommunisten und bekräftigte sein Vertrauen in Hans-Jochen Vogel.

Tatsächlich konnte Vogel am 13. März nach wiederum neunstündiger Aussprache 57 Prozent der Stimmen auf sich vereinen. Er führte nun den neuen Parteivorstand an, dem als einziger Linker Dietmar Keese (1933-1998) angehörte. Vogel sah für die Zukunft nur einen erfolgreichen Weg für seine Partei: den der realen Reformen mit breiten demokratischen Mehrheiten, den Weg zur linken Volkspartei, wie er sagte.

Angesichts der weierhin bestehenden, parteiinternen Spannungen und im Hinblick auf seine politische Karriere zog sich Vogel bald aus der Münchner Arena zurück und kandidierte für den Landesvorsitz der bayerischen SPD. Auf dem Parteitag der Münchner SPD ergab sich am 8. April 1972 dann wieder eine breite Mehrheit für einen linken Vorstand unter Rudolf Schöfberger. Dieser stand nun wiederum konträr zum Oberbürgermeisterkandidanten Georg Kronawitter. Die Stadtratswahl vom 11. Juni 1972 brachte dann die Quittung für diese öffentlich ausgetragenen, parteiinternen Querelen: Nur noch 52,5 Prozent der Stimmen entfielen auf die SPD.

Auf dem Parteitag der Münchner SPD am 5. Mai 1973 ergab sich ein weiterer Linksrutsch. Die Bundespartei hatte ihren Mitgliedern jede Zusammenarbeit mit Kommunisten untersagt. Die Mehrheit des Münchner Parteitages befürwortete dagegen diese Zusammenarbeit. Nur durch eine gemeinsame inhaltliche Diskussion könnten die Standpunkte der SPD klar hervortreten. Der Beschluss der Bundespartei behindere die Mobilisierung der Bevölkerung und das Einbringen marxistischer Ansätze in die gesellschaftspolitische Konzeption der SPD. Er begünstige den emotionalen Antikommunismus, der von den gesellschaftlichen Widersprüchen der kapitalistischen Gesellschaft ablenke und so die bestehenden Besitz- und Machtverhältnisse verschleiere.

Die Parteilinke kritisierte den Vorsitzenden der SPD-Rathausfraktion, Hans Preißinger (1915-1986), als verbitterten Einzelgänger, der die Parteimehrheit nicht repräsentiere. Dieser wiederum verwahrte sich dagegen, dass eine solide Kommunalpolitik zum Kampfplatz innerparteilicher Aggressionen degradiert werde. Oberbürgermeister Kronawitter warnte angesichts der Streitigkeiten davor, dass die SPD ihre Wählermehrheit in München verlieren könnte.

Bei den Landtagswahlen am 12. November 1974 büßte die SPD in München im Vergleich zur Wahl des Jahres 1970 7,4 Prozentpunkte ein und brachte es auf 40,2 Prozent der Stimmen. So konnte es nicht ausbleiben, dass die Flügelkämpfe innerhalb der Partei fortdauerten.

Im Juni 1975 forderte Preißinger in einem offenen Brief, die SPD müsse sich von Vertretern der extremen Linken strikt trennen. Die nächste Bundestagswahl könne nur gewonnen werden, wenn man sich entschieden von Extremisten absetze. Dies sei auch deswegen wichtig, weil die CSU der SPD-Politik keine Alternative entgegenstellen könne: *„Die Münchner Sozialdemokraten waren noch zu keinem Zeitpunkt ihrer Geschichte politisch, organisatorisch und finanziell in einem derart desolaten Zustand wie heute, Mitte der siebziger Jahre."*

Tatsächlich musste die SPD bei den Bundestagswahlen 1976 in München einen Verlust von 7,5 Prozent hinnehmen und sich mit 40,5 Prozent begnügen. Bei den Kommunalwahlen vom 5. März 1978 stürzte die SPD sogar um 14,8 Prozent auf 37,7 Prozent der Stimmen ab. Die Partei war am Ende, und die CSU stellte mit Erich Kiesl den neuen Oberbürgermeister.

Sendlinger Torplatz 11

Bereits am 10. Januar 1950 beklagte der Bischof von Eichstätt, Joseph Schroeffer (1903-1983), auf einer Konferenz im Schloss Fürstenried, dass das Schwinden der religiösen und sittlichen Substanz in der Familie und bei der Jugend zu einer Verweltlichung des Lebens geführt habe, das keine Ehrfurcht mehr vor Gott kenne. Die Gefahr der Explosion der Atombombe habe einen Vergnügungstaumel und eine moralische Haltlosigkeit in Deutschland ausgelöst, die mit den Zuständen vor der Zerstörung Ninives zu vergleichen seien. Die sexuelle Frühreife der Jugend, das Anwachsen der Zahl der Sittlichkeitsverbrechen und der Jugendkriminalität seien Ergebnisse dieser Verwilderung.

Die „Süddeutsche Zeitung" berichtete am 17. Mai 1952 über die öffentliche Diskussion, ab und in welchem Ausmaß die Jugend durch gewisse Filme und Filmreklamen gefährdet werde. So wollte die Zeitung etwa folgende Szene beobachtet haben: *„Vor den Standphotos, mit denen das kleine Vorstadtkino seine Besucher anzulocken weiß, stehen zwei Buben... vertieft sich der andere in das Starphoto der weiblichen Hauptdarstellerin, die ihre körperlichen Reize mit raffinierter Berechnung zur Schau stellt. Der Bub schweigt. Was in ihm vorgeht, kann auch der Psychologe nur ahnen."*

Auch die Szenerie vor dem Filmtheater am Sendlinger Tor erschien der Zeitung bedenklich, zumal sich gleich gegenüber eine Volksschule befand: *„... ein biederer Passant, der vor dem Sendlinger-Tor-Kino nach den weiblichen Reizen einer Pappfigur spähte, die sich in Lebensgröße hinter einer durchsichtigen spanischen Wand über dem Kinoportal umzog."*

Der Direktor des Stadtjugendamtes, Kurt Seelmann (1900-1987), war sich ebenfalls sicher, dass die Jugend in ihrer Entwicklung durch diese Einflüsse seelischen Schaden nehmen könnte. In seiner Studie „Das Halbstarkenproblem in München" schrieb er 1957: *„Verstärkt wird das noch durch all das, was Kinoreklame, sexuell gefärbte Filme, Schund- und Schmutzliteratur und das übrige Leben in einer modernen Großstadt schon verfrüht an sie heranbringt."*

Ingmar Bergmans Film „Das Schweigen" aus dem Jahr 1962 provozierte den vorläufigen Höhepunkt in der Diskussion um die so genannten schmutzigen Filme.

„Süddeutsche Zeitung", 3. Juli 1964

„Das Schweigen" behandelt ein ernstes und allgemein verbreitetes Problem, nämlich die destruktiven Spannungen, die sich zwischen Frau und Mann entwickeln können. Dabei verzichtete Bergman nicht auf einige sexuelle Szenen, die in ihrer Offenheit für damalige Verhältnisse schockierend wirkten. Allein 1964 sahen elf Millionen Menschen in Westdeutschland den Film; die eigentliche Aussage dürfte oft nur am Rande interessiert haben.

Während einer Aussprache am 13. Oktober 1964 im Landtag ging es um das Verbot des Streifens. Von Seiten der CSU wurde eine eigene bayerische Filmselbstkontrolle vorgeschlagen, nachdem ihr bundesweites Pendant den Film nach anfänglichem Zögern doch in die Kinos gelassen hatte. Auch fragte man sich, wie der Film das Prädikat „künstlerisch wertvoll" erhalten konnte. Man befürchtete, die Filmwirtschaft werde in ihrer Konkurrenz zum Fernsehen versuchen, die Besucherzahlen mit zweifelhaften Produkten zu steigern. Die SPD war der Auffassung, es gebe genügend verwerfliche Filme, über die aber niemand rede. Im Falle des „Schweigens" sei die Problematik so ungeheuer, dass das bisschen Erotik gar nicht ins Gewicht falle.

Im Mai 1965 trat die private Aktion Saubere Leinwand an die Öffentlichkeit. Sie forderte: *„Wir bejahen den Film, aber was etwa seit den letzten zweieinhalb Jahren geboten wird, ist überwiegend nur noch Sexgeschäft und eine Welle des Mordens und Tötens. Als verantwortungsbewusste Bürger, als Väter und Mütter, müssen wir an unsere Jugend, an unsere Kinder denken."* Die Aktion appellierte an jeden Einzelnen, im privaten wie öffentlichen Bereich dem *„Schmutz und Schund auf der Leinwand"* entgegenzutreten.

„Süddeutsche Zeitung", 7. Februar 1964

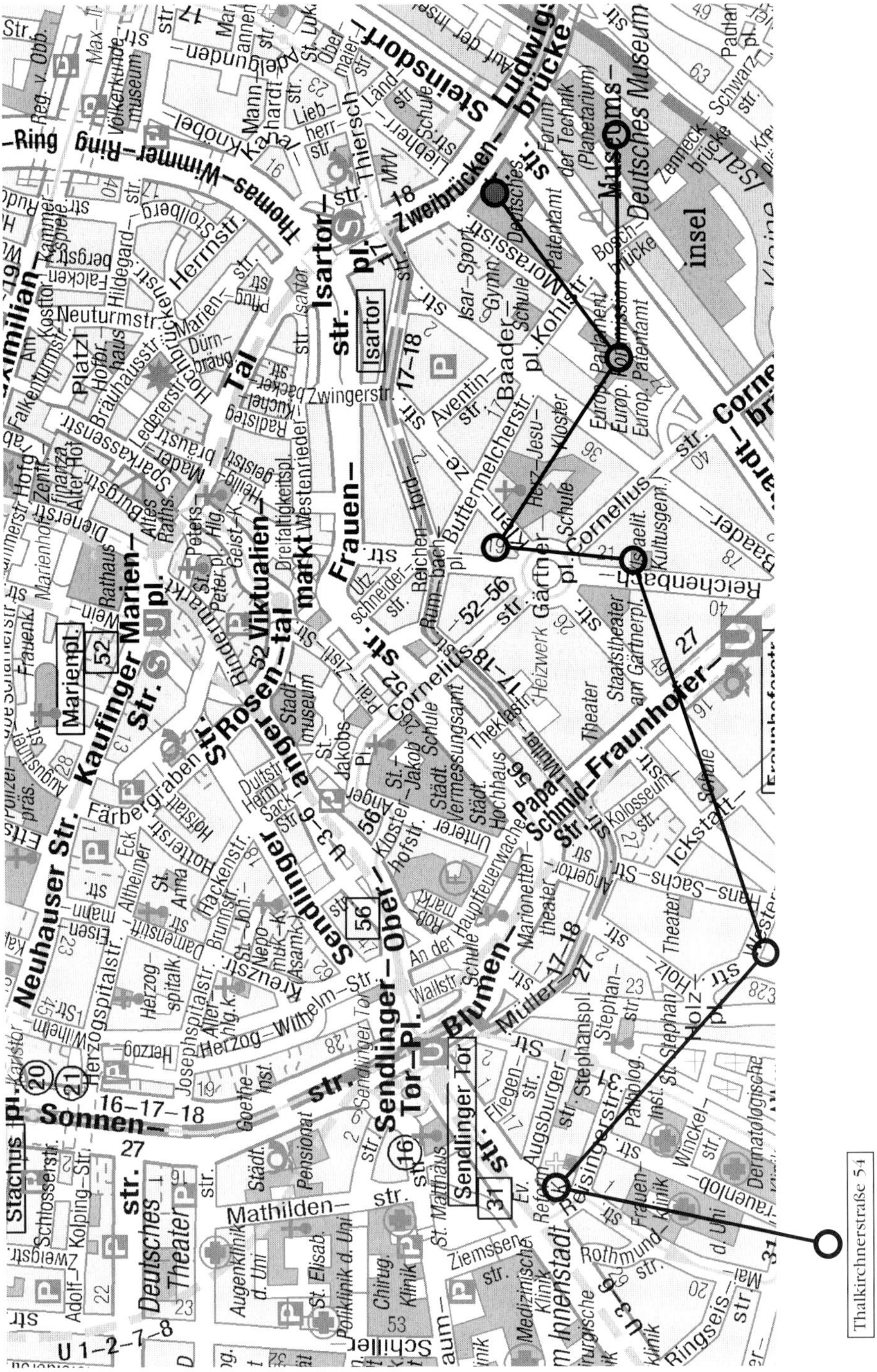
Thalkirchnerstraße 54
Thomas-Wimmer-Ring
Steinsdorf-str.
Ludwigsbrücke
Zweibrücken-str.
Isartor-pl.
Isartor
Deutsches Museum
Museums-insel
Boschbrücke
Corneliusbrücke
Erhardt-str.
Baader-str.
Reichenbach-str.
Fraunhofer-str.
Gärtnerpl.
Staatstheater am Gärtnerpl.
Buttermelcherstr.
Frauen-str.
Tal
Marienpl.
Viktualienmarkt
Rosental
Kaufinger-str.
Neuhauser Str.
Sendlinger-str.
Sendlinger-Tor-Pl.
Sendlinger Tor
Oberanger
Blumen-str.
Papa-Schmid-Str.
Müller-str.
Sonnenstr.
Stachus
Karlspl.
Herzog-Wilhelm-Str.
Mathilden-str.
Deutsches Theater
Schwanthalerstr.
Lindwurmstr.
Nußbaumstr.
Thalkirchner Str.
Ickstattstr.
Klenzestr.
Hans-Sachs-Str.
Holzstr.
Westermühlstr.
Frauenlobstr.
Pettenkoferstr.
Ziemssenstr.
Stephanspl.
Zwingerstr.
Dreifaltigkeitspl.
Westenriederstr.
Maximilianstr.
Pfisterstr.
Hochbrückenstr.
Herrnstr.
Marienstr.
Knöbelstr.
Isar

Isarvorstadt

Die Isarvorstadt war häufig Zentrum parteipolitischer Aktivitäten, wobei radikale Vereinigungen hier besonders zu Hause waren. Aber auch der für die SPD Weichen stellende Bundesparteitag 1956 fand hier statt. Darüber hinaus befindet sich hier der Mittelpunkt des jüdischen Lebens der Stadt. Die Ansiedlung der beiden Patentämter schließlich akzentuierte die problematische Umwandlung innenstadtnaher Wohngebiete.

Zweibrückenstraße 12

Die Spannungen um Westberlin und endgültig die Blockade der Stadt durch die Sowjetunion vom 24. Juni 1948 bis zum 12. Mai 1949 veranlassten zahlreiche Firmen, ihren Sitz in sicherere Gebiete Deutschlands zu verlegen (> Wittelsbacherplatz 2). Auch staatliche Einrichtungen zogen sich aus Westberlin zurück, beispielsweise das Reichspatentamt, dessen Akten immer noch in einem bombensicheren Salzbergwerk lagerten. Am 18. Oktober 1948 bewarb sich München um die Ansiedlung dieser Behörde, und am 1. Oktober 1949 nahm das nunmehrige Deutsche Patentamt seine Arbeit in München auf. Es war die erste große höhere Reichs- beziehungsweise Bundesbehörde in der bayerischen Landeshauptstadt. Fürs Erste kam das Amt im Bibliotheksbau des Deutschen Museums unter. Der Zuzug einer solchen Behörde mit ihren 750 Angestellten und deren Familien sorgte aber in jenen Zeiten extremen Wohnungsmangels auch für böses Blut. Daher sah sich das Patentamt im Februar 1950 genötigt, der Presse einige Informationen zukommen zu lassen: Mehr als die Hälfte der direkt Beschäftigten seien Münchner, für die aus Berlin Zugezogenen würde auf Kosten der Behörden eigener Wohnraum geschaffen. Ihre Gehälter stellten eine enorme Kaufkraft für das heimische Gewerbe dar. Arbeitsplätze entstünden auch im grafischen Gewerbe, in Fachverlagen und beim Tross der Patentanwälte.
Auf dem Gelände einer ehemaligen Kaserne an der Zweibrückenstraße 12, das dem Freistaat Bayern gehörte, entstand schließlich 1954 bis 1958 das Dienstgebäude des Deutschen Patentamtes, das zwischenzeitlich in Berlin eine symbolische Zweigstelle unterhielt.

Erhardstraße 27

Die Einrichtungen des Deutschen Patentamtes und des benachbarten Deutschen Museums mit ihren beiden umfangreichen Spezialbibliotheken veranlassten im Jahr 1962 die Bundesregierung, München zu einer Bewerbung um das geplante Europäische Patentamt zu ermutigen. Dieser ersten großen europäischen Behörde in Westdeutschland maß man einen hohen politischen Wert zu. Im Januar 1963 erklärten die Stadt München und der Freistaat Bayern ihr grundsätzliches Einverständnis. Die Behörde sollte auf einem Gelände an der Erhardstraße 27 entstehen; dieser Baugrund sollte kostenfrei und baureif zur Verfügung gestellt werden. Auf dem Grundstück befanden sich das Gefängnis an der Corneliusstraße sowie 24 Wohnhäuser in schlechtem baulichen Zustand, in denen rund 800 Menschen billig lebten.

Im März 1964 entschied sich der Stadtrat endgültig für eine Bewerbung, im Juni 1972 schließlich gab die Konferenz der EWG-Regierungschefs München den Zuschlag, womit der Standort Erhardstraße verknüpft war. Bereits im Vorfeld war es zu Protesten der betroffenen Mieter gekommen. Sie wehrten sich gegen die Vernichtung billigen Wohnraums und ihre Verdrängung in Neubauviertel am Stadtrand. Quer durch die Parteien regte sich Widerstand gegen die befürchtete Verödung der Innenstadt und den zunehmenden Autoverkehr. Auch die monumentale Architektur des Europäischen Patentamtes wurde als Störung des Stadtbildes empfunden. Insbesondere die SPD stemmte sich vehement gegen das Projekt und stellte sich damit gegen die eigene Stadtratsfraktion und den Oberbürgermeister (> Oberanger 38). Diese erklärten, sich von ihrem einmal gefassten Entschluss nicht abbringen lassen zu wollen.

Die Gegner des Projektes zogen vor den Bayerischen Verwaltungsgerichtshof, der ihre Normenkontrollklage am 15. Dezember 1975 endgültig abwies. Schon

Grundstück des späteren Europäischen Patentamtes, im Hintergrund das ehemalige Gefängnis an der Corneliusstraße, um 1972 (StAM)

am 31. Januar 1973 hatte der Stadtrat, geschützt von einem starken Polizeiaufgebot um das Rathaus herum, zum fünften, diesmal letzten Mal seine endgültige Zusage beschlossen. Am 5. Juli 1974 schließlich stellte Oberbürgermeister Georg Kronawitter die Lage der Stadt so dar: *„Wir sind heute in einer anderen Situation als in den sechziger Jahren. Der Wind hat sich gedreht. Galt es damals noch, dem Wachstum unserer Stadt energisch Einhalt zu gebieten, stellen wir heute fest: Wir haben circa 10.000 Arbeitslose, die sich auch über den Sommer hinweg hartnäckig gehalten haben - dreimal soviel als in früheren Zeiten. Wir haben keine Zuwanderung mehr nach München, sondern rund 10.000 Münchner sind im letzten Jahr mehr abgewandert als binnendeutsche Bevölkerung nach München kam. Nur durch einen großen Ausländerüberschuss konnte dieses Defizit ausgeglichen werden. Die Bauwirtschaft ist in München besonders bedroht und verzeichnet Tausende von Arbeitslosen."*
Nach dreijähriger Verzögerung legte der Alt-Oberbürgermeister und amtierende Bundesjustizminister Hans-Jochen Vogel am 7. Juli 1976 den Grundstein für die europäische Behörde auf dem inzwischen freien Grundstück an der Erhardstraße.

Museumsinsel

Die konservativ-liberale Mehrheit des Bundestages beschloss am 7. Juli 1956 das Wehrpflichtgesetz, in dem die Wehrpflicht, der Wehrdienst, das Wehrersatzwesen, die Kriegsdienstverweigerung und das Wehrpflichtrecht geregelt wurden. In Kraft treten sollte es am 21. Juli 1956. Auf einer Pressekonferenz am 9. Juli kündigte Verteidigungsminister Theodor Blank (1905-1972) an, dass im Frühjahr 1957 die Gestellungsbefehle für den männlichen Jahrgang 1937 herausgegeben würden. Bis Ende 1956 werde sich die Bundeswehr auf 96.000 Freiwillige verstärken, 1957 mit den Wehrpflichtigen dann auf 270.000, bis Ende 1958 schließlich auf 500.000 Mann. Damit sei dann die den NATO-Partnern versprochene volle Stärke in kurzer Zeit erreicht. Die gesamte Ausrüstung stehe bereit; sie stamme aus dem Ausland sowie auch aus heimischer Produktion (> Dachauer Straße 126).
Zu jener Zeit fand vom 10. bis 14. Juli 1956 der Bundesparteitag der SPD im Kongresssaal des Deutschen Museums statt. München galt damals als „rote Hochburg": Der bayerische Ministerpräsident Wilhelm Hoegner (1887-1980) gehörte der SPD ebenso an wie der Oberbürgermeister Thomas Wimmer (1887-1964). Während des Parteitages waren alle städtischen Dienstgebäude, die Trambahnen und Volksschulen schwarz-rot-gelb beflaggt. Dies veranlasste die CSU zu Protesten, da sie die SPD in München als eine Art Staatspartei sah.
Unter Vorsitz von Erich Ollenhauer (1901-1963) lief der Parteitag in äußerer Einmütigkeit über die Bühne. Einer der hauptsächlichen Diskussionspunkte war die Haltung der Partei zur westdeutschen Aufrüstung. Der Wandel der SPD von einer

verbal klassenkämpferischen zu einer pragmatischen Volkspartei zeigte sich schon in der Dekoration des Saales: Zum ersten Mal ersetzten zwei Traditionsfahnen den bisher üblichen roten Flaggenwald und auch die Farben Schwarz-Rot-Gold waren vertreten.
Bezüglich der Wehrpflicht gelangten die Delegierten mit Blick auf das Wahljahr 1957 zu der Erkenntnis, dass ein entschiedener Kampf gegen die Wiederbewaffnung auf Unverständnis breiter Wählerkreise stoßen dürfte. Die Bevölkerung wünsche einen militärischen Schutz ihres Lebens und ihres erarbeiteten Lebensstandards gegen den „Osten". Die SPD plädierte für eine Berufsarmee, die allerdings unter politischer Kontrolle des Parlaments stehen müsse. Um diese Armee auch von innen her demokratisch zu gestalten, sollten ihr möglichst viele SPD-Anhänger beitreten. Das Motto lautete: *„Wehrpflichtgesetz nein – Landesverteidigung ja"*.
Über den internen Zustand der SPD des Jahres 1956 urteilte damals die „Süddeutsche Zeitung": *„… dass der vor zwei Jahren in Berlin noch so mächtige linke Flügel der Partei vor den politischen Realitäten und vor dem praktisch unangreifbar erstarkten Parteiapparat kapituliert hat. Der linke Flügel verfügt über keine hinlänglichen organisatorischen Bindungen, über keine Publikationsmöglichkeiten und schon gar nicht über eine sich als Führer anbietende Persönlichkeit. Männer wie Heinz Kühn aus Düsseldorf und Willi Birkelbach aus Frankfurt, die vor zwei Jahren als Exponenten der so genannten radikalen Richtung in den Parteivorstand gewählt wurden, haben sich Erich Ollenhauer längst loyal untergeordnet."*
Über die pragmatische Parteifraktion wusste die Zeitung zu berichten: *„Der 37-jährige Hamburger Bundestagsabgeordnete und Oberleutnant der Reserve außer Diensten, Helmut Schmidt, frohlockte nicht zu früh, als er am Mittwochmittag im Kreis sozialdemokratischer Parteifreunde verkündete: 'Die Linksopposition ist tot! Er fügte hinzu: 'Die Regie klappt ausgezeichnet!'"* (> Landwehrstraße 37)

Reichenbachstraße 19

Zur Landtagswahl vom 18. Dezember 1950 gründete sich in Bayern der Gesamtdeutsche Block/Block der Heimatvertriebenen und Entrechteten (GB/BHE). Sein Landesverband Bayern befand sich in der Reichenbachstraße 19. Auf seiner ersten öffentlichen Versammlung am 30. Juli 1950 erklärte der vorläufige Vorsitzende Heinz Huber: *„Den deutschen Politikern nach 1945 mangelte es an Haltung und Würde gegenüber den Besatzungsmächten. Sie haben manchmal nur geschwiegen, um ihre Stellung nicht zu verlieren."*
Der GB/BHE vertrat die Sonderinteressen der zahlreichen Vertriebenen und

Kriegsgeschädigten. Der Name der Partei deutete dabei an, dass man nicht alle Kriegsopfer zu vertreten gedachte. Als „Vertriebene“ und „Entrechtete“ bejammerte man nur sich selber, und das war ein Personenkreis, der bis 1945 oftmals selbst aktiv oder passiv an der Vertreibung und Entrechtung anderer teilgenommen hatte. Der GB/BHE vertrat einen großen Teil der nationalsozialistischen Ideologie, er war dezidiert antikommunistisch und antidemokratisch eingestellt. So konnte es auch nicht verwundern, dass Huber an jenem 30. Juli 1950 seinen Zuhörern zurief: *„Ich weiß, ihr wollt mit mir marschieren, und ich weiß, wir werden siegen!“*

Zum Führer der Partei auf Bundes- und Landesebene in Bayern wurde Theodor Oberländer (1905-1998). In einer Selbstbeschreibung berichtete er, er sei nach dem Abitur in die Landwirtschaft gegangen, habe dann längere Zeit im sowjetischen Kuban-Gebiet als Saatzüchter gearbeitet und später als Professor der Staatswissenschaften an den Universitäten Königsberg, Greifswald und ab 1940 als Ordinarius an der *„deutschen Karlsuniversität in Prag“* gelehrt.

Mit dem deutschen Angriff auf die Sowjetunion im Juni 1941 kehrte Oberländer als Leutnant in das Land seines landwirtschaftlichen Interesses zurück. Er führte ein „Hilfsbatallion Nachtigall“ aus ukrainischen Freiwilligen, das als Teil der Wehrmacht Mordaktionen gegen Juden, Kommunisten und Russen ausführte. Oberländer befahl dabei nicht nur seinen Untergebenen Verbrechen, sondern tötete auch eigenhändig Gefangene. Zu seinem Glück konnte er sich 1945 von der US-Armee gefangen nehmen lassen und nach seiner baldigen Entlassung *„politisch und ostwissenschaftlich“* tätig werden. Bereits im Jahr 1953 stieg er zum Bundesvertriebenenminister auf.

Bundesvertriebenenminister Theodor Oberländer, 1953 (StAM)

Der hohe Anteil von Vertriebenen an der bayerischen Bevölkerung (> Knorrstraße 148) brachte dem GB/BHE anfangs beachtliche Wahlerfolge: 1950 konnte die Partei 12,3 Prozent der Stimmen erringen, 1954 10,2 Prozent und weiter abnehmend 1958 8,6 Prozent. Während dieser Zeit war sie auch im Kabinett vertreten. Die gelungene Integration der Flüchtlinge in die BRD ließ dann jedoch den GB/BHE immer mehr in die Bedeutungslosigkeit absinken.

Der Charakter des GB/BHE sei an einigen Aussagen vor der Landtagswahl vom 14. Dezember 1954 dargestellt. In der Parteizeitung „Gesamt-

deutscher Kurier", der unter dem Motto *„Das ganze Deutschland soll es sein!"* stand, stellte Theodor Oberländer am 27. November 1954 programmatisch fest: *„Die aus ihrer Heimat Verjagten, vom Bombenkrieg um ihr Hab und Gut Gebrachten haben durch Arbeit, aber nicht durch Klassenkampf, durch Disziplin, aber nicht durch Arbeitsverweigerung gezeigt, welche seelische und moralische Kraft gerade in den deutschen Menschen wohnt, die vom Schicksal am härtesten getroffen wurden und den unglückseligen Krieg am schwersten bezahlen mussten."* Die Wählerschaft des GB/BHE sei *„das soziale Gewissen in unserem Volk und die echten Vorkämpfer für ein geeintes Deutschland in einem freien Europa, das dem Abendland erhalten bleibt."* Zwischen *„marxistischen Klassenkampfparolen"* und der *„satten Zufriedenheit der so genannten bürgerlichen Kreise"* gelte es, *„ein Christentum der Tat zu erwecken."* Außerdem forderte Oberländer: *„... jede innere Anfälligkeit unserer im Aufbau befindlichen Demokratie, die der Osten so gern nutzen würde, zu überwinden. Den Kalten Krieg gewinnt, wer die bessere Sozialstruktur besitzt."*
Ein Vorfall im Landtag am 17. Dezember 1959 spiegelte das Gedankengut des GB/BHE ebenfalls wider. Der GB/BHE-Abgeordnete Walter Becher – von 1966 bis 1980 dann für die CSU im Bundestag sitzend – bezeichnete die Entnazifizierung als eine der unglücklichsten Maßnahmen der Nachkriegszeit und bedauerte, dass beim Eintritt in den öffentlichen Dienst nur einseitig Beziehungen zum Nationalsozialismus verfolgt würden. Man dürfe nicht vergessen, dass das „Dritte Reich" die Befreiung des deutschen Volkes vom Bolschewismus gebracht habe.
Im Juli 1963 empörte sich der GB/BHE-nahe „Vertriebenen-Anzeiger" aus München darüber, dass kriegsverherrlichende Literatur über Heldentaten der SS und Wehrmacht verboten würden, während *„rein pornographische Werke wie zum Beispiel die ganz üblen Bücher 'Katz und Maus' von Günther Grass und 'Die Blechtrommel' vom gleichen Verfasser frisch und frei in jedem Buchladen verkauft werden können."*
Mit der Selbstauflösung des GB/BHE 1965 wechselte ein Teil seiner Anhänger zur nationalsozialistischen NPD (> Holzstraße 49).

Reichenbachstraße 27

Als erste Synagoge in Deutschland nach dem Krieg wurde am 20. Mai 1947 das Gotteshaus an der Reichenbachstraße 27 eingeweiht. Der US-Militärgouverneur Lucius D. Clay (1897-1978) meinte zu diesem Anlass zweckoptimistisch: *„Ich fühle, dass wir uns an der Schwelle zu einem neuen Zeitalter des guten Willens, zum gemeinsamen Zusammenleben aller Völker befinden."*
Die niederdrückende materielle, körperliche und seelische Verfassung der wenigen jüdischen Überlebenden des „Dritten Reiches" kommt in dem Gedicht

„Nachher" zum Ausdruck. Seine Autorin Gerty Spies (1897-1997) hatte das Konzentrationslager Theresienstadt überlebt. Im Jahr 1946 schrieb sie: *„Ich bin zurückgekehrt! - O fragt mich nicht / Nach jenen Schatten, die die Sinne meistern / Und bei des Mondes weißem Totenlicht / Des Nachts durch die zersprungene Seele geistern."*

Am 19. November 1951 erschien die erste Nummer der „Münchner Jüdischen Nachrichten". Ihr Herausgeber, Moses Lustig (1907-1976), wandte sich an seine Leser: *„Die Herausgabe einer jüdischen Zeitschrift in deutscher Sprache in München ist schon seit längerer Zeit - sogar Jahren - diskutabel. Die immer mehr zunehmende Auswanderung und die fehlenden notwendigen Mittel ließen jedoch diesen Plan bisher nicht zur Ausführung bringen. Zur Zeit haben wir in Bayern nur noch einige Tausend Juden und auch davon bereitet sich ein großer Teil auf die Auswanderung vor. Unser Ziel ist einzig und allein, allen Juden und allen Menschen, die guten Willens sind, zu dienen."*

Die Themen dieser ersten, vierseitigen Ausgabe spiegeln die damaligen jüdischen Probleme wider: *„Gedenktag zur Kristallnacht 1938", „Was wird aus den Kranken vom Lager Föhrenwald?", „Was wird aus den Gautinger TBC-Kranken?", „Wohin mit den jüdischen Kranken?", „Nur noch 24% der Weltjudenheit in Europa", „Nachrichten aus Israel", „Die amerikanische Finanzhilfe an Israel."*

An der Reichenbachstraße 27 öffnete im Februar 1952 das Altenheim der Gemeinde seine Pforten, im Jahr 1954 schließlich zog auch die Verwaltung der Kultusgemeinde hierher. Die jüdische Gemeinschaft lebte aber nicht nur weiterhin mit den Schrecken ihrer jüngsten Vergangenheit, sondern sah sich fortdauernd mit dem Antisemitismus konfrontiert.

Zur Jahreswende 1959/1960 etwa fanden bundesweit antijüdische Vorfälle statt. Von offizieller bundesdeutscher Seite zeigte man sich sicher, dass hier keine Hintermänner zentral gesteuert hätten, sondern dass man von einer Vielzahl von Einzeltätern ausgehen müsse. Die CDU/CSU betonte angstvoll: *„Das deutsche Volk will mit Antisemitismus nichts zu tun haben."* Die SPD hielt eine verstärkte Aufklärung vor allem der Jugend in den Schulen für notwendig. Es gehe nicht an, dass der Geschichtsunterricht in sehr vielen Fällen bei Bismarck ende. Aus Israel selbst hörte man Worte, die die gerade in diesem

Siegfried Neuland (1889-1969), Vertreter der Israelitischen Kultusgemeinde (StAM)

Am 16. Februar 1970 berichtete die „Süddeutsche Zeitung“: *„Die Nachrichten von der Brandstiftung im Münchner jüdischen Altersheim lösten in Israel einen Schock aus: Zum zweiten Mal innerhalb weniger Tage ein Angriff auf Juden in der gleichen Stadt. Trotz der besonderen Bedeutung solcher Anschläge gerade in Deutschland war die Meinung der Israelis weitgehend ungeteilt: Man sprach sich allgemein anerkennend über die deutschen Behörden aus, man beobachtete mit verstohlener Bewunderung, dass die Deutschen mit großer Anteilnahme das Verbrechen aufnahmen.“* Demgegenüber erklärte der israelische Außenminister Abba Eban, er habe noch nicht die seelische Bereitschaft gefunden, als privater jüdischer Bürger Deutschland zu besuchen. Wenn er aber Ende Februar doch komme, dann geschehe das aus Gründen der Staatsräson. Die „Süddeutsche Zeitung“ resümierte: *„So tragisch die Zwischenfälle von München auch sein mögen, sie haben das Vertrauen der meisten Israelis in Deutschland gestärkt.“*

Auf der Trauerfeier am 18. Februar 1970 nahmen außer Bundespräsident Gustav Heinemann (1899-1976), Bundesinnenminister Hans-Dietrich Genscher und Ministerpräsident Alfons Goppel zahlreiche weitere Vertreter des westdeutschen Staates teil. Dies veranlasste den Präsidenten der Kultusgemeinde, Maximilian Tauchner (1917-1999), folgende Hoffnung in seiner Trauerrede zu äußern: *„Heute sind wir voller Erbitterung, weil wir wieder Mord und Brand erleben müssen. Es ist aber ein gewaltiger Unterschied zwischen der Situation unseres Volkes vor 25 Jahren und der Situation von heute. Diesen Unterschied veranschaulicht am besten und sinnvollsten der Umstand, dass wir hier heute nicht allein sind, dass sich hier heute mit der trauernden jüdischen Gemeinde die höchsten Repräsentanten dieser Republik befinden. Gleichzeitig befinden wir uns heute aber in der glücklichen Lage, dass unser schwer geprüftes Volk im Unterschied zu den Zeiten vor 25 Jahren den zuverlässigsten und treuesten Verbündeten und Beschützer bekommen hat - den Staat Israel.“* Nur zweieinhalb Jahre später, am 5. September 1972, ermordete ein arabisches Terrorkommando elf Mitglieder der israelischen Olympiamannschaft (> Connollystraße 31). Dieses Massaker wurde von einigen Linksextremisten als antiimperialistische Maßnahme positiv beurteilt.

Seit 1951 findet alljährlich die Woche der Brüderlichkeit statt, die von den Gesellschaften für christlich-jüdische Zusammenarbeit organisiert wird (> Lachnerstraße 39). Am 2. März 1975 wurde diese Woche für Westdeutschland und Westberlin in München eröffnet. Es wurde dabei beklagt, eine Zeitlang habe man sich der Illusion hingegeben, es sei gelungen, entscheidende Vorurteile gegen die Juden abzubauen. Diese Vorurteile kämen aber wieder hoch, wenn auch unter anderen Gewändern. Gerade bei jungen Menschen gebe es einen Antizionismus, der Elemente des Antisemitismus verwende.

Die 1950 gegründete rechtsradikale Deutsche Reichspartei (DRP) unter ihrem Anführer Adolf von Thadden trat die Nachfolge der NSDAP an. Im November 1964 ging die DRP in der neu gegründeten Nationaldemokratischen Partei Deutschlands (NPD) auf, deren Führung und Mitgliederstamm sie bildete.

Die NPD wurde am 28. November 1964 in Hannover gegründet. Unter Vorsitz Adolf von Thaddens entwickelte sie sich schnell zum bedeutendsten Sammelbecken rechtsradikaler, nationalsozialistischer und neofaschistischer Kräfte in der BRD. Die älteren Parteimitglieder blickten fast ausnahmslos auf eine aktive nationalsozialistische Vergangenheit zurück, während gleichzeitig die starke Anziehungskraft der NPD auf junge Leute auffiel. Zulauf erhielt die Partei auch von Protestwählern, die sich von der ersten ernsten Wirtschaftskrise seit dem so genannten Wirtschaftswunder der fünfziger Jahre bedroht fühlten.

Kampfaufruf für ein Viertes Reich, 1972 (BW)

Der NPD-Landesverband Bayern - seit 1968 in der Holzstraße 49 ansässig - unter seinem Vorsitzenden Franz Winter konnte schon am 24.April 1965 seinen ersten Parteitag in München abhalten. Er stand unter der Forderung *„Europa den Europäern - Deutschland den Deutschen - Alles für unser geliebtes deutsches Vaterland“.*

NPD-Propaganda, 1966 (BW)

In seiner Grundsatzrede ließ Adolf von Thadden wissen, zwanzig Jahre nach Kriegsende sei es an der Zeit, ein neues Kapitel in der deutschen Geschichte aufzuschlagen. An die Stelle des Geistes der bedingungslosen Kapitulation solle der Geist des Freiheitswillens und der Selbstachtung treten. Er behauptete: *„Die Entwick-*

lung nach Kriegsende war kein Wirtschaftswunder, sondern die wunderbare Demonstration eines im Kern gut gebliebenen Volkes." Zur Außenpolitik der Bundesregierung meinte Thadden in diesem Zusammenhang: *„Wer sich stets als alleinigen Sündenbock ausgibt, kann sich nicht wundern, wenn sich Erpresser und Bettler in Bonn die Klinke in die Hand drücken.*" Die NPD sähe sich als *„mahnendes Gewissen der Nation"*.
Bei der Wahl zum Landesvorstand konnten sich nur Kandidaten durchsetzen, die nachweislich als Soldaten am Krieg teilgenommen hatten. Auf der Versammlung lagen Bücher zum Verkauf mit Titeln wie *„War Deutschland am Zweiten Weltkrieg alleine schuld?"*, *„Verrat an Deutschland"* oder *„Warum nicht Sieg?"*. Zum Abschluss sangen die Delegierten das Deutschlandlied, beginnend mit der ersten Strophe: *„Deutschland, Deutschland über alles, über alles in der Welt, wenn es stets zum Schutz und Trutze brüderlich zusammenhält. Von der Maas bis an die Memel, von der Etsch bis an den Belt: Deutschland, Deutschland über alles, über alles in der Welt!"*
Bei der Landtagswahl am 20. November 1966 erlangte die NPD 7,4 Prozent der Stimmen und konnte fünfzehn Abgeordnete in das Maximilianeum entsenden, unter ihnen Karl Feitenhansel, den Gründer der Vaterländischen Union (> Holzhofstraße 6). Damit war die Partei nach Hessen im zweiten westdeutschen Länderparlament vertreten, fünf weitere folgten noch bis 1968. Der Erfolg in Bayern erregte bundesweit und im Ausland Aufsehen. Dort zeigte man sich zwar besorgt über das Wiederaufflammen des deutschen Nationalismus, betrachtete die Entwicklung im Grunde aber eher als Produkt der politischen und wirtschaftlichen Krise Westdeutschlands. Der Landesvorsitzende der SPD, Volkmar Gabert, meinte, es sei unverständlich, dass sich 20 Jahre nach dem totalen Zusammenbruch diese radikalen Kreise wie-

NPD-Kundgebung am Marienplatz und Proteste dagegen, 6. September 1980 (StAM)

der auf parlamentarischer Ebene bewegen könnten. Der CSU-Vorsitzende Franz Josef Strauß trat mit der Analyse an die Öffentlichkeit: *„... Antwort auf die Verhöhnung und Verspottung der Bundesrepublik, als Anwort an alle, die versucht haben, Deutschland in den Dreck zu ziehen. Die Deutschen müssen wieder als normale Nation behandelt werden, damit nicht die nationalen Stimmen dorthin wandern, wo man sie gar nicht haben will."* Koalitionsgespräche zwischen CSU und NPD seien *„derzeit"* nicht geplant.

Die NPD hatte im Wahlkampf vorgegeben, für die Interessen der sozial Schwachen einzutreten. Tatsächlich beschränkte sich das Streben der Partei auf eine autoritäre Innenpolitik (*„Sicherheit durch Recht und Ordnung"*), den Kampf gegen die damalige Ostpolitik der Bundesregierung (*„Brandt an die Wand!"*) sowie die Verherrlichung des „Dritten Reiches". Am 26. Februar 1970 etwa forderte im Landtag der NPD-Fraktionsvorsitzende Siegfried Pöhlmann (1923-2000) *„eine Generalamnestie für alle im Zusammenhang mit dem Zweiten Weltkrieg stehenden Straftaten"*, wie er die Massenmorde bezeichnete. Als Begründung gab er an, der Grundsatz der Rechtsgleichheit sei gestört, weil die Siegerstaaten ihre Kriegsverbrecher nicht verfolgten.

In ihrer Zeitung „Deutsche Nachrichten" behauptete die NPD, die Bundesregierung habe sich in einen Zustand der unbeschränkten Erpressbarkeit gegenüber

Kommunismus und Kapitalismus als Mittel ein und derselben jüdischen Weltverschwörung: Propaganda der „Aktion Neue Rechte" im grafischen Stil des Zeitgeschmacks, 1972 (BW)

Moskau begeben und Bundeskanzler Brandt präsentiere sich immer intensiver als Erfüllungsgehilfe der kommunistischen Ostblockstaaten. Man rief zum allgemeinen Widerstand gegen die angebliche Verzichts- und Vaterlandsverratspolitik der Bundesregierung auf. So konnte es nicht weiter erstaunen, dass ein erst 22-jähriger, rechtsradikaler Student und NPD-Landtagskandidat des Jahres 1970 am 24. September 1971 in München auf Bundeskanzler Willy Brandt stürzte und ihn mit dem Ruf *„Das ist für die Politik im Osten"* ohrfeigte.
Die Landtagswahl von 1970 hatte bereits gezeigt, dass sich die NPD wieder im Abwärtstrend befand: Sie sah sich nicht mehr im Maximilianeum vertreten, die Mitgliederzahl in Bayern sank von rund 5.000 im Jahr 1971 auf 3.400 (1972). Am 9. Januar 1972 trat Siegfried Pöhlmann aus der NPD aus und gründete in München die Aktion Neue Rechte (ANR).
Auf ihrer Gründungsveranstaltung verurteilte Pöhlmann vor 460 zumeist jugendlichen Nationalsozialisten die *„weiche Welle"* der NPD-Führung und sah die ANR als nationalistisch-sozialistische Partei der Zukunft. Man müsse einen europäischen Nationalismus auf sozialistischer Grundlage schaffen, um dem sowjetischen Imperialismus entgegenzutreten. Eine nationale Revolution der Jugend werde die alten Mächte in Europa hinwegfegen. Nationalismus sei nicht mehr allein Vaterlandsliebe, sondern die Solidarität in der Gemeinschaft der Schaffenden. Die bürgerliche Besitzgesellschaft habe abgewirtschaftet. Pöhlmann bezeichnete seine ANR als Auffangbecken für enttäuschte Nationaldemokraten, jugendliche Neo-Faschisten und deutschgesinnte Sozialisten. Der 9. Januar 1972 sei das Fanal von München. Pöhlmann gab die Parole aus: *„Nationalist sein heißt, die Fahne des Aufstandes nicht mehr aus der Hand zu geben."* (> Paosostraße 2).

Reisingerstraße 5

Der Initiativausschuss für die Wiederzulassung der KPD (> Widenmayerstraße 25) gründete am 22. September 1968 in Frankfurt die Deutsche Kommunistische Partei (DKP). Im Gegensatz zur 1956 verbotenen KPD bekannte sich die neue Partei aus taktischen Erwägungen heraus zur Verfassungsordnung des Bonner Grundgesetzes. Die wichtigsten Programmpunkte der DKP lauteten: *„Aufnahme gleichberechtigter Verhandlungen mit der DDR"*, die *„Ausschaltung des Neonazismus und Chauvinismus in der Bundesrepublik"* und Verbot der NPD bei gleichzeitiger Wiederzulassung der KPD.
Außenpolitisch befand man sich ebenfalls völlig auf der Linie der ostdeutschen SED, die die DKP großzügig finanzierte: Gefordert wurde ein sofortiges Ende der *„imperialistischen US-Aggression in Vietnam"*. Gleichzeitig konnte man im Einmarsch der Truppen des Warschauer Paktes in die Tschechoslowakei im August 1968 keine Verletzung des Völkerrechtes erblicken. Vielmehr beklagte man,

„dass Bonn die Ereignisse in der Tschechoslowakei zu einem Feldzug des Hasses gegen die Sowjetunion benutzt."

Die Parteigründung wurde von der Partei selbst als *„historischer Tag"* eingeschätzt und die Illusion, an der Spitze einer ständig wachsenden Massenbewegung zu stehen, genährt. In Wirklichkeit konnte man kaum Anhänger gewinnen, was die etwa 36.000 DKP-Mitglieder (1972) durch hektische Betriebsamkeit und *„Volksfront"*-Bündnisse zu kaschieren und zu ändern suchten (> Linprunstraße 51). Ein Hauptanliegen der DKP war die Schaffung eines *„Bündnisses aller antimonopolistischen Kräfte in der Bundesrepublik"*, eine *„Aktionseinheit der Arbeiterklasse"*, bestehend aus Kommunisten, Sozialdemokraten, Gewerkschaftern, christlichen und parteilosen Arbeitern. Mit dieser *„Offensive aller Demokraten"* konnte man zwar insbesondere bei der SPD (> Oberanger 38) und dem DGB (> Schwanthalerstraße 64) zeitweilig für Unruhe sorgen, aber keine dauerhaften Erfolge erzielen.

Orthodoxer Marxismus-Leninismus nach sowjetisch-ostdeutscher Auslegung kombiniert mit opportunistischen Anbiederungsmanövern an eine potentielle Wählerschaft kennzeichneten das Auftreten der DKP. Die Politik der Verständigung mit dem Ostblock – begonnen 1970 bis 1973 von der Bundesregierung – bezeichnete man als *„Erfolg der konsequenten Friedenspolitik der sozialistischen Staatengemeinschaft"*. Im Gegensatz zum Ostblock wertete man die westdeutschen Gesetze zur inneren Sicherheit als *„weitere Einschränkung der im Grundgesetz verankerten demokratischen Rechte und Freiheiten des Volkes."* Der *„Ausbau des Polizei- und Spitzelnetzes"* verwandle die BRD *„in einen zentral gesteuerten obrigkeitsstaatlichen Polizeistaat."* Die DKP forderte weiterhin eine Senkung der Rüstungsausgaben um jährlich 15 Prozent und den Abzug der US-Truppen. Diese ihre Forderung bezog sich natürlich nicht auf die Truppen des *„friedliebenden"* Warschauer Paktes.

DKP-"Volks"-Fest Dachauer Straße / Georg-Brauchle-Ring, 28. – 31. Mai 1976 (StAM)

Das ersparte Geld sollte insbesondere dem Bildungswesen zugute kommen. Im Gegensatz zum vorbildlich empfundenen Bildungssystem der DDR erkannte man in der BRD eine tiefe Bildungskrise, militaristische und antidemokratische Lehrinhalte sowie undemokratisch gesonnene Lehrkräfte. Überhaupt gefiel sich die DKP darin, die BRD in eine immer aussichtslosere Krise rutschen zu sehen. Anlässlich einer Kranzniederlegung an Lenins Wohnort in der (>) Kaiserstaße 46 betonte daher 1970 der Bundesvorsitzende der DKP, Kurt Bachmann (1909-1997), in Anwesenheit von Vertretern der KPdSU und der SED: *„Den Ideen Lenins verpflichtet, geleitet von der Theorie des Marxismus, die Lenin in genialer Weise weiterentwickelt hat, haben wir als Kommunisten in der Bundesrepublik die politischen Aufgaben zu lösen, die der Arbeiterbewegung und unserer Partei hier und heute in der Bundesrepublik gestellt sind."*

Anlässlich der Olympischen Sommerspiele 1972 brachte der DKP-Verlag Marxistische Blätter das Buch „München - Stadt im Mittelpunkt" heraus. Es war in folgende Kapitel gegliedert: *„Stadt im Mittelpunkt, Wahrheit und Legende seiner Zeitgeschichte, Heimliche Hauptstadt der Bewegung, Zentrum des militärisch-industriellen Komplexes, Revanchismus - ein Patenkind Bayerns, Ostforschung - Munition im psychologischen Krieg, Emigranten - Reservoir der Konterrevolution, Hetzsender im Ätherkrieg, Kultur und Sport als Mittel zum Zweck."*

Gegen Ende dieser Darstellung hieß es: *„Die Deutsche Kommunistische Partei hat in ihrem Sportprogramm 'saubere Olympische Spiele' gefordert, die dem Geist Coubertins* [Pierre Coubertin (1863-1937), Begrüder der modernen Olympischen Spiele] *gerecht werden. Das ist auch das Anliegen der DDR und der anderen sozialistischen Staaten sowie aller Menschen in der Welt, die sich dagegen wehren, dass die Millionen begeisternde, Welt umspannende Idee der Olympiade wie eine wohlfeile Ware nach ihrem Wert oder ihrem Gewinn für die imperialistische Politik missbraucht wird."*

Dank der DKP musste man aber die Hoffnung auf eine bessere Zukunft nicht aufgeben: *„... hebt sich das Fortschrittliche, das Kämpferische in München - auch hier wiederum als Teil der BRD - aus dem Bild der Stadt hervor. Nicht gegen München wurde dieses Buch geschrieben, sondern als Mahnung für die fortschrittlichen Kräfte in dieser Stadt, für die politische Veränderung der hier gezeigten gefährlichen Entwicklung in München zu sorgen."*

Die DKP sah sich in einem ständigen politischen Kampf in alle Richtungen verwickelt. Besonders im linken Spektrum sah man sich behindert von Maoisten, Trotzkisten, Anarchisten, Roten Zellen sowie dem konkurrierenden Arbeiterbund für den Wiederaufbau der KPD.

Dieses Treiben und Leiden nahm seit 1972 von der Reisingerstraße 5 aus seinen Lauf. Hier befand sich die südbayerische Parteizentrale im „Hans-Beimler-Zentrum", benannt nach einem prominenten Münchner KPD-Funktionär (1895-1936), Kämpfer gegen und Opfer des Faschismus.

Thalkirchner Straße 54

„Das Arbeitsamt wird nicht arbeitslos", titelte der „Münchner Merkur" treffend in seiner Ausgabe vom 1. Oktober 1959. Im Januar 1950 waren im Arbeitsamt an der Thalkirchner Straße 54 rund 30.000 Männer und Frauen arbeitslos gemeldet. Rein statistisch wurde davon ausgegangen, dass von jeder arbeitslosen Person zwei weitere Personen wirtschaftlich abhängig waren. Dies bedeutete, dass sich etwa 90.000 Menschen in München mit seinen 830.000 Einwohnern noch stärker einschränken mussten als sowieso schon. Am härtesten von der Arbeitslosigkeit betroffen waren die 83.000 Heimatvertriebenen, bei denen 42 Prozent der Arbeitsfähigen ohne Beschäftigung leben mussten.
Staaten aus der ganzen Welt suchten in Westdeutschland gezielt nach Arbeitskräften. So konnte man sich 1950 jeden Samstag im Arbeitsamt bei einer französischen Werbekommission um die dort angebotenen Einjahresverträge in der Haus- und Landwirtschaft wie auch in Industrie und Bergbau bemühen. Auch die französischen und spanischen Fremdenlegionen suchten nach geeigneten jungen Männern. Indien benötigte Chemiker, Physiker und Ingenieure für seine Rüstungsindustrie, Südafrika Bergleute und so weiter. Einige Hundert Menschen aus München gingen auf diese Angebote ein. (> Domagkstraße 33)
Die Ursachen der hohen Arbeitslosigkeit lagen im allgemeinen Kapitalmangel, der die dringend notwendigen Wiederaufbaumaßnahmen nur langsam wieder in Gang brachte. In der Thalkirchner Straße wurde dieses Elend verwaltet, wie die „Süddeutsche Zeitung" am 14. Januar 1950 skizzierte: *„… gleicht das Bild mehr und mehr dem jener traurigen Tage in den dreißiger Jahren. Hunderte von Fahrrädern lehnen an den Wänden. Vor den drei Eingängen stehen Gruppen diskutierender Leute. In den Gängen mit den hundert Türen gibt es kaum eine, vor der nicht Arbeitslose warteten."* Und Siegfried Sommer (1914-1996) schrieb 1952 auf seine Weise: *„Es ist kein guter Boulevard, die Thalkirchner Straße, eher eine Via Mala, eine Straße des Übels. Die reichen Leute gehen dort nicht auf und ab, nur die Arbeitslosen tragen ihre kräftigen Arme sinnlos hin und her."*
Im Jahr 1953 betrug die Arbeitslosenquote in München 9,5 Prozent: Seitdem ging sie stetig zurück, 1961 lag sie bei nur 0,9 Prozent; das deutsche Wirtschaftswunder stand an seinem Höhepunkt. Hinzu kamen die Berufsberatung, die Eingliederung Behinderter und insbesondere die Anwerbung ausländischer Arbeitnehmer, um nur einige Tätigkeiten zu nennen (> Bahnhofplatz).
Seit 1964 machte sich eine erste wirtschaftliche Abkühlung auch auf dem Arbeitsmarkt und in politischer Hinsicht im Erstarken rechtsradikaler Kräfte bemerkbar (> Holzstraße 49). Die Arbeitslosigkeit stieg wieder an, wobei es nun verstärkt Ausländer, Ungelernte, Jugendliche und Frauen traf. Am 26. Januar 1974 etwa meldete die „Süddeutsche Zeitung": *„Bei der Arbeitssuche nicht mehr wählerisch."* Im Jahr 1975 wurde mit 25.000 Arbeitslosen bei 1.300.000 Einwohnern ein neuer Höchstwert erreicht.

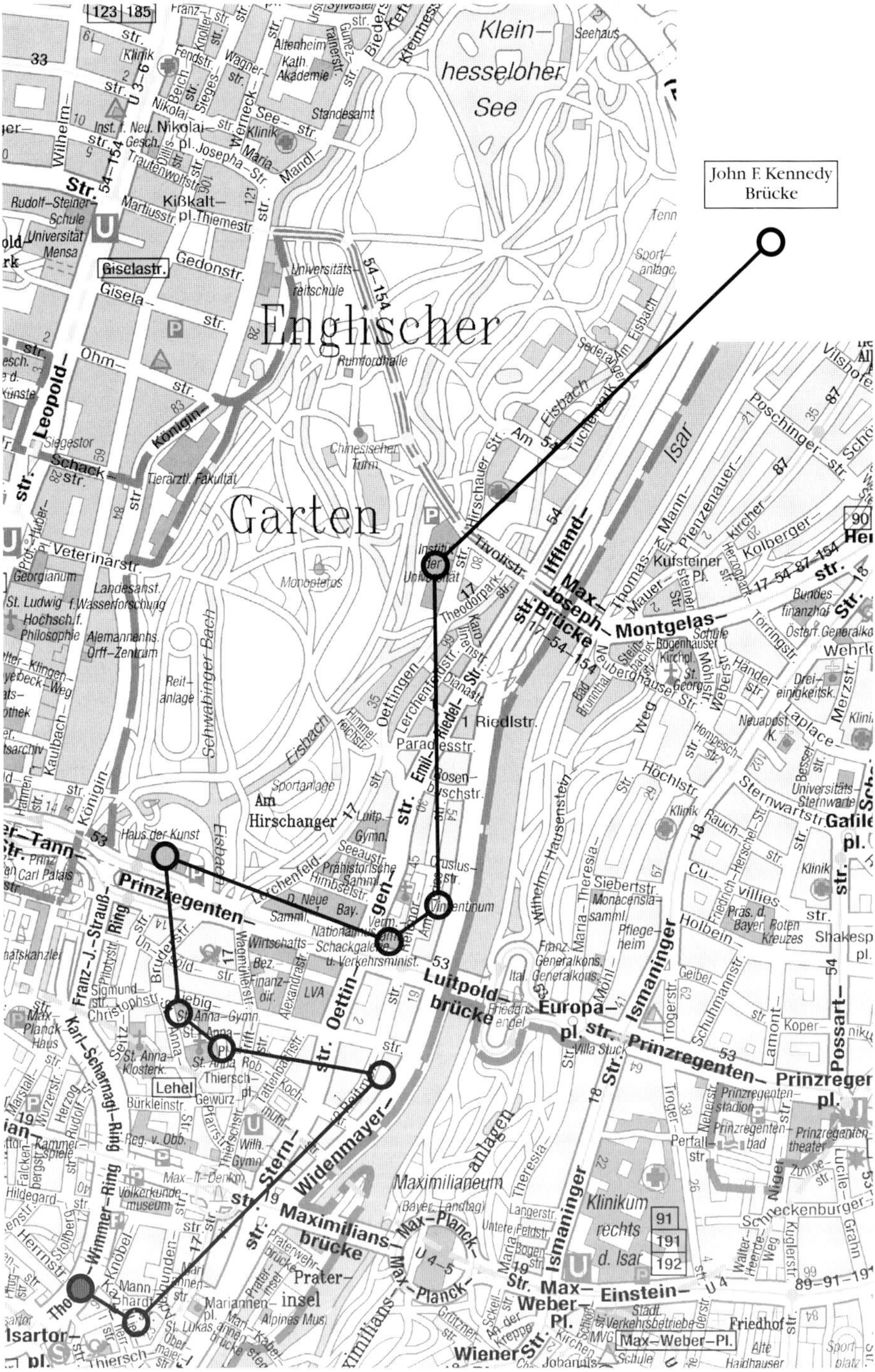

John F. Kennedy Brücke
Klein-hesseloher See
Englischer Garten
Isar
Haus der Kunst
Prinzregenten-str.
Luitpold-brücke
Maximilians-brücke
Max-Joseph-Brücke
Montgelas-str.
Maximilianeum
Prater-insel
Lehel
Gieselastr.
Max-Weber-Pl.
Chinesischer Turm
Monopteros
Am Hirschanger
Europa-pl.
Klinikum rechts d. Isar
Widenmayer-str.
Isartor-pl.

Lehel

Das Lehel als Innenstadtrandgebiet ist seit den sechziger Jahren einem starken Umwandlungsdruck ausgesetzt. Der alte Wohnungsbestand und damit die Bevölkerung wurden in den letzten Jahrzehnten immer massiver mit gewinnträchtigen Nutzungsänderungen konfrontiert. Luxusambitionen und gewerbliche Nutzung ließen den Charakter des Lehels als Wohnviertel nicht unberührt. Ein übriges tat die Erschließung des Stadtteils für den Invididualverkehr. Diese Entwicklungen riefen Bürgerinitiativen gegen die Zerstörung des traditionellen Lehels ins Leben. Doch auch in politischer Hinsicht spielte sich im Lehel einiges ab.

Thomas-Wimmer-Ring

In seinem 1946 erschienenen Buch „Das neue München. Vorschläge zum Wiederaufbau" entwickelte Stadtbaurat Karl Meitinger (1882-1970) Pläne zur Verkehrsentlastung der Innenstadt: *„Von überragender Bedeutung ist die Schaffung eines Park- und Verkehrsrings um die Altstadt. Es ist dies wahrscheinlich die wichtigste städtebauliche Angelegenheit überhaupt. Infolge der Zerstörungen durch die Luftangriffe haben wir eine einmalige Gelegenheit, das vor 120 Jahren bei Niederlegung der Wälle und Bastionen Versäumte nachzuholen. Es sei dabei an Wien mit seinem Ring erinnert. Unser Ring soll als eine etwa 50-70 m breite Straße entstehen, er soll vor allem einmal den übermächtigen Großlastverkehr quer durch die Stadt abfangen und insbesondere die Altstadt von parkenden Autos befreien, von denen er Tausende aufnehmen kann."*

Seit dieser Zeit beschäftigte sich die Stadtverwaltung mit den Planungen. Im Bereich des Lehels sollte die Stadtautobahn vom Isartorplatz in kühnem Schwung die Bebauung der Maximilianstraße durchbrechen und zum Haus der Kunst in der Prinzregentenstraße führen. Dabei führte die Trasse durch ein kleinräumiges Netz von Straßen, deren Häuser allerdings zum großen Teil zerstört waren. Meitinger zur neuen Bebauung: *„An diesem Park- und Verkehrsring werden dann auch zweckmäßig die großen Geschäfts-, Kontor-, Büro- und Kaufhäuser kommen müssen, auch in Form von acht- oder neunstöckigen modernen Hochhäusern, weil nur hier die nötigen Verkehrsmöglichkeiten für Massenfrequenz, genügende Anfahrten und Parkgelegenheiten vorhanden sind."*

Es dauerte bis zum Juli 1966, dass der Stadtrat den Bebauungsplan genehmigte und damit eine für dieses Stadtgebiet einschneidende Entwicklung festlegte.

Sofort erhob sich Protest gegen den Beschluss. So ließ etwa der Haus- und Grundbesitzerverein am 17. August 1966 verlauten, dass dieser Entwurf *„die Verbindung zwischen dem Hofgarten und dem Englischen Garten, den östlichen Teil der Prinzregentenstraße mit dem Haus der Kunst und einem Teil des Finanzgartens rücksichtslos einer für diesen Bereich überdimensionalen, technisch verfehlten, städtebaulich brutalen, finanziell sowie wirtschaftlich nicht vertretbaren und im Ergebnis weitgehend sinnlosen Verkehrsplanung opfert."*

Die für die Schnellstraße notwendige Schneise zog sich durch das vom Krieg noch ramponierte Wohnviertel und machte den Abriss zahlreicher Häuser notwendig. Die „Süddeutsche Zeitung" berichtete am 2. Dezember 1967: *„Die Altstadtringtrasse zwischen Isartorplatz und Maximilianstraße, etwa im Zuge der früheren Kanalstraße, Herrn- und Knöbelstraße, ist linkerhand auf der ganzen Länge gesäumt von fensterlosen Hausrückwänden, Bombenkriegsfragmenten und verbauten ehemaligen Rückgebäuden."*

Zur selben Zeit meinte das Baureferat: *„Die Lage an dem verkehrsreichen Ring ist vom geschäftlichen Standpunkt aus so attraktiv, dass sich die Umwandlung vom sanierungsbedürftigen Altstadtwohnviertel in modernes Citygebiet mit eleganten Läden und Büros innerhalb weniger Jahre vollzogen haben wird."* Man konstatierte im ganzen Bereich des Altstadtringes *„eine erhöhte Aktivität auf dem Grundstücksmarkt"*. Außerdem hörte man aus dem Baureferat: *„Warum sollen wir die Hausbesitzer drängen, ihre alten Häuser herzurichten,*

Sankt-Anna-Kunstmühle an der Pilotystraße, im Hintergrund die Kuppel des zerstörten Armeemuseums (heute Staatskanzlei), 13. März 1965 (StAM)

wenn wir in Wirklichkeit wollen, dass sie abgerissen werden?" Die Behörde wollte *„eine städtebaulich neue Dominante zur Aufwertung dieses Glasscherbenviertels"* schaffen.
Dass diese offizielle Politik die Vernichtung des Lehels als Wohnviertel und die Vertreibung seiner Bewohner bedeutete, war klar. Die drohende Umwandlung von Wohnraum in Büro- und Gewerbeflächen würde den charakteristischen Münchner Stadtteil auf Kosten der Bevölkerung zerstören. Die Versprechungen, das Lehel als Wohnviertel zu erhalten, wurden dahin gehend erkannt, dass billiger, sanierungsbedürftiger Wohnraum abgerissen und durch teure Luxuswohnungen ersetzt werden würde. Das Lehel schien zum Musterfall für ähnliche innenstadtnahe Stadtgebiete zu werden.
Im Januar 1971 gründete sich die Aktionsgemeinschaft zur Erhaltung des Lehels als Wohngebiet. Sie setzte sich für eine sozialverträgliche Sanierung und Renovierung des bestehenden Wohnraums ein und lehnte die Umsiedlung der angestammten Bevölkerung nach Neuperlach oder ins Hasenbergl ab. Andere Großstädte gaben abschreckende Beispiele dafür, was sich auch in München anbahnte: Die übermäßige Zunahme von Büroflächen führte zur Verödung der Innenstädte.
Die Aktionsgemeinschaft organisierte den Protest gegen die Bedrohung des Lehels durch Banken, Versicherungen und Spekulanten und forderte eine Veränderungssperre. Im Dezember 1972 erließ die bayerische Staatsregierung die Verordnung über das Verbot der Zweckentfremdung von Wohnraum, nach der nur noch mit Genehmigung der Behörden Wohnungen in Geschäftsräume verwandelt werden durften. Das Lehel selbst wurde als so genanntes tendenzielles Wohngebiet ausgewiesen.
Dass dies nur Augenwischerei war, zeigte sich auf einer Bürgerversammlung am 6. November 1973. Auf ihr ging es hauptsächlich um die sich weiter ausbreitende Zweckentfremdung von Wohnraum, wobei sich staatliche Stellen besonders hervortaten: Die Regierung von Oberbayern und die Bayerische Versicherungskammer – um nur zwei zu nennen. Außerdem kamen der spekulative Abriss alter Wohnhäuser zur Sprache sowie die Tatsache, dass ungenehmigte Zweckentfremdungen nicht geahndet wurden. Ein weiteres Thema war die Belastung des Lehels durch den Autoverkehr, der ja infolge der Verkehrspolitik in das Viertel geradezu hineingezogen wurde.
Inwiefern die offiziellen Beteuerungen ernst zu nehmen und die Skepsis vieler Betroffener im Lehel berechtigt waren, veranschaulichte ein Bericht der „Süddeutschen Zeitung" vom 26. Oktober 1978: *„Allmählich entvölkert sich das Lehel. Ständig werden neue Verwaltungszentren und Versicherungen aus dem Boden gestampft, werden alte Wohnungen nach einer Verjüngungskur als Luxusappartemens für teures Geld an Zugereiste verkauft. Dazu kommt ein lärmender, stinkender Durchgangsverkehr. All das zehrt an den Nerven der Eingesessenen. Sie suchen das Weite."*

Mannhardtstraße 6

„Das Institut zur Erforschung der UdSSR wurde am 8. Juli 1950 in München gegründet. Es ist eine Körperschaft freischaffender Gelehrter, die die Sowjetunion verlassen haben und sich nunmehr mit dem Studium der UdSSR befassen. Seine Aufgabe ist es, durch einen Personenkreis, der das sowjetische System aus eigener Erfahrung gründlich kennt, der freien Welt zuverlässige Informationen über die Verhältnisse in der Sowjetunion zu liefern.“

Die sich so selbst definierende Einrichtung mietete 1957 das gesamte Gebäude an der Mannhardtstraße 6, um seine umfangreichen Archive dort unterzubringen. Alle Ausgaben der „Prawda“ seit 1917 sowie rund 700 Zeitungen und Zeitschriften aus der Sowjetunion standen laufend zur Verfügung, aus denen Analysen über die verschiedensten Bereiche der UdSSR erarbeitet wurden. Die Bibliothek umfasste etliche Zehntausend Bände, sämtliche sowjetische Gesetzestexte konnten eingesehen werden.

Das Institut veröffentlichte Publikationen hauptsächlich in Englisch, aber auch in den Sprachen der verschiedenen Völker auf sowjetischem Territorium, die an Tausende von Adressen in der gesamten als frei bezeichneten Welt gesendet wurden. Die Analysen waren derart fundiert und wegweisend, dass sich sogar die sowjetische Regierung in den Verteiler aufnehmen lassen wollte. Nachdem ihr dies verwehrt worden war, musste sie sich die Texte auf anderem Weg besorgen. Alle Finanzmittel, die nicht über den Verkauf der eigenen Veröffentlichungen erwirtschaftet wurden, stammten aus Stiftungen und Spenden aus Kreisen der amerikanischen Forschung und Wissenschaft, wie der Institutsleiter Heinrich Schultz 1959 angab. (> Oettingenstraße 67)

Widenmayerstraße 11

Zwanzig Jahre dauerte es, bis Israel nach der Schließung seines Konsulates in München 1953 (> Maria-Theresia-Straße 11) im Jahr 1973 dieses Konsulat wieder eröffnete, jetzt in der Widenmayerstraße 11. Einige Ereignisse aus verschiedenen Bereichen seien herausgegriffen, um die engen, aber deswegen nicht unproblematischen Beziehungen zwischen Israel und Bayern, speziell München, zu umreißen. Diese Beziehungen wurden seit 1953 von der israelischen Botschaft in Köln aus betreut.

Erst 1960 kamen Bestrebungen von Münchner Seite auf, Kontakte nach Israel zu knüpfen. Bis dahin hatte unter der Last der jüngsten Vergangenheit Stille geherrscht. Im April 1960 beschloss der Stadtrat einstimmig, ein Kulturaustauschprogramm mit der damals noch geteilten Sadt Jerusalem durchzuführen. Kulturreferent Herbert Hohenemser überreichte im Mai 1960 dem Jerusalemer Oberbürgermeister einen Brief seines Münchner Kollegen Hans-Jochen Vogel

mit dem entsprechenden Vorschlag. Nach einer landesweiten kontroversen Debatte in Israel lehnte der Jerusalemer Stadtrat das Angebot am 25. September 1960 ab mit der Begründung: *„Angesichts der Naziverbrechen ist es immer noch unmöglich, kulturelle Beziehungen mit deutschen Städten zu pflegen – ganz besonders nicht mit München, der Wiege der Nazibewegung."* In einer Pressemitteilung antwortete die Landeshauptstadt München: *„... ist der Beschluss des Jerusalemer Stadtrates nur schwer verständlich. Er macht indes in schmerzlicher Weise deutlich, wie sehr die Vergangenheit das Verhältnis zwischen deutschen und jüdischen Menschen noch immer belastet. Es wird deshalb weiterhin geduldiger Anstrengungen bedürfen, um die noch immer bestehende Kluft zu überbrücken und eines Tages zu schließen."*
Auf inoffizieller Ebene hatten zur selben Zeit – im Juli und August 1960 – Münchner Jugendliche bereits eine Israelreise unternommen; ihre Gastgeber besuchten im November 1964 München. Erst im August 1967 kam es zum ersten offiziellen Treffen zwischen deutschen und israelischen Schülern in München.
Auf geschäftlicher Ebene gelang der Firma BMW (> Lerchenauer Straße 76) im Januar 1962 ein Durchbruch, der sich vor dem Hintergrund des arabisch-israelischen Konfliktes entwickelte. Der französische Automobilhersteller Renault stellte 1960 seine Produktion in Israel ein, weil die arabischen Staaten mit einem Boykott der Firma drohten, falls sie sich noch länger in Israel engagiere. In diese für Israel spürbare Lücke gelang es BMW, einen Fuß in den bis dahin für deut-

Die erste offizielle Schülerdelegation aus Israel auf dem Marienplatz, 1967, im Hintergrund das Alte Rathaus, in dem Joseph Goebbels am 9. November 1938 das Signal zur Reichspogromnacht gab (StAM)

ben Stellenwert zu besitzen schienen. Die neue Bauweise der Volksschule sollte auch den gesellschaftlichen Aufbruch aus einer finsteren Vergangenheit in eine hellere Zukunft symbolisieren. Die Kinder und Jugendlichen sollten in freundlichen Schulhäusern in demokratisch-offenem Geist erzogen werden (> Salvatorplatz 2).

Die soziale Wirklichkeit vieler junger Menschen sah leider anders aus. Kriegs- und Nachkriegszeit mit ihren Verbrechen und Zerstörungen, ihrer Not und allgemeinen Unordnung hatten die Eltern geprägt, die wiederum ihre Erfahrungen auf unterschiedlichste Art und Weise an ihre Kinder weitergaben.

Elisabeth Bamberger (1890–1984), die von 1945 bis 1955 das städtische Jugendamt leitete, beschrieb die Zeit ab 1950: *„Nachdem sich die Verhältnisse stabilisiert hatten, traten neue Probleme auf: Die Lebensangst der Erwachsenen, die allgemeine Unsicherheit, die Gier nach Vergnügungen und Abwechslung übertrugen sich auch auf die Kinder. In den zu engen Wohnungen waren sie sittlich gefährdet. Die Eltern zeigten sich immer weniger im Stande, ihrer Erziehungsaufgabe gerecht zu werden."*

Ebenso engagiert für das Wohl der jungen Generation war Bambergers Nachfolger Kurt Seelmann (1900–1987), der dem Jugendamt von 1955 bis 1965 vorstand. Vor dem Landtag legte er etwa am 2. April 1957 seine Ansichten zur Lage der Jugend dar. Er beklagte sich, dass für das gesunde Kind zu wenig getan werde. Erst wenn sich körperliche oder seelische Krankheitserscheinungen zeigten, beginne man über ihre Ursachen nachzudenken. Sehr viel Geld müsse prophylaktisch ausgegeben werden, bevor es zu spät sei: Für Schulen, Freizeitheime, Spielplätze, Büchereien usw.

Seelmann nannte auch die Ursachen für kindliche und jugendliche Fehlentwicklungen, von denen eine die sprunghafte Zunahme der Jugendkriminalität sei: Die Überlastung durch die Schule trage Mitschuld. Das Hauptübel sei aber die Einengung des individuellen Lebensraums durch das Industriezeitalter, das den Vater und häufig auch die Mutter in eine inhaltsleere, aber zermürbende Beschäftigung spanne. Dadurch würde das Familienleben ausgehöhlt, und die Jugendlichen, denen die Nestwärme fehle, würden auf die Straße getrieben. Die Erwachsenen gäben hier ein schlechtes Vorbild: Von Moral, Religion und Gewissen sei weit und breit nichts bei ihnen zu finden.

Die damals Heranwachsenden lebten in einer Umwelt, die weitgehend vom Krieg geprägt war. Dieser nahm im jugendlichen Denken einen breiten Raum ein, wie eine Untersuchung bei Münchner Volksschulkindern aus dem Jahr 1959 zeigte. Die erst nach dem Krieg Geborenen besaßen genaue Vorstellungen von den Kämpfen, von den Bombenangriffen und vom allgemeinen Elend. Ein Junge gab zur Protokoll: *„Noch heute erinnern uns Ruinen und Kriegsverletzte an die Grausamkeit des vergangenen Krieges."* Ein anderer wusste sogar von seinem Vater, der als Soldat in Rußland eingesetzt war: *„Und wenn die Russen* *genauso grausam wären wie die Deutschen, dann hätten wir noch viel zu leiden."* Ein Mädchen schrieb: *„Meine Mutti redet mit mir nicht über den Krieg. Wenn ich anfange, dann muss sie immer weinen. Manchmal erzählt mein Papa was, aber nur ganz selten, denn auch er war in dieser schrecklichen Zeit einberufen."*

Jugendlichen, die ungerichtet, aus einem undefinierten Unwohlsein heraus, gegen ihre erwachsene Umwelt rebellierten, kamen in die Schublade der so genannten Halbstarken. Kurt Seelmann beschäftigte sich in einer Studie aus dem Jahr 1957 mit ihnen: *„Der werdende Mensch ist ein Wesen, der all das reflektiert, was auf ihn einwirkt. Strafmaßnahmen, Durchgreifen mit Strenge und Entschiedenheit kann bei diesen Jugendlichen deshalb nur wenig helfen."*

Die „Halbstarken" standen in „Blasen" auf den Straßen herum, redeten Passanten schwach an, freuten sich über jede erwachsene Empörung darüber, da sie diese zum Anlass für noch provokanteres Verhalten nahmen. Ihre Kleidung – Schals, Fliegerjacken und Bluejeans beim männlichen Teil, enge Pullover und ebenso geschnittene Röhrenhosen beziehungsweise Petticoats bei den Mädchen – wirkte ebenfalls ärgerlich wie der aufgesetzt rüde Umgangston und die demonstrative Respektlosigkeit. Auch ihre Vorliebe für Jazzmusik machte die „Halbstarken" bei vielen Erwachsenen nicht beliebter. Zum Zeitvertreib wählte man häufig lautstarke Fahrrad- und Mopedrennen.

Der Missmut zwischen den Generationen fand auch Nahrung in erfundenen

Elisabeth Bamberger, 10. Juli 1957 (StAM)

Sensationsberichten, mit denen Zeitungen ihre Auflage steigern wollten. So sollte 1956 eine „Totenkopfbande" in München Angst und Schrecken verbreitet haben. Höhepunkt ihres Terrors sollte eine mutwillig entfesselte Schlacht in einer Gaststätte gewesen sein, bei der 400 Menschen die Flucht ergriffen und zehn verletzt worden sein sollen. In Wirklichkeit handelte es sich um ein Gerangel zwischen einigen Betrunkenen.
Kurt Seelmann betonte: *„Die heutige Jugend ist nicht daran schuld, dass sie so geworden ist."* Das änderte aber nichts daran, dass ihre Elterngeneration über sie und ihre angebliche Verderbtheit schimpfte. Das dumpfe Unbehagen vieler Jugendlicher über ihre Eltern und die materialistische Wirtschaftswundermentalität suchte sich denn auch bald ein Ventil wie bei den Schwabinger Krawallen des Jahres 1962 (> Leopold-/Martiusstraße).

Prinzregentenstraße 1

Als der „Größte Führer aller Zeiten", Adolf Hitler, 1937 das „Haus der Deutschen Kunst" mit der „Großen Deutschen Kunstausstellung" eröffnete, konnten er und die deutsche Industrie, die das Gebäude finanziert hatte, nicht ahnen, dass schon acht Jahre später die US-Armee den unzerstörten Neubau nutzen würde. Im Mittelteil und im Restaurant richtete sich für die nächsten zehn Jahre ein amerikanischer Offiziersklub ein.
Im Westflügel des nunmehrigen „Haus der Kunst" waren Gemälde aus der zerstörten Alten Pinakothek ausgestellt, während im Ostflügel wechselnde Kunstausstellungen stattfanden. Die erste des Jahres 1950 zeigte Werke von Oskar Kokoschka (1886–1980), den man 1937 zum „entarteten" Künstler erklärt hatte. Ein Teil seiner Bilder wurde zugunsten des Deutschen Reiches in der Schweiz versteigert und damit in alle Winde zerstreut, ein anderer Teil verscholl während der Kriegswirren, einige konnten in Deutschland hinübergerettet werden. Kokoschka schrieb zur Ausstellung: *„Damals hatte man meiner Malerei den Ehrenplatz in der Ausstellung der Entarteten Kunst in München angewiesen. Gegen meine Person war ein Steckbrief erlassen. Ich sollte ohne Verhör hingerichtet werden, wenn man meiner Person habhaft geworden wäre."*
Warum dieser angstvolle Hass auf die moderne Kunst? *„Der Grund liegt einzig darin, dass Kunst in allen großen Zeiten einem inneren Triebe der Naturverehrung entspringt, der im Einklang mit der Würde steht, die der Mensch in sich selbst besitzt. Dieser Grund machte verdächtig, weil sie sich nicht für die Propaganda totalitärer Ideologien missbrauchen lässt."* Ziel und Zweck der Ausstellung legte Kokoschka wie folgt dar: *„In dieser langen Zeitspanne düsteren politischen Geschehens ist besonders in Deutschland eine Generation herangewachsen, die wenig von der Entwicklung weiß, welche die zeitgenössige*

Kunst in ihrem eigenen Land genommen hatte, bevor ihr das brutale Ende bereitet wurde.“

Nach dem Auszug des US-Klubs begann im Oktober 1955 eine Ausstellung, die die Gemüter bewegte: 256 Werke Pablo Picassos (1881-1973) waren im Haus der Kunst zu sehen. Die Meinungen des Publikums klafften weit auseinander angesichts der aufgelösten Formen und provozierenden Motive. Ein Bericht in der „Süddeutschen Zeitung“ vom 26. Oktober 1955 spiegelte die Verwirrung und auch Ablehnung wider: *„Reich vertreten sind jene meist während des Krieges entstandenen Werke, auf denen Frauen mit bizarr verzerrten Gesichtern erscheinen, als wären sie durch eine Maschine gedreht. Was will Picasso mit solchen monströsen und grotesken Gebilden sagen? Sollen sie daran ermahnen, dass das Schaudern der Menschheit bestes Teil ist? Wollen diese Missgestalten, diese farbigen Blumen des Bösen die Entmenschlichung des Gesichtes anprangern und durch Provokation moralische Wirkung üben?“*

Im letzten Saal, als Höhepunkt der Verwirrung und Verunsicherung, war Picassos 1937 entstandenes Monumentalwerk „Guernica“ ausgestellt, ein Dokument des Schreckens und Entsetzens über den modernen Krieg. Im Jahr 1937 hatte die deutsche Luftwaffe die baskische Stadt fast vollständig zerstört – Auftakt für den Bombenkrieg, der bald auch Deutschland treffen sollte. Das Münchner Publikum kannte die Bombenangriffe aus eigener Erfahrung und fühlte sich persönlich von dem dargestellten Grauen angesprochen.

Der Zeitungsbericht nahm diese Stimmung auf, allerdings auch das Selbstmitleid, dass es einen selber getroffen hatte. Ohne die Täter zu nennen, hieß es verallgemeinernd: *„Guernica, eine kleine Stadt des Baskenlandes, war 1937 während des Bürgerkrieges von Bombern fast zerstört worden. 'Guernica' hat an unheimlicher Wirkung nur noch zugenommen. Hier wurde vorausgeahnt und vorausgeformt, was später eine gemarterte Menschheit in Bombennächten vor Entsetzen verstummen ließ. Eine echte apokalyptische Vision des Krieges, die die eigene Zeit dem Maler abgerungen hat.“*

Im Oktober 1962 schließlich wurde ein Querschnitt der ehemals als „entartet“ beschimpften Werke im Haus der Kunst gezeigt. Auch sie fanden keine ungeteilte Zustimmung, sondern lösten häufig die alten Verunglimpfungen aus. Die „Süddeutsche Zeitung“ wusste anlässlich der Eröffnung am 25. Oktober 1962 zu schreiben: *„Es besteht kein Zweifel, dass auch heute noch und heute wieder die ewig Gestrigen vor manchem Bild der heutigen Münchner Ausstellung bordeauxrote Köpfe der Empörung bekommen werden.“*

Einige der als „entartet“ in der Schweiz versteigerten Kunstwerke konnten nicht gezeigt werden, da ihre privaten und öffentlichen Besitzer wie etwa die Stadt Basel fürchteten, die ehemaligen Besitzer oder ihre Erben würden per einstweiliger Verfügung die Rückgabe nach der Ausstellung verhindern. München musste sich daher mit Schwarz-Weiß-Photographien bescheiden.

Prinzregentenstraße 7

Seit im Bayern der Nachkriegszeit ein Landtag gewählt wird - erstmals am 1. Dezember 1946 - amtierte der Ministerpräsident bis 1993 in der Staatskanzlei an der Prinzregentenstraße 7.

Bis zum 18. Dezember 1950 leitete Ministerpräsident Hans Ehard (1887-1980) (CSU) ein Kabinett, das nur aus CSU-Mitgliedern bestand. Bei den Landtagswahlen am 26. November 1950 musste die CSU eine vernichtende Niederlage hinnehmen: Nur 27,4 Prozent der Stimmen entfielen auf sie, während ihre Konkurrenz von der Bayernpartei (BP) 17,9 Prozent erhielt und die SPD mit 28 Prozent der Stimmen zur stärksten Partei wurde. Die Folge war eine Koalitionsregierung aus CSU, SPD und dem rechtsradikalen Gesamtdeutschen Block/Bund der Heimatvertriebenen und Entrechteten (GB/BHE). Den GB/BHE glaubte man aufnehmen zu müssen, um die BP von der Regierung fern zu halten und sich gleichzeitig eine Mehrheit im Landtag zu sichern. Ministerpräsident blieb Hans Ehard, sein Stellvertreter wurde Wilhelm Hoegner (1887-1980) (SPD).

Hans Ehard, um 1960 (StAM)

Die Wahl vom 28. November 1954 brachte der CSU beträchtliche Gewinne (38,4 Prozent), die SPD konnte sich halten (28,1), während die BP Verluste hinnehmen musste (13,2). Für die CSU völlig unerwartet stellte sich am 9. Dezember 1954 eine Viererkoalition aus SPD, BP, GB/BHE und FDP der Öffentlichkeit vor. Die CSU, als stärkste Partei aus der Wahl hervorgegangen, sah sich in die Minderheit gedrängt. Wilhelm Hoegner wurde Ministerpräsident, Josef Baumgartner (1904-1964), bis 1948 Mitglied der CSU und nun der BP zugehörig, sein Stellvertreter.

Wilhelm Hoegner, 1971 (StAM)

Aus dieser Koalition trat am 8. Oktober 1957 die BP aus und beendigte sie damit. Am 16. Oktober 1957 bildete eine neue Koalition aus CSU, GB/BHE und FDP die Regierung unter Ministerpräsident Hanns Seidel (1901-1961) (CSU) und seinem Stellvertreter Walter Stain (GB/BHE). Die SPD und BP konnten seitdem nie mehr ein Regierungsamt ausüben.
Die Wahl am 23. November 1958 brachte der CSU erneute Stimmengewinne und den Sprung an die absolute Mehrheit (45,6 Prozent), die SPD konnte sich auf 30,8 Prozent verbessern, BP, GB/BHE und FDP blieben unter der Zehnprozentmarke. Die Dreierkoalition blieb bestehen, Ministerpräsident blieb Hanns Seidel. Die neuen Mehrheitsverhältnisse fanden aber ihren Ausdruck darin, dass auch der stellvertretende Ministerpräsident nun der CSU angehörte: Rudolf Eberhard (1914-1998). Nach dem Rücktritt Seidels aus gesundheitlichen Gründen übernahm am 26. Januar 1960 nochmals Hans Ehard das Amt des Ministerpräsidenten, ansonsten änderte sich an der personellen Besetzung nichts.
Die Wahl vom 25. November 1962 stellte endgültig die Weichen für die späteren Regierungsverhältnisse in Bayern. Im Oktober 1962 hatte der Bundesverteidigungsminister Franz Josef Strauß (1915-1988) (CSU) die widerrechtliche Polizeiaktion gegen das Nachrichtenmagazin Der Spiegel veranlasst. Es wurde nun erwartet, dass sich dies negativ auf das Wahlergebnis der CSU in Bayern auswirken würde. Das Gegenteil war der Fall: Die CSU erlangte 47,5 Prozent der Stimmen und dadurch die absolute Mehrheit der Landtagsmandate. Da sich auch die SPD auf 35,3 Prozent verbessern konnte, zeigte sich die Entwicklung hin zum Zwei-Parteien-Landtag, in dem noch GB/BHE, BP und FDP mit einigen Abgeordneten vertreten waren. Das Kabinett unter Alfons Goppel (1905-1991) setzte sich seit dem 11. Dezember 1962 nur noch aus CSU-Mitgliedern zusammen.

Alfons Goppel, um 1980 (StAM)

Goppel amtierte als Ministerpräsident bis zum 6. November 1978, als er von Franz Josef Strauß ersetzt wurde. Während dieser Zeit konnte die CSU ihren Stimmenanteil beständig steigern: am 20. November 1966 48,1 Prozent, am 22. November 1970 56,4 Prozent, am 27. Oktober 1974 sogar 62,1 Prozent. Am 15. Oktober 1978 brachte es die Partei mit ihrem Kandidaten Strauß immerhin auf 59,1 Prozent (> Max-Planck-Straße 1).

Prinzregentenstraße 9

Neun Jahre nach Kriegsende fand 1954 in der Schweiz die Fußballweltmeisterschaft statt. Im Endspiel am 4. Juli 1954 traf die anfangs als Außenseiterin gehandelte bundesdeutsche Mannschaft auf die seit viereinhalb Jahren ungeschlagene Elf aus Ungarn. Hatte Deutschland an der Weltmeisterschaft 1950 aus politischen Gründen nicht teilnehmen können, so gewann man nun das Endspiel mit 3:2. Während des dramatisch verlaufenden Spieles war das Leben in der BRD zum Erliegen gekommen und stand völlig im Bann der Rundfunkübertragung aus dem Stadion von Bern. Der Schlusspfiff entlud eine Welle der Begeisterung, in der man „Fußball" rief und „Deutschland" meinte. Der Triumphzug der Weltmeisterschaftself begann in Bern und endete in der Münchner Schackgalerie an der Prinzregentenstraße 9.
Nach der Übergabe der Trophäe erklang im Berner Stadion die bundesdeutsche Nationalhymne. Die 20.000 deutschen Schlachtenbummler begleiteten die Musik mit der ersten Strophe des Deutschlandliedes: *„Deutschland, Deutschland über alles, / über alles in der Welt."* Dieses vom Rundfunk übertragene Spektakel ließ viele Menschen in der BRD in den Gesang, dessen man sich noch gut aus der Zeit vor 1945 erinnerte, einstimmen.
Bundeskanzler Konrad Adenauer sandte ein Glückwunschtelegramm nach Bern: *„An Ihrem großartigen Sieg nimmt das ganze deutsche Volk mit größter Freude Anteil. Ich spreche der deutschen Fußballnationalmannschaft meine herzlichsten Glückwünsche aus und übersende Ihnen allen meine besten Grüße."*
Das Ereignis wurde in den Zeitungen als erste Meldung auf der ersten Seite gebracht. Der Sport hatte politische Dimensionen angenommen, umso mehr, als er das durch das „Dritte Reich" völlig kompromittierte Deutschland wieder als Nation ziviler Spitzenleistungen zeigte. Gleichzeitig spiegelte die Leistung der Fußballer das beginnende Wirtschaftswunder und den wachsenden Einfluss der BRD in Europa wider. So titelte etwa der „Münchner Merkur": *„Deutschlands Fußballtriumph. Hohe Wogen der Begeisterung."* Die „Süddeutsche Zeitung" schrieb: *„Die deutsche Elf vollbringt in Bern das Fußball-Wunder".*
Der Fußballtriumph trug in innenpolitischer Hinsicht zu einer höheren Akzeptanz der bei vielen Deutschen noch immer ungeliebten Bundesrepublik bei. Ihnen galt dieser Staat als von außen mit Waffengewalt aufgezwungenes System. Dass der sportliche Sieg auch im Ausland politisch gesehen und gewertet wurde, zeigten die Zeitungskommentare, die oft genug in der Sprache des Krieges gehalten waren. Der englische „Daily Express" etwa meinte: *„Diese wenig beachteten Deutschen, jahrelang die Parias im internationalen Fußball, schlugen zurück und gewannen."* Die „Nation Belge" aus Belgien schrieb gar: *„90 Minuten lang hat man vergeblich auf die ungarische Wunderwaffe gewartet. Zum ersten Mal seit vier Jahren hat eine Verteidigung es verstanden, wie man ein Manöver der Ungarn vereiteln kann."* Und „Radio Warschau" ließ verlauten: *„Zur großen*

Überraschung wurde der große Favorit auf den Weltmeistertitel in einem heldenhaften Kampf geschlagen. Die Deutschen spielten nach dem Ausgleich das Spiel ihres Lebens. Ihr Sieg war wohl verdient.“ Der holländische „Telegraaf“ urteilte: *„Die Wundermannschaft der Magyaren ist geschlagen. Es war ein heroisches Fußballduell. Ein Ehrensalut für die deutsche Hintermannschaft!“*
In derselben Ausgabe vom 6. Juli, in der die „Süddeutsche Zeitung“ die neuen Nationalhelden militaristisch als *„Fußball-Kanonen in Zivil“* darstellte, sah sie sich veranlasst, dem nationalistischen Überschwang im Lande einen Dämpfer aufzusetzen. Die Empfehlung lautete: *„Für künftige Länderspiele veröffentlichen wir den Text unserer Nationalhymne: Einigkeit und Recht und Freiheit / Für das deutsche Vaterland! / Darnach lasst uns alle streben / Brüderlich mit Herz und Hand! / Einigkeit und Recht und Freiheit / Sind des Glückes Unterpfand / Blüh' im Glanze dieses Glückes, / Blühe deutsches Vaterland!“*
Die Helden dieser Fußballschlacht von Bern versuchten, in einem Sonderzug über Lindau nach München zu gelangen, wo am 6. Juli 1954 der offizielle Empfang stattfand. Hunderttausende säumten die Strecke, es kam zu Krawallen der Begeisterung, oft wurde der Zug durch Gleisblockaden an der Weiterfahrt gehindert. In Lindau begrüßte eine Musikkapelle die Mannschaft mit dem Lied „Unsere Luftwaffe“, das man allerdings in „Bodenseeflotte“ umgetauft hatte.
Die Stadt München beflaggte ihr Rathaus und den Weg der Mannschaft vom Bahnhof dorthin mit gelb-schwarzen, weiß-blauen und schwarz-weiß-roten Fahnen und forderte die Anwohner jener Strecke auf, es ihr gleichzutun. Schulen, Geschäfte, Behörden und Firmen gaben frei, so dass am Nachmittag rund 400.000 Menschen in der für den Verkehr gesperrten Innenstadt der Retter des Vaterlandes harrten.
Der „Münchner Merkur“ beobachtete: *„Der Jubel der Hunderttausende von Menschen war unbeschreiblich, als die siegreiche deutsche Fußballweltmeister-Mannschaft mit einem Sonderzug in den Hauptbahnhof einrollte.“* In dem immer noch kriegszerstörten Bahnhof spielten sich folgende Szenen ab: *„Die nach Tausenden zählende begeisterte Menge durchbrach die Absperrketten der Bahnpolizei und stürmte vor den Zug, aus dem mit strahlendem Lächeln unsere Weltmeister-Elf und ihr Trainer Sepp Herberger winkten. Auch auf dem Bahnhofplatz konnte die Polizei die Absperrung nicht mehr aufrechterhalten. Es gab im Gedränge Verletzte und Ohnmächtige. Sogar auf Hausdächern, Autos, Baugerüsten und Bäumen standen und hingen winkende und jubelnde Männer, Frauen und Kinder. Sie bliesen auf Trompeten, läuteten mit Glocken und schwenkten Zehntausende von Fähnchen. Vom Balkon des Rathauses aus zeigte sich die Meistermannschaft der tobenden, unübersehbaren Menschenmenge.“*
Im kleinen Sitzungssaal des Rathauses empfing Oberbürgermeister Thomas Wimmer die Gäste der Stadt. In ihrem Namen dankte der Präsident des Deutschen Fußballbundes, Peco Bauwens, für die Münchner Gastfreundschaft. Bauwens hatte 1949 im „Spiegel“ die außerpolitischen Aufgaben des deutschen Sports

dargelegt und dabei gleich mit einer Aufrechnung begonnen: *„Wir haben draußen wieder viel gutzumachen. Die anderen aber auch einiges an uns."* Nun forderte er *„Staat und Kommune auf, die edle Sache des Sports zu fördern"*, weil die Jugend Begeisterung brauche. In diesem Zusammenhang kam Bauwens auch auf das *„Führerprinzip"* zu sprechen.

Ein anderer Ehrengast der Stadt München hieß Karl Ritter von Halt (1891–1964). Als Mitglied des Internationalen Olympischen Komitees zeichnete er für die Organisation der Olympischen Winterspiele 1936 in Garmisch-Partenkirchen verantwortlich. Hier hatte er beispielhaft vorexerziert, wie man ein sportliches Ereignis in den politischen Dienst eines Terrorregimes stellt. Ende April 1945 hatte er auf dem Reichssportfeld im umkämpften Berlin Hunderte von Kindern und Jugendlichen in den sicheren „Heldentod für Führer und Vaterland" gehetzt. Ritter von Halt amtierte von 1951 bis 1960 als Präsident des Nationalen Olympischen Komitees und konnte sich nun 1954 am sportlichen und auch politischen Erfolg der deutschen Fußballer miterwärmen.

In der Schackgalerie an der Prinzregentenstraße 9 schließlich lud Ministerpräsident Hans Ehard die Sportler und ihre Funktionäre zum Empfang des Freistaates Bayern. Währenddessen fanden sich Tausende von Menschen vor dem Gebäude ein, verlangten ihre Helden noch einmal zu sehen und skandierten: *„Wir danken Euch, wir danken Euch!"* Die bis dahin in der BRD beispiellose Welle überbordenden Nationalismus' rief aber auch besonnene Stimmen hervor. So riet etwa die „Süddeutsche Zeitung" schon am 6. Juli: *„Heute rüstet München zum Empfang. Wohlan: Feiert unsere Spieler, sie haben ihrem Land die besten Dienste erwiesen. Aber noch im Jubelrausch rufen wir allen zu: Lasst uns wieder nüchtern werden! Das Spiel ist aus, es war ja nur ein Spiel. Das Leben geht weiter."*

In einem nachdenklichen Leserbrief an die „Süddeutsche Zeitung" war von einer *„hymnisch-nationalen Apotheose"* die Rede, *„die jede Begeisterung über eine sportliche Leistung mit einem Schlag in eine nationale Siegesfeier umwandelt." Weiter hieß es: „Sie haben sicher etwas Ähnliches empfunden und deshalb die dritte Strophe des Deutschlandliedes in Erinnerung gebracht. Ich fürchte, dass das überhaupt vergeblich war in einer Zeit, in der wir also die besten Fußballer, die schnellsten Autos, die tüchtigsten Ingenieure, die fleißigsten Arbeiter, die Ton angebenden Staatsmänner haben – und in naher Zukunft wohl auch wieder die besten Soldaten, die schneidigsten Flieger und – ein Alptraum! – die überheblichsten Prahler haben werden."*

Empfang der westdeutschen Weltmeisterelf, 1954 (StAM)

Widenmayerstraße 25

Die Polizei besetzte gegen 15 Uhr am 17. August 1956 die Räume der Landesleitung Bayern und Kreisleitung München der KPD in der Widenmayerstraße 25, nachdem das Bundesverfassungsgericht die Partei an jenem Tag wie erwartet verboten hatte. Die KPD stellte in ihrer Bedeutungslosigkeit keine innenpolitische Gefahr dar. Das Westdeutschland der Adenauerzeit entledigte sich nur eines politischen Schönheitsfehlers und nutzte dafür die gespannte außenpolitische Lage aus.
Im Sommer 1956 stand die Welt wieder einmal an dem Punkt, wo der so genannte Kalte Krieg heiß zu werden drohte. Die polnische Armee schlug im Juli in Posen einen Arbeiteraufstand nieder, in Ungarn gärte es, in der Bundesrepublik wurde am 21. Juli die allgemeine Wehrpflicht wieder eingeführt und im großen Stil Luftschutz- und Verdunkelungsübungen organisiert, für die 250.000 Helfer eingeteilt waren. Ebenfalls im Juli verstaatlichte Ägypten den Suezkanal, der zu 44 Prozent Großbritannien gehörte, mit dem Ergebnis, dass im Oktober Israel, Großbritannien und Frankreich Ägypten militärisch angriffen, während gleichzeitig die Rote Armee in Ungarn einmarschierte.
Die KPD als gehorsames Sprachrohr Moskaus und Ostberlins vertrat prinzipiell eine Meinung, die der offiziellen westdeutschen widersprach. Für nur wenige verständlich, verdammte man etwa den Aufstand in der DDR vom 17. Juni 1953 und hieß seine Niederschlagung gut. Folglich konnte die Partei im bayerischen Landtag nie ein Mandat ausüben, im Bundestag seit 1953 keines mehr. Im Münchner Stadtrat allerdings waren zwei Vertreter der KPD vertreten, Benno Blieninger und Josef Lettenbauer.
Die Probleme der KPD lagen aber hauptsächlich in ihr selbst. Am 19. März 1950 beispielsweise ließ der Landesvorstand Bayern verlauten, dass die Partei durch die ideologisch-politische Diskussion auf der Grundlage des Marxismus-Leninismus stärker geworden sei. Die trotzkistisch-titoistischen Agenten in der Partei hätten eine Niederlage erlitten, so dass sie es nicht wagen könnten, noch offen aufzutreten. Dieses Ergebnis sei nicht durch organisatorische Maßnahmen, sondern durch eine breite Diskussion erreicht worden. Gleichzeitig betonten die Anwesenden das bedingungslose Eintreten der Partei für die Politik der Sowjetunion Stalins, der Volksrepubliken und der Deutschen Demokratischen Republik.
Auf dem Parteitag der SED in Ostberlin im Juli 1950 mussten sich die Delegierten der westdeutschen KPD schuldig bekennen dafür, dass ihre Partei in der BRD erfolglos blieb und sogar Rückschläge erleiden musste. Der KPD-Führer Max Reimann 1898-1977) musste vor allen Delegierten erklären, die Beschuldigungen seien notwendig und berechtigt. Die KPD sei von Opportunismus, Sektierertum, Unklarheiten und Schwächen durchsetzt. Zur Entschuldigung führte er die ungeheuren Schwierigkeiten an, die der Kommunismus im Westen zu überwinden habe.

Die parteiinterne *„Diskussion"* sah oft so aus: Im September 1950 *„entlarvte"* das Staatssicherheitsministerium der DDR den zweiten Vorsitzenden der KPD, Kurt Müller (1903-1990), als *„Agenten der Westalliierten"*. Er wurde gewaltsam nach Ostberlin verschleppt und nach einer *„Aussprache"* mit Walter Ulbricht (1893-1973) verhaftet. Sein Bundestagsmandat musste er niederlegen, um sich *„ganz der Parteiarbeit widmen zu können"*. In Wirklichkeit wurde er nach Sibirien deportiert, von wo er erst 1955 auf Intervention Konrad Adenauers nach Westdeutschland ausreisen durfte und seitdem für die SPD arbeitete.
Ebenso wenig überzeugend wirkten Aktionen der Freien Deutschen Jugend (FDJ). In München beklebte man Autos von US-Soldaten mit Zetteln, auf denen stand: *„Go home, die deutsche Jugend wünscht Frieden."* Die Anwesenheit der US-Armee in Westdeutschland erklärte die FDJ als Vorbereitung für den nächsten Weltkrieg, in den das deutsche Volk gehetzt werden solle. Auch kamen Flugblätter in Umlauf, auf denen Bezug nehmend auf den Korea-Krieg zu lesen stand: *„Korea den Koreanern - Deutschland den Deutschen - Ami go home!"*
Am 31. Juli 1950 durchsuchte die Polizei die Räume der Parteileitung in der Widenmayerstraße, die Redaktion des Parteiorgans „Südbayerische Volkszeitung" und das Büro des Bayerischen Landes-Friedenskomitees, ohne allerdings zu beanstandendes oder interessantes Material vorzufinden. Die KPD hatte sich längst auf die Illegalität vorbereitet. Am 21. August 1950 wurde die „Südbayerische Volkszeitung" für 90 Tage verboten, da in ihr zum organisierten Widerstand

Protest gegen die Wiederbewaffnung der BRD, 1954 (StAM)

gegen die Besatzungstruppen - mit Ausnahme der sowjetischen - aufgerufen worden war.
Sechs Jahre später wurde die KPD für verfassungswidrig erklärt und ihr Vermögen zugunsten gemeinnütziger Zecke enteignet. Als die Polizei am 17. August 1956 in der Widenmayerstraße 25 erschien, fand sie allerdings außer dem Mobiliar und einer Sechs-Pfennig-Briefmarke nichts mehr in der KPD-Landesleitung vor. Allein in der Druckerei der Parteizeitung, die inzwischen „Bayerisches Volksecho" hieß, wurde man fündig: Restbestände der aktuellen Ausgabe, die bereits die Schlagzeile *„Die KPD ist da - und bleibt da"* trug, sowie Maschinen fielen der Polizei in die Hände.
Die nun illegale KPD rief zu einer Protestveranstaltung vor dem Zirkus Krone auf. Gegen 20 Uhr am 17. August hatten sich rund 400 Menschen dort versammelt. Der Landesvorsitzende der bayerischen KPD, Richard Scheringer (1904-1986), rief in seiner kurzen Ansprache: *„Freunde, Genossen, sie haben heute die KPD verboten!"* Seine Zuhörer antworteten im Chor: *„Trotz Verbot - die KPD ist nicht tot!"* Die SED ließ als Reaktion auf das Verbot aus Ost-Berlin unter anderem Folgendes verlauten: *„Die KPD wird weiter da sein und bei jeder Aktion gegen das Adenauer-Regime, bei jedem Streik um soziale Interessen, bei jeder Kampfaktion der Jugend gegen die Wehrpflicht anwesend sein. Die Kommunisten Westdeutschlands werden überall sein, wo das Volk ist, als geistige und organisatorische Führer. Zu der Vielfalt ihrer Schandtaten haben die Nachfolger Hitlers ein neues Verbrechen gefügt. Wir sehen kristallklar in das blutunterlaufene Auge der faschistischen Reaktion."*
Die beiden Münchner Stadträte Blieninger und Lettenbauer konnten als Fraktionslose ihr Amt weiterhin ausüben. Ihre Partei versuchte, in der Illegalität weiter zu arbeiten, konnte jedoch so gut wie keine Resonanz hervorrufen. Ebenso wie ihrer Vorgängerin im „Dritten Reich" schadete die Politik der von ihr als ruhmreich erachteten Sowjetunion den Kommunisten in Westdeutschland. Hingewiesen sei hier nur auf den Bau der Berliner Mauer am 13. August 1961. Es dauerte noch Jahre, bis sich der Kommunismus in der BRD wieder organisieren konnte (> Linprunstraße 25, > Reisingerstraße 5).

BAYERISCHES VOLKS-ECHO

Die KPD ist da - und bleibt da

Letzte Ausgabe des „Bayerischen Volks-Echos", 17. August 1956 (BW)

Oettingenstraße 67

Zum 1. Mai 1951 nahm der US-Sender Radio Freies Europa (RFE) seine Arbeit in provisorischen Räumen in Bogenhausen auf. Im Rahmen des Kalten Krieges sollte er über den Eisernen Vorhang hinweg ein *„professionelles, unabhängiges Nachrichten- und Informationsmedium, das einen konstruktiven Dialog mit den Völkern Osteuropas fördern will, indem es deren Kenntnise von Ereignissen in der Welt und in ihren eigenen Ländern erweitert"* sein, wie es in der Satzung hieß.
Im Jahr 1949 bildete sich in den USA unter Leitung von General Lucius D. Clay (1897-1978), dem Militärgouverneur in der amerikanischen Besatzungszone Deutschlands, das Nationalkomitee für ein Freies Europa. Sein Ziel war der *„Kreuzzug für die Freiheit"* oder anders ausgedrückt: gegen den sowjetischen Einfluss auf Europa. Sechzehn Millionen US-Amerikaner unterstützten den Kreuzzug mit ihren Unterschriften und - wichtiger - mit großen Summen an Dollars. Das Nationalkomitee bezeichnete sich als rein private Initiative der amerikanischen Zivilbevölkerung. In Wirklichkeit führten die verschiedenen US-Geheimdienste Regie.
Die einzige Möglichkeit, die Menschen im sowjetischen Einflussbereich zu erreichen, war das Radio. Das Nationalkomitee baute daher das RFE auf, das seine Programme über den Sender Holzkirchen nach Osten sendete. Die Tschechoslowakei, Polen, Ungarn, Bulgarien und Rumänien waren die Zielländer. Im Westen lebende Menschen aus diesen Staaten gestalteten die Programme in ihrer jeweiligen Landessprache. Man vermied offene Propaganda in der Erkenntnis, dass dadurch die Einschaltquoten stiegen. Die Informationen aus dem Osten erhielt man aus Quellen, die man nicht nennen wollte, nämlich von den Geheimdiensten. Dass es dem Nationalkomitee nicht um die Freiheit als solcher ging, sondern nur um einen Kreuzzug gegen Moskau, zeigte folgende Tatsache: Da sich die Volksrepublik Jugoslawien 1948 mit der Sowjetunion politisch überworfen hatte, ohne allerdings ihr sozialistisches System zu ändern, glaubte das RFE, auf jugoslawische Programme verzichten zu können.
Am 1. Juli 1951 bezog das RFE den Neubau an der Oettingenstraße 67. Die Größe des Gebäudes weist auf die Vielfalt der hier entstandenen Sendungen hin: Die Ganz-Tages-Programme in den fünf Sprachen umfassten Nachrichten aus dem Osten und Westen, Musik, politische Kommentare, Reportagen, Frauen- und Jugendsendungen. Bald hörten knapp 50 Prozent der Bevölkerung in den anvisierten Staaten das RFE. Die dortigen Regierungen versuchten, die für sie brisanten Sendungen zu stören, doch konnte man gegen die hohe Leistung des Holzkirchener Senders letztlich nicht ankommen. Das RFE und seine Mitarbeiter wurden damit ein bevorzugtes Ziel von Bombenanschlägen und Attentaten. Eine eigene RFE-Polizei versuchte, die Anlagen zu schützen.
Während der Versorgung der DDR-Bevölkerung mit Informationen aus dem Westen der BRD und Westberlin übertragen wurde (Sender Freies Berlin (SFB), Radio im Amerikanischen Sektor (RIAS)), schloss sich die Lücke bezüglich der Sowjetunion

am 5. März 1953, dem Todestag Josef Stalins (1879-1953). Ehemalige Angehörige der Wlassow-Armee, die an der Seite der Wehrmacht gegen die Rote Armee gekämpft hatten, setzten ihr Radio Liberation, später Radio Liberty (RL) in Gang. Finanziert vom Komitee für die Freiheit der Völker Europas mit Sitz in New York sendete man zwölf Stunden täglich in Armenisch, Kaukasisch, Turkmenisch, Georgisch, Aserbaidschanisch sowie Tatar-Baschkirisch. Die Unabhängigkeitsbestrebungen dieser Völker von der Sowjetunion sollten damit unterstützt werden. Aber auch ein russisches Programm wurde ausgestrahlt. Trotz Störversuche hörten etwa acht Millionen Menschen in der Sowjetunion die Sendungen des „Freiheitssenders". Das RL fand ebenfalls Unterkunft in der Oettingerstraße 67.

Die beiden Sender RFE und RL waren eine scharfe Waffe der US-Geheimdienste gegen den Ostblock, der seinerseits versuchte, mit Propagandasendern den Westen aufzuweichen. Dass die beiden Münchner Sender Sieger blieben, mag an einem Beispiel aufgezeigt werden: Im Dezember 1970 brachen in Stettin und Danzig Unruhen aus. Die polnische Ostseeregion wurde von der Regierung vom restlichen Land isoliert. Über schwache lokale Sender versuchte man, die Bevölkerung zu beruhigen und unter Kontrolle zu bringen. Diese Sendungen fing RFE/RL über Empfangsanlagen in Oberschleißheim auf und sendete sie zurück nach ganz Polen. Auch informierte man die polnische Bevölkerung über die blutige Niederschlagung des Aufstandes. Die allgemeine Unruhe führte dann am 19. Dezember 1970 zum Sturz der Regierung Wladislaw Gomulka (1905-1982).

Die Olympischen Sommerspiele wurden für 1972 nach München vergeben. Diesen friedlichen, aber nicht unpolitischen Wettstreit der Jugend der Welt nahm der Ostblock zum Anlass, das Ende von RFE und RL zu fordern. Deren rund 2.500 Mitarbeiter und Mitarbeiterinnen - fast durchweg Emigranten aus dem Ostblock - erarbeiteten Programme, die inzwischen von Sendern in Westdeutschland und dazu Taiwan in den Ostblock ausgestrahlt wurden. Ihre Resonanz war beeindruckend: In der CSSR etwa verfolgten 65 Prozent der erwachsenen Bevölkerung die Sendungen der dort offiziell als *„Hetzsender"*, *„Lügenfabrik"* und *„Ätherpiraten"* bezeichneten Anstalten.

Beide Sender gerieten auch in der BRD in das Kreuzfeuer der Kritik. Von linker Seite warf man ihnen verständigungsfeindliche Propaganda vor, auf der rechten Seite fragte man sich, wie es mit der bundesdeutschen Souveränität zu vereinbaren sei, dass ausländische Rundfunkanstalten auf deutschem Boden arbeiten könnten. Dies konnte jedoch die amerikanische Regierung nicht beeindrucken, die die Aufsichtsräte beider Sender mit hochrangigen Politikern besetzt hatte. Bei RFE leitete General Lucius D. Clay (1897-1978), der Organisator der Berliner Luftbrücke der Jahre 1948 bis 1949, die Geschäfte, bei RL der frühere Präsident Harry S. Truman (1884-1972).

Als der Ostblock schließlich zusammengebrochen war, zogen RFE und RL 1995 nach Prag um, um der Feindmacht Nummer Eins, die sich nun Russische Föderation nannte, weiterhin nah zu bleiben.

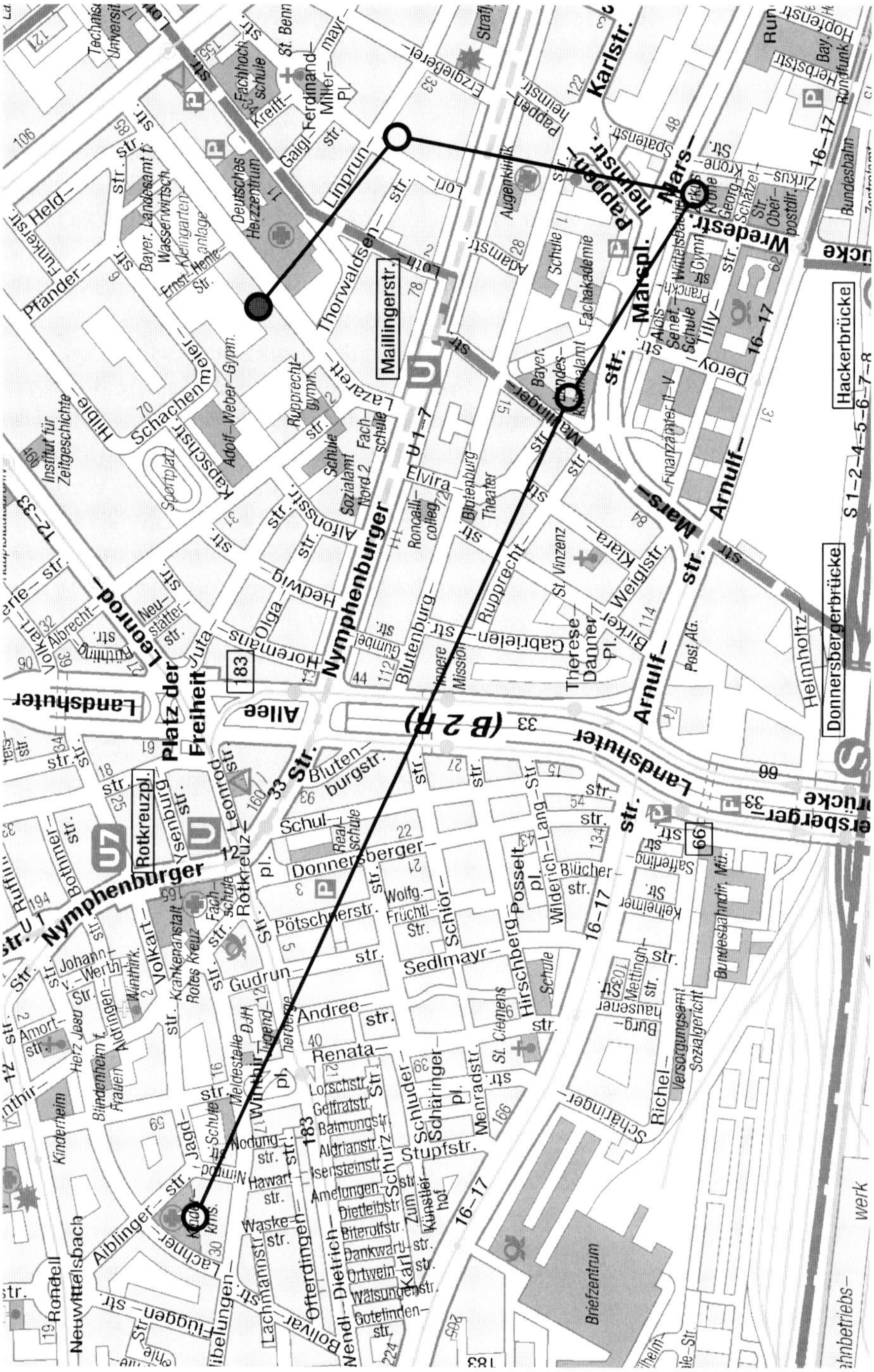
Karlstr.
Marsstr.
Wredestr.
Marspl.
Arnulfstr.
Hackerbrücke
Donnersbergerbrücke
Landshuter Allee
(B 2 R)
Nymphenburger Str.
Maillingerstr.
Rotkreuzpl.
Platz der Freiheit
Leonrodstr.
Lazarettstr.
Schachenmeierstr.
Thorwaldsenstr.
Linprunstr.
Deutsches Herzzentrum
Institut für Zeitgeschichte
Bayer. Landesamt f. Wasserwirtsch.
Augenklinik
Fachakademie
Finanzamt
St. Vinzenz
Gabrielenstr.
Blutenburgstr.
Schulstr.
Donnersbergerstr.
Pötschnerstr.
Gudrunstr.
Sedlmayrstr.
Andreestr.
Renatastr.
Hirschbergstr.
Schäringerstr.
Richelstr.
Aiblingerstr.
Lachnerstr.
Briefzentrum
Bundesbahn
Post AG
Helmholtzstr.

Marsfeld / Neuhausen

Der kurze Rundgang durch dieses Innenstadtrandgebiet bebildert das parteipolitische Leben jener Jahre; aber auch für die sozio-kulturellen Entwicklungen in der jungen Bundesrepublik Deutschland stehen hier einige typische Wegmarken.

Lazarettstraße 33

Die Christlich-Soziale Union (CSU) konnte seit der Landtagswahl von 1954 durchgehend die weitaus meisten Stimmen auf sich vereinen (> Max-Planck-Straße 1) und stellte seit 1957 ununterbrochen den bayerischen Ministerpräsidenten (> Prinzregentenstraße 7). Unter den Parteivorsitzenden der Jahre 1949 bis 1955, Hans Ehard (1887-1980), und der Jahre 1955 bis 1961, Hanns Seidel (1901-1961) stieg ihr Stimmenanteil von 27,4 Prozent (1950) auf 45,6 Prozent (1958).
Seele und Kopf der Partei wurde jedoch mehr und mehr der dynamische Franz Josef Strauß (1915-1988), der 1949 zum Generalsekretär der innerlich zerrissenen CSU gewählt wurde und schon 1952 zum stellvertretenden Vorsitzenden aufstieg. Als die „Süddeutsche Zeitung" am 18. Februar 1950 kurz meldete: *„Bayerischer Kurier heißt die neue Parteizeitung der CSU, die wöchentlich erscheint und ab 1. April das Mitteilungsblatt der Partei ablöst"*, trat der „Bayernkurier" ins politische Leben. Mit ihm besaß Strauß nun ein Sprachrohr, das mit seiner kräftig akzentuierten Meinungsäußerung das Zeitgeschehen begleitete und die Partei auf seine Linie brachte.
Strauß wurde auch deshalb so unentbehrlich für die CSU, weil er parallel zu seiner parteipolitischen Rolle in Bayern seit 1949 führend in der Bundespolitik tätig war. 1953-1955 amtierte er als Bundesminister für besondere Aufgaben, 1955-1956 für Atomfragen und 1956-1962 als Verteidigungsminister. Seinen Einfluss konnte er noch dadurch steigern, dass die größere Schwesterpartei CDU aus numerischen Gründen immer auf die Unterstützung der kleineren CSU angewiesen blieb.
Als Grundsätze ihrer Politik sah die CSU die Aufrechterhaltung und Weiterentwicklung der abendländisch-christlichen Tradition, so wie sie diese verstand, an. Weitere Schwerpunkte lagen in der Betonung des förderalistischen Prinzips, des Schutzes der Familie und des Eigentums, gleich welcher Größe, sowie in der Förderung der Privatwirtschaft. Insbesondere ließ man sich einen kraftvollen Antikommunismus angedeihen, sofern dieser sowjetrussischer Herkunft war. Sowjetfeindliche Kommunisten wie aus Jugoslawien oder China hingegen zählte man zu den Feunden. In diesem Zusammenhang stand das bedingungslose Bekennt-

nis zur Westintegration der Bundesrepublik gemeinsam mit der Hoffnung, die BRD zu einer als vollwertig empfundenen Großmacht mit dementsprechender Atombewaffnung entwickeln zu können.
Innerhalb der Partei schuf sich Strauß eine Hausmacht, die auf ihn als Person eingeschworen und durch mannigfaltige Verbindungen miteinander verknüpft war. Als es etwa 1959 im so genannten Spielbankenprozess auch um die politische Vernichtung der gefährlichen Konkurrenz von der Bayernpartei (> Landsberger Straße 4) ging, leistete der CSU-Frunktionär Friedrich Zimmermann am 10. Juli 1959 einen Meineid. Als er in einem Folgeprozess deswegen angeklagt wurde, gelang es ihm, ein ärztliches Attest zu beschaffen, das ihm eine verminderte geistige Leistungsfähigkeit infolge Unterzuckerung des Blutes bescheinigte. Der seitdem als „Old Schwurhand" Bekannte erhielt 1960 wegen fahrlässigen Falscheides vier Monate Haft auf Bewährung. Seine trotzdem ungebremste Karriere beendete er als Bundesinnenminister.
Die außerordentliche Landesversammlung der CSU wählte am 18. März 1961 Franz Josef Strauß zu ihrem neuen Vorsitzenden. Von den abgegebenen 621 Stimmen waren 576 gültig. Davon entfielen 546 auf Strauß. Dieses Stimmenverhältnis zeigte, dass die CSU bereits einen weiten Weg zur Ein-Mann-Partei mit weit über 100.000 Mitgliedern zurückgelegt hatte. Diese in der Parteigeschichte markante Zeit fand ihr räumliches Symbol im Einzug der Parteileitung in das Gebäude Lazarettstraße 33 im Jahr 1960.

Landesversammlung der CSU, 1959: Franz Josef Strauß in der Mitte, rechts vorne Bundeskanzler Konrad Adenauer in seiner Funktion als Parteivorsitzender der CDU (StAM)

Innerhalb der CSU schien jedwede Opposition gegen den neuen Vorsitzenden nicht nur aussichtslos, sondern manchmal sogar gefährlich. Die Gegner der Partei bezeichneten diese Zustände als „Demokratur". Differenzierter äußerte sich die „Süddeutsche Zeitung" am 20. März 1960: *„Strauß hat gut im Gedächtnis behalten, was ihm zugetraut wird. Es ist nicht wenig, denn er steht nicht in dem Ruf, die Macht gering zu achten. Er kann auch nicht glauben machen, dass er so lange um das Amt des Parteivorsitzenden herumgegangen ist, bis ihm kein Ausweg mehr blieb; ihm waren bereits vor sechs Jahren, als er sich zum ersten Male um dieses Amt bewarb, dessen Vorteile klar. Nun ist er auf einer von der Landesvorstandschaft vorgefertigten Brücke mit keiner anderen Mühe als der, die ihm das Spiel um die Macht zu bereiten pflegt, zur Parteiführung gelangt, und wer ihn in der Stunde seines Triumphes erlebte, hatte keinen Augenblick lang das Gefühl, dieser Mann wüsste nicht, in welche Position er jetzt eingerückt ist. Kein Zweifel: Strauß ist seiner Partei ein gutes Stück vorausgeeilt. Sie wird Mühe haben, ihm zu folgen, vorausgesetzt, dass sie ihm immer folgen kann."*
Sechs Tage vor der Landtagwahl vom 25. November 1962 erschütterte die so genannte Spiegel-Affäre die Bundesrepublik. Verteidigungsminister Strauß hatte nach eigenem Gutdünken polizeiliche Maßnahmen gegen das Nachrichtenmagazin veranlasst, weil dieses angeblich Hochverrat an der Bundesrepublik verübt hatte. Der Ausgang der Wahl galt daher als Stimmungsbarometer für die CSU und ihren Vorsitzenden. Am Wahltag zeigte sich, dass Vorkommnisse welcher Art auch immer innerhalb der CSU den Aufstieg dieser Partei nicht aufhalten konnten und ihren Vorsitzenden Strauß immer wieder glänzend bestätigten: Mit 47,5 Prozent der Stimmen behauptete die CSU zum ersten Mal seit 1946 die absolute Mehrheit im Landtag.
Auf der Landesversammlung der CSU vom 10. bis 12. Juli 1964 referierte Strauß über „Der Weg in die Zukunft – An der Schwelle einer neuen Zeit". Selbstbewusst gab er einleitend zur Kenntnis: *„Ich habe auch nicht die Absicht, mich mit der Kritik der anderen Parteien an der Christlich-Sozialen Union und ihren Persönlichkeiten auseinander zu setzen. Ich unterstelle dabei von vornherein die Glaubwürdigkeit, dass wir uns sehr wohl der Kritik wie der Diskussion stellen können und im Zweifelsfall die besseren Argumente auf unserer Seite haben."*
Hinsichtlich der von ihm angestrebten Außenpolitik legte Strauß, der immer stolz auf seine historische Bildung hinwies, auf der Landesversammlung der CSU vom 10. bis 12. Juli 1964 Folgendes dar: *„Die CSU ist ihrer ganzen Grundlage und ihrer Struktur nach eine Gegnerin des Nationalismus und kein Sammelbecken nationalistischer Elemente. Wir verdammen den Nationalismus als den Totengräber Europas. Man soll aber auch aufhören, die Vertretung legitimer nationaler Ziele und Interessen als Ausdruck nationalistischer Gesinnung zu diffamieren. Wenn wir in der CSU für Freiheit und Einheit ganz Deutschlands, für das Heimatrecht aller Menschen, für die Wiederherstellung*

des deutschen Staates in den Grenzen von 1937 eintreten, dann ist das nicht Nationalismus, sondern ein Ringen um sittlich gerechtfertigte Ziele mit friedlichen Mitteln.“ Allgemeines Gruseln, Heiterkeit und Beifall zugleich rief diese apokalyptisch empfundene Vision des Vorsitzenden hervor: *„Was würden wir Bayern denken, und wie würden wir uns politisch verhalten, wenn wir als Opfer der großen Politik, ohne mehr schuldig zu sein als andere deutsche Stämme, aus unserer bayerischen Heimat vertrieben worden wären und heute zum Beispiel im Emsland säßen?“*

In innenpolitischer Hinsicht wusste Strauß Neues zu berichten: *„Wir befinden uns auf dem Wege zu einer klassenlosen Gesellschaft. Das soziale Problem ist nicht mehr, was es im 19. Jahrhundert gewesen ist. Ich darf hier ohne alle Polemik feststellen, dass es nicht der Sozialismus gewesen ist, der das soziale Problem, wie es im 19. Jahrhundert sich stellte, gelöst hat. Es ist die Staats-, Wirtschafts- und Sozialpolitik der christlichen Demokraten und der Christlich-Sozialen gewesen, die gegen den heftigsten Widerstand der sozialistischen Opposition diese große soziologische Umwälzung herbeigeführt hat.“*

Die von Strauß vorgegebenen und innerhalb der CSU kaum diskutierten großen Linien der Politik erwiesen sich als bei Wahlen erfolgreich. Bei der Landtagswahl vom 22. November 1970 errang die CSU erstmals mit 56,4 Prozent die absolute Stimmenmehrheit, bei der Wahl am 27. Oktober 1974 sogar 62,1 Prozent. In die-

Franz Josef Strauß an seinem 60. Geburtstag, 6. September 1975, mit (v.l.n.r.) Hans Filbinger (CDU), Ministerpräsident von Baden Württemberg, Ehefrau Marianne und Helmut Kohl (CDU), Ministerpräsident von Rheinland-Pfalz (StAM)

ser Periode, in der die CSU gleichgesetzt wurde mit dem Freistaat Bayern, amtierte Alfons Goppel (1905-1991) als Ministerpräsident, während Strauß in der bayerischen Politik die Fäden in der Hand hielt und in der Bundesrepublik seine Vorstellungen durchzusetzen suchte.
Gerade in jener Zeit nämlich verfolgte die SPD/FDP-Bundesregierung unter Willy Brandt (1913-1992) und Walter Scheel eine neue Ostpolitik, die auf eine Verständigung mit den Staaten des Warschauer Paktes und damit zwangsläufig auf die Anerkennung der bestehenden Grenzen hinauslief. Diese Bestrebungen riefen bei der CSU erbitterten Widerstand hervor, und Strauß erhob sich zum Führer einer von ihm selbst angekündigten *„Nationalen Sammlungsbewegung“*. Mit dieser Taktik konnte er bei der Landtagswahl von 1970 viele Wähler der nationalsozialistischen NPD (> Holzstraße 49) für die CSU gewinnen. Die NPD, die bei der Wahl von 1966 noch 7,4 Prozent der Stimmen und 15 Landtagsmandate hatte erringen können, trat wieder in das politische Abseits.
Im Gegensatz zum landesweiten Wahlergebnis blieb München bis 1978 eine so genannte rote Hochburg, deren elf Stimmkreise etwa 1970 insgesamt an die SPD fielen (> Marienplatz). Hier konnte die von der CSU oft beschworene angeblich naturgegebene Unfähigkeit der Sozialdemokraten die Wähler und Wählerinnen mehrheitlich nicht beeindrucken.
In der „Welt am Sonntag“ legte Franz Josef Strauß am 29. Mai 1977 ein *„Glaubensbekenntnis“* ab: *„Im Gegensatz zur SPD glaube ich daran, dass die Bewältigung der Zukunft nur möglich ist, wenn wir uns mit der vollen geschichtlichen Wahrheit, der zukunftsorientierten Erfahrung und der von der Wirklichkeit gesteuerten Politik durchsetzen. Ich glaube daran, dass die Entscheidung über die Welt von morgen durch die Kraft der Freiheit, ihres geistigen und moralischen Rückhalts, der hinter dieser Kraft steckt, geboren werden muss. Ich glaube daran, dass eine freiheitliche Gesellschaftsordnung niemals eine sozialistische sein kann.“*
Diese Bekentnisse hatten auch die Ansichten aller CSU-Mitglieder zu sein, die einen Posten, und sei er noch so niedrig, in der Partei erlangen wollten.

Linprunstraße 51

Nach dem Verbot der Kommunistischen Partei Deutschlands (KPD) im August 1956 (> Widenmayerstraße 25) blieben alle Versuche, diese Partei auf dem Rechtsweg wieder ins Leben zu rufen, ergebnislos. Nachdem sich die SPD in ihrem Godesberger Programm von 1959 vom Sozialismus auch verbal abgewandt und sich der Idee der sozialen Marktwirtschaft geöffnet, sich damit außerdem endgültig für die vollständige Westintegration der BRD ausgesprochen hatte, schien der linke, marxistische Parteiflügel heimatlos geworden zu sein.

Auf dieses potentielle Mitglieder- und Wählerpotential setzten nun ehemalige KPD-Funktionäre ihre politischen Hoffnungen. Am 17. Dezember 1960 gründeten 272 Delegierte in Stuttgart die Deutsche Friedensunion (DFU), deren Vorstandsmitglieder Lorenz Knorr, Renate Riemeck und Graf von Westphalen hießen. Unter den Delegierten befanden sich etliche Professoren, Künstler, Intellektuelle und auch Priester. Die zahlreichen ehemaligen Funktionäre und Mitglieder verbotener kommunistischer Organisationen hielten sich im Hintergrund, obwohl sie über die Bundeswahlkampfleitung die neue Partei lenkten.
Bei der Bundestagswahl 1961 wollte die DFU erstmals die Fünfprozenthürde überspringen und in das Parlament einziehen. In ihrem Wahlprogramm stellte sie sich als Sammlungsbewegung aller Pazifisten dar. Sie sprach sich gegen die Atomrüstung, für einen allgemeinen Rüstungsstopp und die Neutralisierung Gesamtdeutschlands aus. Auch trat sie für eine friedliche Koexistenz mit den Staaten des Warschauer Paktes ein.
Im Wahljahr 1961 gründete sich auch in München ein Ortsverband der DFU mit Sitz in der Linprunstraße 51. Wie in der Bundespartei verfolgte man die verbal geschönten, politischen Ziele speziell der DDR-Regierung. Um allerdings seriös im bürgerlichen Sinne zu erscheinen, wählte man oft Repräsentanten aus diesen Schichten. So konnte man etwa am 16. Mai 1961 der „Süddeutsche Zeitung“ entnehmen: *„Die DFU will in den Bundestag. Der Bezirksverband München-Ost der DFU wählte auf seiner konstituierenden Versammlung Dr. Wilhelm Ritter von Mang und Konteradmiral Reinar von Bonin zu gleichberechtigten Vorsitzenden.“*
Die anhaltende Erfolglosigkeit der DFU bei Wahlen auf Bundes- wie Landesebene veranlasste die Partei, ihrer Wählerschaft für die Bundestagswahl 1969 die von der neu gegründeten Deutschen Kommunistischen Partei (DKP) (> Reisingerstraße 5) getragene Aktion Demokratischer Fortschritt (ADF) zu empfehlen. Die ADF erzielte aber nur 0,6 Prozent der Stimmen.
Die DFU bezeichnete sich 1970 *„als Teil der großen Bewegung für Frieden und Koexistenz“* und erklärte, sie wolle sich *„für eine konsequent demokratische Erneuerung in Staat und Gesellschaft einsetzen“*. Damit umschrieb man das bevorstehende Ende der Eigenständigkeit und das Aufgehen in einer von der DKP geführten und erhofften breiten Volksfrontbewegung. Im Jahr 1973 wurde das Parteibüro in der Linprunstraße aufgegeben.

Marsstraße 43

Bis zur Eröffnung der Olympiahalle 1972 war der Circus Krone der größte Versammlungsraum in München. Am 18. April 1958 etwa trat das bayerische Komitee gegen Atomrüstung zum ersten Mal an die Öffentlichkeit und rief für jenen Abend zu einer Protestkundgebung im Circus Krone auf. Über 10.000 Menschen

folgten diesem Aufruf, aber nur 3.000 fanden Einlass, der Rest musste die Reden über Lautsprecher auf der Straße mitverfolgen.
Gegen die atomare Bewaffnung der Bundeswehr, wie sie von Verteidigungsminister Franz Josef Strauß angestrebt wurde, traten Persönlichkeiten des öffentlichen Lebens aus verschiedensten Bereichen auf: Der Schriftsteller Hans Werner Richter wandte sich gegen die Unterstellung seitens der CDU/CSU-Regierungen, die Protestbewegung sei kommunistisch unterwandert und sogar über die Schweiz finanziert und arbeite damit „Moskau" und „Pankow" in die Hände. Vielmehr sei es eine moralische Pflicht, die Stimme gegen die drohende Vernichtung der Welt zu erheben.
Der Schriftsteller Erich Kästner (1899-1974) sagte: *„Ich habe, als die meisten Forscher noch an die sittliche Unverbindlichkeit ihrer Versuche glaubten, ihre Disziplin Mordwissenschaft genannt. Jetzt haben die modernen Hexenmeister eingesehen, dass sie ihre Geheimnisse nicht den politischen und militärischen Zauberlehrlingen hätten preisgeben dürfen. Überall erheben sie nun ihre warnende Stimme. Hoffentlich kommen sie nicht zu spät."*
Die FDP-Politikerin Hildegard Hamm-Brücher appellierte an die Frauen, nicht *„Mitmörderinnen"* an ihren eigenen Kindern zu werden: *„Für eine Frau, für eine Christin, gibt es keinen Zweck, der das Mittel der Atombombe heiligt."*
Der Professor für Publizistik und Mitbegründer der CDU, Walter Hegemann, beschuldigte seine Partei, immer stärker zu einer nationalistischen Rechts- und Machtpartei zu werden. Er kritisierte auch die beiden großen christlichen Kirchen, die die CDU unterstützten und damit gerade viele Katholiken in Gewissenskonflikte treibe. Hagemann emigrierte 1961 in die DDR. Auch Vertreter der SPD und des DGB griffen die Politik der Bundesregierung und namentlich die Person des Verteidigungsministers scharf an.

Ostermarsch mit Erich Kästner als Redner, Königsplatz 1960 (StAM)

Am Ende der Veranstaltung wurde ein öffentlicher Aufruf verlesen: *„Wir können nicht glauben, dass über das Fortbestehen der Menschheit Minister und Generäle allein entscheiden dürfen und gegen den Rat und die verzweifelten Warnungen der Naturwissenschaftler, Theologen und Philosophen. Wir glauben nicht, dass die Politik jetzt und für alle Zukunft* *der Moral befehlen kann zu schweigen. Wir rufen alle deutschen Bürger auf einzusehen, dass unsere Soldaten niemals ihr Volk mit Waffen verteidigen können, deren Anwendung sie mitschuldig am Untergang aller Völker werden lässt.“* Anschließend zogen die Demonstranten zum Platz der Opfer des Nationalsozialismus. Dort hoffte ein Sprecher des Komitees über Lautsprecher: *„Das gute Gewissen wird letzten Endes den Sieg davontragen.“* Sprechchöre forderten zur Entspannung und zum Generalstreik auf.

Der Protest der Jugend gegen restaurative Tendenzen in der Politik und „spießige“ Verhaltensweisen im Privatleben fand auch in der neuartigen Beatmusik Ventil und Ausdruck (> Leopold-/Martiusstraße). Die damals schon berühmteste Musikgruppe der Welt, die Beatles, gab am 24. Juni 1966 zwei Konzerte im Circus Krone. Ein Blick auf das Drumherum ergibt ein interessantes, aus heutiger Sicht fast schon idyllisch anmutendes Bild der damaligen „Beatwelt“.

Die Vier aus Liverpool landeten am 23. Juni auf dem Flughafen Riem. Dort warteten bereits Hunderte von Verehrerinnen und Verehrern. Die „Süddeutsche Zeitung“ beobachtete: *„Lustige Teenager zumeist: Mädchen mit schenkelkurzen Op-Art-Kleidchen, Burschen mit geblümten Hemden und hautengen Hosen. Dazwischen auch einige wüstere Typen mit verfilztem, schulterlangem Haar, im obligatorischen Snow Coat mit aufgemaltem Atomwaffengegner-Abzeichen.“* Dabei hatten *„die vier Sängerknaben mit der Mädchenfrisur“*, dieser *„Lärm-Export aus Liverpool“* mit seinen *„Stakkato-Schreien“* („Süddeutsche Zeitung“) nach Empfinden etwa des „Münchner Merkurs“ eigentlich nichts Besonderes an sich: *„Der kurzsichtige Rhythmusgitarrist John Lennon, der Linkshänder Paul McCartney, Bassgitarrist, der Melodiegitarrist George Harrison mit den abstehenden Ohren und Ringo Starr, der Schlagzeuger mit der übergroßen Nase...“* Zur Kleidung der Beatles äußerte sich der Reporter weniger kritisch: *„Sie tragen dunkelgrüne Cordsamtanzüge, fein tailliert, sauber anzusehen; sauberer, viel sauberer als die Staffage der meisten Fanatiker.“*

Die beiden Konzerte – veranstaltet von der Jugendzeitschrift „Bravo“ – waren sehr schnell ausverkauft. In vier Sonderzügen kamen *„Fanatiker“* auch von außerhalb nach München. Die Züge trugen die Namen „Der Eilige Ringo“, „Der Schnelle George“, „Der Fliegende Paul“ sowie „Der Rasende John“.

Möglichen Krawallen, wie man sie von den Konzerten der Rolling Stones her gewohnt war, beugte die Polizei in München vor. Dazu gehörten Kontrollen im Vorfeld der Konzerte und zivile, aber absichtlich als Polizisten erkennbare Beamte im Publikum. Sollte die Stimmung dennoch umschlagen, wollte die Polizei den Beatles den Strom abdrehen und gleichzeitig den Saal in ernüchternd-gleißendes Flutlicht tauchen.

Die Konzerte wurden hauptsächlich von deutschen und britischen Vorgruppen und von Schallplattenkonserven bestritten. Die Beatles selbst spielten nur 25

Minuten und ohne Zugaben. Als ein *„Conférencier“* („Süddeutsche Zeitung“) die Pilzköpfe ankündigte, entlud sich die Stimmung: *„... bricht die Hölle los. Der Aufschrei ist so, dass man um die solide Dachkonstruktion des Kronebaus fürchte. Als die Gitarren ihren harten Rhythmus beginnen, wird der Lärm so stark, dass es vom ärztlichen Standpunkt aus ratsam erschiene, das Weite zu suchen. Das halbe Dutzend schrankgroßer Verstärker würde selbst das Laufgeräusch einer Ameise in das Donnern einer aufgescheuchten Elefantenherde verwandeln: Sie haben zusammen 800 Watt.“*
Die durch die Musik hervorgerufenen Emotionen der Zuhörerschaft nahmen zur Erleichterung der Polizei meist selbstzerstörerische Formen an. Beim weiblichen Teil entdeckte der „Münchner Merkur“ Folgendes: *„Lackmantel, geblümte Leinenhose, schulterlanges Haar mit dichtem, weit in die Stirn fallendem Pony – das etwa ist der Steckbrief eines weiblichen Beatles-Fans. Natürlich gibt es auch differenziertere Typen darunter: etwa die Vorstadtbiene mit prallen Hosen und Pulli und mit aufgeblähtem Beatles-Kopf oder die höhere Tochter im schicken Anzug aus Cordsamt. Durchschnittsalter des Publikums: 14 Jahre.“* Beim Auftritt der Beatles erging es jedoch Allen ähnlich: *„Der Schweiß der Erregung rollt in Tropfen über zitternde Gesichter, und eine kleine Vorstadtarbeiterin kratzt sich hektisch die Wangen wund.“*
Auch viele männliche Zuhörer wurden durch die Musik in ungewöhnliche Verhaltensweisen hineingerissen: *„Ein konvulsivischer Dauerzucker neben mir brüllt ‘Zucker, Zucker, Klasseee!’ und ‘Go on, Schon Lennen!’ Seine Stimme überschlägt sich, noch einmal bricht er in exzessives Geschrei aus und dann endgültig zusammen. Er reißt sich das Hemd auf, schlägt sich auf die Brust und kratzt sich im pubertätspickeligen Gesicht, während er, nur noch leise stöhnend, fleht: ‘Bietels, bleibt’s doo, bleibt’s dooo!’“*
Bei diesen harmlosen, jeden „Spießer“ allerdings tief beunruhigenden Vorkommnissen blieb es. Die neue Musik war aber ein maßgeblicher Katalysator für die Protestbewegung, bei der sich viele Jugendliche gegen überkommene Zustände und Vorstellungen in allen Bereichen der Gesellschaft auflehnten.
Die völlige Kommerzialisierung der Beat- und Popmusik kam bei den beiden Konzerten der Rolling Stones am 28. September 1973 in der Olympiahalle zum Ausdruck. Diese nach Aussagen ihrer Manager härteste Rock-and-Roll-Band der Welt hielt es auf ihrer Deutschlandtournee trotz oder gerade wegen ihrer astronomischen Gagen nicht mehr für notwendig, einen entsprechenden musikalischen Gegenwert zu bieten. Dennoch fanden die insgesamt 22.000 Eintrittskarten reißenden Absatz. Der „Münchner Merkur“ stellte vor Ort fest: *„Doch entweder die große Zeit der Beatbands ist vorbei, oder die Fans sind, wie ihre Idole, älter geworden. Die Sitzplätze der Olympiahalle füllten sich langsam, die Karteninhaber gaben sich gelassen. Erst als Ober-Stone Mick Jagger mit seinen Mannen die Bühne betrat, kam die erwartete Stimmung auf.“*

Maillingerstraße 15

Am 11. Mai 1946 wurde das Landeserkennungsamt Bayern ins Leben gerufen. Seine Aufgaben lagen in der Unterstützung der örtlichen Polizeibehörden in ihrem Kampf gegen das Verbrechertum. Dem Landeserkennungsamt oblagen dabei im Besonderen die Gebiete Münzverbrechen, Rauschgift- und Menschen-, genauer: Frauenhandel sowie Vergehen gegen das Sprengstoffgesetz. Außerdem bearbeitete das Amt Staatsschutzdelikte und wurde bei der Ermittlung von NS-Verbrechen aktiv. 1952 in Bayerisches Landeskriminalamt (BLKA) umbenannt, ging man von der Türkenstraße 4 aus seinen Aufgaben nach. Die Aufklärung von Verbrechen wurde während dieser Zeit immer stärker mit wissenschaftlichen Methoden betrieben. Um die über das Stadtgebiet verstreuten einzelnen Dienststellen unter einer Adresse zu vereinen und den steigenden Anforderungen an eine solche Behörde zu genügen, bezog das BLKA am 22. Oktober 1968 seinen Neubau an der Maillingerstraße 15.
Mit dem Aufkommen der organisierten Studentenproteste ging auch die Bildung linksterroristischer Gruppen einher. Die bekannteste von ihnen dürften die sich als Stadtguerilleros Verstehenden um Ulrike Meinhof (1934-1976) und Andreas Baader (1944-1977) gewesen sein, die für sich den Namen „Rote Armee Fraktion" als passend empfanden. Die Öffentlichkeit bezeichnete sie je nach politischem Standpunkt als „Baader-Meinhof-Bande" beziehungsweise „-Gruppe". Eine Serie von Brand- und Sprengstoffanschlägen gegen deutsche und US-amerikanische zivile wie militärische Einrichtungen beunruhigten das Land auch deshalb, weil dabei Menschenleben gering geschätzt wurden. Die Landeskriminalämter unter Leitung des Bundeskriminalamtes übernahmen die Nachforschungen.
Am 2. März 1972 erschossen in der Augsburger Innenstadt Beamte des BLKA den 23jährigen Thomas Weisbecker, der zur Baader-Meinhof-Gruppe oder ihrem Umfeld gezählt wurde. Am 11. Mai 1972 wurde in Frankfurt ein Bombenanschlag auf ein Gebäude in einer US-Kaserne verübt. Dabei starb ein Mensch, dreizehn erlitten Verletzungen. Am nächsten Tag konnten zwei sehr schwere Bomben im Frankfurter PX-Kaufhaus der US-Armee entschärft werden. An jenem 12. Mai 1972 explodierten mittags im Augsburger Polizeipräsidium zwei Sprengköpfe kurz hintereinander. Zwei Stunden danach erschütterte eine Explosion das BLKA an der Mallingerstraße. Auf seinem Parkplatz war eine Autobombe gezündet worden, die umfangreiche Sachschäden verursachte.
Zwischen all diesen Taten und Tatversuchen bestand offensichtlich ein personeller Zusammenhang, den die Behörden in Kreisen militanter Anarchisten vermuteten. Die Fundorte der Sprengkörper hatten gleichzeitig gezeigt, dass man sicherheitssensible Einrichtungen ohne Schwierigkeiten unkontrolliert betreten konnte. An diesem Freitag wurden daher sämtliche deutschen Polizeieinrichtungen und amerikanischen Insititutionen in der BRD unter besonderen Schutz gestellt.

Dass auch der Waffenhandel das BLKA stark beschäftigte, zeigte ein Artikel in der „Süddeutschen Zeitung" vom 15. Mai 1972: *„Aufrüstung in der Unterwelt. Die zunehmende Brutalisierung des Verbrechens wird in erster Linie durch die zunehmende Bewaffnung der Unterwelt gefördert. Die bayerische Landeshauptstadt entwickelte sich durch ihre geografische Lage zu einem Umschlagplatz für Waffenschwarzhändler aus Ost und West."*

Lachnerstraße 39

Eine Gedenktafel des Künstlers Eugen Mayer-Fassold im Eingang der ehemaligen Kinderklinik an der Lachnerstraße 39 enthielt die aussagefreien Worte: *„Dr. Julius Spanier / * 1880 † 1959 / Mitbegründer der Münchner / öffentlichen Säuglingsfürsorge / Chefarzt von 1946-1955 / Helfer und Wohltäter in schweren Jahren."* Was bedeuten diese Zeilen?
Spanier ließ sich 1904 in seiner Heimatstadt München als Kinderarzt nieder und gründete 1913 den Bezirksverband für Säuglings- und Kleinkinderfürsorge, dessen Obmann er bis 1935 blieb. In jenem Jahr verlor er das Recht, als Arzt der Öffentlichkeit zur Verfügung stehen zu können. Der Grund für diese berufliche Abqualifizierung lag für die Behörden ausschließlich in seinem jüdischen Glauben.
Spanier übernahm die ärztliche Leitung des Israelitischen Krankenhauses und führte dessen Geschick und viele Schicksale durch eine Zeit schwerster Demütigungen. Im Jahr 1942 deportierte man alle Patienten, Schwestern und Ärzte nach Theresienstadt. Von ihnen kehrten nur zwei Schwestern und das Ehepaar Julius und Zipora Spanier (1886-1970) 1945 nach München zurück. *„Als wir Dr. Spanier 1946 sahen, lasen wir noch die überwundenen Schrecken in seinen Augen. Aber wir waren zugleich getröstet durch seinen Anblick, denn wir erkannten, dass er am Abgrund menschlicher Entwürdigung zugleich auch die göttliche Kraft im Menschen erlebt hatte. Durch Grauen und Leiden ließ er sich seine Liebe zum Menschen nicht schmälern"*, erinnerte sich einer seiner späteren Mitarbeiter im Kinderkrankenhaus.
So muss es wohl gewesen sein, denn Spanier übernahm noch 1945 die kommissarische Leitung der Ärztlichen Bezirksvereinigung München, wurde Präsident der Israelitischen Kultusgemeinde München und Mitglied des provisorischen bayerischen Landtags. Im nächsten Jahr nahm er den Posten des Chefarztes in der Lachnerklinik an und wurde Mitglied des bayerischen Senates. 1953 erhielt er für seine Lebensleistung das Bundesverdienstkreuz.
Julius Spaniers besonderes Interesse galt der Entkrampfung des christlich-jüdischen Verhältnisses. Im Juli 1948 nahm dieses Bemühen Spaniers Gestalt in der Gründung der ersten deutschen Gesellschaft für Christlich-Jüdische Zusammenarbeit in München an. Diese Gesellschaft setzte sich den Abbau von Vorurteilen

zwischen den Konfessionen und gegenüber Minderheiten zum Ziel. Eine besondere Rolle spielte dabei natürlich die allerjüngste deutsche Vergangenheit. Von Interesse dürfte auch sein, dass sich in dieser Gesellschaft Opfer des christlich geprägten Deutschland in den Dienst der Versöhnung stellten, und sich auf der christlichen Seite nicht Täter, sondern Unbelastete einfanden.
Auf der ersten Jahresversammlung der Gesellschaft am 11. Februar 1949 betonte Spanier vor Mitgliedern, Vertretern der Militärregierung, des Staates und der Stadt: *„Der Sinn unserer Bewegung ist zu lieben, nicht zu hassen."*. Solche Ideale waren für manche ein Dorn im Auge, so dass die Gesellschaft immer wieder Verdächtigungen ausgesetzt war. So vermuteten etwa CSU-nahe Kreise im September 1950, es handele sich hier um eine Tarnorganisation der KPD.
Seit 1951 fand alljährlich die Woche der Brüderlichkeit statt. Zu diesem Anlass des Jahres 1955 bemerkten die „Münchner Jüdischen Nachrichten" am 11. März 1955: *„Wir sind eine kleine, schwache Gruppe von Menschen, die mit knapper Not und durch einen ungeheuren und fast unnatürlichen Zufall dem Tode in den Gaskammern entronnen sind. Wir stehen da nur als eine Rumpfgesellschaft, als ein abgebrannter Baum ohne Krone und Wurzel, eher als Zeugen und Mahner, denn als eine Gesellschaft mit Zukunftsplänen. Wir beklagen, dass heute noch immer ein nationalsozialistischer Widerhall herumgeistert. Wir möchten, wir wollen, wir hoffen, wir die Tiefgetroffenen. Wir wollen glauben, dass die Wahrheit erkannt wird. Wir wollen den optimistischen Ausklang der Wahrheit, die Bundespräsident Dr. Theodor Heuss geprägt hat, unterschreiben: 'Der Hass folgt der Trägheit des Herzens, er ist billig und bequem. Die Liebe ist immer ein Wagnis. Aber ein Wagnis wird gewonnen!? Die Woche der Brüderlichkeit' ist ein Versuch, dieses Wagnis zu gewinnen."*
Am 20. März 1960, kurz nach Spaniers Tod, wurde die Gedenktafel mit dem Text und seinem Portrait in der ehemaligen Stätte seines beruflichen Wirkens enthüllt.

Julius Spanier, 1952 (StAM)

Maxvorstadt

Die Maxvorstadt mit ihrer Fülle an öffentlichen Gebäuden und zentralen Plätzen spiegelt schon seit dem 19. Jahrhundert das Zeitgeschehen in großer Dichte wider. Auf einem Rundgang durch dieses Stadtviertel entsteht ein facettenreiches Bild aus Politik, Wirtschaft, Kultur und historischem Gedenken, wie sie die Zeit von 1950 bis 1975 prägten.

Königsplatz

Eine Hinweistafel aus dem Jahr 1995 deutet am Anfang der Arcisstraße darauf hin, dass der Königsplatz und seine Umgebung während des „Dritten Reiches" eine zentrale Rolle als Parteizentrale und Aufmarschplatz spielten. Aus jener Zeit blieben die Steinplatten bis 1988 als Pflaster zurück, so dass sich der Königsplatz auch nach dem Krieg als Versammlungsort anbot.

Der Deutsche Gewerkschaftsbund (DGB) (> Landwehrstraße 7-9) hielt dort seine Feiern zum 1. Mai ab. Am 1. Mai 1950 waren auf Anordnung der bayerischen Regierung, die damals ausschließlich aus Mitgliedern der CSU bestand, alle öffentlichen Gebäude beflaggt.

Am Sonntag, dem 30. April 1950, fanden sich rund 60.000 Gewerkschafter und Gewerkschafterinnen auf dem Königsplatz ein, um eine Rede des Vorsitzenden des Landesverbandes Bayern, Max Wönner (1896-1960), zu hören. Unter starkem Beifall forderte er klassenkämpferisch: *„Keinen deutschen Soldaten für die Interessen des westlichen Kapitals!"* Er drohte, keine Macht der Welt werde die arbeitenden Menschen davon abhalten, die bestehende Gesellschaftsordnung zum Abtreten zu zwingen. Weiterhin kritisierte er die katholische Kirche, da sie Sozialisten exkommuniziere anstatt die Urheber der sozialen Ungerechtigkeiten. Als Ziele des DGB führte er die Vollbeschäftigung, das wirtschaftliche

Plakat zum 1. Mai 1960 (BW)

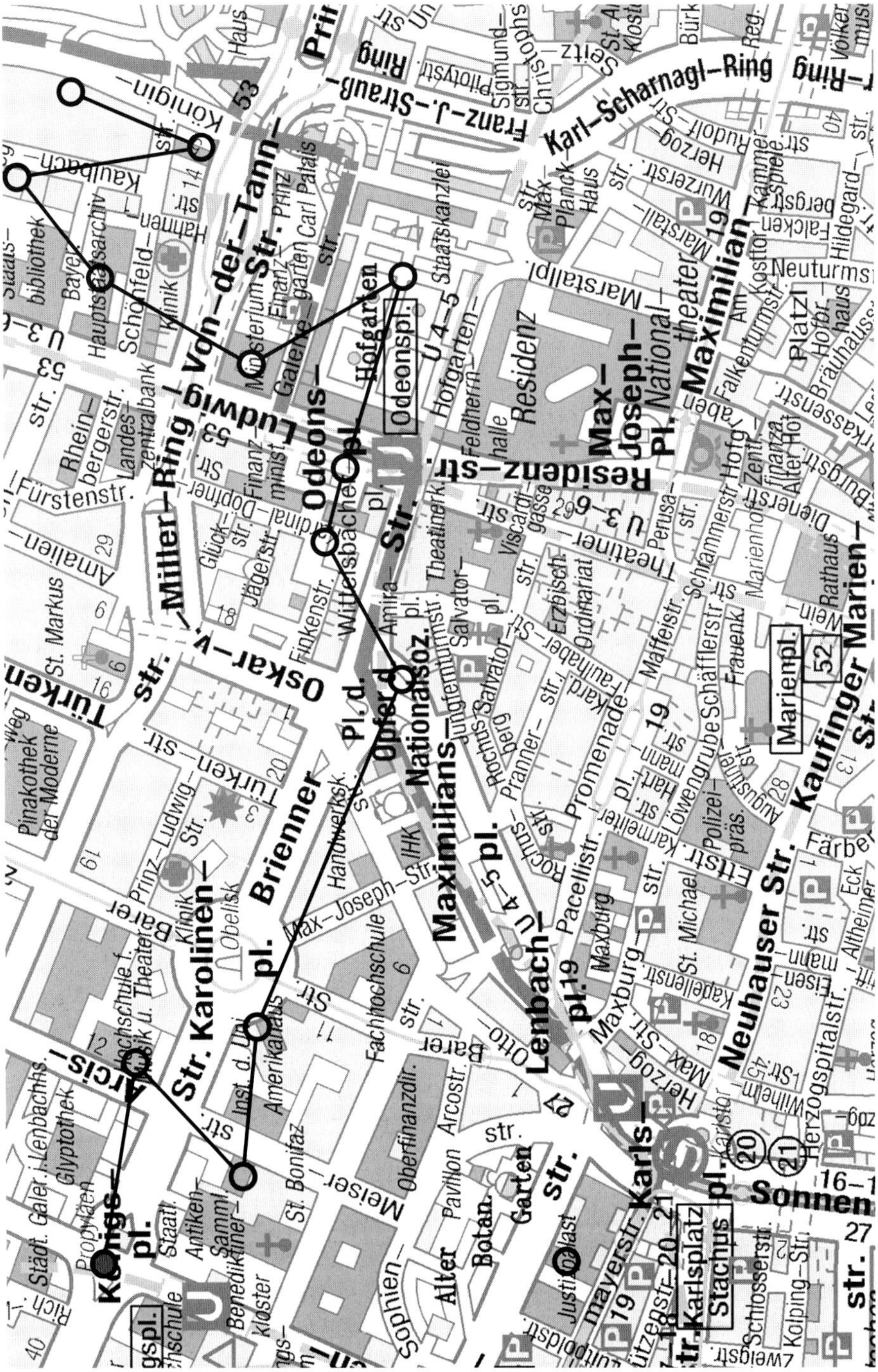
Karl-Scharnagl-Ring
Franz-J.-Strauß-Ring
Von-der-Tann-Str.
Ludwig-
Residenz
Residenz-str.
Max-Joseph-Pl.
Maximilian-
Odeonspl.
Hofgarten
Theatinerstr.
Oskar-v.-Miller-Ring
Brienner
Karolinen-pl.
Maximiliansplatz
Lenbach-pl.
Marienpl.
Kaufinger Str.
Neuhauser Str.
Karlsplatz Stachus
Sonnen
Alter Botan. Garten
Königspl.
Pinakothek der Moderne
Glyptothek
Propyläen
Justizpalast
Obelisk
Amerikahaus
Staatskanzlei
Staatsbibliothek
Promenade-pl.
Frauenk.
Wittelsbacher pl.
Amira-pl.
Pl. d. Opfer d. Nationalsoz.

Mitbestimmungsrecht und die Hebung des Bildungsniveaus der Arbeiterkinder an. Die „Süddeutsche Zeitung"beobachtete am Schluss der Kundgebung: *„Tief beeindruckt rissen die eng eingekeilt stehenden Massen, unter denen die ältere Generation dominierte, die Hüte von den Köpfen und sangen 'Brüder, zur Sonne, zur Freiheit!'"*
Die grundsätzliche Loyalität des DGB zur BRD zeigte sich am 1. Mai 1953, als sich 65.000 Menschen unter schwarz-rot-goldenen, weiß-blauen sowie schwarz-gelben Fahnen auf dem Königsplatz versammelten. Die gewerkschaftlichen Forderungen beschränkten sich auf ein Leben in Frieden und Freiheit, soziale Sicherheit, den arbeitsfreien Samstagnachmittag und die 40–Stunden-Woche. Als nach Ende der Versammlung allerdings von etwa 30 Kommunisten rote Fahnen entrollt wurden, nahm die bereitstehende Polizei dies zum Anlass, massiv einzuschreiten. Mit Unterstützung des damals einzigen Wasserwerfers in München ging man mit Stahlhelm und Karabiner ausgerüstet gegen das Häuflein vor. Ein 59jähriger Polizist starb dabei an Herzversagen.
Der 1. Mai 1957 stand im Zeichen des verbalen Kampfes gegen die Atomrüstung und die Wirtschaftspolitik unter Bundeswirtschaftsminister Ludwig Erhard (1897-1977). Vor etwa 40.000 Zuhörern verurteilte der Hauptredner Ludwig Linsert (1907-1981) die weltweite Atomrüstung allgemein und speziell die für die Bundeswehr diskutierte als milliardenschwere Verschwendung mit dem Ergebnis, dass kein einziges Problem gelöst, allerdings die Menschheit vernichtet werde. Scharf rechnete er auch mit Erhard ab: *„Der Herr Wirtschaftsminister soll uns erklären, wie es mit den Prinzipien der Moral und der sozialen Gerechtigkeit zu vereinbaren ist, wenn durch die Politik der Bundesregierung die Vermögensverteilung im deutschen Volk wie folgt aussieht: Von der Währungsreform bis 1955 wurde neues Vermögen von 140 Milliarden Mark gebildet. Davon erhielten die Unternehmer 130 Milliarden. Die soziale Marktwirtschaft hat sich nach zehn Jahren als die alte liberalistisch-kapitalistische Wirtschaft enthüllt."*
Der Wandel der Zeiten zeigte sich etwa am 1. Mai 1968. Nur noch 30.000 Menschen, unter ihnen viele Ausländer, meist aus Griechenland, fanden sich auf dem Königsplatz ein. Das Motto der Veranstaltung lautete: *„Starke Gewerkschaften – deine Sicherheit. Mehr Mitbestimmung – gegen Notstandsgesetze"*. Die gewerkschaftsinterne Opposition war darüber hinaus mit Plakaten vertreten, auf denen gefordert wurde: *„Gegen Gewaltpolitik und Völkermord!"*, *„Demokratie und Freiheit für Griechenland"* und *„Für sofortige Einstellung der Kriegshandlungen in Vietnam und an anderen Brandherden."*
In allen Reden nahm die politische Unruhe in der Jugend, insbesondere die der Studenten, breiten Raum ein. Auch auf dem Königsplatz wurden dabei Bilder der weit entfernten Ersatzväter Karl Marx, Friedrich Engels und Ho Tschi Minh sowie der aktuellen Helden wie Che Guevara und Rudi Dutschke (> Schelling-

straße 39–41) hochgehalten. Auch wurde auf einem Plakat behauptet: *„Ohne die KPD keine Demokratie."*

Der DGB gehörte inzwischen zum etablierten politischen Leben der BRD. Dies und das entsprechende Selbstverständnis kam in der Rede des Funktionärs Heinz Kluncker zum Ausdruck: *„Wenn radikale Minderheiten jetzt einen solchen Widerhall finden, dann haben wir allen Grund, darüber nachzudenken, was wir falsch gemacht haben und welche politischen Versäumnisse den Unruhen zu Grunde liegen. Zwischen dem Auftrag unseres Grundgesetzes und der politischen Wirklichkeit der Bundesrepublik bestehen noch auf vielen Gebieten gewaltige Unterschiede."*

Konkret griff Kluncker hierbei die monopolähnliche Medienmacht des Springer-Konzerns an und auch die CSU, die auf der Jagd nach Stimmen immer wieder die NPD rechts überhole. Außerdem verlangte er die Mitbestimmung und ihre Ausdehnung auf alle großen Kapitalgesellschaften. Er forderte: *„Wir müssen in den Betrieben und Verwaltungen die Herrschaftsstrukturen Stück für Stück demokratisieren und Mitwirkungs- und Mitbestimmungsrechte erobern."*

Zum Abschluss der Kundgebung sollte das traditionelle Lied der Arbeiterbewegung „Brüder, zur Sonne, zur Freiheit" gesungen werden. Obwohl vorsichtshalber der Text des Liedes vorher verteilt worden war, kam es nur zu einem dünnen Chorgesang.

Zu den 40.000 Menschen, unter ihnen auffallend viele Griechen, Türken und Italiener, sprach am 1. Mai 1975 Bundesforschungsminister Hans Matthöfer (SPD). Ihm ging es hauptsächlich um die *„Einschüchterungsstrategie"* von der Unternehmerseite, die die damaligen wirtschaftlichen Schwierigkeiten *„für einen Großangriff gegen den Neuerungs- und Demokratisierungsprozess in der Bundesrepublik ausnützt."*

Der DGB-Landesvorsitzende Jakob Deffner warnte in diesem Zusammenhang vor *„Dunkelmännern"* – er meinte damit den CSU-Vorsitzenden Franz Josef Strauß –, *„die in Vilshofen, Passau und Sonthofen ihr Unwesen treiben und in zynischer Unverfrorenheit erklärt haben, eine weitere Inflationierung und eine weitere Steigerung der Arbeitslosigkeit in Kauf nehmen zu wollen."* Deffner forderte: *„Wer mit der Angst Politik macht, wer bewusst soziale Notstände herbeiführen will, wem also jedes Mittel Recht ist, um an die Macht zu kommen, ist eine Gefahr für unseren Rechtsstaat, und dem muss das Handwerk gelegt werden, damit die Früchte unserer Arbeit nicht zerstört werden."*

Die Zeitläufte fanden ihr Spiegelbild aber nicht nur in den Veranstaltungen des DGB, sondern auch in Ereignissen, die hier – in Auswahl und in chronologischer Reihenfolge dargestellt – auf dem Königsplatz abliefen.

Am 15./16 September 1951 fand in München das Bundestreffen der Schlesier statt, zu dem 200.000 Menschen aus der BRD, der DDR, dem bis 1956 zu Frankreich gehörenden Saarland und von außerhalb Deutschlands eintrafen. Vor über

100.000 Zuhörern sprachen am 16. September 1951 auf dem Königsplatz der Bundesminister für Gesamtdeutsche Fragen, Jakob Kaiser (1888-1961) von der CDU, und der Regierende Bürgermeister von Berlin, Ernst Reuter (1889-1953) von der SPD, über „Schlesien – eine gesamtdeutsche Verpflichtung".
Die Führung der Schlesischen Landsmannschaft hätte es damals gerne gesehen, wenn die Bundesregierung folgende Politik durchgesetzt hätte: Bevor sich die BRD endgültig wirtschaftlich, politisch und militärisch dem Westen anschloss, sollten die Westmächte bindend erklären, dass sie die Grenzen des Deutschen Reiches von 1937 anerkennen. Die schlesischen Funktionäre setzten ihre Hoffnungen dabei auf Andeutungen des US-Hochkommissars für Deutschland, John McCloy (1895-1989). Dieser hatte die Oder-Neiße-Grenze für ungerecht und revisionsbedürftig gehalten und spekuliert, dass die wachsende Stärke des Westens und der innere Widerstand gegen die kommunistische Herrschaft im Osten eine Lage herbeiführen könnten, die die Rückgliederung der verlorenen deutschen Ostgebiete mitsamt der DDR in ein westlich orientiertes Gesamtdeutschland zulassen würde (> Theresienhöhe 13).
Ebenfalls auf den Zusammenbruch des Ostblocks warteten religiöse Populisten wie der „Speckpater" Werenfried van Straaten (1913-2003). Am 5. April 1954 hielt er auf dem Königsplatz vor 300 Getreuen, die dem Dauerregen trotzten, eine flammende Rede. Er rief zur Hilfe für die *„Kirche im Frontgebiet Europas"*

Bundestreffen der Schlesier, Kundgebung auf dem Königsplatz, 16. September 1951 (StAM)

auf und forderte: *„Helft mir, das christliche Abendland durch die Liebe zu retten!“* Die anschließende Geldsammlung sollte der Ausbildung junger Kapuzinermönche dienen, die in sogenannten *„Festungen Gottes“* auf jenen Tag warteten, da sie ihr Missionsamt im Osten antreten könnten.

Als Frankreich, Großbritannien und Israel am 31. Oktober 1956 Ägypten angriffen, um den Suezkanal unter ihre Kontrolle zu bekommen, war dies die Gelegenheit für die Sowjetunion, in ihrem Machtbereich für Ruhe in ihrem Sinne zu sorgen. Die gespannte Situation in Polen, Rumänien und insbesondere Ungarn wurde abgewürgt, indem die Rote Armee ab dem 4. November 1956 die ungarische Unabhängigkeitsbewegung militärisch unterdrückte.

Der Kalte Krieg sorgte dafür, dass in der Öffentlichkeit hauptsächlich der sowjetische Imperialismus Empörung hervorrief. So versammelten sich am Abend des 6. November 1956 rund 60.000 Menschen auf dem Königsplatz, um gegen den sowjetischen Angriff zu protestieren und der zahlreichen Opfer in Ungarn zu gedenken. Im Schein von Fackeln und unter Abspielen der ungarischen Nationalhymne forderten die Demonstranten – meist deutsche Studenten, Exilungarn, Ukrainer und antibolschewistische Aktivisten – Freiheit für Ungarn, dessen rot-weiß-grüne Fahne gezeigt wurde. Auch die Fahne der BRD fand erstaunlicherweise Verwendung. Ein Redner beendete seine militante Rede, indem er den letzten Aufruf des ungarischen Freiheitssenders an den Westen wiederholte: *„Hört unseren Schrei, reicht uns eure brüderliche Hand, rettet uns, Hilfe!“* Nachdem die Welt aber bereits unter den Großmächten aufgeteilt war, geschah nichts Derartiges.

Am 2. Mai 1960 begann eine deutsch-amerikanische Freundschaftswoche. Zu diesem Anlass konnte die Öffentlichkeit eine Waffenausstellung der US-Armee und der Bundeswehr auf dem Königsplatz bestaunen. Panzer, Artillerie, Handfeuerwaffen, Hubschrauber, Feldlazarett und Feldküche erfreuten sich großen Interesses. Diese Waffenbrüderschaft gewann an Aktualität, nachdem Mitte Mai 1960 die Pariser Gipfelkonferenz gescheitert war. Die Großmächte wollten dort über Abrüstung, die Zukunft Deutschlands und die Ost-West-Beziehungen allgemein beraten. Die Konferenz scheiterte, als das amerikanische Spionageflugzeug U1 über der Sowjetunion abgeschossen wurde und die US-Armee weltweit in Alarmbereitschaft gesetzt wurde.

In München zeigte sich dies in einer Militärparade der US-Streitkräfte und der Bundeswehr, die am 21. Mai 1960 durch die Stadt zog und am Königsplatz endete. Es war die größte Veranstaltung ihrer Art seit Kriegsende. 16.000 Soldaten und mehr als 1.000 Fahrzeuge und Panzer, Mittelstreckenraketen sowie 120 Hubschrauber und Kampfflugzeuge über der Stadt sollten den 100.000 Schaulustigen die Kampfkraft der NATO-Truppen vor Augen führen.

Der Einmarsch der Armeen des Warschauer Paktes in die CSSR am 20. August 1968 veranlasste am nächsten Tag eine Protestversammlung auf dem Königsplatz mit rund 7.000 Teilnehmern. Im Verlauf der verschiedenen Reden stellte sich allerdings bald heraus, dass es weniger um die Militäraktion und die Unterdrückung der Freiheit ging als vielmehr um die Legitimation, dagegen aufzutreten. Die Junge Union der CSU hielt sich an einen Ausspruch von Franz Josef Strauß: *„Gewalt bleibt das Mittel sowjetischer Politik."* Sprecher der SPD verurteilten ebenfalls den Einmarsch, warnten aber davor, dass nun die Scharfmacher im Westen wieder Morgenluft witterten. Ein Sprecher des Sozialistischen Deutschen Studentenbundes (SDS) bemängelte das *„freiheitliche Gefasel von Leuten, die keinen Ton zu Vietnam, Griechenland, Spanien und Portugal von sich geben."* Er meinte damit die Diktaturen in der amerikanisch dominierten Welt. Auf ein letztes Ereignis sei noch hingewiesen: Der ehemalige türkische Ministerpräsident Bülent Ecevit sprach am 16. März 1975 auf dem Königsplatz vor 6.000 Landsleuten, die aus ganz Bayern angereist waren. Er bedauerte, dass die steigende Arbeitslosigkeit in der BRD erhebliche Auswirkungen auch auf türkische Arbeiter und Arbeiterinnen habe. Auf einem anschließenden Empfang im Rathaus stellte Ecevit folgende euphemistische Behauptungen auf: *„München ist für uns Türken keine fremde Stadt, eher ein Teil unserer Heimat."* Während es normalerweise immer Schwierigkeiten gäbe, wenn Menschen verschiedener Nationalitäten zusammenleben müssen, könnten sich seine Landsleute in München völlig frei entwickeln. Sein kurzer Aufenthalt in München habe genügt, ihn von der Atmosphäre der Stadt zu begeistern.

Truppenparade US-amerikanischer und westdeutscher Verbände auf dem Königsplatz, 21. Mai 1960 (StAM)

Arcisstraße 12

Als erstes ausländisches Kulturinstitut in München öffnete das Amerika-Haus am 16. Januar 1946 seine Pforten am Beethovenplatz 1, seit dem 12. Juli 1948 waren seine umfangreichen Bestände an Büchern, Zeitschriften und Schallplatten im ehemaligen „Führerbau“ an der Arcisstraße 12 der Öffentlichkeit zugänglich (> Delpstraße 6, > Widenmayerstraße 51).
Aufgabe der Amerika-Häuser, von denen sich das Münchner zum größten in Europa entwickelte, war es, Interessierten das Leben in den USA, die dortigen wissenschaftlichen, kulturellen usw. Entwicklungen sowie die offiziellen politischen Ideale näher zu bringen. Man verstand sich nicht als regierungsamtliches Propagandainstitut, sondern wollte wertfrei und offen informieren. Bis Ende 1956 geschah dies allein in München in circa 2.000 Filmvorführungen, 650 Konzerten aus den verschiedensten Musikrichtungen sowie 60 Ausstellungen. Gut zehn Millionen Menschen nutzten das kulturelle Angebot im Gebäude an der Arcisstraße 12, auf dem das Sternenbanner wehte.
Die Amerika-Häuser wurden von der US-Regierung finanziert und unterstanden der jeweiligen US-Botschaft. Sie mussten sich daher immer wieder Kritik und Kontrolle ihrer Aktivitäten gefallen lassen. Besonders genau nahm es dabei der Ausschuss zur Untersuchung unamerikanischer Umtriebe des Kommunistenjägers und Senators Joseph McCarthy (1909–1957). Dessen Suche nach angeblichen Kommunisten im öffentlichen Leben der USA weitete sich zu einer antikommunistischen, nationalistischen und antisemitischen Verfolgungswelle aus. Angeprangert wurden beispielsweise Personen, die vor dem Kriegseintritt des „Dritten Reiches“ gegen die USA im Dezember 1941 den Nationalsozialismus kritisiert hatten. Dies galt als *„voreiliger Antifaschismus“* und daher als verwerflich.
McCarthy und seine Jäger warfen ihre Schatten auch auf das Münchner Amerika-Haus. Am 10. April 1953 trafen sie auf dem Flughafen Riem ein. Sie verkündeten, sie seien ausgesandt worden, um die Vergeudung, Verschwendung und die falsche Verwertung der gewaltigen Summen festzustellen, die das Regierungsamt für Propaganda

Amerika-Haus, 24. August 1958 (StAM)

ausgebe. Sie sollten weiterhin feststellen, ob das im Ausland vertriebene Informationsmaterial nicht zum Teil von Kommunisten oder kommunistenfreundlichen Verfassern stamme. Auch im Amerika-Haus in München hätten sie eine große Menge solchen Materials gefunden. Nach Titel und Autoren gefragt, verweigerten sie jede Antwort.

Der „Münchner Merkur" beobachtete den Auftritt: *„Sie* [die Journalisten] *waren gekommen, um den jugendlichen Inquisitioren des großen amerikanischen Kommunistenschrecks, Senator McCarthy, Fragen zu stellen, dem großen blonden Gerard Shine ('SS-Figur', flüsterte bewundernd ein amerikanischer Kollege) und den kleinen schwarzen Roy Cohn, die beide erst 14 Jahre alt waren, als die Vereinigten Staaten durch die Kriegserklärung Hitlers zu Kriegsverbündeten Sowjetrusslands wurden."*

Am 5. März 1954 hielt der Journalist Patrick Boarman im Amerika-Haus einen Vortrag über „Die Technik - Diener oder Meister in den Vereinigten Staaten". Er befasste sich mit dem Buch „Die Zukunft hat schon begonnen" von Robert Jungk (1913-1994). Dieser amerikanische Staatsbürger deutscher Herkunft, 1934 aus Deutschland ausgebürgert, stellte in seinem Weltbestseller folgende Thesen auf: Die Amerikaner seien vom Dämon der Technik besessen, sie seien von einer höllischen Sucht nach immer neuen Grenzen gepeinigt. Sie hätten keine Ehrfurcht vor dem Menschen, sondern wollten diesen zu einem Bestandteil der Maschine degradieren. Christentum und Ethik seien ihnen gleichgültig. Die USA seien nur mehr äußerlich eine Demokratie, in Wahrheit ein willenloser Apparat in der Hand anonymer Mächte und in dieser Hinsicht nicht sehr verschieden von Russland. Ihre blasphemische Herrschsucht hätte Gott verscheucht. Erst wenn sie ihrer Herrschsucht entsagten, werde er zu ihnen zurückkommen.

Boarman seinerseits antwortete in seinem Vortrag auf diese romantisch-faschistoiden, europäisch-überheblichen Auslassungen. Er wies auf die großen kulturellen Leistungen der Amerikaner hin. Auch fiel ihm auf, dass Junck offensichtlich weniger von den USA sprach, sondern von den erst kürzlich vergangenen Zeiten in Deutschland, dem - laut Selbsteinschätzung - Land der Dichter und Denker. Boarman fragte sich: *„Gehört Robert Jungk nicht zu den Leuten, die es schon wieder vergessen haben, dass auch Galilei, der Vater der modernen Naturwissenschaft, den Vorwurf zu hören bekam, er greife nach den Sternen?"*

Diese Veranstaltung im Amerika-Haus stand beispielhaft für seine Arbeit und Aufgabe: Durch offene Information alte Schranken und lieb gewonnene Vorurteile abzubauen, um eine hellere Zukunft im Sinne der amerikanischen Ideale zu ermöglichen.

Am 13. Mai 1957 zog das Amerika-Haus in sein neues Gebäude am (>) Karolinenplatz 3 um. In der Arcisstraße 12 wurden die Staatliche Hochschule für Musik und andere Kulturinstitutionen eingerichtet. Eine Gedenktafel zu seiner bewegten Geschichte seit 1935 fehlt bis heute an dem Gebäude.

Meiserstraße 13

Bayern begriff sich seit jeher als katholisches Land; in der Münchner Altstadt findet sich keine einzige protestantische Kirche. Nach dem Dreißigjährigen Krieg strebte das Kurfürstentum Bayern danach, dass seine Einwohner ausschließlich dem katholischen Glauben anhingen. Doch bereits im Jahr 1740 fiel die evangelische Grafschaft Wolfstein an Bayern. Mit dem Regierungsantritt des Königs Max I. Joseph (1756-1825) im Jahr 1799 erhielt das Land mit dessen Frau Karoline (1776-1841) von Baden seine erste protestantische Herrscherin. Ebenfalls 1799 fand deshalb der erste protestantische Gottesdienst in München statt, und zwar im Schloss Nymphenburg. 1803 und 1806 erweiterte sich das zum Königreich aufgestiegene Bayern um ausgedehnte protestantische Gebiete in Schwaben und Franken. Oberster Bischof der neubayerischen Protestanten war damit der katholische bayerische König als Landesherr. Im Gegensatz zur national unabhängigen katholischen Kirche fanden sich die Protestanten in untergeordneter Abhängigkeit vom Staat.

Seit 1929 befindet sich die Verwaltung der Evangelisch-Lutherischen Landeskirche Bayern in der Meiserstraße 13 (bis 1957 Acisstraße 13) in der Nähe des nach Königin Karoline benannten Karolinenplatzes. Ungefähr ein Drittel der bayerischen Bevölkerung sah sich hier in religiösen Fragen vertreten.

Im Jahr 1933 wählte die Landessynode Hans Meiser (1881–1956) zum Landesbischof. In jener kritischen Zeit, in der klare Worte und Handlungen gegen das staatliche Unrecht notwendig gewesen wären, lenkte damit ein Mann die Geschicke der bayerischen Protestanten, dem sogar die offizielle Darstellung „Die Protestanten in Bayern“ attestiert: *„Vom theologischen Liberalismus war er allerdings gänzlich unberührt geblieben... Der Festgottesdienst zur Amtseinführung des neuen Landesbischofs gestaltete sich zu einer augenfälligen Demonstration der ungetrübten Freundschaft des Regimes mit der Kirche.“* Diese verfolgte bis 1945 eine *„Taktik um einer intakten Landeskirche willen“*, kümmerte sich um die Durchsetzung der Zehn Gebote also nur, wenn es um die eigenen Belange ging.

Der Zusammenbruch des freudig begrüßten „Dritten Reiches“ brachte der evangelischen Kirche in Bayern einen unerwarteten Zuwachs an Mitgliedern. Viele aus den bombenbedrohten nord- und westdeutschen Großstädten Evakuierte lebten in Bayern, Hunderttausende von protestantischen Flüchtlingen und Vertriebenen kamen nach Kriegsende hinzu. Auch viele Nationalsozialisten suchten ihr Heil in der Kirche. Das „Amtsblatt für die Evangelisch-Lutherische Kirche in Bayern“ meldete bereits am 25. September 1945: *„Die Zahl der Gesuche um Wiederaufnahme in die evang.-luth. Kirche hat in den letzten Wochen sehr stark zugenommen.“* In kürzester Zeit stieg die Zahl der bayerischen Protestanten von 1,7 Millionen auf 2,4 Millionen.

Die Nachkriegszeit bedeutete für die evangelische Kirche daher nicht nur Wiederaufbau des Zerstörten, sondern auch Expansion in ehemals fast rein katholischen Gebieten wie etwa Niederbayern. Sie leistete mit ihrer geistlichen und materiellen Hilfe für die neuen Glaubensbrüder und -schwestern einen beträchtlichen Beitrag zur Integration dieser Flüchtlinge in Bayern. Als Meiser am 1. Mai 1955 sein Amt an Hermann Dietzfelbinger (1908–1984) übergab, hatte sich die protestantische Kirche in ganz Bayern gestärkt etabliert.

In selbstkritischer Reaktion auf die eigene unkritische, staatstragende Haltung während der Vergangenheit entwickelte die evangelische Kirche nun eine offene, als modern verstandene Theologie. Sie fand Ausdruck etwa im Kirchenbau, wo man auf städtebauliche Dominanz verzichtete. Die Architektur sollte einen nach innen gerichteten, spirituell-meditativen Raum für die Gläubigen schaffen. Auf diese manchmal gezwungene Modernität und wohl auch Orientierungslosigkeit während der Wirtschaftswunderzeit nahm ein Liedtext Bezug: *„Modern, modern, modern! Wir haben stets die neueste Form, doch keinen Inhalt."* (> Theresienwiese)

Landesbischof Dietzfelbinger veröffentlichte häufig seine Gedanken zu aktuellen Themen. Eine Auflistung einiger dieser Themen spiegelt die Verunsicherung und den Willen zur Standortbestimmung in der evangelischen Kirche wider: *„Die Existenz der Kirche im Atomzeitalter"* (1958), *„Heilige Schrift und evangelisch-lutherisches Bekenntnis"* (1964), *„Reformation – woher? Wohin?" (1967), „Kirche im Wandel der Gesellschaft und der Generationen"* (1968), *„Prüfet die Geister!"* (1969) oder *„Die Zukunft braucht das Opfer"* (1973).

Anlässlich seines Abschiedes vom Amt des Landesbischofs fasste Dietzfelbinger am 2. Mai 1975 seine Eindrücke der letzten zwanzig Jahre zusammen. Nichts sei geblieben, wie es einmal war, stellte er eher wehmütig fest: *„Politisch, wirtschaftlich, geistig, religiös ist alles anders geworden. Das Fernsehen, das uns inzwischen bis in unsere Lebensgewohnheiten hinein bestimmt, ist bei uns ungefähr zwanzig Jahre alt, und das Düsenflugzeug, das den Himmel beherrscht, auch. Das Verhältnis der Geschlechter hat sich gewandelt bis in die Intimsphäre hinein, und die ersten Menschen sind auf dem Mond gelandet. Die Spannung zwischen den Generationen hat zugenommen, so dass die Jüngeren nicht mehr Erben sein können und wollen. Krieg und Aufruhr gibt es – wir danken Gott dafür –*

Hermann Dietzfelbinger, um 1960 (StAM)

bei uns nicht, aber anderswo. Und die Verschiebung der weltgeschichtlichen Kräfte, die sich gegenwärtig vollzieht, wird sich erst noch bemerkbar machen.“
Diese Verunsicherung an oberster Stelle in der evangelischen Landeskirche wurde begleitet durch eine ebenfalls ungewohnte Entwicklung. Die beiden großen christlichen Gemeinschaften – seit Jahrhunderten verfeindet und distanziert – sahen sich in dieser neuen Wertewelt gezwungen, enger zusammenzuarbeiten: *„Die getrennten Kirchen aber in dieser Welt, vor allem auch bewegt und verwirrt, sind unter den gemeinsamen Fragen und Anfechtungen zusammengerückt, herausgefordert, nicht mehr zu einem Kampf wie früher, sondern zum Wetteifer im Wahrheitszeugnis des Glaubens, der Liebe und der Hoffnung.“* (> Kardinal-Faulhaber-Straße 7).
Als Hermann Dietzfelbingers Nachfolger bestimmte die Landessynode Johannes Hanselmann (1927-1999).

Prielmayerstraße 5

Im Justizpalast an der Prielmayerstraße 5 gehen neben dem Staatsministerium der Justiz mehrere hohe und höchste Gerichte ihrer Tätigkeit nach. Die deutsche und in besonderem Maße die bayerische Justiz hatten vor 1933 den Aufstieg der Nationalsozialisten nach Kräften gefördert und dann bis 1945 Unrecht als Recht gesprochen und exekutieren lassen. Nach dem Zusammenbruch des „Dritten Reiches“ gelang es den Juristen, sich gegenseitig zu entlasten, so dass die Justiz der Bundesrepublik zu großen Teilen personell identisch mit der des „Dritten Reiches“ war. Vor diesem Hintergrund lief die so genannte Entnazifizierung ab.
Einrder letzten Verhandlungen der Münchner Spruchkammer begann am 25. April 1950 gegen Richard Suchenwirth (1895–1965). Seit 1919 hatte er der österreichischen, ab 1930 der deutschen NSDAP angehört und war als fanatischer Anhänger seines Landsmannes Hitler hervorgetreten. Da er an der Ermordung des österreichischen Kanzlers Engelbert Dollfuß (1892-1934) im Juli 1934 beteiligt war, flüchtete er anschließend nach München. Hier wurde er Rektor der Hans-Schemm-Hochschule für Lehrerbildung in Pasing sowie Universitätsprofessor. Als Historiker veröffentlichte er Werke wie „Vom Ersten zum Dritten Reich“, „Das Tausendjährige Österreich“ oder „Das Buch von der Deutschen Ostmark.“ In mehr als 1.200 Reden forderte er die konsequente Durchsetzung des Nationalsozialismus.
Nach dem Krieg gelang es ihm in der britischen Zone, als entlastet eingestuft zu werden. Nach diesem Coup reichte er in Bayern ein Gesuch auf Pensionszahlungen ein. Demokratisch gesonnene Personen in den Behörden veranlassten eine Neuaufnahme seines Spruchkammerverfahrens. Suchenwirth – Träger des Goldenen Parteiabzeichens, Gründer des österreichischen NS-Lehrerbundes, Mitglied des Reichstags für die NSDAP, Geschäftsführer der Reichsschrifttums-

kammer, etc., etc. – gab sich als Idealist reinsten Wassers. Er sei bereits vor 1939 in eine ideelle Opposition zu dem nationalsozialistischen Regime getreten.
Am 4. Mai 1950 verkündete die Kammer ihr Urteil: Sie stufte Suchenwirth als Aktivisten ein und verordnete drei Jahre Arbeitslager, die aber bereits durch seine politische Haft nach 1945 als abgesessen galten. Sein Vermögen wurde bis auf 30 Prozent eingezogen, Pensionsansprüche verweigert. Als freier und immer noch nicht armer Mann zog sich Suchenwirth an den Ammersee zurück.
Zum Jahresende 1950 meldeten die Zeitungen, die Spruchkammern stünden vor dem Verstummen und die Entnazifizierung gehe ihrem Ende entgegen. Nun standen die dort Angestellten vor schweren Zeiten. Einer berichtete der „Süddeutschen Zeitung" vom 22. August 1950: *„Wir, die wir bei einer Spruchkammer gearbeitet haben, haben es heute alle gleich schwer, Arbeit zu finden. Eine Welle von Vorurteilen schlägt uns entgegen."* Tatsächlich verweigerten nicht nur Privatfirmen die Einstellung ehemaliger Spruchkammer-Bediensteten, sondern auch Bundesbahn und Bundespost. Nur noch die Haupt- und Berufungskammer blieben bestehen; sie wurden zum 21. Dezember 1959 aufgelöst.
Ein Prozess um die braune Vergangenheit, der im Justizpalast stattfand, sorgte Ende November 1957 für Aufsehen und warf ein Schlaglicht auf die damals herrschenden Zustände in Deutschland: Angeklagt war die 36-jährige Buchhalterin Ursula Sonntag. Sie hatte im Jahr 1943 an ihrem Arbeitsplatz in Oberschlesien Angst und Schrecken verbreitet, indem sie drohte, jeden und jede an die Gestapo zu denunzieren, der beziehungsweise die sie nicht respektvoll behandle. Als fanatische Nationalsozialistin und BDM-Führerin wurde sie in dieser Hinsicht denn auch ernst genommen.
Ihr Vorgesetzter, Georg Miethe, äußerte im August 1943, der Krieg sei verloren und das Regime am Ende. Diese Aussage hinterbrachte Sonntag dem NS-Ortsgruppenleiter der Stadt Hindenburg. Obwohl dieser auf die Konsequenzen für Miethe aufmerksam machte, falls Anzeige bei der Gestapo erstattet werden sollte, bestand Sonntag auf Weiterleitung ihrer Wahrnehmungen. Der Fall Miethe wurde vom Volksgerichtshof unter Leitung Roland Freislers (1893-1945) behandelt. Ursula Sonntag hatte bei dieser Gelegenheit ihren großen Auftritt und erreichte in Anwesenheit von Miethes Frau und Tochter dessen Verurteilung zum Tode. Das Urteil wurde mit dem Fallbeil vollstreckt. Im Jahr 1945 verhaftete die Rote Armee Ursula Sonntags Schwester, die man irrtümlich für die Denuntiantin hielt. Sonntag ließ dies geschehen und flüchtete nach Westdeutschland, wo sie unter falschem Namen lebte.
In ihrem Prozess in München heuchelte sie nicht einmal Reue für ihre Tat, sondern bekräftigte vielmehr, sie würde es jederzeit wieder tun. Miethe habe sich ungehörig benommen und sei der Front ebenso in den Rücken gefallen, wie das 1918 geschehen sei. Sie beschwerte sich auch, dass sich ihr Opfer vor dem Volksgerichtshof unverschämt benommen habe, weil er sie dort als hysterisch hingestellt habe.
Der Staatsanwalt Helmut Fey ging davon aus, das deutsche Volk in seiner Gesamt-

heit habe im Jahre 1943 noch nichts von Terrorakten des Naziregimes gewusst. Außerdem seien Todesurteile bis zu jenem Jahr sehr selten gewesen. Die Angeklagte hätte also nicht wissen können, dass ihre Anzeige zum Tode führen könnte. Deshalb könne ein Verbrechen des Totschlages nicht nachgewiesen werden. Da Sonntag aber gewusst habe, dass ihrem Opfer eine drakonische Strafe bevorstand, forderte der Staatsanwalt fünf Jahre Gefängnis für die Angeklagte. Dieser Auffassung konnte sich das Gericht nicht anschließen. Es sprach Ursula Sonntag eines Verbrechens des Totschlages und der Freiheitsberaubung mit Todesfolge schuldig und verurteilte sie zu vier Jahren Gefängnis. Die Verurteilte sagte in ihrem Schlusswort: *„Ich kann mir nicht vorstellen, dass Vaterlandsliebe, Verantwortungsgefühl und Pflichtbewusstsein auf einmal Verbrechen sein sollen."*
Im Juli 1964 begann im Justizpalast der Prozess gegen den ehemaligen SS- und Wehrmachtsgeneral in einer Person, Karl Wolff (1900–1984). Wolff fungierte als faktischer Stellvertreter Heinrich Himmlers (1900-1945) und war in dieser Position führend verantwortlich. Seit September 1943 war er der Oberbefehlshaber der Wehrmacht in Italien. Als er sich im Februar 1945 endgültig davon überzeugt hatte, dass der Krieg für Deutschland verloren war, nahm er mit Allen Dulles (1893–1969), dem Chef des US-Geheimdienstes in der Schweiz, Kontakt auf. Dulles leitete später von 1953 bis 1961 den CIA.
Wolff bot den USA eine Kapitulation an. Damit wollte er sich als Retter vieler alliierter Soldaten produzieren, in Wirklichkeit dachte er an seine persönliche Zukunft nach dem Krieg. So kam denn auch in Italien die Kapitulation am 2. Mai 1945 zustande, zwei Tage nach Hitlers Selbstmord und sieben Tage vor der Gesamtkapitulation der Wehrmacht.
Tatsächlich wurde Wolff von den Siegern nicht belangt. Im Gegenteil: Er stellte sich den Alliierten als Zeuge bei den Nürnberger Kriegsverbrecherprozessen zur Verfügung. Von einer deutschen Spruchkammer zu vier Jahren Arbeitslager verurteilt, verbrachte er eine Woche in Haft. Danach kam er als Werbeagent zu einem großen Vermögen, so dass er sich in einer Villa am Starnberger See niederlassen konnte.
Seine im Jahr 1961 veröffentlichten Memoiren machten die bayerische Justiz auf ihn als eine der zentralen Figuren des „Dritten Reiches" aufmerksam. Er wurde im Januar 1962 verhaftet und wegen Beihilfe zum Mord an mindestens 300.000 Juden angeklagt. Seiner Behauptung, von den Todeslagern keinerlei Ahnung gehabt zu haben, schenkte das Gericht keinen Glauben. Vielmehr war es davon überzeugt, dass Karl Wolff unmittelbar für die im „Dritten Reich" begangenen Verbrechen verantwortlich war. Man sah trotzdem von der Höchststrafe, der lebenslangen Haft, ab. Am 30. September 1964 wurde Wolff zu 15 Jahren Zuchthaus verurteilt, das heißt rein rechnerisch zu 26 Minuten pro ermordetem Opfer.
Als Grund für diese Milde wurde angegeben: *„Die Strafe trifft einen lebenden Menschen, sie muss deshalb auch auf ihn zugeschnitten sein."* Strafmildernd wurde auch in Betracht gezogen, dass Wolff – abgesehen von seinen Verbrechen – ein ein-

wandfreies Leben geführt, dass er die frühzeitige Kapitulation in Italien herbeigeführt und damit viele Menschenleben auf beiden Seiten gerettet habe. Das Gericht gab auch zu bedenken, dass infolge des Krieges eine erhebliche Abwertung des Rechtsstaates einhergegangen sei. Außerdem habe sich Wolff gegen Ende des Krieges doch in einem gewissen Abstand zu den Programmen und Zielen des Nationalsozialismus begeben. Zu guter Letzt sei er ein Mann von 64 Jahren und angeschlagener Gesundheit. Wegen seiner angeblichen Krankheiten erhielt Karl Wolff im Jahr 1970 Haftverschonung und konnte noch 14 Jahre lang seine Freiheit genießen.

Das Verhalten der Justiz änderte sich massiv, als es seit Ende der sechziger Jahre galt, gegen linksradikale Verdächtige vorzugehen. Am 26. Juli 1968 begann ein Prozess, der die Osterunruhen jenen Jahres (> Schellingstraße 39–41) zum Inhalt hatte. Während der ersten Verhandlung trat der Kommunarde und Bürgerschreck Fritz Teufel im Gerichtssaal auf. Er legte Wert auf die Feststellung, dass hier kein Strafprozeß, sondern ein politischer Prozess durchgezogen werde. Des Weiteren versuchte er, selbst am Richtertisch Platz zu nehmen. Dieses Verhalten trug ihm eine Ordnungsstrafe von drei Tagen Haft und ein Hausverbot für sechs Monate ein. Teufel befand sich ständig auf der Flucht vor Justiz und Polizei, die seiner habhaft werden wollten. Seit August 1969 lebte er im Untergrund, meist in München. In dieser Zeit gab er der „Abendzeitung" ein Interview, in dem er seiner Vergangenheit als Provokateur und Politclown abschwor und zum revolutionären Umsturz der Gesellschaft aufrief. Allerdings blieben Zweifel, ob dies nicht auch nur als Spaß gedacht war.

Am 12. Juni 1970 wurde Teufel in München festgenommen. Man warf ihm zwei Verbrechen der versuchten schweren Brandstiftung vor. Er soll im März 1970 zwei Brandsätze im Amtsgericht an der Maxburgstraße deponiert und im Mai 1970 zwei Molotow-Cocktails *„in Richtung eines im 1. Stock des bayerischen Landeskriminalamtes befindlichen Fensters"* geschleudert haben (> Maillingerstraße 15). Da Teufel die Aussage verweigerte, gestaltete sich das am 5. Januar 1971 beginnende Verfahren zu einem reinen Indizienprozeß.

Unter einem starken Polizeiaufgebot betrat der gut gelaunte Angeklagte den Gerichtssaal. Die richterlichen Vorbehalte, die seiner Person entgegenschlugen, verstärkte er noch durch sein Verhalten. So bestand er beispielsweise darauf, alle Anwesenden im Raum einzeln zu begrüßen. Der Vorsitzende Landgerichtsdirektor wollte dies durch Entziehen des Wortes verhindern, doch bestand Teufel erfolgreich auf seine Rechte. Bald trafen Bombendrohungen und Drohbriefe bei der Justiz ein, so dass diese von der Gefährlichkeit des Fritz Teufel emotional überzeugt war.

Dem Angeklagten konnten die Taten nicht nachgewiesen werden, so dass der Fall des Landeskriminalamtes abgetrennt wurde und man weitere Ermittlungsergebnisse abwarten wollte. Trotz der sehr dürftigen Beweislage beantragte der Staatsanwalt jedoch für den angeblichen Attentatsversuch auf das Amtsgericht vier Jahre Haft für Teufel. Zur Begründung gab er an, der Angeklagte habe unter dem

Mantel der feigen Anonymität an den Verbrechen teilgenommen. Zum Schutze der Grundrechte müsse diese kriminelle Handlung terroristischen Charakters, die an der Grenze zum versuchten Mord liege, entsprechend geahndet werden.
Das Gericht entschied auf zwei Jahre Haft. Die „Süddeutsche Zeitung" kommentierte zu dem Urteil: *„Unter Missachtung des Grundsatzes 'Im Zweifel für den Angeklagten' setzte sich das Gericht über all das hinweg und ersetzte die fehlenden Beweise durch seine Überzeugung von der Schuld des Angeklagten."*
Während und nach der Urteilsverkündung kam es zu Tumulten, an denen auch der ehemalige Rechtsreferendar Rolf Pohle beteiligt war. Gegen ihn begann im Justizpalast am 24. September 1973 ein Prozess wegen Mitgliedschaft in und Unterstützung einer kriminellen Vereinigung, nämlich der Baader-Meinhof-Gruppe. Unter schärfsten Sicherheitsvorkehrungen und mit Tumulten und Sprechchören (*„Die Justiz ist immer gleich, heute wie im Dritten Reich."*) begann das Verfahren. Am 1. März 1974 fällte das Gericht sein Urteil: sechs Jahre und fünf Monate Haft.

Karolinenplatz 3

Am 13. Mai 1957 zog das Amerika-Haus von der (>) Arcisstraße 12 in das neu erbaute Gebäude am Karolinenplatz 3. Dieses war auf die Funktionen der Kultureinrichtung – Bibliotheken, Ausstellungen, Konzerte und Vorträge – architektonisch maßgeschneidert. Die Festredner wiesen darauf hin, dass sich das Verhältnis zwischen der deutschen Bevölkerung und den Amerikanern in nur zehn Jahren grundlegend gewandelt habe. Aus Kriegsgegnern seien Freunde und Partner geworden. Weder militärische Pakte noch wirtschaftliche Interessen verbänden die Völker. Nur gemeinsame geistige Werte seien die Grundlage für dauerhafte Freundschaften. Die mangelnde und politisch auch nicht gewollte Völkerverständigung sei der Anfang allen Übels in der Vergangenheit gewesen. Hier liege die Aufgabe der Amerika-Häuser.
Die tatsächliche Politik der USA entsprach nicht immer diesen Idealen. Das militärische Eingreifen in Süd- und Mittelamerika und insbesondere der Vietnamkrieg seit 1963 ließen Kritik und Proteste aufkeimen, die sich vor amerikanischen Einrichtungen entluden.
Am 26. Mai 1965 etwa demonstrierten einige Hundert meist junger Leute trotz polizeilichen Verbots vor dem Amerika-Haus gegen die Politik der USA in Vietnam und der Dominikanischen Republik. Unter Losungen wie *„Vietnam den Vietnamesen"* und *„Amis raus aus Vietnam"* machten sie ihrem Unmut über die dortigen Militäraktionen Luft. Gleichzeitig wandte man sich gegen die geplanten Notstandsgesetze der Bundesregierung. Die Polizei löste die Versammlung nach kurzer Zeit gewaltsam auf.

Während der Eröffnung der Ausstellung „Amerikanische Druckgraphik" kam es am 8. Februar 1968 zu Ausschreitungen im Amerika-Haus. Mitglieder des Sozialistischen Deutschen Studentenbundes warfen Farbbeutel, Flaschen und Knallkörper auf die Bühne des Festaales. Die nordvietnamesische Fahne wurde entrollt und Bilder von Napalmopfern gezeigt. Die Polizei beendete diese Vorgänge mit Gewalt. Während dessen skandierten andere Demonstranten auf dem Karolinenplatz *„Ho Ho Ho Tschi Minh."* Bis zum Januar 1971 verübten Unbekannte neun Sprengstoffanschläge auf das Amerika-Haus, die aber nur Sachschäden anrichteten. Verstärkte Sicherheitsmaßnahmen verhinderten weitere Vorfälle dieser Art.

Platz der Opfer des Nationalsozialismus

Der früher namenlose Platz mit dem Schillerdenkmal als Ausweis deutscher Kultur war am 26. März 1946 zum Platz der Opfer des Nationalsozialismus benannt worden, weil sich in dem 1944 zerstörten Wittelsbacher-Palais an der Brienner Straße 20 seit 1933 die Zentrale der Bayerischen Politischen Polizei mit Gefängnis und Folterkellern befunden hatte.

Name und Lage des Platzes zeugen unbewusst, aber deshalb nicht minder beredt vom problematischen Umgang mit der geschichtlichen Last des „Dritten Reiches". Die Länge des Platznamens macht sein Aussprechen praktisch unmöglich. Andererseits muss dieser Name auch nicht ausgesprochen oder geschrieben werden, da der Platz nicht als Adresse dient. Er ist ein Verkehrsknoten mit Grünfläche. So erinnert das Stadtbild zwar an die Opfer der Barbarei, ohne dass gleichzeitig irgend jemand mit dieser Erinnerung näher in Berührung käme. Der Form halber erhielt er trotzdem eine Postleitzahl: 80333.

Das so genannte Wiedergutmachungsgesetz an den überlebenden Verfolgten des „Dritten Reiches" trat am 1. Dezember 1949 in Kraft. In Bayern lebten zu jener Zeit 49.000 Betroffene, für deren finanzielle Wiedergutmachung im Finanzministerium ein ehemaliges NSDAP-Mitglied, Richard Ringelmann (1889-1965), zuständig zeichnete. Der größte Teil der Verfolgten lebte noch Anfang der fünfziger Jahre in Armut. Viele waren infolge der erlittenen Misshandlungen nur teilweise oder gar nicht arbeitsfähig. Viele Witwen und Waisen von Ermordeten vegetierten am Existenzminimum dahin.

In vielen Fällen schien es nicht opportun, sich als rassisch oder politisch Verfolgten erkennen zu lassen. Abneigung und Vorurteile erschwerten das Leben. Da Verfolgte einen erhöhten Kündigungsschutz für Wohnung und Arbeit genossen, erhielten sie häufig von vornherein weder Unterkunft noch Beschäftigung. Auch verdiente die Wiedergutmachung wegen ihrer geringen Höhe diesen Namen nicht.

Im März 1950 beispielsweise hatte sich in München eine für die junge Bundesrepublik typische Situation ergeben: Die Vereinigung der Verfolgten des Nazire-

dass Siemens zu einer eigentlich bayerischen Firma wurde. Diese Entwicklung hing eng mit den vielen Vertriebenen und Flüchtlingen zusammen, die es in der landwirtschaftlich geprägte, rohstoff- und kapitalarme Bayern verschlagen hatte. In den fünfziger Jahren erlebte das Land einen beispiellosen Industrialisierungsschub: Die Industrieproduktion im Jahr 1954 lag um 74 Prozent höher als vor dem Krieg. Der bayerische Wirtschaftsminister Hanns Seidel (1901-1961) meinte damals: *„Die nahezu einzige Voraussetzung, die Bayern* [dafür] *mitbrachte, war der Überfluss an Arbeitskräften, die der Flüchtlingsstrom in das Land geworfen hatte."* (> Hofmannstraße 51, > Knorrstraße 148)

Odeonsplatz

Der Odeonsplatz mit seiner zentralen und repräsentativen Lage war immer wieder Schauplatz öffentlicher Veranstaltungen, von denen einige herausgegriffen seien:
Die Wittelsbacher-Monarchie hatte bis 1918 bestanden, ohne dass König Ludwig III. (1845-1921) jemals auf den Thronanspruch verzichtet hätte. Auch sein Sohn, Kronprinz Rupprecht (1869–1955), trat in diese Rechte ein. Trotzdem unterstützte er nie Bestrebungen wie etwa im Februar 1933, die Monarchie in Bayern wieder einzuführen. Damals hatten ihn demokratische Kräfte dazu gedrängt, um die nationalsozialistische Gefahr zu bannen.
Der monarchistische Gedanke blieb auch nach 1945 aktuell. Der Bayerische Heimat- und Königsbund beispielsweise hielt Rupprecht für den rechtmäßigen König und Herrn Bayerns. Die Rückkehr zur Monarchie war nach Meinung der Königstreuen der einzige Ausweg aus der damaligen Situation, die sie als Chaos empfanden.
Zum 85. Geburtstag des Kronprinzen am 18. Mai 1954 beschloss der Stadtrat mit knapper Mehrheit folgenden Antrag: *„Der Stadtrat ordnet für den 85. Geburtstag Seiner Königlichen Hoheit des Kronprinzen Rupprecht von Bayern in Würdigung der Bedeutung der Persönlichkeit und der Verdienste um die Landeshauptstadt die Beflaggung der städtischen Dienstgebäude an."* Dagegen stimmten die Kommunisten aus ihrer grundsätzlichen Opposition heraus sowie die Sozialdemokraten, die als Republikaner eine Manifestation für die Monarchie vermeiden wollten.
Am 2. August 1955 starb Kronprinz Rupprecht. Die bayerische Regierung ordnete ein Staatsbegräbnis und Trauerbeflaggung der öffentlichen Gebäude an. Ministerpräsident Wilhelm Hoegner (SPD) sandte ein Beileidstelegramm an Rupprechts Sohn, den Prinzen Albrecht (1905-1996): *„Tief erschüttert von dem Heimgang Seiner Königlichen Hoheit, des Kronprinzen Rupprecht von Bayern, übermittle ich Eurer königlichen Hoheit zugleich im Namen der bayerischen Staatsregierung den Ausdruck meines aufrichtigen und tiefen Mitgefühls."* Das Staatsbegräbnis fand am 6. August 1955 unter sehr starker Teilname aller Bevölkerungsschichten statt. Kronprinz Rupprecht wurde in der Fürsten-

gruft in der Theatinerkirche beigesetzt. Die „Süddeutsche Zeitung" kommentierte: *„Mit Rupprecht sinkt ein Stück Bayern ins Grab."* Mit seinem Tod verlor der monarchistische Gedanke in Bayern endgültig an Kraft.
Der Odeonsplatz als Ort des Hitler-Putsches 1923 und als nationalsozialistische Wallfahrtsstätte von 1933 bis 1945 besaß und besitzt symbolische Bedeutung für Krieg und Aggression. Gerade dies war Anlass, die Abschlusskundgebung des „Internationalen Kameradschaftstreffens der Kriegsopfer und ehemaligen Kriegsteilnehmer" dort stattfinden zu lassen. Vom 16. bis 18. März 1962 hatten sich 90.000 ehemalige Soldaten aus fünfzehn europäischen Ländern sowie den USA in München eingefunden.
Der Präsident der Veranstaltung, Eugene van der Meersch, stellte in französischer Sprache fest: *„Für die europäischen Nationen ist München mit so vielen schmerzlichen Erinnerungen verbunden, dass die Wahl dieser Stadt als Treffpunkt nicht anders ausgelegt werden kann als ein Wunsch, einen Verständigungsgeist kundzugeben."* Oberbürgermeister Hans-Jochen Vogel führte aus: *„Diese Stadt ist beseelt von dem Wunsch nach Frieden, Freiheit und Verständigung unter den Völkern. Diese Stadt will die Schatten der Vergangenheit abschütteln."* Die ehemaligen Frontkämpfer und Gegner sahen eine gedeihliche Zukunft allein in einem geeinten Europa, das ein allen Völkern gemeinsames Vaterland werden sollte. Dies sei die einzig zulässige Konsequenz aus der jüngsten Vergangenheit.

Trauerzug für Kronprinz Rupprecht, Odeonsplatz 6. August 1955 (StAM)

Der französische Staatspräsident Charles de Gaulle (1890-1970) stattete München am 8. September 1962 einen Besuch ab. Von der Feldherrnhalle aus hielt er vor den 70.000 begeisterten Anwesenden eine Rede auf Deutsch, doch konnte diese wegen der andauernden *„Vive le Gaulle"* - Rufe der Menge kaum wahrgenommen werden. Zum Schluss sagte er: *„Von ganzem Herzen und im Namen Frankreichs, Dank an München, dieser liebenswerten und prachtvollen Hauptstadt. Es lebe München, es lebe Bayern, es lebe Deutschland, es lebe die bayerisch-französische Freundschaft."* Mit diesen Worten steigerte de Gaulle die Europaeuphorie seiner Zuhörerschaft beinahe ins Grenzenlose.
Hans-Jochen Vogel schreibt in seinen Erinnerungen „Die Amtskette": *„Seine Rede am Odeonsplatz hatte er in Deutsch auswendig gelernt; die Münchner nahmen sie als öffentliche Besiegelung der französisch-deutschen Freundschaft und des Endes einer sinnlosen Erbfeindschaft mit Begeisterung auf. Für den historisch Interessierten: Übrigens genau an der gleichen Stelle, an der am 1. August 1914 die Mobilisierung bekanntgegeben wurde, ebenfalls vor einer gewaltigen Menschenmenge, in der sich auch Adolf Hitler befand."*
De Gaulle legte nach seiner Rede am Grabmal des Unbekannten Soldaten im (>) Hofgarten einen Kranz nieder. Er wollte damit unterstreichen, dass aus den ehemaligen Gegnern nun Partner innerhalb der NATO geworden waren.

Charles de Gaulle an der Feldherrnhalle, 8. September 1962 (StAM)

Hofgarten

Das 1924 im Hofgarten eingeweihte Grabmal des Unbekannten Soldaten erinnert an die 13.000 Münchner, die im Ersten Weltkrieg fielen. Inzwischen war noch der Zweite Weltkrieg dazugekommen, der 17.000 Münchner Soldaten und 6.000 Bombenopfern in München selbst das Leben kostete. Der ermordeten Juden, Kriegsgefangenen, Zwangsarbeiter, Zigeuner, Kranken, politischen Häftlingen, Homosexuellen und anderen Münchner Opfer des Nationalsozialismus wird im Hofgarten nicht gedacht.
Nach 1945 behielt das Kriegerdenkmal vor der Kulisse des zerstörten Armeemuseums also seine Aktualität. Am 3. September 1950 etwa fand zum ersten Mal der „Tag der Opfer des Krieges" statt. Viertausend Menschen fanden sich zum Gedenken an die oben genannten 36.000 Toten zusammen. Die „Süddeutsche Zeitung" beschrieb die Atmosphäre: *„Schwerstversehrte, Beinamputierte und Kriegsblinde, alte und junge Männer, viele schwarz gekleidete Frauen, Mädchen und trauernde Mütter saßen und standen um das Geviert des steinernen Grabmals. Viele Frauen wischten sich die Tränen aus den Augen."* Weihbischof Johannes Neuhäusler (1888–1973) sagte in seiner Rede: *„Der Krieg bringt nur Ruinen, Tod und alle Art von Elend und Verbrechen"*, und appellierte an alle Verantwortlichen: *„Rottet die Giftwurzel des Krieges aus!"*
Eine andere Stimmung herrschte im Hofgarten an den Volkstrauertagen; hier ging es eher darum, den Tod der Soldaten als Dienst am Vaterland zu interpretieren. Herausgegriffen sei der 14. November 1954. Neben Schaulustigen und Ehrengästen nahmen auch ein Musikzug und eine Hundertschaft der Bereitschaftspolizei mit ihren Wehrmachtsstahlhelmen teil. Ebenfalls anwesend waren uniformierte Korporationsstudenten, deren Burschenschaften zu den eifrigsten Anhängern des Nationalsozialismus gehört hatten.
Staatssekretär Andreas Grieser (1868–1955) hielt es für angemessen, folgende Gedanken zu äußern: *„In Ehrfurcht stehen wir heute wieder vor diesem Grabmal und gedenken der Gefallenen. Sie haben ihre vaterländische Pflicht erfüllt und uns ein Leben der Liebe und Treue, des Gehorsams und der Entsagung vorgelebt. Der Opfer, die sie alle gebracht haben, müssen wir uns würdig erweisen. Heute gilt es, den Fahneneid* [auf Adolf Hitler, d.V.] *zu erneuern: Den Kriegsopfern zu helfen und ihnen für ihre Treue zu danken."* Im selben Atemzug warnte Grieser vor einem Dritten Weltkrieg.
Gegen Ende der Veranstaltung kommandierte der befehlshabende Offizier der Bereitschaftspolizei: *„Karabiner auf Schulter!"* Unter den Klängen des Liedes vom „Guten Kameraden" wurden die Kränze der Staatsregierung, der Stadt München und zahlreicher Verbände niedergelegt. Mit dem Lied „Die Himmel rühmen" endete die Gedenkfeier.

Auch die Bundeswehr instrumentalisierte das Kriegerdenkmal im Hofgarten auf ihrer schwierigen Suche nach historischen Vorbildern. Anlässlich des ersten Großen Zapfenstreiches der Bundeswehr in München nach dem Krieg (> Dachauer Straße 128) fand am 18./19. Juni 1960 der „Tag der alten und jungen Gebirgstruppe" statt. Vor der Ruine des Armeemuseums sprach der Wehrmachtsgeneral a.D. Rudolf Konrad: *„Für uns Soldaten ist der alte ehrwürdige Besitz, auf dem wir stehen, mehr als Mauerwerk und Grundstücke, die man beliebig vertauschen kann. Der Platz ist verbunden mit unserer Ehrfurcht vor den Opfern der Vorväter, Väter, Brüder und Söhne in ihren Notzeiten."* Und er zitierte Kardinal Joseph Wendel: *„Treue und Kameradschaft sind mit den gefallenen Gebirgsjägern nicht begraben worden, sondern unter den Lebenden geblieben."*
Das Lied vom „Guten Kameraden" rundete die Feier ab, und die Ehrenkompanie der 1. Gebirgsdivision salutierte, während etliche Kränze niedergelegt wurden: Von der Bundeswehr selbst, dem ehemaligen Alpenkorps, so genannten Kameradenkreisen aus Südtirol, Österreich, Bayern und Ungarn sowie im Namen des Generalfeldmarschalls a.D. Wilhelm List (1880-1971). Auch der Bundesverteidigungsminister Franz Josef Strauß hatte einen Kranz geschickt.
Der Kranz, den der französische Staatspräsident Charles de Gaulle am 8. September 1962 am Kriegerdenkmal niederlegte, trug dagegen eine friedliche Symbolik (> Odeonsplatz). Der Rahmen war der traditionelle geblieben: Die Bereitschaftspolizei unter ihren Stahlhelmen umstand das Denkmal und spielte den „Guten Kameraden", während de Gaulle die Stufen hinunterstieg. Sein Kranz, der mit blauen, weißen und roten Blüten – den französischen Nationalfarben – verziert war, galt den Gefallenen der Armee, gegen die de Gaulle als General selbst gekämpft hatte. Diese Geste der Versöhnung hinterließ einen tiefen Eindruck. Kurz darauf setzte er sich über das Protokoll hinweg, begrüßte einige Kriegsversehrte und unterhielt sich mit ihnen auf Deutsch über die unselige Vergangenheit und hoffentlich bessere Zukunft.
Der Volkstrauertag am 16. November 1975 fand wie üblich vor der Ruine statt, nur dass deren Kuppel inzwischen mit privat initiierten Schriftzügen beschrieben war. Einige forderten *„Nie wieder Krieg!"*, während der Name *„Vietnam"* an den dortigen Krieg erinnern sollte. Unter diesen Parolen riefen die Redner dazu auf, aus den Soldatenfriedhöfen und Massengräbern der Vernichtungslager den Willen zu entwickeln, im Bemühen um Frieden und Gerechtigkeit nie nachzulassen. Als Zeichen der Völkerfreundschaft legten deutsche Einrichtungen, aber auch die Regierungen von Großbritannien, Frankreich und den USA Kränze nieder. Zum Zeichen der Versöhnung über den Gräbern bliesen Trompeter der amerikanischen, britischen und französischen Armee ihre jeweiligen Totenrufe. Bundeswehr, Bundesgrenzschutz und Bayerische Bereitschaftspolizei komplettierten diese Waffenbrüderschaft.

Ludwigstraße 2

Seit dem 26. März 1946 arbeitete das Generalkonsulat der USA im Gebäude Ludwigstraße 2. Zusammen mit der US-Militärregierung (> Tegernseer Landstraße 202–234) setzte man die Besatzungspolitik in Bayern durch und war für die üblichen konsularischen Tätigkeiten verantwortlich. Besonderer Wert wurde dabei auf das Informationswesen und die Öffentlichkeitsarbeit gelegt, da man die Deutschen von den Vorzügen der amerikanischen Lebensart überzeugen wollte. Seit Februar 1952 widmeten sich im Generalkonsulat eigene Abteilungen der Unterrichtung von Presse und Rundfunk, der Propagierung amerikanischer Filme, den Amerika-Häusern und der Jugend, die mit amerikanischen Werten bekannt gemacht werden sollte.

Am 5. Mai 1955 endete die Besatzungszeit und die BRD wurde ein unabhängiger, souveräner Staat. Aus diesem Anlass erschienen die Generalkonsulen von Frankreich, Großbritannien und den USA bei Ministerpräsident Wilhelm Hoegner. Sie teilten ihm die offizielle Beendigung des Besatzungsauftrages ihrer Institutionen mit. Seitdem fungierten die Generalkonsulate in München nur noch auf wirtschaftlichen und den sonstigen klassischen konsularischen Gebieten.

Das US-Generalkonsulat in München erfüllte aber noch eine wichtige außenpolitische Aufgabe. Es galt als eine der wichtigsten diplomatischen Vertretungen der USA in ganz Europa. Den Grund nannte die „Süddeutsche Zeitung" am 2. Juni 1956: *„München ist das Zentrum der westlichen Propaganda, und außerdem haben hier, wegen Bayerns Nachbarschaft zum 'Eisernen Vorhang', zahlreiche Emigranten-Organisationen ihren Sitz."*

Es verwunderte daher nicht, dass am 25. Mai 1956 mit Edward Page ein Osteuropaexperte zum US-Generalkonsul in München ernannt wurde. Er hatte den gesamten Krieg und Jahre danach an der US-Botschaft in Moskau verbracht und später als politischer Berater seiner Regierung bei der NATO gearbeitet.

Ab Juli 1952 belegte der Sender „Stimme Amerikas" ein ganzes Stockwerk des Generalkonsulats mit seinen Studios und Büroräumen. Die „Stimme" hatte seit dem 17. Februar 1947 nur in Russisch gesendet, während ab 1952 das Programm auf 46 Sprachen des sowjetischen Machtbereiches erweitert wurde.

Im Unterschied zum angeblichen privaten Charakter der Sender „Radio Freies Europa" und „Radio Liberty" (> Oettingenstraße 67) war die „Stimme Amerikas" das offizielle Sprachrohr der US-Regierung und unterstand dem Außenministerium, das in München vom Generalkonsulat repräsentiert wurde. *„Der Hauptgrund, weshalb wir uns auch in München niedergelassen haben"*, erklärte der Leiter, Aldo d'Alessandro, in der „Süddeutschen Zeitung" am 12. August 1952, *„ist, weil Bayern durch seine geografische Lage und Grenznähe zu verschiedenen kommunistisch beherrschten Ländern für unsere Aufgabe als besonders geeignet erscheint und uns unmittelbare Reaktionen erlaubt. Wir* *haben nur ein einziges Ziel: das kommunistische Regime zu unterhöhlen."* Die „Süddeutsche Zeitung" resümierte: *„Und wenn nicht alles trügt, wird* [München] *bald der europäische Mittelpunkt des Kalten Ätherkrieges zwischen Ost und West sein."*

Gerade bei antikommunistischen Einrichtungen entstand immer wieder der Verdacht, sie seien kommunistisch unterwandert. Der „Münchner Merkur" berichtete am 11. April 1953: *„Die beiden Beauftragten de amerikanischen Senators McCarthy, Roy M. Cohn und Gerard D. Shine, weilten auf ihrer Inspektionsreise durch Europa in München. Sie wohnten im amerikanischen Gästehaus in Harlaching und bestellten sich dorthin eine Reihe von Persönlichkeiten zu Verhören, darunter auch, wie vermutet, Mitglieder des Münchner Stabes der 'Stimme Amerikas'. Dem Münchner amerikanischen Generalkonsulat statteten sie keinen Besuch ab."* (> Arcisstraße 12). Der Grund für diese Brüskierung lag darin, dass der Generalkonsul Charles W. Thayer (1910-1969) vor den Ausschuss zur Untersuchung unamerikanische Umtriebe des Joseph McCarthy zitiert worden war und seine Vorführung dadurch verhinderte, dass er von seinem Amt Ende März 1953 zurücktrat und den amerikanischen diplomatischen Dienst verließ.

Schönfeldstraße 5

Ein Denkmal vor dem Hauptstaatsarchiv an der Schönfeldstraße 5 erinnert an dunkle deutsche Traditionen. Am 29. Mai 1960 enthüllte man in einer bombastisch aufgemachten Feier das Kavallerie-Denkmal, das laut Inschrift *„1870-1945. Der Deutschen Kavallerie zum Gedenken"* gewidmet ist. Bernhard Bleeker (1881-1968) hatte es geschaffen. Ein weiteres seiner Werke ist der tote Soldat im Kriegerdenkmal im (>) Hofgarten aus dem Jahr 1924.

Der Bayerische Staat stellte den Platz vor dem ehemaligen Kriegsministerium zur Verfügung, die Finanzierung wurde durch Spenden von ehemaligen Mitgliedern der Kavallerie gesichert. Zur Enthüllung mit Marschmusik und Festreden fanden sich zahlreiche Angehörige der ehemaligen Kavallerie, Bundeswehroffiziere, Staatssekretär Franz Lippert (1900-1977) und Bürgermeister Georg Brauchle (1915-1968) ein. Ein Musikzug der Luftwaffe und eine Ehrenkompanie eröffneten die Feier um das mit zahlreichen Kränzen geschmückte Bronzestandbild.

Der Wehrmachtsgeneral a.D. Dietrich von Saucken (1892-1980) lobte *„die großzügigen Stiftungen der Angehörigen der ehemaligen Kavallerie"*. Sie zeigten, *„wie groß die Liebe zur alten Waffe ist."* Nachdem er sich über die *„großen Zeiten der deutschen Kavallerie"* und die diversen Schlachten dieser Waffengattung verbreitet hatte, schilderte er die Eigenschaften der *„deutschen Soldatenpferde"*, so als besäßen Tiere verschiedene Nationalitäten und die sich daraus

Vorstellung des Soldatenpferdes deutscher Nationalität, 29. Mai 1960 (StAM)

ergebenden besonderen Charaktereigenschaften: *„Fromm, willig und ausdauernd bis zum letzten Atemzug"*, lautete die - vom General natürlich positiv gemeinte - niederschmetternde Analyse.
Als nächster Redner trat Paul Reichelt, Generalmajor der Bundeswehr, auf. Er überbrachte die Grüße des Verteidigungsministers Franz Josef Strauß und versicherte, dass die Leistungen der Kavallerie auch bei der Bundeswehr, die keine Pferde besitze, nicht vergessen würden. Vor allem in der modernen Schlachtenkavallerie, der Panzerwaffe, lebe der alte Geist der Kavallerie weiter. Die martialische Feierstunde endete mit dem Parademarsch eines traditionellen Ulanen-Regiments.

Kaulbachstraße 11

Am 14. September 1949 öffnete die Internationale Jugendbibliothek ihre Pforten in der Villa an der Kaulbachstraße 11. Sie war das Werk der Kinderbuchautorin und Journalistin Jella Lepman (1891-1970). Als Witwe mit zwei Kindern musste sie ihres jüdischen Glaubens wegen ihre Heimat Stuttgart und Deutschland 1936 verlassen und nach Großbritannien übersiedeln. 1945 machte ihr die US-Armee das Angebot, an der geistigen Umerziehung der Deutschen mitzuarbeiten.

Lepman fiel die Entscheidung, ausgerechnet nach Deutschland zurückzukehren, nicht leicht. In ihrem Buch „Die Kinderbuchbrücke" schreibt sie: *„Wäre es um Erwachsene gegangen, hätte ich keinen Augenblick gezögert, nein zu sagen. Die Kinder aber, lag hier der Fall nicht anders? Waren die Kinder Deutschlands nicht genauso schuldlos wie die Kinder überall auf der Welt, wehrlose Opfer furchtbarer Ereignisse?"*

Jella Lepman gelang es, in aller Welt Spenden für den Aufbau einer Jugend- und Kinderbibliothek für das ehemals feindliche und immer noch unheimliche Deutschland zu organisieren. Zur Eröffnung hatte sie rund 8.000 Bücher aus 23 Ländern zusammengetragen. Die Kaulbachstraße 11 entwickelte sich sehr schnell zu einem Treffpunkt für Jung und Alt. Der Jahresbericht 1950 teilte mit: *„Von Anfang an war das schöne Gebäude voller Kinder und junger Menschen, Erziehern, Verlegern und Autoren. Es hat sich schon jetzt zu einem der beliebtesten Zentren für internationale Treffen junger Menschen entwickelt."* Und 1952 hieß es im Jahresbericht: *„Es sind vor allem deutsche Kinder, die sich an dem eigentlichen Bibliotheksbetrieb beteiligen, aber auch eine große Anzahl von Kindern der Besatzungsbehörden, der diplomatischen Vertretungen und anderer ausländischer Familien kommen regelmäßig in die Internationale Jugendbibliothek. Die Zusammenarbeit mit Verlegern und Pädagogen ist völlig international, auch das 'Internationale Kuratorium für das Jugendbuch' ist eine Garantie für eine immer weitere Ausbreitung dieser internationalen Arbeit und Beziehungen."*

Im Jahr 1953 eröffnete Jella Lepman in ihrer Bibliothek eine Ausstellung von Kinderzeichnungen aus Israel. Bei dieser für das damalige Deutschland ungewöhnlichen und emotionalisierenden Gelegenheit sagte der Kinderbuchautor Erich Kästner (> Bogenhauser Kirchplatz): *„Mir scheint, dass wir auch in den dunkelsten Stunden, während wir an nichts mehr glauben, noch immer an alles glauben, nur nicht mehr an erfüllbare Hoffnungen hier, jetzt und durch uns selber. Deshalb, wenn auch keineswegs nur deshalb, wenden viele von uns ihre gesamte Aufmerksamkeit, Mühe und Zuversicht den Kindern zu. Denn die Kinder sind unschuldig. Selbstverständlich nicht so, als ob sie Engel zu Fuß wären, sondern weil sie zum Schuldigwerden noch keine Zeit hatten. Dass wir wieder werden wie die Kinder, ist eine unerfüllbare und bleibt eine ideale Forderung. Aber wir können zu verhüten suchen, dass die Kinder werden wie wir."*

Die weltweit einzige Einrichtung ihrer Art, in der Kinder und Jugendliche ihre Altersgenossen im Ausland über deren Bücher kennen lernen können, zog 1983 nach Schloss Blutenburg um. Hier fanden die inzwischen 400.000 Bücher in 120 Sprachen eine räumlich ausreichende und architektonisch ansprechende Bleibe. Am Gebäude Kaulbachstraße 11 erinnerte eine Tafel an Jella Lepman. Diese Tafel zog mit nach Schloss Blutenburg um.

Kaulbachstraße 13

Ein Jahr nach der Gründung der BRD wurden 1950 offizielle diplomatische Beziehungen zu Frankreich aufgenommen. Zum Generalkonsul in Paris ernannte Bundeskanzler Konrad Adenauer den Münchner Wilhelm Hausenstein (1882-1957) (> Bogenhauser Kirchplatz), französischer Konsul in München wurde Robert Fabre. Das französische Konsulat bezog seine Amtsräume in der Kaulbachstraße 13, in der ehemaligen Wohnung des nationalsozialistischen Ministerpräsidenten Ludwig Siebert (1874-1942) beziehungsweise seiner Witwe.
Nach dem Umzug des Konsulats 1953 in die Widenmayerstraße 51 und 1956 in die (>) Möhlstraße 10 bezog das Institut Francais, das Französische Kulturinstitut, das Gebäude. Gleichzeitig mit dem Konsulat hatte es am 5. Mai 1950 in der Widenmayerstraße 51 seinen Betrieb aufgenommen. Ähnlich dem Amerika-Haus (> Arcisstraße 12) und dem Britischen Lesesaal (> Delpstraße 6) sah das Französische Institut seine Aufgabe darin, die durch den Krieg zerrissenen kulturellen Beziehungen zwischen Deutschland und Frankreich wiederzubeleben. Unter dem Patronat der Universität Paris veranstaltete man Sprachkurse und wissenschaftliche Themen. Die Bibliothek – die größte französische in Westdeutschland – umfasste anfangs bereits 25.000 Bände, viele von ihnen stammten aus dem Institut Francais in Bukarest, das im Jahr 1948 auf Druck der rumänischen Regierung hin hatte geschlossen werden müssen. Die wichtigsten Tageszeitungen Frankreichs und mehr als 100 Zeitschriften ergänzten die Bücherei.

Kaulbachstraße 15

Die Villa des Malers Friedrich August von Kaulbach (1850–1920) musste von 1933 bis 1945 als Wohnsitz der Gauleiter Adolf Wagner (1890-1944) und Paul Giesler (1895-1945) dienen. Um deren Verlautbarungen direkt zum Sender Ismaning übertragen zu können, wurde ein Kabel dorthin verlegt. Diese technischen Einrichtungen veranlassten die US-Armee, schon am 8. Juni 1945 von der Kaulbachstraße 15 aus den Betrieb ihres Soldatensenders „American Forces Network" (AFN) aufzunehmen. Seine Aufgabe bestand ursprünglich darin, die US-Soldaten mit Informationen, Unterhaltung und Musik aus Amerika zu versorgen. Dazu baute man ein umfangreiches Plattenarchiv, das direkt aus den USA stammte, auf. Und gerade dieses Musikangebot sowie die für deutsche Verhältnisse ungewohnt lockere Programmgestaltung ließen AFN zum beliebtesten Sender zumindest bei der Jugend werden. Die „Süddeutsche Zeitung" berichtete am 26. Juni 1954 aus dieser inzwischen längst untergegangenen Welt: *„Beliebtester US-Schlager ist zur Zeit 'Little things mean a lot', gesungen von Kitty Kallen, einst Sängerin bei Harry James' weltberühmten Orchester."*
Anlässlich des 15. Geburtstages von AFN schrieb der „Münchner Merkur" vom

28. Oktober 1960: *„Die Station hat viel für die deutsch-amerikanische Verständigung getan. AFN ist in Bayern längst zur 'Notwelle' geworden, wenn im Bayerischen Rundfunk gerade anstrengende wissenschaftliche oder literarische Vorträge gehalten werden. Selbst Leute, die nicht das Geringste mit den Amerikanern zu tun haben, wissen genau, zu welchen Tageszeiten AFN seine regelmäßigen Sendungen ausstrahlt."*

Wie vielen Einrichtungen der US-Armee, so galt auch dem AFN ein Bombenanschlag. Am 4. Mai 1976 explodierte ein Sprengkörper auf dem Grundstück Kaulbachstraße 15. Er richtete keinen Schaden an, außer dass er seinen Urheber schwer verletzte. Dieser unterhielt sowohl zu links- wie auch rechtsterroristischen Zirkeln Verbindungen.

Mit dem endgültigen Abzug der US-Soldaten aus München im Juni 1992 stellte der AFN, der im November 1984 in die Kaulbachstraße 45 umgezogen war, seinen Betrieb ein.

Königinstraße 5

Im April 1958 bezog das Generalkonsulat der USA seinen Neubau an der Königinstraße 5 (> Ludwigstraße 2). Ein spezielles Arbeitsgebiet stellte die anhaltende Auswanderung aus Westdeutschland in die Vereinigten Staaten dar. So wickel-

Generalkonsulat der USA, noch ohne Befestigungen, 1959 (StAM)

te das Münchner Generalkonsulat die 999.999ste und 1.000.000ste Auswanderung seit 1949 ab: Ein Vater und sein Sohn bestiegen am 10. Mai 1960 zusammen mit 87 anderen auf dem Flughafen Riem eine Chartermaschine in das Land der – erhofften – unbegrenzten Möglichkeiten.
Das militärische Eingreifen der USA in Vietnam seit 1963 ließ das Generalkonsulat zum Münchner Symbol eines US-Imperialismus und damit zur Zielscheibe zahlreicher Protestaktionen werden. Am 4. Juli 1966 etwa, dem Unabhängigkeitstag der USA, demonstrierte die Kampagne für Abrüstung – Ostermarsch der Atomwaffengegner gegen den Vietnamkrieg. Dabei wurden Steine und Tintenfässer gegen das Gebäude geschleudert.
Um solche Vorfälle zu verhindern, mussten Vietnam-Kundgebungen oft an anderen Orten in der Stadt abgehalten werden, so am 20. Januar 1973 auf dem Marienplatz. Der Sprecher der Münchner Jungsozialisten, Siegmar Geiselberger, bezeichnete dort den Präsidenten Richard Nixon (1913-1994) als einen *„Wahnsinnigen in der Weltgeschichte"*. Der Studentenpfarrer Horst Stuckmann warnte: *„Wir dürfen nicht so weit kommen, dass wir es als normal empfinden, wenn imperialistische Aggressoren ganze Völker in die Steinzeit zurückbomben. Es gilt nun für alle, Partei zu ergreifen für das geschundene, aber unbesiegte Volk von Vietnam, das stellvertretend für alle unterdrückten Völker einen Kampf für das Selbstbestimmungsrecht führt."* Mit großer Begeisterung wurde die Mitteilung aufgenommen, dass sich der Fußballer Paul Breitner vom FC Bayern mit der Veranstaltung solidarisiert und einen Scheck über 750 Mark für ein Kinderkrankenhaus in Haiphong übergeben hatte. Mit dem militärischen Sieg Nordvietnams über Südvietnam und die USA endete der Krieg am 1. Mai 1975. Das Generalkonsulat blieb jedoch im Schussfeld politischer Proteste und damit ein bewachtes und abgeschirmtes Gebäude.
Ein anderes Betätigungsfeld der US-Außenpolitik lag in Lateinamerika, wo die nordamerikanischen Wirtschaftsinteressen oft mit Hilfe des Militärs und des Geheimdienstes CIA durchgesetzt wurden. So konnte das chilenische Militär den amtierenden sozialistischen Präsidenten Salvador Allende (1908-1973) am 11. September 1973 ermorden und die Macht im Lande an sich reißen. Da bei diesen Vorkommnissen offensichtlich die USA ihre Hand im Spiel hatten, geriet ihr Münchner Generalkonsulat auch deshalb ins Visier der Gegner dieser US-Politik. In diesem Zusammenhang schlug die Münchner SPD im November 1973 vor, die Königinstraße in Salvador-Allende-Straße umzubenennen. Die innerparteilichen Spannungen zeigten sich darin, dass der Oberbürgermeister Georg Kronawitter dem zuständigen Ältestenrat des Stadtrates am 16. November 1973 vorschlug, eine Umbenennung auf keinen Fall vorzunehmen. (> Oberanger 38).
Der Stadtrat beschäftigte sich am 13. Dezember 1973 mit dem SPD-Antrag, ebenso wie nach der militärischen Besetzung der CSSR durch ihre vorgeblichen Bruderländer im August 1968 auch nun einige politische Flüchtlinge aufzunehmen,

dieses Mal 50 Menschen aus Chile. Eine hitzige Debatte entspann sich um dieses Problem. So argumentierte etwa die CSU-Stadträtin Anne-Marie Zerban, München solle nur 30 Chilenen aufnehmen, *„weil wir sonst die Situation auf dem Arbeitsmarkt und dem Wohnungsmarkt noch verschärfen."* Am Ende schließlich stimmte der gesamte Stadtrat außer Hans Stützle für die Aufnahme der 50 Chilenen.

Königinstraße 11a

Der Allgemeine Deutsche Automobilclub (ADAC) setzte sich zum Ziel, alles und jeden zu fördern, der sich dem automobilen Fortschreiten widmete. So konnte es nicht verwundern, dass man bereits am 1. Mai 1933 der NSDAP Benzin spendete, damit diese ihren „Tag der Deutschen Arbeit" kostengünstiger organisieren konnte.

Die erste Hauptversammlung des ADAC nach dem Krieg fand am 5. September 1948 in seiner Zentrale an der Königinstraße 11a statt. Es war dies die Zeit der beginnenden ungehemmten Auto-Euphorie, die häufig eindeutig neurotische Züge zeigte. Interessant in diesem Zusammenhang auch, dass sich der ADAC mit seiner späteren Parole *„Freie Fahrt für freie Bürger"* selbst entlarvte: Für diese damals engstirnige Interessengruppe galt Freiheit gleich der ungehinderten automobilen Freiheit.

Einige ausgewählte Ereignisse mögen die damals vorherrschende Stimmung im Lande illustrieren: Am Sonntag, dem 30. Juli 1950, veranstaltete der ADAC ein 50-Kilometer-Verfolgungsrennen über Stock und Stein. Es galt, einen Porsche einzuholen, der mit einem Vorsprung von 45 Minuten zwischen Steinebach und Forstenried quer durch Wälder, Felder und über Landstraßen jagte. Zum leichteren Auffinden hinterließ er eine Spur von Ausgaben der „Abendzeitung" im Gelände. Als erster Preis war eine Armbanduhr ausgelobt, als zweiter Preis ein Polstersessel. Die „Süddeutsche Zeitung" war als Augenzeugin mit dabei: *„Am Straßenrand in Stockdorf steht das erste Opfer: eine cremefarbige Limousine mit eingebeultem Kotflügel. Mitten im Forstenrieder Park: ein weißer Ford-Taunus hängt hilflos auf einem Baumstumpf. Wagenrudel holpern im 40-Kilometer-Tempo über Feld- und Waldpfade."*

In derselben Ausgabe werden unter der Überschrift *„Die täglichen Unfälle"* für die vergangene Woche allein in München 199 Verkehrsunfälle, bei denen ein

Mensch getötet und 117 Personen verletzt wurden, gemeldet. Das Verkehrsgeschehen entwickelte sich in dramatischem Ausmaß immer gefährlicher. In der Stadt München etwa ereigneten sich im ersten Halbjahr 1948 insgesamt 1955 Unfälle, im ersten Halbjahr 1949 waren es 3514 und im gleichen Zeitraum 1950 bereits 4188 (> Karlsplatz).

Bei diesen Verhältnissen schien es angebracht, sich bei höchster Instanz abzusichern: Die kirchlichen Fahrzeugweihen erfreuten sich immer größerer Beliebtheit, etwa die am 10. Juli 1955 in der Maximilianstraße. Der „Münchner Merkur" berichtete: *„Die Beteiligung übertraf alle Erwartungen. Die kilometerlange Autokolonne, die sich in der Auenstraße bildete, wuchs weit bis über den Baldeplatz hinaus. Die ganze Baumstraße gehörte den Motorradlern und Rollerfahrern... die kleine Hilde mit ihrem Puppenwagen... die Mütter mit den Kinderwägen... kleine Buben und Mädel mit sauber geputzten Kinderrädern, Radlrutsch und Dreiradlern... Taxis und Omnibusse der Verkehrsbetriebe, ein nagelneues städtisches Müllfahrzeug, ein Wagen des diplomatischen Corps, uralte Dixi, die Lieferwagen eines Kaufhauses, mehrere Fahrschulen, schwere Lastwagen."* In seiner Ansprache wetterte Domkapitular Josef Thalheimer gegen die Disziplin- und Rücksichtslosigkeit im Straßenverkehr. Denn seit Kriegsende waren auf dem Gebiet der Bundesrepublik schätzungsweise 50.000 Menschen den Verkehrstod gestorben.

Der ADAC hatte sich bereits 1951 grundsätzlich dagegen ausgesprochen, dass die Polizei Geschwindigkeitskontrollen durchführt und dabei Raser anhält und zur Kasse bittet. Anfang der sechziger Jahre nun erkannte der ADAC in grandioser Verdrehung logischer und zeitlicher Zusammenhänge die wahren Schuldigen am Massensterben auf den Straßen: Die Alleebäume.

Ein Leserbrief in der „Süddeutschen Zeitung" vom 2. Februar 1962 erläuterte diese Anschauung genauer: *„Es ist mir immer wieder unverständlich, dass die SZ stets und ständig den Baumbestand an Straßenrändern auf das Eifrigste verteidigt. Dieselbe Zeitung, welche in jeder Woche davon berichten muss, dass wieder so und so viele Menschen an Straßenbäumen bei Autounfällen ihr Leben lassen mussten! Wäre es nicht endlich an der Zeit, den Straßenbaubehörden klarzumachen, dass Bäume an Straßenrändern nichts zu suchen haben? Ich frage mich, wem sollen diese Bäume nützen? Sie behindern die Sicht, lockern mit ihrem Wurzelwerk die Straßendecke und bringen den Tod. Darum weg mit diesen Mördern am Straßenrand."*

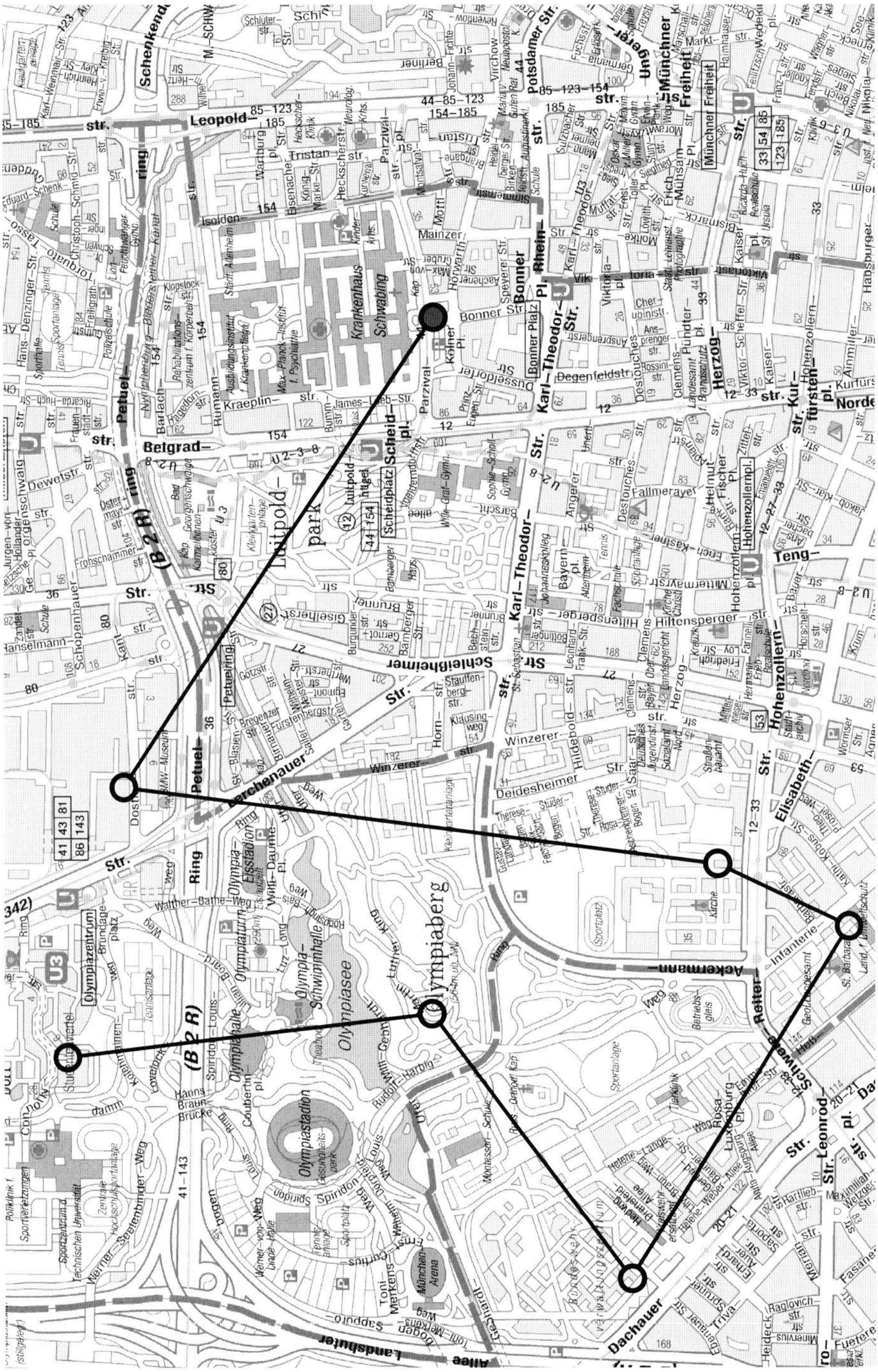

Krankenhaus Schwabing
Luitpold-park
Olympiaberg
Olympiasee
Olympiastadion
Olympiahalle
Olympiazentrum
Leopold-
Petuel-ring
Karl-Theodor-Str.
Ackermann-
Dachauer
Landshuter Allee

Oberwiesenfeld

Nordschwabing und das Oberwiesenfeld waren und sind geprägt von den Einrichtungen der Bundeswehr und vom Automobilbau. Von überlokaler Bedeutung waren die Olympischen Sommerspiele 1972.

Kölner Platz 1

Das Schwabinger Krankenhaus diente seit Juli 1945 der US-Armee als 98th General Hospital. Als die Amerikaner 1954 Teile der Anstalt und 1957 das gesamte Gelände geräumt hatten, nahm die Stadt München das Haus wieder in Benutzung, renovierte und erweiterte es.

Eine der neuen Abteilungen war das 1961 eingerichtete Zentral-Röntgen-Institut, das auch als Notstation für Strahlengeschädigte ausgelegt wurde. Während der fünfziger Jahre waren überirdische Atombombenversuche gang und gäbe, die radioaktive Belastung der Atmosphäre stieg dementsprechend weltweit dramatisch an. Am 21. Mai 1956 etwa zündeten die USA über dem Bikini-Atoll im fernen Pazifik eine Wasserstoffbombe. Am 9. Juni 1956 ging über dem Voralpenland ein ungewöhnlich stark radioaktiver Regen nieder.

Am 11. Januar 1957 feierte man in Garching das Richtfest des ersten westdeutschen Atomreaktors. Der Festschmaus spiegelte das unverkrampfte Verhältnis der Betreiber zur Atomkraft wider: Man kredenzte *„Uranstäbe (Weißwürste), Vorfluterbrühe mit Kerneinlage (Leberknödelsuppe), Neutronenschlegel (Kalbfleisch), Fettisotop (Nachspeise), radioaktives Kühlwasser (Bier) sowie Garchinger Gammadunst“*, wie die Käseplatte bezeichnet wurde. Ab November 1957 lief dann in Garching der radioaktive Betrieb. Bald machte man sich im benachbarten München Sorgen darüber, was bei einem etwaigen Reaktorunfall oder bei unvorhergesehenen Vorkommnissen während des Transports von radioaktiven Substanzen mit der verstrahlten Bevölkerung geschehen solle. Das Schwabinger Krankenhaus kam für die Notstation für Strahlengeschädigte deshalb in Frage, weil es dem Garchinger Reaktor am nächsten lag. Offenbar unterschätzte man Reichweite und Ausmaß von radioaktiver Strahlung völlig.

In der Stadtratsdebatte am 14. Mai 1961 über die Errichtung des besagten Instituts entspann sich ein bezeichnender Dialog zwischen der Stadträtin Anneliese Schirbl (SPD) und dem Stadtrat und Arzt Ernst Holzer (CSU). Schirbl: *„Die Münchner Frauenvereinigungen haben erst kürzlich in einer Versammlung das Problem des Schutzes der Bevölkerung vor Atomstrahlen besprochen. Sollte man nicht die ganze Bevölkerung über diese Gefahren aufklären?“* Holzer: *„Ich glaube, bei*

einer derartigen Aufklärung kommt nichts heraus. Die Leute, die jetzt mit Atomstrahlen umgehen, wissen Bescheid. Und wenn wirklich einmal was vom Himmel fällt, dann wird man schon sehen, was man der Bevölkerung sagen kann."
Von 1945 bis 1958 fanden überirdische Atombombenversuche statt, die die Radioaktivität in der Luft auf dramatische Höhen trieben. Nach dem Ende dieser Testserien fiel die radioaktive Belastung langsam auf ein Zweihundertstel. Am 9. September 1961 zündete die Sowjetunion erneut eine überirdische Kernwaffe, und schon am 14. September fiel in München ein Regen, der zwanzigmal so stark radioaktiv belastet war wie die Wolkenbrüche davor.

Die Sowjetunion, die USA und Großbritannien unterzeichneten zwar am 5. August 1963 das Atomteststopp-Abkommen für Kernwaffenversuche in der Atmosphäre, im Weltraum und unter Wasser, aber infolge der langen Halbwertzeit der um die Erde schwebenden strahlenden Partikel ließ die zur *„natürlichen Radioaktivität"* umerklärte Strahlung nur geringfügig nach, auch deshalb, weil Frankreich und China weiterhin überirdisch testeten.

Im März 1964 wurde in München ein vorübergehendes Ansteigen der Ablagerung von Alpha-Strahlern beobachtet. Das Bundesforschungsministerium stellte dazu abwiegelnd fest: *„Die in München beobachteten Mengen liegen unter der Toleranzgrenze. Eine Beunruhigung ist aber nur dann angebracht, wenn die verstärkte Radioaktivität nicht eine vorübergehende Erscheinung ist, sondern das ganze Jahr über andauert."* Die Münchner Gesundheitsbehörde stellte bei den Regenfällen zwischen dem 15. und dem 29. Oktober 1965 eine sechzehnmal so starke Belastung mit langlebigen Alpha-Teilchen wie „normal" fest. Man zog es aber vor, die Bevölkerung mit der Mitteilung dieses Ansteigens nicht zu beunruhigen. Als dies im Januar 1966 herauskam, verteidigte man das Verschweigen mit dem Argument, die Bevölkerung wäre nur unnötig beunruhigt worden. Es hätte zu keinem Zeitpunkt irgendeine Gefahr gedroht, und es würde auch jetzt keine Gefahr drohen. Von einer Verseuchung der Lebensmittel sei nichts bekannt. Außerdem könne man nicht ausschließen, dass bei den Messungen möglicherweise ein Fehler unterlaufen sei.

Ein Fachmann vom Münchner Institut für Strahlenschutz attestierte den Verschweigern Verantwortsbewusstsein. Man könne erst dann von einer alarmierenden Situation sprechen, wenn die Bevölkerung einem erhöhten Strahlenquantum über längere Zeit, sprich: über Jahre, ausgesetzt sei. Über die Herkunft der langlebigen Strahlung konnte auch er keine Angaben machen, versprach aber, die Angelegenheit weiter untersuchen zu wollen. Das Gesundheitsamt ließ darüber hinaus verlauten, Gesundheitsschädigungen müssten erst dann befürchtet werden, wenn über lange Zeit hinweg die Radioaktivität hundertmal höher als die bisher höchsten Werte sei. Die in München gemessenen Werte seien zwar bemerkenswert, aber völlig ungefährlich.

Bundeswissenschaftsminister Gerhard Stoltenberg konnte sich die Quelle der radioaktiven Strahlung in München und im Voralpengebiet auch nicht erklären. Vielleicht sei es nicht auszuschließen, dass ein Atomunfall in Frankreich zu dem – allerdings völlig ungefährlichen – Ansteigen der Strahlung geführt haben könnte. Die Bundesregierung könnte aber zu Abwehr- und Schutzmaßnahmen genötigt sein, wenn die im vergangenen Herbst gemessene Radioaktivität unvermindert anhalten sollte, konkretisierte Stoltenberg. Eine der in diesem Fall zu ergreifenden Maßnahmen seien Verhandlungen mit benachbarten Staaten, beruhigte der Minister.

Lerchenauer Straße 76

Die Anlagen der Bayerischen Motorenwerke (BMW) an der Lerchenauer Straße 76, wo im Krieg Flugmotoren hergestellt worden waren, wurden bis November 1948 vollständig demontiert. Zurück blieben zerbombte und leere Fabrikhallen; das Verwaltungsgebäude an der Dostlerstraße war von der US-Armee beschlagnahmt. Ende 1948 begann die Produktion von Motorrädern, im August 1952 standen wieder genügend Maschinen zur Herstellung von Automobilen zur Verfügung. Im Geschäftsjahr 1953 verließen 28.000 Motorräder und 1.600 Autos das Werk, doch begann sich im Rahmen des allgemeinen Wirtschaftsaufschwunges eine Trendwende hin zum Auto abzuzeichnen. Diesem Trend kamen die billigen Kabinenroller der verschiedenen Hersteller entgegen, unter anderem seit 1955 die BMW-Isetta.

Straßenszene mit zwei BMW-Isettas, um 1955 (StAM)

Bald jedoch ließ die Nachfrage nach diesen Behelfsautos nach, da sich die Konsumenten richtige Kraftfahrzeuge wünschten und oft auch leisten konnten. Das Auto wurde zum Statussymbol schlechthin, und die Hersteller förderten und reagierten gleichzeitig auf diese Entwicklung. So erhielten am 19. Februar 1962 die Redaktionen der Fach- und Tagespresse Material über einen neuen Kleinwagen aus dem Hause BMW mit der großspurigen Bezeichnung BWM LS Luxus. Über das Äußere dieses Auto hieß es: *„Die durchlaufenden verchromten Regenrinnen, die breiteren, stärker betonten Längszierleisten, die verchromten Blenden am hinteren Dachträger und die doppelten Zierleisten auf der Gepäckraumhaube unterstreichen unaufdringlich die gestreckte Formgebung, während die formschöne verchromte Umrandung des vorderen Nummernschildes und die durchgehende verchromte Querleiste am Motorraumdeckel mit dem großen BWM LS Emblem und dem Schriftzug 'Luxus' den Wagen aus der Front- und Heckperspektive an individueller Linie gewinnen lassen. Auch die neu gestalteten Radzierkappen und die verchromte Mittelsäule tragen hierzu bei."*
Zum Geschäftserfolg trug auch der seit August 1962 produzierte BMW 1500 bei, der von einem Journalisten wie folgt empfunden wurde: *„Dieses schon vor seiner eigentlichen Geburt von Technikern wie Laien bestaunte vierzylindrige Wunderkind verspricht einer der beliebtesten Münchner im In- und Ausland zu werden. Als echtem Einheimischen fehlen ihm weder der den Münchner kennzeichnende Individualismus noch der leichte italienische Einschlag, der sich in der rassigen Figur bemerkbar macht."*
Wegen der sich abzeichnenden starken Nachfrage nach dem 1500er musste die Belegschaft von 7.000 auf 9.000 Menschen aufgestockt werden. Der Journalist meldete: *„Noch sind sich die leitenden Männer nicht ganz klar darüber, wo sie die vielen Menschen hernehmen sollen. Man denkt daran, noch mehr Ausländer als bisher einzustellen. Schon jetzt sind manche Werkstätten wahrhaft international besetzt. Neben Italienern und anderen Südeuropäern entdecken wir an einer Maschine sogar einen jungen dunkelhäutigen Mann aus Afrika. Ein noch etwas ungewohntes Bild bieten auch die vielen Frauen, die neben ihren männlichen Kollegen an Drehbank und Bohrmaschine stehen oder Motoren und Fahrgestelle montieren."* (> Bahnhofplatz)
Die Olympischen Spiele 1972, die in unmittelbarer Nachbarschaft zum Werksgelände stattfanden, veranlassten BMW, bis zum Sommer 1972 das spektakuläre Verwaltungshochhaus mit dem Grundriss eines Vierzylinders zu errichten. Es symbolisierte den wirtschaftlichen Erfolg des Unternehmens und war gleichzeitig eine unübersehbare Werbung vor den Gästen aus aller Welt.
Die Euphorie über eine grenzenlose automobile Freiheit – ein Schlagwort forderte damals *„Freie Fahrt für freie Bürger"* – erfuhr allerdings einen ersten Dämpfer, als die Erdöl fördernden Staaten 1973 ihre Preise erhöhten, um die Industriestaaten zu einer israelfeindlichen Politik zu bewegen. In der BRD wurde

zur Senkung des Benzinverbrauchs daraufhin ab dem 24. November 1973 für sechs Monate die Höchstgeschwindigkeit auf Autobahnen auf 100, auf sonstigen Überlandstraßen auf 80 Stundenkilometer festgelegt. Außerdem wurden beginnend mit dem 25. November 1973 die folgenden fünf Sonntage zu verkehrsfreien Tagen erklärt.

Oberwiesenfeld

Die ausgedehnten Kasernenanlagen am Rand des Oberwiesenfeldes dienten als Indiana-Depot bis Ende Mai 1955 den Zwecken der US-Armee. Dann übernahm die Bundeswehr die Gebäude. Ein Flugabwehr-Raketen-Bataillon zog in die Waldmann-Kaserne an der Saarstraße 14. An der Schwere-Reiter-Straße 35 war ein US-Militärpolizei-Bataillon untergebracht, ebenso eine Schule für Unteroffiziere. Beide Einrichtungen gaben das Gebäude im Mai 1955 auf und machten Platz für die Heeresoffizierschule der Bundeswehr, die in der nunmehrigen Stetten-Kaserne ihrer Tätigkeit nachging. Seit Juli 1974 bildete die Hochschule der Bundeswehr hier den Offiziersnachwuchs aus. Die Gebäude an der Infanteriestraße 17 dienten der International Refugees' Organziation als Lager für Menschen, die es während und nach dem Krieg nach Deutschland verschlagen hatte. Zum 1. Juli 1950 übernahm der Freistaat Bayern diese Aufgabe. Die ehemalige Wehrmachtskaserne trug nun den Namen „Regierungslager für heimatlose Ausländer“. Nach seiner Auflösung im Jahr 1955 zog die Sanitätstruppenschule, später die Sanitätsakademie der Bundeswehr in die Luitpoldkaserne ein. (> Ingolstädter Straße 193)

Infanteriestraße 7a

Nach dem Ersten Weltkrieg galten rund eine Million deutsche Soldaten als vermisst, während es so gut wie keine vermissten Zivilisten gab. Nach dem Zweiten Weltkrieg waren 14 Millionen Deutsche verschollen, die Mehrheit davon wieder Soldaten. Sofort nach Kriegsende entstanden in den vier Besatzungszonen Suchstellen, die Daten über Vermisste sammelten, Klarheit über ihr Schicksal gewinnen und nach Möglichkeit Familien zusammenführen wollten. In der britischen Zone entstand eine solche Stelle in Hamburg, in der sowjetischen in Berlin, in der französischen in Rastatt, in der amerikanischen in München. Zusätzlich gab es eine in Saarbrücken, da das Saargebiet bis Ende 1956 von Frankreich verwaltet wurde.

Aus organisatorischen Gründen wurden die Suchstellen im März 1950 zusammengefasst und nach München verlegt. Die zentrale Namenskartei der Suchdienstorganisation des Deutschen Roten Kreuzes arbeitete nun an der

Infanteriestraße 7a. Bereits am 18. Juli 1945 hatte das Bayerische Rote Kreuz mit der Suche nach Vermissten aus München und ganz Bayern begonnen. Bis 1950 hatte man Angaben über 13.639 verschollene Münchner und Münchnerinnen zusammengetragen. Im einzelnen waren dies: 11.921 Wehrmachtsangehörige, 678 männliche Zivilpersonen, 645 Kriegsgefangene, 120 Straf- und Untersuchungsgefangene im Ausland sowie 275 Frauen und Mädchen.
Der zentrale Suchdienst stand nach fünf Jahren Tätigkeit noch vor der Aufgabe, das Schicksal von 2,5 Millionen Soldaten und 3,2 Millionen Zivilpersonen zu klären. Nach 25 Jahren lagen noch 1,18 Millionen Schicksale im Dunkeln. Ende des Jahres 1945 lebten 135.000 Kinder in Deutschland, deren Herkunft unbekannt war und die wegen ihres geringen Alters auch keine Angaben über sich selbst machen konnten. Ende 1969 warteten noch etwa 6.700 dieser inzwischen Erwachsenen auf die Aufklärung ihrer Herkunft.
Allein im Jahr 1969 gingen noch 720.000 neue Suchanträge aus dem In- und Ausland ein. Die Namenskartei umfasste inzwischen Schicksalsmeldungen über 20,3 Millionen Menschen. Ende 1973 war noch der Verbleib von 740.000 Personen ungeklärt. Auch heute noch – seit 1996 an der Chiemgaustraße 109 – arbeitet die Zentrale Auskunfts- und Dokumentationsstelle des Deutschen Roten Kreuzes an ihrer Aufgabe, die durch die Öffnung der sowjetischen Archive eine späte Erleichterung erfahren hat.

Dachauer Straße 128

Im April 1956 begann der Aufbau des Bundeswehr-Standortes München (> Domagkstraße 33) und des Wehrbereiches VI, der das Gebiet Bayern umfasste. Während sich das Standort-Kommando München in der Seidlstraße 7 niederließ, bezogen das Wehrbereichskommando VI und die Wehrbereichs-Verwaltung VI 1957 Teile der Pionierkaserne an der Dachauer Straße 128, die zum 1. Juni 1955 von der US-Armee geräumt worden war.
Bereits 1959 waren allein in München rund 7.000 deutsche Soldaten stationiert und 1.200 Zivilangestellte bei der Bundeswehr beschäftigt. Bis 1967 hatten sich diese Zahlen auf 15.000 beziehungsweise 5.000 erhöht. München entwickelte sich zu einem der größten Standorte der Bundeswehr.
Das Bedürfnis der jungen Bundeswehr nach militärischen Traditionen stieß zwangsläufig auf die nationalsozialistische Wehrmacht. Zwar musste man sich politisch vom „Dritten Reich" distanzieren, doch dessen militärische Aktivitäten galten als Vorbild. Dies zeigte sich beim ersten öffentlichen Zapfenstreich der Bundeswehr nach Kriegsende am 18. Juni 1960, der auf dem Odeonsplatz und vor dem Kriegerdenkmal im (>) Hofgarten abgehalten wurde.
Zu diesem „Tag der alten und neuen Gebirgstruppe" hatten sich rund 20.000

Gebirgsjäger der Wehrmacht aus Deutschland, Österreich und Südtirol und der Bundeswehr eingefunden. Unter ihnen waren auch Generäle und hohe Offiziere der Wehrmacht. Ritterkreuze und Eiserne Kreuze mit dem Hakenkreuz in der Mitte wurden in großer Zahl und mit Stolz getragen. Anwesend war auch der so genannte Vater der Gebirgsjäger, Julius Ringel, unter dessen Kommando im Mai 1941 Kreta erobert worden war.
Diese Veteranen des Weltkrieges nahmen nun am Zapfenstreich der Bundeswehr als Zuschauer teil. Vor der Feldherrnhalle, jenem Heiligtum der Nationalsozialisten, lief die Zeremonie nach demselben Muster wie ehedem ab: In nächtlicher Dunkelheit und mit künstlichem Licht dramatisch erhellt, standen die Gebirgsjäger der Bundeswehr in Reih und Glied. Um 22 Uhr marschierte die Ehrenkompanie mit berittener Polizei an der Spitze unter den Klängen des Marsches „Mir san de Kaisajaga" („Wir sind die Kaiserjäger") auf den Odeonsplatz, flankiert von Fackelträgern. Der Aufmarsch wurde von einem Offizier zwei Generälen gemeldet, die nebeneinander stehend den Zapfenstreich abnahmen: dem Bundeswehrgeneral Max Peusel, und dem ehemaligen Wehrmachtsgeneral Rudolf Konrad. Mit dem Deutschlandlied endete das Zeremoniell. Es ging unter im Jubel der alten Kameraden.
Am 19. Juni 1960 hielt Konrad vor dem Kriegerdenkmal im Hofgarten eine Rede. Er beschwor die großen Tugenden der Heimatliebe, der Volksverbundenheit, der Treue, Tapferkeit und Gottesliebe, die die Gebirgsjäger der Wehrmacht angeblich beseelt hatten und von denen er hoffte, dass sie nun auch die neuen Gebirgstruppen erfüllen mögen. Konrad erinnerte sich: *„Die alte Gebirgstruppe war ein Stück Heimat – am nördlichen Eismeer und in den Tundren Nordfinnlands ebenso wie auf Kreta, im Karelischen Urwald, in den Sümpfen des Wolchows und im Hochkaukasus, in Nordafrika, am Monte Cassino und in den Westalpen. Als Kerntruppe der Wehrmacht haben die Gebirgsjäger ihre Pflicht in einer Weise erfüllt, die sie würdig an die Seite der besten Soldaten stellt, von denen die Geschichte zu berichten weiß."* Zu den eingeladenen Gästen dieses Spektakels zählten Vertreter des Stadtrates und Landtages, der beiden Kirchen, der US-Armee und der gesamte Stab der 1. Gebirgsdivision der Bundeswehr. Zu den unwillkommenen Gästen gehörten die zahlreich angereisten Reporter und Fotografen aus der DDR, die hier einem Exzess des Revanchismus beiwohnen zu können hofften.
An der Dachauer Straße 128 selbst befindet sich das Denkmal der Bayerischen Eisenbahntruppen, das symptomatisch für die Traditionspflege in der Bundeswehr steht. Es wurde am 28. Oktober 1923 enthüllt und trug die Inschrift: *„Sie starben für Deutschlands Ruhm und Ehre. Den Toten der Bayer. Eisenbahntruppe im Weltkrieg 1914–18. Den Lebenden der Mitwelt zur Mahnung, der Nachwelt zum Vorbild."* Das Denkmal wurde im Krieg durch Bomben zerstört und 1962 neu errichtet. Das unbeschädigt gebliebene geflügelte Eisenbahnrad fand erneut Verwendung. Auch die ersten beiden Sätze der alten Inschrift kamen wieder zu Ehren.

Olympiagelände

Bürgermeister Georg Brauchle (1915-1968) (CSU) hatte 1964 die Idee, die städtebauliche Entwicklung Münchens und seine auch in wirtschaftlicher Hinsicht wichtige touristische Attraktivität mit Geldern von Bund und Land mittels einer Bewerbung für die Olympischen Sommerspiele 1972 zu fördern. Das Internationale Olympische Komitee (IOC) hatte am 8. Oktober 1965 nach erbitterten Diskussionen die Ablösung der bis dahin gesamtdeutschen Olympiamannschaft durch zwei getrennte Mannschaften der BRD und DDR beschlossen. Dies entsprach dem Ansinnen der DDR-Sportfunktionäre, die das Ansehen ihres Landes nach dem Bau der Berliner Mauer 1961 durch sportliche Höchstleistungen international aufwerten wollten. Dazu benötigte man eine eigenständige Nationalmannschaft. Dadurch galt die DDR zumindest auf sportlichem Gebiet auch als unabhängiger Staat, was von der BRD nicht anerkannt wurde. Nun galt es, der BRD einen Ausgleich zukommen zu lassen. Diese günstige politische Situation ließ die Bewerbung einer westdeutschen Stadt für die Austragung der Sommerspiele 1972 günstig erscheinen. München konnte dabei mit dem Vorteil stadtnaher Sportstätten aufwarten, deren zweiter Vorteil darin bestand, dass sie erst noch gebaut werden mussten und folglich sehr modern ausfallen würden.
Zwanzig Jahre nach Kriegsende bot es sich auch an, nach den militarisierten Olympischen Spielen von 1936 in Garmisch-Partenkirchen und Berlin nun der ganzen Welt ein völlig anderes Deutschland zu präsentieren. Man dachte an ein weltoffenes, liberales, friedliebendes und demokratisches Bild, präsentiert darü-

Oberwiesenfeld, 15. Mai 1966: Links das ehemalige Abfertigungsgebäude des Flughafens, nun Sender von „Radio Liberty", rechts der Fernsehturm im Bau (StAM)

ber hinaus in der ehemaligen „Hauptstadt der Bewegung". Hatte 1936 die martialische Olympiaarchitektur den Geist des „Dritten Reiches" geatmet, so sollte die von 1972 das neue Deutschland widerspiegeln. Hatte die internationale Sportwelt 1936 das „Dritte Reich" bejubelt und es mitsamt seinen damals bereits begangenen Verbrechen aufgewertet, so sollte die gesamte Welt nun sehen, dass sich zumindest Westdeutschland grundlegend gewandelt hatte.
Am 20. Dezember 1965 beschloss die Vollversammlung des Stadtrates, dass sich München bewerben solle, am 30. Dezember 1965 wurde die Bewerbung dem IOC übergeben. Am 26. April 1966 wählte das IOC in Rom München als Austragungsort zu Ungunsten der Mitbewerberinnen Madrid, Montreal und Detroit.
Die sofort begonnenen Planungen für die Wohnstätten der Sportler und Sportlerinnen sowie der Austragungsstätten führten 1968 zum Baubeginn. Die Architektur vermied jede Monumentalität und bemühte sich um Transparenz und Leichtigkeit. Die Olympiade in München sollte ein Fest der Musen und des Sports werden, gemäß dem antiken Ideal, das im Jahr 1896 in Athen wieder belebt worden war.
Die Ideale der Völkerfreundschaft, des Friedens und des sportlich-fairen Wettkampfes spiegelten sich auch in den Straßenbenennungen auf dem Olympiagelände wider. Der Austragungsort der Olympischen Winterspiele 1972, das japanische Sapporo, Partnerstadt Münchens seit dem 28. August 1972, erschien auf einem Straßenschild. Olympiasieger aus verschiedenen Nationen kamen zu Ehren, unter ihnen einige, die infolge der nationalsozialistischen Politik ihr Leben lassen mussten: Rudolf Harbig (1913-1944), Toni Merkens (1912-1944) und Luz Long (1913-1944) starben als Soldaten, der Ringer Werner Seelenbinder (1904-1944) wurde als Kommunist in einem Konzentrationslager ermordet, der Pole Janusz Kusocinski (1907-1940) als Widerstandskämpfer hingerichtet. Auch in baulicher Hinsicht machten sich die Schatten des „Dritten Reiches" bemerkbar: Die Anlagen für den Pferdesport entstanden auf dem Gelände der ehemaligen SS-Hauptreitschule in Riem.
Eine anders gemeinte Verbindung zwischen den Olympiaden von 1936 und 1972 stellte die Propaganda der DDR auf. Am 13. April 1971 etwa trat der Propagandist Karl Eduard von Schnitzler auf einer Pressekonfernz in Ostberlin auf. Er führte aus, die DDR als Wahrerin der olympischen Idee fühle sich verpflichtet, *„vor die Öffentlichkeit zu treten, weil Beweise vorliegen, dass die Olympischen Spiele 1972 in München entgegen den Grundprinzipien der olympischen Regeln vorbereitet und schließlich organisiert werden sollen."* Außerdem warf er den Verantwortlichen vor, *„Nationalismus, Revanchismus, Alleinvertretungsanmaßung, Hetze gegen die DDR und andere sozialistische Län-*

Vogel: eine Mischung aus Glück und Belastung

Nach der Entscheidung in Rom / „Genugtuung über Vertrauen in München, Bayern und die Bundesrepublik"

„Süddeutsche Zeitung", 27. April 1966

der – und alles aufs Engste verbunden mit dem Sport im allgemeinen und mit den Olympischen Spielen insbesondere“ zu betreiben.
Seit 1969 kursierte ein Buch aus der DDR mit dem Titel „München 1972 – Schicksalsspiele?“ Es verstand sich als *„Dokumentation über den Missbrauch der olympischen Bewegung und ihrer Spiele durch den deutschen Imperialismus.“* Auch die westdeutsche DKP (> Reisingerstraße 5) analysierte *„Kultur und Sport als Mittel zum Zweck“* – nicht etwa in der DDR, sondern speziell in der BRD. Man hielt München für das Zentrum des militärisch-industriellen Komplexes, des Revanchismus, der Hetze und Konterrevolution, des Neonazismus.
Das Fazit der DKP: *„Den herrschenden Kreisen in der BRD geht es also gar nicht um den Sport, als sie sich so sehr bemühten, die Olympischen Sommerspiele 1972 nach München zu holen. Mit der Vorbereitung für die Spiele versprechen sie sich, innenpolitisch eine nationalistische Welle entfachen zu können, mit deren Hilfe die Denkweise des Bundesbürgers im Sinne der nationalistischen Überheblichkeit und der Alleinvertretungsanmaßung manipuliert und damit die Bürger besser und fest in das staatsmonopolitische System der BRD integriert werden kann. Es erfolgte eine innenpolitische Mobilmachung, an der auch die Bundeswehr ihren Anteil hat.“*
Am 26. Mai 1972 fand die Generalprobe für die Olympiade statt. Vor 84.000 Zuschauern besiegte im Olympiastadion die Fußballnationalmannschaft der BRD ausgerechnet die der Sowjetunion mit 4:1. Die olympischen Bauten waren in Rekordzeit rechtzeitig fertig gestellt worden. Infolge des olympischen Termins früher als ursprünglich geplant, gingen die U-Bahn (> Ungererstraße 75), die S-Bahn (> Arnulf-/Seidlstraße) und der Mittlere Ring (> Richard-Strauß-Straße) in Betrieb. In der „Süddeutschen Zeitung“ stand zu lesen: *„Das Münchner Olympiastadion hat seine Feuertaufe glänzend bestanden. Ohne Verkehrschaos auf den Anfahrtsstraßen, ohne übermäßiges Gedränge in den Massenverkehrsmitteln, die vernünftigerweise von weitaus den meisten Besuchern benützt wurden, fand gestern die erste Veranstaltung statt.“*

Schuttberg

Vergangenheitsbewältigung und Friedensmahnung fanden auch kurz vor dem Beginn der Wettkämpfe noch einmal statt. Schon 1965 hatte der Deutsche Gewerkschaftsbund Kontakte zu dem Bildhauer Rudolf Belling (1886–1972) aufgenommen. Auf dem Schuttberg auf dem Oberwiesenfeld, aufgehäuft aus der Hinterlassenschaft von 66 Münchner Bombennächten, sollte ein Friedensdenkmal errichtet werden. Belling hatte 1919 mit seinem „Dreiklang“ die erste abstrakte Plastik in Deutschland geschaffen. Ab 1933 wurde er boykottiert, viele seiner Werke eingeschmolzen. Er emigrierte 1936 nach Istanbul und kehrte erst 1966 nach Deutschland zurück.

Bellings Friedensdenkmal, das er als „Schnittblume“ bezeichnete, wurde je zur Hälfte vom DGB und der Stadt München finanziert und am 11. August 1972 feierlich enthüllt. Der Künstler hatte als Standort eigentlich den Gipfel des Schuttberges vorgesehen und sein Werk dementsprechend nach oben hin geöffnet geschaffen. Inzwischen waren die Olympischen Sommerspiele nach München vergeben worden. Die für die Gestaltung des Olympiaparks Verantwortlichen wollten nun keinen künstlerischen Akzent neben dem Zeltdach dulden. Bellings Skulptur musste also mit einer Wiese unterhalb des Gipfels des Schuttberges vorlieb nehmen. Die Aufschrift auf dem Denkmal lautet: *„Dieses Mahnmal des Bildhauers Rudolf Belling wurde gestiftet vom Deutschen Gewerkschaftsbund und der Landeshauptstadt München. Errichtet im Olympiajahr 1972 auf einem der Hügel, die aus den Trümmern Münchens nach dem zweiten Weltkrieg aufgeschüttet wurden.“*

Olympiastadion

Am 26. August 1972 war dann der große Augenblick gekommen. In der Zeitung konnte man lesen: *„Die Eröffnungsfeier der XX. Olympischen Spiele in München hat nicht nur den jubelnden Beifall der 80.000 Zuschauer im Olympiastadion, sondern ein nahezu uneingeschränktes Lob in der ganzen Welt gefunden. Prominente aus Sport und Politik waren sich darin einig, dass dieses farbenprächtige Schauspiel so heiter, beschwingt und ohne militärisch-zackige Attitüde abgelaufen ist, wie man es bisher nicht gekannt hat.“* Alt-

Schuttberg zur Eröffnung der Olympischen Sommerspiele, 26. August 1972 (StAM)

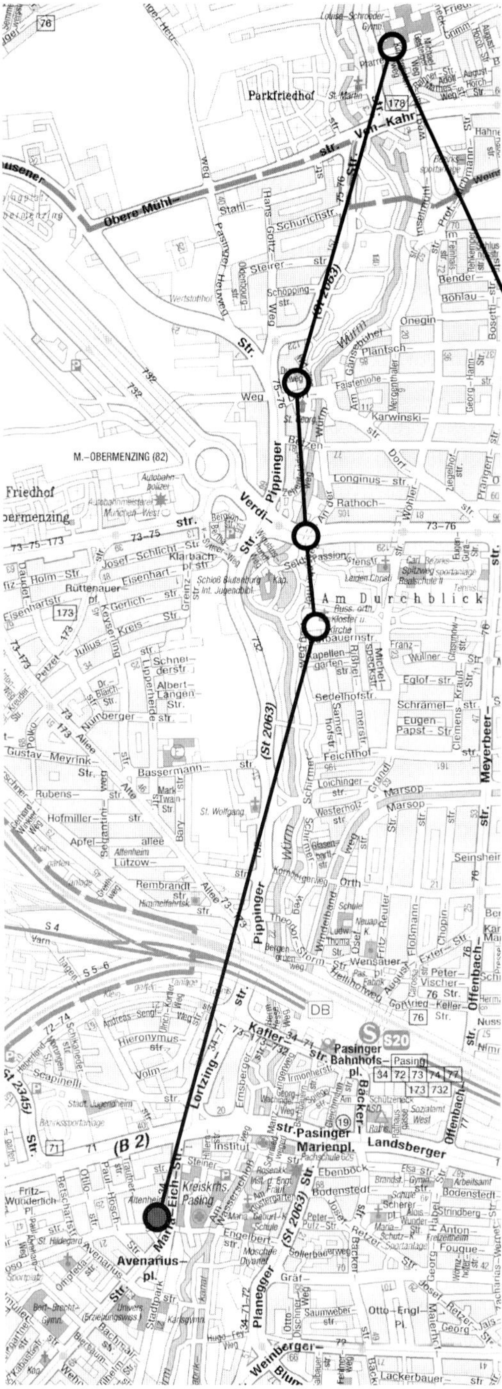
Parkfriedhof
Obere Mühl-
Verdi-
Pippinger
Würm
M.-OBERMENZING (82)
Friedhof
Am Durchblick
Schloß Blutenburg
St. Wolfgang
Pasinger Bahnhofs-pl.
Pasinger Marienpl.
Landsberger
Kreiskrhs. Pasing
Avenarius-pl.
Lortzing-
Planegger
Offenbach-
Meyerbeer-
(B 2)
(St 2063)
(St 2345)

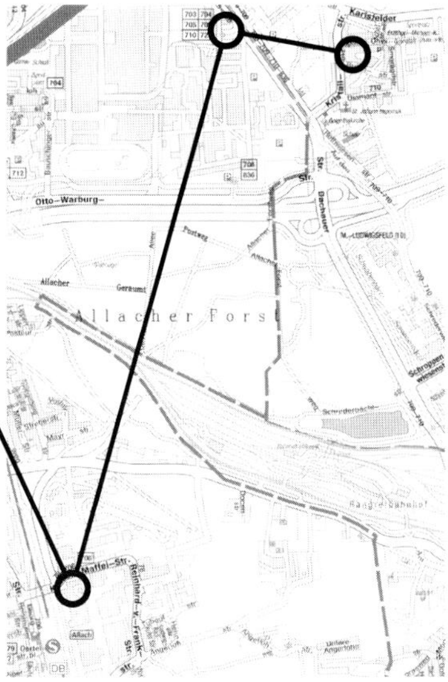
Allacher Forst
Otto-Warburg-
Karlsfelder

Pasing / Allach

Auch entlang der Würm mit ihren alten Kirchen und Dorfkernen spiegelt sich die Geschichte der Bundesrepublik wider: Erinnerungen an das „Dritte Reich" wie auch Kontinuitäten seit jener Zeit machen betroffen. Erwähnt seien hier nur die altneuen Nationalsozialisten und die Wiederbewaffnung.

Paosostraße 2

Der Nationalsozialismus bestand nach dem Krieg in vielen Köpfen und auch organisatorisch weiter, und zwar in einem umfangreicheren Ausmaß, als oftmals anzunehmen genehm war. Einige Schlaglichter auf diesbezügliche Aktivitäten und politische Verbindungen mögen das erhellen.
Der bayerische Landtag sah sich am 17. Januar 1950 veranlasst, über neonazistische Erscheinungen im politischen Leben zu diskutieren, insbesondere über Äußerungen und Handlungen des Deutschen Blocks (> Holzhofstraße 6) und der Vaterländischen Union (VU). Wilhelm Hoegner (SPD), auf den in seiner Zeit als Ministerpräsident (1945–1946) von SS-Offizieren ein Sprengstoffattentat verübt werden sollte, eröffnete die Debatte mit den Worten: *„Der Kampf gegen die junge deutsche Demokratie ist auf der ganzen Linie entbrannt."* Es komme nicht auf demokratische Theorien, sondern auf die Zahl der Demokraten an. Wenn die bayerische Staatsgewalt noch einmal wie vor 1933 versagen werde, werde die bayerische Arbeiterschaft dieses Mal nicht tatenlos zusehen, sondern vom Recht auf Widerstand bis zum Äußersten Gebrauch machen. Hoegner plädierte dafür, allen nicht schwer belasteten ehemaligen Mitgliedern der NSDAP eine Rehabilitation zu ermöglichen, um sie nicht in ihrer misslichen materiellen Lage dem Neonazismus in die Arme zu treiben. Die leitenden Stellen im Staat müssten allerdings mit erwiesenen Demokraten besetzt werden – *„so lange der Vorrat reicht"*, wie er resigniert einschränken musste.
Anlässe für diese Befürchtungen und Mahnungen gab es zur Genüge. Im Februar 1950 etwa bestätigte der US-Landeskommissar Clarence M. Bolds, dass ihm die Existenz einer nationalsozialistischen Untergrundbewegung namens Der Bund in München bekannt sei, die einen gewaltsamen Umsturz vorbereite. Die Besatzungsmacht halte aber alle Mittel in der Hand, um der neuen deutschen Demokratie rasch und wirksam zu Hilfe zu eilen. So verurteilte das US-Militärgericht am 28. Februar 1950 vier führende Gestalten der Untergrundbewegung zu Haft- und Geldstrafen: die ehemaligen SA-Oberführer Ewald Bartel, Wilhelm Dittler, Arno Schiefner und Albert Wiczonke.

Eversbusch- / Pfarrer-Grimm-Straße

Weniger deutschnational schien man in Untermenzing zu fühlen. Das dortige Kriegerdenkmal an der Eversbusch-/Pfarrer-Grimm-Straße erinnert an die 19 Toten der Gemeinde im Ersten Weltkrieg. Ein steinerner Kamerad ist kniend in Gebetsstellung gegangen, eine Mutter Gottes mit Jesuskind im Strahlenkranz soll den Tod fürs Vaterland verklärend erhöhen. Links daneben gedenkt eine eigene Steintafel der Toten des Weltkrieges 1939–1945. Das Wehrmachtskreuz zwischen den Jahreszahlen deutet an, dass auch hier bei weitem nicht aller Toter gedacht wird, sondern nur der als Helden empfundenen.
Immerhin wurde 1947 die Straße nach Josef Grimm (1900-1945) benannt, der von 1935 bis 1939 Pfarrer in Untermenzing war. Auf seinem Kirchturm in Götting bei Bad Aibling hisste er am 28. April 1945 die bayerische Fahne, als er von dem Umsturzversuch der Freiheitsaktion Bayern erfuhr. Dafür wurde er von der SS ermordet.

Krauss-Maffei-Straße 2

Als reines Rüstungsunternehmen, das Zugmaschinen herstellte, kam für Krauss-Maffei mit Kriegsende tatsächlich die „Stunde Null". Die zerstörten Transportkapazitäten in Deutschland machten die Reparatur und den Neubau von Lokomotiven und Bussen notwendig. Auf diese Gebiete spezialisierte sich das Werk nun und konnte bald Erfolge verbuchen. So zeigte sich das Wirtschaftswunder schon im Jahr 1951, als Krauss-Maffei 135 Lokomotiven nach Indien lieferte, und im Jahr 1954, als indische Ingenieure zur Fortbildung in Allach weilten. Die BRD war wieder zur Wirtschaftsmacht geworden. Davon profitierten allerdings die Arbeiter und Angestellten weniger als die Hauptaktionäre, insbesondere die Deutsche Bank, die schon im Zweiten Weltkrieg bei Krauss-Maffei hohe Gewinne verzeichnen konnte.
Auf der ersten Landeskonferenz des DGB-Bezirkes Bayern (> Landwehrstraße 7–9) am 13./14. Mai 1950 richtete Georg Reuter (1902-1969), der ehemalige Generalsekretär des Bayerischen und nunmehriges Vorstandsmitglied des Deutschen Gewerkschaftsbundes, eine scharfe Kampfansage an die Unternehmer: *„Das Lohnniveau des deutschen Arbeiters liegt im Vergleich mit anderen Ländern so tief, dass es nicht länger ertragen werden kann. Wir müssen uns damit vertraut machen, dass wir vor schweren Auseinandersetzungen mit dem deutschen Unternehmertum stehen... Wir haben Mittel angesammelt, die uns gestatten, in einer Anzahl von Industrien den Kampf nötigenfalls mit dem letzten gewerkschaftlichen Mittel aufzunehmen."*
Gleichzeitig warnte Reuter die kommunistischen Mitglieder des DGB davor, sich *„von Anweisungen einer fremden Macht leiten zu lassen"*. Alleinig die Satzungen und Entscheidungen des DGB seien bindend. Ursache dieser Warnung waren die starken Aktivitäten von Kommunisten in den Betrieben, wo sie eine von der SED aus

Ostberlin gesteuerte Politik des Klassenkampfes und der gewerkschaftsinternen Opposition gegen die Gewerkschaftsführung betrieben (> Widenmayerstraße 25). Die Industriegewerkschaft Metall (IGM) Bayern mit Erwin Essl (1910-2001) an der Spitze kündigte zum 30. Juni 1954 den laufenden Tarifvertrag und forderte eine Lohnerhöhung von 17 Prozent, während der Verein der Bayerischen Metallindustrie (VBM) 4 Prozent anbot. Da beide Seiten keinen Kompromiss finden konnten, brach man die Verhandlungen am 29. Juni ab. Auch Schlichtungsversuche seitens des Arbeitsministers Richard Oechsle (1898-1986) blieben erfolglos. Bei der Urabstimmung am 29./30. Juli sprachen sich bei einer Wahlbeteiligung von 89,25 Prozent 90,4 Prozent für einen Streik aus. Nachdem am 6. August die allerletzten Verhandlungen erfolglos abgebrochen worden waren, begann am 9. August 1954 der bayernweite Metallerstreik. Er dauerte bis zum 31. August 1954 und wurde zeitweilig mit großer Härte und unter gewalttätigen Ausschreitungen geführt.

236.000 Arbeitnehmer und Arbeitnehmerinnen waren zum Streik aufgerufen. Obwohl 55 Prozent von ihnen gewerkschaftlich organisiert waren, erschienen am ersten Tag über 60 Prozent zur Arbeit. Die Drohung des VBM, bei Arbeitsniederlegung die fristlose Kündigung auszusprechen, verfehlte häufig ihre Wirkung nicht. Auch fiel auf, dass je mehr Frauen in einem Betrieb arbeiteten, desto niedriger die Streikrate lag. Der VBM erklärte sich dies später folgendermaßen: *„Dies ist offen-*

STREIK Nachrichten

München, 12. August 1954

Nummer 4

Herausgeber: Industrie-Gewerkschaft Metall für die Bundesrepublik Deutschland, Bezirksleitung München

Klassenkampf von oben

Massenentlassungen als Dank für den Wiederaufbau

Die Unternehmer haben die Masken fallen lassen. Sie haben zehntausende „blaue Briefe" verschickt. Und den gleichen Arbeitnehmern fristlos gekündigt, denen sie vor Tisch noch süße Worte von „menschlicher Verbundenheit" und „sozialer Partnerschaft" ins Ohr geflüstert haben. Mit brutalen Methoden des Klassenkampfes von oben, die schon ihre Vorgänger vor 50 und mehr Jahren auszeichneten, haben sie ihre „Mitarbeiter" von gestern heute wie eine Ware auf die Straße geworfen. Das ist der Dank dafür, daß die Arbeiter und Angestellten für Hungerlöhne die Betriebe nach dem totalen Zusammenbruch, den die Unternehmer mit verschuldet hatten, wiederaufbauten.

Genau so verhielten sich die Werftindustriellen im vorigen Jahr. Als im Mai 1953 die Werftarbeiter in Bremen streikten, haben die Unternehmer über 15 000 Arbeiter entlassen. Am Ende des langen, aber erfolgreich geführten Streiks mußten die Unternehmer alle wieder einstellen, weil ohne diese Voraussetzung die IG Metall den Streik nicht beendet und keinen neuen Vertrag unterschrieben hätte.

Es erübrigt sich fast, darauf hinzuweisen, daß auch bei dem jetzigen Streik das Recht auf unserer Seite ist. Streik ist kein Kündigungsgrund. Das Landesarbeitsgericht München hat am 28. Juni 1954 in einem Urteil klar festgestellt, daß eine Kündigung wegen Beteiligung am Streik rechtswidrig ist, weil sie mit der Verfassung in Widerspruch steht.

Es wird nicht nötig sein, wegen der unverschämten Entlassungsaktion der Unternehmer die Arbeitsgerichte zu bemühen. Die IG Metall ist zusammen mit den Belegschaften stark genug, um zu erreichen, daß sämtliche Entlassungen rückgängig gemacht werden. Auch dieser Streik wird nicht eher beendet werden, bevor nicht der letzte Mann wieder im Betrieb steht. Jeder Streikende kann davon überzeugt sein. Deshalb wird die Antwort auf die Unternehmermethode des Klassenkampfes von oben ein noch entschlossener geführter Streik sein.

Lieber Exportverluste?

Vornehmlich bei den Exportfirmen machen sich bereits die ersten Auswirkungen des Streikes bemerkbar. Da größere Exportaufträge mit festen Lieferfristen verbunden sind, drohen nun z. B. Nürnberger Firmen durch die Verzögerung des Fertigungsprogramms erhebliche Konventionalstrafen.

Besonders die Spielwarenindustrie ist in

„Streik-Nachrichten" der IG Metall vom 12. August 1954

bar nicht allein eine Folge des geringeren Prozentsatzes der Organisierten unter den Frauen, sondern vor allem die Auswirkung der Tatsache, dass in der Regel im Haushalt die Frau das Geld ausgibt und daher den Einkommensausfall durch den Streik nüchterner beurteilt als viele Männer, die sich weniger von den finanziellen Sorgen ihrer Frauen als vom Solidaritätsgefühl u.ä. Überlegungen leiten lassen." Auch auf Seiten der Arbeitgeber stellte sich keine durchgehende Solidarität ein. Etliche Betriebe kamen den Lohnforderungen der Gewerkschaften vollständig entgegen und wurden damit vom Streik nicht betroffen.

Ein auffallendes Merkmal des Streiks war die Gewaltbereitschaft auf beiden Seiten. Betriebsleitungen neigten dazu, mit Kraftfahrzeugen in die vor den Fabriktoren Versammelten hineinzufahren und Verletzte in Kauf zu nehmen. Viele Streikende versuchten, mit Beschimpfungen und körperlicher Gewalt Streikbrecher von der Arbeit fernzuhalten.

Am 11. August etwa kam es bei Krauss-Maffei zu Ausschreitungen. Die Firmenleitung versuchte, in geschlossenen Möbelwagen und über den Gleisanschluss mit der Bahn Arbeitswillige in den Betrieb zu schleusen. Der Widerstand dagegen durch die Streikposten wiederum wurde von der Polizei mit Gummiknüppeln gebrochen.

Die Mehrzahl der Streikposten waren betriebsfremd, zum Teil kamen sie aus der DDR, um die Streikbewegung anzuheizen und für die dort propagierten politischen Ziele auszunutzen. Gleichzeitig ließ der ostdeutsche Freie Deutsche Gewerkschaftsbund an kinderreiche Arbeiterfamilien Speck verteilen, um Klassensolidarität anzudeuten. Daher sah sich der DGB veranlasst, vor *„kommunistischen Treibereien"* und Instrukteuren aus der DDR zu warnen, die den Streik für ihre Ziele instrumentalisierten und Unruhe und Gewalttätigkeiten schürten (> Hofmannstraße 51). Der Streik bezwecke höhere Löhne, nicht aber die sowjetzonale Diktatur in der Bundesrepublik.

Während der vierten Streikwoche, am 30./31. August 1954, sprachen sich in einer Urabstimmung 52,8 Prozent der Streikenden gegen einen Kompromiss aus, der eine fünfprozentige Lohnerhöhung vorsah. Da aber zur Ablehnung 75 Prozent notwendig waren, war damit der Metallarbeiterstreik beendet. Er war die härteste und längste Tarifauseinandersetzung in der sozial unruhigen BRD des Jahres 1954 und sollte das Durchhaltevermögen der Gewerkschaften beweisen.

Mit der Aufstellung der Bundeswehr seit Januar 1956 ergab sich ein Bedarf an Waffen, der damals noch aus den USA befriedigt wurde. In absehbarer Zeit jedoch wollte die BRD eine eigene wehrtechnische Forschung und Produktion aufbauen. Da die deutsche Wiederbewaffnung nur innerhalb der NATO gestattet worden war, ergab sich aus dieser nationalen Beschränkung ein potentieller übernationaler Waffenmarkt. Das Ziel einer NATO-Standardisierung eröffnete deutschen Waffen auch bei den ausländischen Partnerarmeen eine Absatzchance – vorausgesetzt, die Qualität stimmte.

Bereits 1956 legte Krauss-Maffei Entwürfe für eine Ketten-Zugmaschine vor, die wesentlich auf der in Allach bis 1945 hergestellten Wehrmachts-Version basier-

te. Diese Planungen gingen in die Vorbereitungen zum Bau des ersten deutschen Nachkriegspanzers ein. Zunächst produzierte man noch Kettenglieder für den US-Panzer Hotchkiss und 1962–1964 für die Lafette der amerikanische Flugabwehr-Lenkrakete HAWK. Dieses System wurde NATO-weit eingeführt und bedeutete den Einstieg der Firma Krauss-Maffei in den Rüstungsexport.
Nach langjährigen Planungen und Erprobungen erhielt Krauss-Maffei als leistungsstärktes deutsches Unternehmen im August 1963 den lukrativen Auftrag, die Serienfertigung des Kampfpanzers Leopard zu organisieren und durchzuführen. Am 9. September 1965 verließ das erste Fahrzeug die Fabrikhallen in Allach, 2.700 Firmen waren am Bau der Einzelteile beteiligt. Um Platz für den Panzerbau zu schaffen, war 1963 die Busproduktion eingestellt worden. Die Remilitarisierung der Werkshallen führte auch dazu, dass der Betrieb nun zum militärischen Objekt mit den entsprechenden Überwachungsmaßnahmen wurde. Auch entwickelte er sich zum Objekt von Spionage und Spionageabwehr und dürfte wohl zum Ziel sowjetischer Fernraketen avanciert sein.
Bis 1980 rollten rund 3.800 Leopard-Panzer aus den Fabrikhallen und wurden in alle NATO-Länder außer den USA und Großbritannien geliefert. Gleichzeitig entwickelte Krauss-Maffei verschiedene andere Panzerfahrzeuge, die teils in Allach, teils bei der Schwesterfirma MaK in Kiel gebaut wurden.
Die ersten Prototpyen des Leopard waren bereits 1956 in Zusammenarbeit mit Frankreich entstanden. Parallel zu seiner Serienfertig begann ab 1965 die Weiterentwicklung zum Leopard 2 bei Krauss-Maffei, mit dem die Firma dann seit 1979 ihren Absatzmarkt weit über die Grenzen der NATO hinaus erweitern konnte. Der „Münchner Merkur“ fasste denn auch am 20. Januar 1976 diese Erfolge in Worte: *„Leo 2 stellt alles in den Schatten. Deutsche Waffen haben wieder Weltruf. Allein nach dem Kampfpanzer Leopard des Generalunternehmers Krauss-Maffei in München würden sich internationale Waffenhändler ‘die Hacken abrennen’. Doch dem ist ein Riegel durch die scharfen Bonner Waffen-Embargo-Bestimmungen vorgeschoben. Der Nachfolgepanzer Leopard 2, der bereits seit drei Jahren in der Bundesrepublik erprobt wird, steht gleich noch höher im Kurs.“* In diesem Zusammenhang behauptete ein Vorstandsmitglied von Krauss-Maffei: *„Wir sehen völlig ein, dass die Bundesrepublik kein Waffenkaufhaus sein kann und darf.“* Um dann zu präzisieren: *„Aber es bliebe doch zu überlegen, ob diese Bestimmungen nicht von Fall zu Fall überprüft und eventuell gelockert werden könnten. Das betrifft sowohl den Iran als auch einige südamerikanische Staaten.“*

Dachauer Straße 667

Die US-Armee hatte 1945 das unzerstört gebliebene BMW-Flugmotorenwerk an der Dachauer Straße 667 beschlagnahmt. Unter der Regie von BMW wurden nun Militärfahrzeuge instandgesetzt, während im BMW-Werk an der (>) Lerchenauer

Straße 76 zuerst Motorräder und bald Automobile hergestellt wurden.
Am 5. Mai 1955 endete für die BRD das Besatzungsstatut; Westdeutschland wurde ein souveräner Staat, durfte also wieder eine Armee und eine Luftfahrtindustrie aufbauen. Zum 30. Juni 1955 räumte die US-Armee das BMW-Werk, entließ sämtliche Arbeiter und Angestellte und übergab die ausgedehnten Anlagen der Firma BMW zur freien Verfügung.
Während sich BMW damals in einer schweren finanziellen Krise befand, expandierte ein anderer bayerischer Fahrzeughersteller: Die Maschinenfabrik Augsburg-Nürnberg (MAN) fand in dem Allacher Werk Anlagen, Maschinen und Personal, mit denen sich die Produktion von Lastkraftwagen problemlos beginnen ließ. Da BMW dringend Kapital benötigte, konnte MAN den nördlichen Teil des Werkes kaufen und seine LKW-Herstellung von Nürnberg nach München verlegen. Fahrzeuge für zivile wie auch militärische Zwecke, beide bald auch für den Export, verließen seit 1955 in großer Zahl die Fabrik.

Werbung der MTU, 1970 (BW)

Im südlichen Teil des Industriegeländes stiegen BMW und MAN 1955 gemeinsam in das Geschäft mit Flugmotoren ein. Die Firma BMW-Triebwerkbau stellte Motoren in amerikanischer Lizenz her, unter anderem für den Starfighter. Die weiterhin anhaltende Talfahrt von BMW ermöglichte es MAN, 1965 alle Anteile der nunmehrigen MAN Turbo GmbH zu übernehmen. Da die eigene Entwicklung von Flugmotoren, Strahltriebwerken und Kraftfahrzeugmotoren aber immer höhere Investitionen erforderte, stieg 1969 die Daimler-Benz AG zur Hälfte ein. Die paritätische Tochter der beiden großen Konzerne erhielt nun den Namen Motoren- und Turbinen-Union (MTU).

Ludwigsfeld

Eines der Außenlager des Konzentrationslagers Dachau befand sich an der Karlsfelder Straße in der Nähe des BMW-Werkes, wo die Häftlinge Sklavenarbeit leisten mussten. Nach deren Befreiung füllten sich die Baracken mit Flüchtlingen aus Ostdeutschland und dem Sudetenland, die bei der US-Armee im BMW-Werk

Arbeit fanden. Diesen Flüchtlingen wiederum folgten heimatlose Ausländer, die auf ihre Auswanderung warteten, und später Flüchtlinge aus der DDR. Das Lager Ludwigsfeld diente als Durchgangsstation für Menschen, die sich in München niederlassen wollten und nachweisen konnten, dass sie hier bereits eine Arbeitsstelle oder Verwandte besaßen (> Domagkstraße 33). Sie erhielten dann Wohnungen vornehmlich im (>) Hasenbergl zugewiesen. Nachdem der Bau der Berliner Mauer am 13. August 1961 den Flüchtlingsstrom versiegen ließ, belegten anschließend Spätaussiedler aus Ost- und Südosteuropa die Baracken. Rund 400 von ihnen trafen monatlich hier ein, um vom „Durchgangslager Moosach“ aus an ihre ausgewählten neuen Wohnorte weiterzureisen. Bis 1962 unterhielt der Hohe Kommissar für Flüchtlinge der Vereinten Nationen ein Büro in München. Im Jahr 1964 wurden die Baracken abgerissen, einzig die an der Granatstraße 8 blieb erhalten. Eine Gedenktafel erinnert - beschränkt auf die Zeit des „Dritten Reiches“ - in deutscher und französischer Sprache an ihre frühere Funktion.
In unmittelbarer Nachbarschaft, weitab von der Stadt, entstand im Jahr 1952 mit Geldern aus dem Marshall-Plan eine Siedlung für etwa 3.000 Personen aus 22 Nationen, die bislang in bayerischen Kasernen gelebt hatten. Diese Kasernen wurden nun von der US-Armee benötigt und ihren Bewohnern in Ludwigsfeld Wohnraum geschaffen. Im Eiltempo wurden die Häuser hochgezogen, als Baumaterial diente zu Ziegelsplitt- und Hohlblocksteinen verarbeiteter Bombenschutt. Im September 1952 konnten die Wohnungen bezogen werden. Die Multikulturalität der Siedlung zeigt sich heute noch in den Straßenbenennungen nach Edelsteinen: Der Stadtrat begründete seinen entsprechenden Beschluss vom 2. Oktober 1952 mit den Worten: *„... werden für Ausländer leicht verständliche Namen von Edelmineralien verwendet.“* (> Attenkoferstraße)
Ungefähr 800 Menschen gehörten der Russisch-Orthodoxen Gemeinde in Ludwigsfeld an (> Schirmerweg 78), die ein provisorisches Gotteshaus besaß und eine russischsprachige Ergänzungsschule betrieb, an der Russisch, Geschichte und Volkskunde der alten Heimat erteilt wurden. Am 21. November 1965 schließlich weihte das Oberhaupt der Russisch-Orthodoxen Exilkirche in Westdeutschland, Erzbischof Alexander, die Erzengel-Michael-Kirche an der Achatstraße 14 ein. Sie war das erste russisch-orthodoxe Gotteshaus, das nach dem Krieg in Bayern gebaut wurde.
Eine andere Bevölkerungsgruppe aus der Sowjetunion, die auf Seiten der Wehrmacht gekämpft hatte und deshalb nicht mehr in ihre Heimat zurückkehren konnte, waren die 5.000 Kalmücken, buddhistische Mongolen, die aus dem Don-Wolga-Gebiet stammten. Sechzig von ihnen hatten in Ludwigsfeld eine neue Heimat gefunden und bildeten die dortige Kalmückische Buddha-Dharma-Gemeinschaft. Im September 1966 entsandte der Dalai-Lama einen Priester nach München, um an der Rubinstraße 14 einen buddhistischen Tempel einzuweihen. Zwei- bis dreimal im Jahr besuchte Lama Lobsang Dargyay fortan die kleine Gemeinde, wo er - in ein violettes Gewand gehüllt - insbesondere den Kindern seinen Glauben lehrte.

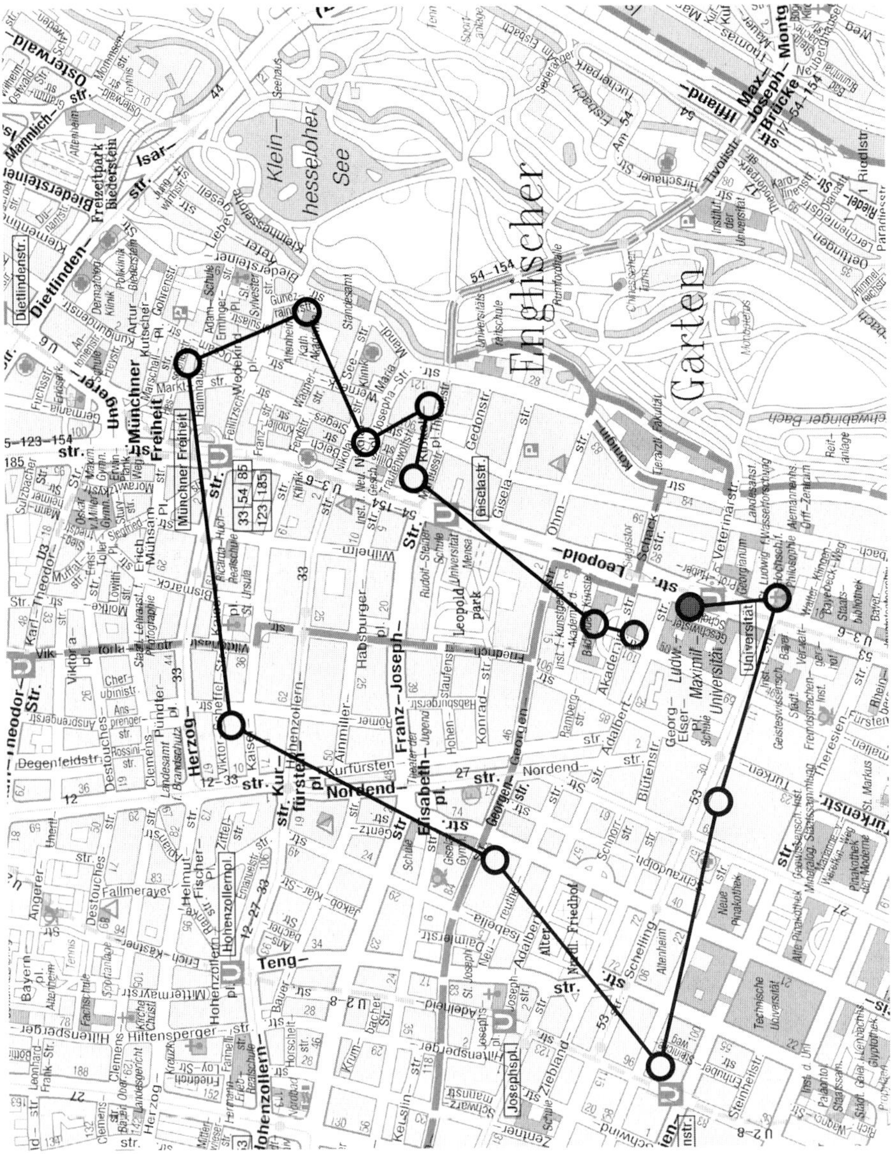

Englischer
Garten
Klein-
hesseloher
See
Münchner
Freiheit
Leopold-
str.
Franz-Joseph-
Str.
Georgen-
str.
Ludw.-
Maximil.-
Universität
Technische
Universität
Neue
Pinakothek
Alte Pinakothek
Pinakothek
der Moderne
Max-
Joseph-
Brücke
Ohm-
Gisela-
Konrad-
Nordend-
Kurfürsten
Hohenzollern-
Herzog-
Elisabeth-
pl.
Josephspl.
Leopold
park
Tierärztl. Fakultät
Isar-
Dietlinden-
str.
Biedersteiner

Schwabing

Das Schwabing jener Jahre wurde mehr noch als heute stark durch die Universität und das studentische Leben geprägt. Hier konzentrierten sich die Aktivitäten und Unruhen der Studentenrevolte in den späten sechziger Jahren. Und über München hinaus galt Schwabing als westdeutsches Zentrum der Popkultur, der „Gammler“, des Rauschgifts – kurz: des Aufbruchs gegen das „Establishment“. Als dicht besiedeltes Innenstadtrandgebiet gehörte Schwabing nach dem Krieg zu den Vierteln, in denen die Grundstücks- und Immobilienspekulation besondere Blüten trieb. Der Widerstand der Bevölkerung organisierte sich daher hier auch besonders massiv.

Geschwister-Scholl-Platz

Das politische Leben an der Universität München während des „Dritten Reiches“ – wie alle deutschen Universitäten sowohl hinsichtlich der Professoren als auch der Studenten ein ausgesprochen rechtsradikales Milieu – blieb nach dem Krieg stark geprägt von der soeben beendeten geistig-moralischen Katastrophe. Die Kontinuität zeigte sich allerdings in einem Umkehrschluss, in dem man eine verschwindende Minderheit, die ihre Opposition zum „Dritten Reich“ mit dem Leben bezahlt hatte, nunmehr zu Leitfiguren des akademischen Lebens aufbaute. Bereits am 5. Februar 1946 war der Platz an der Universität nach Mitgliedern der „Weißen Rose“, den Geschwistern Hans (1919-1943) und Sophie (1921-1943) Scholl sowie Professor Kurt Huber (1893-1943), benannt worden. Aber erst anlässlich des zehnten Jahrestages der Hinrichtung Hubers, am 13. Juli 1953, wollte es gelingen, ihm die seinerzeit aberkannte Doktorwürde posthum erneut zu verleihen (> Sankt-Anna-Platz 2).
Ansonsten war das akademische Leben geprägt vom Kampf gegen die Schwierigkeiten des Alltags: Unbefriedigende Studienbedingungen, die ewige Wohnungsmisere, Geldmangel. Der neu eingerichtete Studentenschnelldienst versuchte, durch Vermittlung von kurzfristigen Tätigkeiten hier eine gewisse Abhilfe zu schaffen. Die studentischen Burschenschaften, vor und während des „Dritten Reiches“ Hochburgen nationalistischen Empfindens und auch Handelns, traten wieder stärker in der Öffentlichkeit auf. Sie konnten Unterkunft, Gemeinschaft, berufliche Protektion und Verbindungen bieten sowie die Stallwärme einer reinen Männergesellschaft gepaart mit dem erbauenden Gefühl, etwas Besonderes zu sein.
Langsam aber sicher zogen Frauen als Studentinnen in die Universitäten ein. Betrug ihr Anteil 1950 noch 16,6 Prozent, so steigerte er sich im Laufe von 25 Jahren bis 1975 auf 31,4 Prozent. Die Umgangsformen blieben lange Zeit ver-

krampft-konservativ. Kleidung und die Anrede „Sie" ließen kaum darauf schließen, dass hier junge Menschen unter sich waren. Anfang der fünfziger Jahre existierte nur eine verschwindend kleine Studentengruppe der KPD an der Universität, die ihre Ansichten in der Zeitung „Das Freie Wort" veröffentlichte. Einfluss konnten die Kommunisten jedoch keinen auf das studentische Leben nehmen.
Unter der Oberfläche des konventionellen akademischen Treibens begann es aber zu gären. Die Ära Adenauer mit ihren Restaurationstendenzen und dem gleichzeitigen Schweigen über die jüngste Vergangenheit, mit ihrem verkniffenen Wirtschaftswunderblick nach vorn und dem Motto *„Keine Experimente"* konnte auf Dauer nicht über die ihr innewohnenden Widersprüche und Unzulänglichkeiten hinwegtäuschen. Die *„Wilden der 50er-Jahre"*, Kabarettisten, kritische Professoren und Literaten, begannen, sich offen zu äußern.
Die erste größere Manifestation politischer studentischer Unzufriedenheit zeigte sich am 20. Mai 1958, als 2.000 Studenten und Studentinnen auf dem Professor-Huber-Platz gegen die von Verteidigungsminister Franz Josef Strauß geplante Atombewaffnung der Bundeswehr protestierten. Der Schriftsteller Erich Kästner widerlegte in seiner Rede die Argumente der Bundesregierung, Professor Alfred Faessler (1904-1987) referierte über das Wesen und die Auswirkungen eines Atomkrieges und Professor Alexander Graf von Stauffenberg (1905-1964) warf der Regierung eine *„greisenhaft starre Haltung"* vor.
Die Schlussrede hielt die Studentin Erika Runge, die später als Schriftstellerin und Fernsehregisseurin bekannt wurde. Sie schloss: *„Wir glauben nicht, dass*

Demonstration gegen Atomrüstung auf dem Königsplatz, 24. Juni 1958 (StAM)

Strategie und Taktik den Menschen in die entsetzliche Täuschung treiben dürfen, er könne überleben, indem er sich zur Selbstvernichtung rüstet. Wir bestreiten allen an der Atomrüstung beteiligten Physikern, Militärs, Industriellen und Staatsmännern das Recht, Vorbereitungen zu treffen zur Zerstörung des Ebenbildes Gottes.“

Noch im selben Semester, am 12. Juli 1958, enthüllte die Universitätsverwaltung im Lichthof eine Gedenktafel an die Mitglieder der Weißen Rose. Hinkünftig sollten die Namen der Widerstandskämpfer der Studentenschaft als Vorbild dienen, sei es als Straßenbenennungen (Christoph-Probst-Straße, Hans-Leipelt-Straße, Schmorellplatz, Willi-Graf-Straße) oder als Namensgeber für ein Studentenheim (> Steinickweg 7) und das Geschwister-Scholl-Institut für Politische Wissenschaften an der Ludwigstraße 10.

Später kam es regelmäßig während der alljährlichen offiziellen Gedenkfeiern für die Weiße Rose zu Protesten von studentischer Seite, so zum ersten Mal am 21. Februar 1965. In seiner Rede zeigte sich Rektor Gerhard Weber (1898-1973) dankbar dafür, dass der Kampf der Weißen Rose dazu geführt habe, der Universität München einen Ehrenplatz im Widerstand gegen den Nationalsozialismus zu sichern. Während anschließend ein Madrigalchor den Schlussgesang der Feier anstimmte, flogen plötzlich von den oberen Stockwerken Flugblätter in den Lichthof – genauso wie seinerzeit die von Hans und Sophie Scholl. Auf den Zetteln konnte man lesen: *„Die Geschwister Scholl stünden auch heute gegen einen Staat, der sich unter Berufung auf den Bolschewistenschreck nach außen eine immer bedrohlichere Militärmacht und innen eine immer perfektere Polizeigewalt aufbaut.“* Des Weiteren wurde auf die „braune“ Vergangenheit zahlreicher Professoren hingewiesen, die nun die Geschwister Scholl vereinzunahmen versuchten. Unterzeichnet war das Blatt von einer Aktion für internationale Solidarität (> Stadelheimer Straße 24).

Der akademische Konsens zerbrach immer deutlicher. Die Gegensätze zwischen dem „Establishment“ und einer sich immer zahlreicher und radikaler zeigenden studentischen Minderheit schienen unüberbrückbar zu werden. Diskussionen über das Schlagwort vom Bildungsnotstand oder über den Vietnamkrieg der USA sowie die Innen- und Außenpolitik der BRD nahmen die Form eines verbissenen Generationskonfliks an. So wurde die Rektoratsfeier am 26. November 1967 mit Pfeifkonzerten und Luftschlangen gestört. Eine als von vornherein sinnlos erachtete argumentative Auseinandersetzung mit der Vätergeneration wurde von der Generation der Kinder ersetzt durch – vorerst noch – akustische Provokation und Aggression.

Dementsprechend wütend und auffällig unsouverän schlug das „Establishment“ zurück: Ministerpräsident Alfons Goppel, seinerseits geschmäht mit dem Spruch *„Goppel auf die Koppel“*, bezeichnete die Urheber der Störung als *„dumm und primitiv“*. Franz Josef Strauß beschimpfte vor Burschenschaftlern die linksradi-

kalen Studenten in der ihm eigenen Diskriminierung von benachteiligten Minderheiten als *„Liliputaner"*.
Neue Arten der Meinungsäußerung zogen in der Universität ein: „Teach-In", „Sit-In" oder das „Go-In", auf Deutsch die Besetzung von Hörsälen, um unliebsame Professoren am Reden zu hindern. Auch das „Happening" bewährte sich als Ausdruck akademischer Unzufriedenheit, etwa im Januar 1968, als als Polizisten verkleidete Linke willkürlich Studenten und Studentinnen verhafteten. Die über diese scheinbar staatlichen Zwangsmaßnahmen entstehende Erregung führte zu Krawallen, die sich gegen die bald eintreffende richtige Polizei entluden.
Auf die Berechtigung der Forderungen nach einem radikalen Umbruch der Gesellschaft, des politischen und wirtschaftlichen Systems soll hier nicht eingegangen werden. Ein auffallendes Merkmal der studentischen Aktionen war aber gerade das, was sie so vehement zu bekämpfen glaubten: Gewalt gegen Andersdenkende und Unterdrückung der freien Meinungsäußerung Andersdenkender. Eine „Antifaschistische Woche" im Februar 1968 etwa konnte nicht darüber hinwegtäuschen, dass das Verprügeln von Professoren eben keine gelebte Demokratie war.
Auch der latente Antisemitismus der Linksradikalen, präsentiert im Gewand des scheinbar rein politischen Antizionismus, der die Parteinahme mit den Palästinensern beinhaltete, zeigte die problematische Nähe zur bekämpften Elterngeneration (> Reichenbachstraße 27, > Connollystraße 31). Als etwa der israelische Botschafter Asher Ben Nathan am 10. Dezember 1969 an der Universität seine Meinung zu Politik und Existenz des Staates Israel darlegen wollte, ging seine

Protest gegen die Notstandsgesetze, Mai 1968 (StAM)

Rede in Tumulten unter. Als Rechtfertigung dafür musste die Tatsache herhalten, dass Israel der Statthalter der verhassten USA im Nahen Osten war. Die Sympathie mit dem palästinensischen Volk, ausgedrückt im Tragen des beliebten Palästinenserschals, hatte einzig die Ablehnung des jüdischen Staates zur Ursache.
Der damalige Oberbürgermeister Hans-Jochen Vogel erinnert sich in seinem Buch „Die Amtskette“ an einen der Führergestalten der Außerparlamentarischen Opposition, Karl Dietrich Wolff. Dessen selbst gesetztes Ziel bestand darin, die Massen gegen das herrschende System zu mobilisieren und es dann zu zerbrechen: *„Wolff faszinierte die Anwesenden auch durch seine Sprechweise, die später viele Studenten nachahmten. Er sprach eher leise, sehr distanziert, manchmal fast gleichgültig und verhalten, dann wieder mit schneidender Schärfe und hämmernd, jedoch auch hier, ohne die Stimme zu heben. Noch etwas fiel mir auf, nämlich der Fanatismus, die Unduldsamkeit und die absolute Humorlosigkeit. Der Gedanke, man könne sich selber irren oder mit seinem Urteil Unrecht haben, kam überhaupt nicht. Der Fanatismus war nich heiß und blutvoll, sondern kalt und mitunter hasserfüllt. Gelacht wurde eigentlich nur, wenn man glaubte, den Gegner 'entlarvt', ihm die 'Maske vom Gesicht gerissen' oder ihn sonst empfindlich getroffen zu haben.“* Seinen Höhepunkt erreichte der gewaltsame, bereits tödliche Protest gegen das „System“ und seine Träger schon im April 1968, als nach dem Attentat auf Rudi Dutschke (1940-1979) die Auslieferung der „Bild-Zeitung“ verhindert werden sollte (> Schellingstraße 39-41).
Inwieweit die politischen Aktivitäten dabei die gesamte Studentenschaft erreichten, zeigten die Wahlen zum Studentenkonvent im Dezember 1970: Bei einer Wahlbeteiligung von 36,4 Prozent konnten die marxistischen Roten Zellen 37 von 57 Sitzen besetzen, der Ring Christlich-Demokratischer Studenten sechs, der moskautreue Marxistische Studentenbund Spartakus zwei, der Soziallibérale Studentenverband und der Sozialdemokratische Hochschulbund je einen Sitz. Außerdem zogen zehn Unabhängige in den Konvent ein.
Die Roten Zellen waren die einzigen Feinde des „Systems“, die von diesem als Gegner auch ernst genommen werden mussten. Abgesehen von ihren messerscharfen marxistischen Analysen, verschafften sie sich mit ihrer Entschlossenheit und ihrem taktischen Geschick Respekt bei Freund und Feind. Ihre spektakulärste Aktion dürfte die fast geglückte Verhinderung der Wiederwahl des Rektors Nikolaus Lobkowicz im Juli 1971 gewesen sein.
Der angedrohte „Marsch durch die Institutionen“, um das „System“ von innen heraus zerschlagen zu können, ließ Bundeskanzler Willy Brandt (1913-1992) und die Ministerpräsidenten der Länder am 28. Januar 1972 den so genannten Radikalenerlass beschließen. Nach diesem rechtfertigten begründete Zweifel an der Verfassungstreue eines Bewerbers für den öffentlichen Dienst dessen Ablehnung beziehungsweise die Entlassung bereits Eingestellter. Dieser Erlass sorgte für eine weitere Polarisierung der Gegensätze, sahen beide Seiten doch Freiheit und

Demokratie in Gefahr. In Bayern wurden bis 1976 rund 71.500 Personen politisch überprüft. In 400 Fällen fanden sich Erkenntnisse, die in 46 Fällen zu Ablehnungen oder Entlassungen führten.
Im Januar 1973 legte Kultusminister Hans Meier den Entwurf eines neuen Hochschulgesetzes vor. In ihm wurde der Allgemeine Studentenausschuss (ASTA) sowie die Mitbestimmung der Studenten in ihren eigenen Belangen abgeschafft. Darüber hinaus sollten die bayerischen Universitäten mit einem eigenen Ordnungsrecht autonom gegen störende Studenten vorgehen können.
Am 25. Januar 1973 fand gegen dieses Gesetz die größte Demonstration in München nach dem Krieg statt. Unter einem Meer von roten Fahnen und Transparenten mit kämpferischen Aufschriften sammelten sich 22.000 Menschen auf dem Geschwister-Scholl-Platz, um der Bürokratie das sichere Scheitern ihres Vorhabens anzukündigen. In Aussicht gestellt wurden unter anderem *„Kampf der politischen Disziplinierung!“* sowie *„Für das sozialistische Studium als Kritik der kapitalistischen Wissenschaft“*.
Der bayerische Landtag mit seiner CSU-Mehrheit nahm das Gesetz wie erwartet an. Tatsächlich entspannte sich daraufhin die Situation an der Universität in kleinen Schritten, wohl auch weil der revolutionäre Elan nachließ. Bei den Wahlen zum Sprecherrat – so hieß nun der einflusslose Nachfolger des ASTA – erhielten die Roten Zellen noch einmal die Mehrheit, aber der Ring Christlich-Demokratischer Studenten konnte viele Stimmen dazugewinnen. Auch wenn die Roten Zellen im Mai 1974 noch einmal forderten: *„Mit Marx und Stinkbomben gegen die bürgerliche Wissenschaft!“*, so meldete die „Süddeutsche Zeitung“ vom 21. Juni 1975: *„Anstatt die Welt die Noten verbessern – gewandelte Studienatmosphäre an der Universität.“*

Ludwigstraße 20

Der politische Aufbruch an den Universitäten mit seinen Forderungen nach Selbstbestimmung des einzelnen, seinem Kampf gegen den Kapitalismus und dem Aufruf, Politik von unten zu machen, wirkte über den akademischen Bereich hinaus. Der radikale theoretische Imperativ *„Macht kaputt, was euch kaputt macht!“* begann, praktische Folgen zu zeitigen, die sich, der Natur des Alltags entsprechend, langsamer entwickelten als die abstrakte Theorie.
Die Maxvorstadt als hoch verdichtetes Innenstadtrandgebiet war mit allen Problemen konfrontiert, die sich in den Großstädten ergaben: Spekulative Vernichtung von billigem Wohnraum und dadurch erzwungene Vertreibung der angestammten, sozial ausgeglichenen Bevölkerung, Verkehrsüberlastung und Umweltprobleme, Fremdbestimmung der lokalen Probleme durch ortsfremde Politiker.
In der Pfarrei St. Ludwig trafen sich seit 1970 Gemeindemitglieder, um die Probleme der Maxvorstadt zu analysieren und gegen sie anzugehen. Die Idee einer Bür-

gerinitiative entstand, man wollte die Bevölkerung über bedrohliche Entwicklungen informieren, sie mobilisieren und einzelne Problemfälle aufgreifen. Im Gegensatz zu den Universitäten ging man von einem christlichen Ansatzpunkt an die Probleme heran. Man ließ sich dabei von Papst Paul VI. (1897-1978) leiten, der 1971 schrieb: *„Die Stadt lässt neue Formen der Ausbeutung und Beherrschung entstehen, bei denen einige die Bedürfnisse der anderen zu Spekulationen mißbrauchen und zur Quelle unzulässiger Gewinne machen. Die Schwächsten sind in der Tat die Opfer der inhumanen Lebensbedingungen."*
Über Jahre hinweg stellte die Pfarrei St. Ludwig der Aktion Maxvorstadt ihre Räume für Versammlungen zur Verfügung, obwohl es innerhalb der Gemeinde auch heftige Bedenken gegen diese ungewohnte Art von Sozialarbeit gab. Ein Ziel dieser ersten kontinuierlich organisierten Bürgerinitiative in München war es, den Bewohnerinnen und Bewohnern der Maxvorstadt das Gefühl der Zusammengehörigkeit zu vermitteln. Sie sollten die sie betreffenden Probleme selbst in die Hand nehmen, anstatt sich fremd bestimmen zu lassen. Im April 1972 erschien die erste Nummer der Stadtteilzeitung „Maxvorstadt aktuell", die sich mit den Themen Immobilienspekulation und Verkehr auseinander setzte.
Am 3. Mai 1972 ereignete sich eine damals völlig ungewohnte Neuigkeit: Zum ersten Mal übernahm beim Treffen der Bürgerinitiative eine Frau die Gesprächsleitung. Am 4. Juni 1972 organisierte man das erste Straßenfest in München. Die Aktion Maxvorstadt leistete damit Pionierarbeit für die heute selbstverständlich gewordenen und institutionalisierten politischen Aktivitäten auf Stadtteilebene.

Sternmarsch gegen Entmietung und Spekulantentum, 8. Juli 1971 (StAM)

Schellingstraße 39–41

Das Jahr 1967 brachte weltweit Ereignisse, die eine politische Polarisierung zeigten, die sich wiederum in der politischen Diskussion in der BRD widerspiegelten. In Argentinien fanden Massenstreiks gegen die faschistische Militärregierung statt, in Bolivien kämpften marxistische Partisanen unter der Führung von Ernesto Che Guevara (1928-1967) gegen die dortige Regierung, Militärputsch in Griechenland und Generalstreik in Frankreich, Tötung des Studenten Benno Ohnesorg durch einen Polizisten während einer Demonstration gegen den Schah von Persien in Berlin (> Max-Joseph-Platz), der israelisch-arabische Krieg als Stellvertreterkrieg zwischen den USA und der Sowjetunion, Vietnamkrieg.
Das Jahr 1968 brachte im März schwere Unruhen in Polen und den demokratischen Aufbruch in der Tschechoslowakei sowie das Massaker im vietnamesischen Dorf My Lai, ausgeführt von US-Truppen. Am 2. April 1968 wurden in Frankfurt zwei Kaufhäuser von Andreas Baader (1943-1977) und Gudrun Ensslin (1940-1977) als Protest gegen das „System" angezündet. Am 4. April wurde der amerikanische Bürgerrechtler Martin Luther King (1929-1968) ermordet. In den USA brach daraufhin ein regelrechter Bürgerkrieg aus, der von 80.000 Soldaten niedergeschlagen wurde.
Diese Ereignisse stellte insbesondere die „Bild-Zeitung" plakativ und polarisierend dar. Die Zeitung ließ keine Gelegenheit aus, die sich mit diesen Zeitproblemen beschäftigenden Linken als arbeitsscheu, ungewaschen, dumm und gefährlich abzuqualifizieren. Am 11. April 1968 verübte einer der zahllosen Leser der „Bild-Zeitung", Josef Bachmann, in Berlin einen Mordanschlag auf die Führergestalt der Linken, Rudi Dutschke (1940-1979).
Noch am Abend dieses Gründonnerstags – daher das weihevolle Schlagwort *„Jesus-King-Dutschke"* – kam es bundesweit zu Ausschreitungen gegen Einrichtungen des Springer-Verlages. Ebenfalls bundesweit wurde der Bundesgrenzschutz in Alarmbereitschaft gesetzt. Neben Berlin fanden in München massive Angriffe gegen die Gebäude der „Bild-Zeitung" an der Schellingstraße 39-41 statt. Seit 1966 hatte hier die süddeutsche Redaktion der Hamburger Tageszeitung ihre Räume, seit dem 1. April 1968 erschien die Münchner Ausgabe der „Bild-Zeitung". In der Schellingstraße wurde sie ebenso wie andere Erzeugnisse des Springer-Verlages gedruckt.
In der Nacht zum Karfreitag gelang es 250 Demonstranten, das Gebäude zu stürmen und die Inneneinrichtung, die Redaktion und das Archiv zu verwüsten. Am nächsten Abend wurden Barrikaden errichtet. Pflastersteine und Flaschen flogen. Unter Rufen wie *„Heute Dutschke – morgen wir"*, *„Ho-Ho-Ho-Tschi-Minh"*, und an die Polizei gerichtet *„Gestapo"* sollte die Auslieferung der „Bild-Zeitung" verhindert werden. Inzwischen wurde ein Teil der Auflage in Säcken über die Dächer der benachbarten Häuser aus dem Buchgewerbehaus

geschafft. Am späten Abend schließlich verließen die Auslieferungswagen unter Polizeischutz die Druckerei.
Am 15. April versammelten sich nochmals 2.000 Demonstranten unter roten Fahnen, um die Auslieferung der Zeitung zu verhindern. Dies gelang nicht, doch traf das Gewaltpotential auf eine benachbarte Straßenbaustelle: Pflastersteine, Metallteile und Holzbohlen flogen gegen die Polizei und auch ungezielt gegen die Menschenmenge selbst. Sechzehn Menschen erlitten dadurch Verletzungen. Zwei von ihnen starben später an den Folgen ihrer Verletzungen: Am 17. April der Fotoreporter Klaus Frings (1936-1968), ebenfalls am 17. April der unbeteiligte Zuschauer Rüdiger Schreck (1941-1968).
Der Anschlag auf Rudi Dutschke hatte offizielle Bestürzung und Bedauern hervorgerufen. Die beiden Münchner Opfer der eskalierten Gewaltschraube lösten dagegen eine Welle der Empörung aus. Für den Tod von Frings und Schreck seien letztlich die Vertreter der außerparlamentarischen Opposition verantwortlich, die Gewalt gegen Institutionen als legitimes Mittel des politischen Kampfes propagierten. Der Sozialistische Deutsche Studentenbund (SDS), Träger der politischen Unruhe in der BRD, ließ dagegen verlauten: *„Wir handeln nicht nach Ghandi, sondern nach Marx, Engels, Lenin und Mao Tse-tung. Wir befürworten eindeutig die revolutionäre Gewalt.“*

Aufruf zum Ostermarsch 1968 (BW)

Steinickeweg 7

Die Rolle, in die die Geschwister Hans und Sophie Scholl posthum gedrängt wurden, zeigte sich beispielhaft am 8. Januar 1960 bei der Eröffnung des Geschwister-Scholl-Studentenheims am Steinickeweg 7 (> Geschwister-Scholl-Platz). Der Feierstunde wohnten zahlreiche Vertreter des öffentlichen Lebens bei, unter ihnen etliche Bundestags- und Landtagsabgeordnete. Auch zwei Verfolgte des „Dritten Reiches", Oberbürgermeister Thomas Wimmer (1887-1964) und der frühere Ministerpräsident Wilhelm Hoegner (1887-1980), hatten sich eingefunden. Aber auch der nationalsozialistische Jurist und jetzige Kultusminister Theodor Maunz hielt seine Anwesenheit für angebracht (> Salvatorplatz 2). Die Festredner bezeichneten das Heim als Haus auf dem Fundament der Toleranz und beschworen den Geist der Freiheit, Brüderlichkeit, Toleranz und Opferwilligkeit.
Als am 18. Februar 1962, zum 19. Todestag von Hans und Sophie Scholl, das ihnen gewidmete Denkmal vor dem Studentenheim enthüllt wurde, hielt Professor Alexander Graf Stauffenberg, der Bruder des Hitler-Attentäters vom 20. Juli 1944, eine Rede. Er führte unter anderem aus: *„Dem Kreis der Weißen Rose haben wir es zu verdanken, dass in der Geschichte des Widerstandes gegen das so genannte Dritte Reich auch das Wort Universität steht. Sie haben an ihrer Stelle die Schande ihres Vaterlandes getilgt, der Heimat die verlorene Ehre und Selbstachtung zurückgegeben."* So einfach sollte es gehen. Weiter hieß es ikonisierend: *„Die Weiße Rose, die das Geschwisterpaar auf dem Denkmal trägt, verkörpert die ganze Reinheit, den ganzen Adel, die ganze Hoheit derer, die im Kampf gegen die Barbarei ihr Leben ließen. Reine Heroen heißen sie für die Menschen künftiger Zeit."* Nach der Enthüllung forderte Professor Alfred Marchionini (1899-1965) die anwesenden Studenten auf: *„Es soll euch immer ein Leitbild sein, denn ihr seid wie sie aufgerufen, für Freiheit, Recht, Toleranz und Menschenwürde zu kämpfen."*

Arcisstraße 57

Artikel 3 des Grundgesetzes aus dem Jahr 1949 bestimmt: *„(1) Alle Menschen sind vor dem Gesetz gleich. (2) Männer und Frauen sind gleichberechtigt."* Gleichzeitig jedoch galten die Bestimmungen des Bürgerlichen Gesetzbuches von 1900, in dessen Paragraph 1356 es hieß: *„Die Frau führt den Haushalt in eigener Verantwortung. Sie ist berechtigt, erwerbstätig zu sein, soweit dies mit ihren Pflichten in Ehe und Familie vereinbar ist."*
Das hehre Ideal des Grundgesetzes blieb in der Praxis dem Bürgerlichen Gesetzbuch untergeordnet. Während des Krieges hatte der Mangel an Männern an der so genannten Heimatfront eine erzwungene Gleichberechtigung der Frau mit

sich gebracht. Frauen mussten in vorher Männern vorbehaltenen Berufen arbeiten bei gleichzeitiger Mehrbelastung in Haus und Familie. Mit der Rückkehr der Soldaten aus Krieg und Gefangenschaft traten diese wieder in das Berufsleben ein. Trotzdem konnte im Wirtschaftsleben nicht auf die Frauen verzichtet werden, sei es im Arbeitsprozess oder im Haushalt zur Aufrechterhaltung der männlichen Arbeitskraft. Honoriert wurde diese Rolle mit weniger Gehalt bei gleicher Leistung im ersten Fall und mit gar keiner Bezahlung im zweiten. Darüber hinaus wurde Frauen der Zugang zu höheren Positionen fast systematisch verwehrt.
Mit zunehmendem Wohlstand ließ sich die Frau auch als optisches Objekt vermarkten. So startete etwa die „Abendzeitung" am 27. Juli 1968 ihre *„AZ-Aktion: Schöne Münchnerin gesucht."* Als Grund für diese Aktivitäten wurde genannt: *„Für einen in Vorbereitung befindlichen Bildband des Desch-Verlages werden die Bilder schöner, unbekannter Münchnerinnen gesucht."*
Im Jahr 1969 erschien der Spezialstadtführer „München für Schürzenjäger". In seinem einleitenden Kapitel *„Sie sollten auf Jagd gehen"* liest man: *„Etwa 10.000 Mädchen zwischen 16 und 25 Jahren zieht es jedes Jahr nach München. Das wissen alle. Und die waschechten Münchnerinnen? Aus ihrem Kreis werden jährlich Hunderte von internationalen Mannequin- und Fotomodell-Agenturen ausgewählt."*
Eine Berühmtheit jener Zeit war das Fotomodell Uschi Obermeier. Sie entsprach diesen Ansprüchen und zog daraus finanziellen Nutzen. Auch in politischer Hinsicht unterwarf sie sich ihren Lebensgefährten, die sich mit ihr schmückten: Obwohl politisch völlig desinteressiert, ließ sie sich doch stilgerecht in Parka und Stiefeln gewandet auf Demonstrationen sehen.
Ein Höhepunkt der Selbstunterwerfung wurde in der Zeitschrift „münchner leben" im Mai 1973 erreicht. Die Autorin berichtete über den Heiratsmarkt München: *„Wie magnetisch werden sie angezogen vom Zauber Münchens, die süßen jungen Dinger vom Land und aus der Kleinstadt, Edelfräulein, Geldtöchter und Kellerkinder, die Naiven und die Seelchen, die Kratzbürsten und die Gänschen, die Intellektuellen, die Neugierigen und die Abenteurerinnen auch. Manche haben nur Rosinen im Kopf, das leichte Geld und das süße Leben. Die*

Frau und Mann, Anzeige 1959 (BW)

weitaus meisten aber angeln nach einem passablen Ehemann. Wenn zwei sich 'nett' finden, wird nicht mehr lange gewartet. 96 Prozent der unverheirateten jungen Münchner zwischen 17 und 25 erklärten bei einer Umfrage: Vom ersten Treff bis zum Geläut der Hochzeitsglocken dauert es allenfalls drei Monate."

Gegen diese verankerten Rollen von Mann und Frau entwickelten sich Widerstände im Rahmen des universitären Aufbegehrens gegen das „Establishment" (> Geschwister-Scholl-Platz). Im Dezember 1971 gründete sich das Frauenforum München, das die gleichnamige Zeitschrift in 4.600 Exemplaren (1974) herausgab. Die rund 250 weiblichen Mitglieder ließen sich von der zweifach ehegeschädigten Hannelore („Loreley") Mabry führen, die sich selbst gerne als *„deutsche Theoretikerin des Feminismus"* bezeichnete. Ihre autoritäre Unduldsamkeit konnte aber auf Dauer nicht überzeugen, ging es dem Feminismus doch um die Befreiung der Frau und nicht ihre Unterwerfung unter eine, wenn auch weibliche, Führungsperson. Mabry sah das anders: *„Autorität, das bedeutet: Wissen haben und es nicht vermitteln; ich aber gebe es dauernd ab."* Mit dieser Haltung untergrub sie ihre eigene Stellung, die feministische Bewegung autonomisierte sich.

Am 3. November 1975 öffnete der „Frauenbuchladen" in der Arcisstraße 57 als erster seiner Art in Deutschland seine Pforten. In seinem Buchangebot kamen die verschiedenen feministischen Ansätze zur Sprache ebenso wie die vielfältigen Probleme, vor denen sich Frauen auf ihrem Weg zur Emanzipation sahen.

Erwähnt werden soll, dass der weibliche emanzipatorische Aufbruch bereits offizielle Reaktionen zeitigte. Die Vereinten Nationen hatten das Jahr 1975 zum „Jahr der Frau" erklärt. In der „Süddeutschen Zeitung" stand am 31. Dezember 1974 zu lesen: *„Die männlichen Festredner polieren ganz besonders ihre Manuskripte, denn die Beziehungen zwischen den Geschlechtern sind erkennbar gestört wie nie zuvor und verbaler Radikalismus beherrscht die Szene. In den Industriestaaten, auch in der Bundesrepublik, rührt sich eine feministische neue Frauenbewegung. In Ziel und Methodik untereinander uneins, wissen sich die Anhänger* [!] *einig in der Benennung des Gegners: der Patriarch ist es, der Mann, ökonomischer und emotionaler Unterdrücker der Frau seit Jahrhunderten."*

Kaiserstraße 46

Der Konzertagent Lothar Bock, der Reisen sowjetischer Künstler durch die BRD organisierte, setzte sich seit Februar 1968 dafür ein, am Haus Siegfriedstraße 14 eine Gedenktafel für Wladimir Iljitsch Uljanow (1870-1924), bekannt als Lenin, anzubringen. Dieser hatte dort von 1901 bis 1902 gelebt. Bock wollte die Tafel finanzieren, der Bildhauer Karl Oppenrieder sie anfertigen. Da sich aber die Hausbesitzerin, die Pschorr-Brauerei, aus politischen Gründen gegen die Anbringung wehrte, brachte man die Tafel an einem früheren Wohnort

Lenins in der Kaiserstraße 46 an. Deren Besitzerin, die Löwen-Brauerei, erhob keine Einwände.

Am 29. April 1968 enthüllte der sowjetische Botschafter Semjon Zarapkin (1906-1984) im Rahmen einer privaten Zeremonie die Gedenktafel. Unter dem Kopfprofil Lenins stand auf Deutsch und Russisch zu lesen: *„In diesem Hause lebte von September 1900 bis April 1901 Wladimir Iljitsch Uljanow Lenin, der Gründer des Sowjetstaates."* Vor einigen hundert Menschen lobte Zarapkin das zwanzigste Jahrhundert, da es die praktischen gesellschaftlichen Veränderungen nach den Vorstellungen von Marx und Engels gebrachte habe. Lenin habe mit der Oktoberrevolution dieses neue Zeitalter eröffnet. Inzwischen seien die leninschen Ideen in einem weltweiten System sozialistischer Staaten verwirklicht worden. Zarapkin wertete diese erste Gedenktafel für Lenin in der BRD als Ausdruck der *„Achtung der Einwohner Münchens vor diesem großen Revolutionär und Staatsmann."*

Der Beifall der Anwesenden mischte sich mit den Protestrufen des ebenfalls erschienenen rechtslastigen Republikanischen Studentenbundes. In Flugblättern vertraten seine Mitglieder die These: *„Lenins Werk ruht auf den Gebeinen und Schädelknochen von 48 Millionen hingeschlachteter Opfer!"* Auf Transparenten standen die Parolen *„Es gibt nur eine deutsche Nation"*, *„Alle Macht dem Volke, nieder mit der KPdSU"*, *„2 Millionen deutsche Gefangene in sibirischer Erde"* und *„Kaliningrad wird wieder Königsberg!"*.

Gedenktafel an Wladimir Iljitsch Uljanow, genannt Lenin (StAM)

Einen Tag nach dem Einmarsch der Truppen des Warschauer Paktes in die CSSR am 21. August 1968 versuchten Unbekannte vergeblich, das Lenin-Denkmal mit Sprengstoff zu zerstören, später wurde es mit Farbbeuteln beworfen. Erst Ende März 1970 ließ die Stadtverwaltung die Farbe entfernen, denn zum 22. April 1970 wollte die Deutsche Kommunistische Partei (DKP) (>Reisingerstraße 5) den hundertsten Geburtstag Lenins begehen. Diese Feier fand am 19. April 1970 statt. Delegationen aus der Sowjetunion, der DDR und von der DKP legten an der Kaiserstraße 46 Blumengebinde und einen Kranz nieder. Den eigentlichen Festakt, an dem auch Zarapkin teilnahm, hielt man im Schwabinger Bräu an der Münchner

Freiheit ab. Dort sprach der Bundesvorsitzende der DKP, Kurt Bachmann (1909-1997), die viel sagenden Worte: *„Den Ideen Lenins verpflichtet, geleitet von der Theorie des Marxismus, die Lenin in genialer Weise weiterentwickelt hat, haben wir als Kommunisten in der Bundesrepublik die politischen Aufgaben zu lösen, die der Arbeiterbewegung und unserer Partei hier und heute in der Bundesrepublik gestellt sind."*
Der Abgeordnete des Obersten Sowjets und Kandidat des Zentralkomitees der KPdSU, V. M. Rykow, hob hervor, Lenin sei immer für gutnachbarliche Beziehungen zwischen der Sowjetunion und Deutschland eingetreten. Er warnte vor der Illusion, die DDR könnte jemals kapitalistisch werden. Das dortige System werde von den sozialistischen Bruderstaaten notfalls geschützt werden. Im Anschluss an seine Rede überreichte er der DKP als Geschenk der KPdSU einen Teppich mit dem Portrait Lenins.
Am 9. Dezember 1970 zerstörten Unbekannte das Denkmal mit einem nächtlichen Sprengstoffanschlag.

Haimhauserstraße 13

In den sechziger Jahren entwickelte sich München zur *„heimlichen Hauptstadt Deutschlands"* und sogar zur *„Weltstadt mit Herz"* - zwei Titel, die Lokalpatrioten auf der Zunge zergingen. Der dadurch ausgedrückte starke Zuzug nach München hatte aber auch seine Schattenseiten. Die Polizei sah sich genötigt, die Stadt als *„Haschischmetropole"*, später auch als *„Fixerhauptstadt"* zu bezeichnen.
Schwabing mit seinem Ruf als Amüsierviertel und der benachbarte Englische Garten wirkten anziehend auf eine Gruppe von Jugendlichen, die als „Gammler" bekannt waren und ihrer Ablehnung bürgerlicher Lebensformen durch unkonventionelle Kleidung, Gitarrenmusik, Nichtstun und eben Haschischrauchen Ausdruck verliehen.
Seit dem Sommer 1966 führte die Polizei in unregelmäßigen Abständen Razzien in einschlägigen Lokalen und Örtlichkeiten durch, um dem um sich greifenden Rauschgiftgenuss beizukommen. Auch die so genannte Beschaffungskriminalität wie etwa ein Juwelenraub im November 1966 gab Anlass zur Sorge. Die Maßnahmen der Polizei erwiesen sich aber als erfolglos gegenüber dem stark zunehmenden Haschischkonsum.
Das Zentrum des Münchner Rauschgifthandels lag in Schwabing entlang der Leopoldstraße. Der „Münchner Merkur" brachte am 4. November 1970 unter dem Titel *„Hasch-Handel an jeder Schwabinger Ecke"* eine Schilderung der dortigen Verhältnisse: *„Jährlich wird zentnerweise Haschisch nach München eingeschleust minus die paar Kilo, die der Polizei in die Hände fallen."*
Da der Polizei nur begrenzte juristische Möglichkeiten zum Einschreiten zur Ver-

fügung standen, hatte sich eine recht offene Rauschgiftszene entwickelt: *„Der bärtige Bursche mit dem bunten Schlapphut hebt im Vorbeigehen lässig den lederbefransten Arm. Der Polizeihauptmeister grüßt grinsend zurück. Ein Freund? Nein, ein Haschhändler.“* Oder: *„An der Franz-Joseph-Straße steht auf dem Bürgersteig ein unbeleuchteter grüner Opel. Zwei bärtige Gammler auf den Vordersitzen. Als wir nach zehn Minuten erneut vorbeikommen, sitzt auf dem Rücksitz ein Mann mit buntem Polohemd und Bürstenschnitt: GI. Die Dollar des GIs wandern über deutsche Mittelsmänner in die Taschen persischer Hasch-Bosse.“*

Außer Haschisch wurden aber auch Opiate vertrieben. Im Juli 1970 meldete der Polizeibericht den ersten Herointoten in München. Um der zunehmenden Rauschgiftsucht zu begegnen, begann am 2. Oktober 1970 die erste städtische Drogenberatungsstelle in der Haimhauserstraße 13 ihre Arbeit. Während der abendlichen Öffnungszeiten standen Psychologen und Ärzte Ratsuchenden zur Verfügung. Wegen der starken Nachfrage und dem weiter wachsenden Rauschgiftkonsum diente seit Februar 1971 das gesamte Haus der Drogenberatung. Pro Woche verzeichnete man an die 600 Besucher, ein Drittel davon Eltern und Erzieher gefährdeter Jugendlicher; außerdem bestand für obdachlose Jugendliche die Möglichkeit der einmaligen kostenlosen Übernachtung. Die Beratungsstelle, die für die BRD Modellcharakter hatte, konnte aber gegen die Rauschgiftsucht nichts Entscheidendes ausrichten, wie man schon im Sommer 1971 feststellen musste.

Mandlstraße 23

Der Aufbruch der katholischen Kirche in eine neue Epoche ihrer Geschichte, in der den Laien mehr Mitwirkungsmöglichkeiten im Gemeindeleben gewährt, die Messe auch in der Landessprache gehalten und die kirchliche Lehre mit der modernen Zeit versöhnt werden sollten, fand in München in der Gründung der Katholischen Akademie in Bayern seinen Ausdruck. Die sieben bayerischen Diözesen erklärten sich bereit, diese Akademie zu finanzieren, ohne Einfluss auf ihre Arbeit zu nehmen. Die Akademie sollte ein freies Forum für die freimütige Auseinandersetzung der Christen und der Kirche mit den Problemen der Zeit bieten. Das II. Vatikanische Konzil (1962-1965) und der Eucharistische Weltkongreß 1960 (> Theresienwiese) warfen ihre Schatten voraus.

In Ermangelung eigener Räumlichkeiten eröffnete Kardinal Joseph Wendel (1901-1960) die Akademie am 1. Februar 1957 in der Aula der Universität. In seiner Rede sprach er davon, christliche Freiheit und Weite müssten im Spannungsfeld zwischen christlicher Toleranz und geistiger Auseinandersetzung um die Wahrheit gewonnen werden. Zwei Männer sollten diese Forderung in die Tat umsetzen: der Akademiedirektor Karl Forster (1928-1981) und der Religionsphilosoph

Romano Guardini (1885-1968), eine von den kritischen „50ern" hoch geschätzte Persönlichkeit der politisch-universitären Diskussion.
Bei der Einweihung des akademieeigenen Kardinal-Wendel-Hauses an der Mandlstraße 23 am 29. September 1962 sprach sich Kardinal Julius Döpfner (1913-1976) für *„Mut zur Wahrhaftigkeit und zur Auseinandersetzung"* aus (> Kardinal-Faulhaber-Straße 7). In diesem Sinne nahm man noch 1962 den offiziellen Dialog mit Vertretern der evangelischen Kirche auf, ab 1968 mit prominenten Juden. Neuartig für katholische Verhältnisse waren auch die Einladungen an SPD-Politiker zum geistigen Austausch.
Die Katholische Akademie nahm sich und erhielt den Freiraum zur Diskussion *„heißer Eisen"*, die innerhalb der Amtskirche nicht so offen, wenn überhaupt angeschnitten wurden. So stellte man sich etwa den Problemen, die die Kirche mit der modernen Kunst (1961) oder mit ernst zu nehmenden, aber beunruhigenden wissenschaftlichen Erkenntnissen wie der Verhaltensforschung (1963) hatte.
Ebenfalls 1963 sorgte der Schriftsteller Rolf Hochhuth mit seinem Drama „Der Stellvertreter. Ein christliches Trauerstück" für Furore. In ihm wird Papst Pius XII. (1876-1958) der untätigen Mitwisserschaft am Völkermord an den Juden bezichtigt. Auch in diesem Fall veranstaltete die Akademie Diskussionsabende, auf denen offen von der Mitschuld der Amtskirche an den Geschehnissen während des „Dritten Reiches" gesprochen wurde.
Im Jahr 1964 bezeichnete Kardinal Döpfner in der Akademie die *„Reform als Wesenselement der Kirche"*. Man stellte sich den Problemkreisen *„Sexualität – Liebe – kirchliche Lehre"* (1970) und *„Menschlich sterben"* (1971) und machte sich um den mangelnden Priesternachwuchs Gedanken (1972), da es in jenem Jahr in München mehr Bischöfe als Neupriester gab.
Seit März 1967 leitete Franz Henrich die Katholische Akademie. Während seiner Amtszeit stiftete die Akademie 1970 den Romano-Guardini-Preis. Er wird seitdem alljährlich an *„Persönlichkeiten oder Institutionen verliehen, die sich hervorragende Verdienste um die Interpretation von Zeit und Welt auf allen Gebieten des geistigen Lebens erworben haben"*, und zwar *„ohne Rücksicht auf Konfession oder Nationalität"* der ausgewählten Preisträger. Damit umschrieb man die selbst gesteckten Ziele der Katholischen Akademie, von denen man hoffte, sie auch in der Zukunft aufrechterhalten zu können.

Nikolaiplatz

Im Jahr 1969 erwarb ein Immobilienspekulant das Grundstück mit der Seidl-Villa am Nikolaiplatz für 6,5 Millionen Mark. Seine Hoffnung, Gebäude und Baumbestand dort zerstören und einen sechsgeschossigen Geschäfts- und Wohnblock errichten zu können, zerbrach am Widerstand der Bürgerinitiative

„Münchner Forum“ (> Ludwigstraße 20). Diese Vereinigung hatte sich zum Ziel gesetzt, die weitere Zerstörung Altschwabings durch profitable und architektonisch unpassende Gebäude zu verhindern. Nachdem die Baugenehmigung auch bei der Stadtverwaltung nicht rasch durchzusetzen war, verkaufte man das Gebäude im September 1971 für rund zehn Millionen Mark.
Der neue Eigentümer, der „Münchner Grund“, präsentierte im Januar 1973 Pläne, die zwar den Erhalt des Hauptgebäudes der Seidl-Villa vorsahen, auf dem restlichen Grundstück aber den Bau eines langgestreckten, achtstöckiges Baukörpers entlang der Maria-Josefa-Straße ankündigten.
Auch gegen dieses Projekt opponierte das Münchner Forum. Man vertrat die Ansicht, ganz Schwabing werde in eine *„Profitopolis“* umgewandelt und verliere dadurch endgültig die letzten Reste seines traditionellen Charakters und Charmes. Mit dieser Argumentation konnte man sich die breite Unterstützung der betroffenen Anwohnerschaft sichern.
Der offene Protest gegen die Neubaupläne veranlasste die Stadtverwaltung zur Absichtserklärung, die Seidl-Villa und ihren Park unter Denkmalschutz zu stellen. In Verhandlungen mit der Immobilienfirma konnte man erreichen, dass das Baurecht, das auf dem Grundstück lag und das das geplante Projekt eigentlich ermöglicht hätte, an die Berliner Straße in Nordschwabing verlagert wurde. Ende Dezember 1975 kamen diese Verhandlungen zu einem für alle befriedigenden Ende. Der Nikolaiplatz behielt sein altes Gesicht und die Seidl-Villa wurde als neuer kultureller Treffpunkt für Altschwabing in Aussicht genommen.

Thiemestraße 1–7

Der Bauausschuss des Stadtrates billigte am 24. November 1954 die ihm vorliegenden Pläne für die Gebäude an der Thiemestraße 1-7. Das Bundesfinanzministerium errichtete dort im folgenden Jahr Wohnungen für Diplomaten. Zunächst wurden die Häuser hauptsächlich von Amerikanern bezogen, damit einige der zahlreichen, von der Besatzungsmacht noch beschlagnahmten Wohnungen im Stadtgebiet ihren Besitzern zurückgegeben werden konnten. Im Laufe der Zeit zogen Diplomaten und ihre Familien aus verschiedenen Ländern ein. Die BRD fand in zunehmendem Maß staatliche Anerkennung im Ausland, wodurch auch in München Konsulate und Generalkonsulate eröffnet wurden.
Im Jahr 1933 hatten 41 Staaten in München Vertretungen unterrhalten, darunter sogar zwei vollwertige Botschaften, nämlich die des Vatikan und Frankreichs. Bis 1939 war die Zahl auf 34 zurückgegangen. Der verlorene Krieg und die von Deutschland begangenen Verbrechen hatten die ersten Jahre danach eine internationale Ächtung des Landes zur Folge. So gingen 1950 nur 11 Konsulate in München ihrer Arbeit nach, darunter notgedrungen auch das israelische (>

Maria-Theresia-Straße 11). Im Jahr 1954 gab es nur noch 10 diplomatische Vertretungen, da die israelische 1953 bereits wieder geschlossen worden war. Die Rückkehr der BRD in den Kreis der zivilisierten Staaten und der wirtschaftliche Aufstieg spiegeln sich auch darin wider, dss bis zum Jahr 1975 66 Staaten in München Generalkonsulate und Konsulate unterhielten.

Leopold-/Martiusstraße

Der zu allen Zeiten unumgängliche Konflikt zwischen den Generationen wurde im Nachkriegsdeutschland verschärft durch die soeben vergangenen Ereignisse während des „Dritten Reiches". Während die Kinder und Jugendlichen jene Zeit und die Jahre danach als Opfer miterlebt hatten (> Sankt-Anna-Straße 22), zeichnete sich die Mehrheit ihrer Eltern durch Schweigen oder offensichtlich subjektive Erinnerungen aus. Das daraus entstehende Vertrauensdefizit seitens der jungen Generation zeigte sich vorerst häufig in ausgefallenem Kleidungs- und Musikgeschmack.
Bereits am 17. März 1950 spielte sich im Kongresssaal des Deutschen Museums eine *„Jazz-Raserei"* ab, wie die „Süddeutsche Zeitung" beobachtete: *„Jazzbegeisterte Halbwüchsige pfiffen und schrien vor Begeisterung, warfen ekstatisch die Hände in die Luft, sprangen von ihren Sitzen auf und wackelten mit dem Rücken. Selbst seriöse junge Damen pfiffen auf den Fingern. Aufflammende Streichhölzer und brennende Zigaretten vervollständigten das Bild."*
Zehn Jahre später befasste sich dieselbe Zeitung mit einem Problem, das die auseinander driftenden Welten der Generationen zeigte: Viele Erwachsene bildeten sich ein, die „Teenager" hätten eine unverständliche Geheimsprache entwickelt. Ein literarisch ambitionierter Erwachsener steuerte dazu ein Produkt seiner Phantasie bei, einen potentiellen Schlagertext: *„Baby, du und ich alleine! / Und der Mond bringt's auf die dufte Scheine. / Und dein Blick gesteht mir auf die Stumme: / Du bleibst immer meine Brumme! / Und dein Kuss ist 'ne Brochiene! / Baby, das ist die Bediene!"*
Die Zeitung stellte im Schwabinger Milieu Nachforschungen an und traf dabei unter anderem auf folgende Jugendliche: *„Horst ist sein Name, 15 Jahre alt, seit einer Woche Kofferradiobesitzer"*, oder: *„Die junge Dame heißt Caroline, trägt knallenge rostrote Hosen, Marina-Vlady-Mähne und geht in die fünfte Klasse Wilhelmsoberrealschule, ihr Partner ist Unterprimaner mit Cäsarenschnitt."* Ein anderer trug folgende *„besondere Kennzeichen: Entenschwanzfrisur, Streichholz im Mundwinkel, blauer Pullover, Marke 'drei Nummern zu groß' und Khakihose mit messerscharfer Bügelfalte"*. Alle diese Heranwachsenden bezeugten zwar den Gebrauch neuer Ausdrücke wie *„steiler Zahn"* oder *„Zentralschaffe"* für eine besonders gelungene *„Party"*, konnten aber ansonsten exzessive erwachsene Sprachphantasien nicht bestätigen. Die meisten der neuen Sprachschöpfungen kannten sie lediglich vom Kino.

Ebenfalls die „Süddeutsche Zeitung" machte sich im Januar 1962 auf die Suche nach einem neuen Modetanz, dem „Twist", der die Gemüter erhitzte. In einem Schwabinger Lokal wurde man fündig: *„Da springen die Leute auf, der Bandleader ruft: 'Twist, Twist', und schon beginnt ein seltsames Rühren und Schlingern und Schlenkern von Armen und Beinen... In der Dämmerung roter Lampen und grauer Rauchschwaden drehen sich sehr blonde und sehr rothaarige Mädchen mit lässigem Schwung um ihre bärtigen Partner."*

Auf Anfrage teilte der Deutsche Tanzlehrerverband mit, er habe es seinen Mitgliedern verboten, Twist zu unterrichten. Ein älterer Herr, auf der Leopoldstraße angesprochen, polterte: *„Twist, was das ist? Ach lassen Sie mich mit dem Käse in Ruhe!"* Ein anderer vertrat die Meinung: *„Ja mei, wenn der Mensch spinnt, dann muaß er ebn a Zeichn gebn."*

Am 5. Juni 1962 kam es zu einer durch Musik ausgelösten Entladung der Spannungen zwischen den Generationen: Nach dem ersten Jazzkonzert in der Aula der Universität - es sollte auch das letzte bleiben - wollten erhitzte *„Studenten"*, wie der „Münchner Merkur" meldete, eine nicht genehmigte Verlängerung erreichen: *„An die 300 Studenten rotteten sich zusammen und wollten die Kapelle veranlassen, noch einmal ihre Instrumente auszupacken. Der Hausverwalter wusste sich nicht mehr anders zu helfen, als die Funkstreife zu rufen. Als die Beamten ausstiegen, begannen die Studenten zu randalieren und zu pfeifen."* Kurz darauf trafen das große und das kleine Unfallkommando ein. Die Menge war auf über

Volksfeststimmung mit Kopftuch und Krawatte bei den Schwabinger Krawallen (StAM)

2.000 Menschen angewachsen, aus denen heraus mehrere Polizeiwagen demoliert wurden. Auch Steine flogen gegen die Beamten. Neun Rädelsführer wurden festgenommen, so genannte Studenten im Alter von 20 bis 40 Jahren.
Seit diesen Vorfällen blieb die Stimmung in Schwabing gespannt. Hans-Jochen Vogel schreibt in seinem Buch „Die Amtskette“ etwa über den 21. Juni 1962: *„Nach Einbruch der Dunkelheit lastet die Hitze noch lange auf den Straßen und Plätzen. In Schwabing sind an diesem Abend die Vorgärten und die Tische vor den Cafés, Eisdielen und Nachtlokalen bis auf den letzten Platz besetzt. Tausende flanieren die Leopoldstraße auf und ab. Gerüchte laufen um, das Überfallkommando habe in der Nacht zuvor am Wedekindplatz eine große Gruppe von Studenten und Jugendlichen zerstreut und eine Anzahl von ihnen verhaftet ... Manche behaupten, die Polizei sei mit brutaler Härte vorgegangen und habe auch vom Gummiknüppel Gebrauch gemacht. Die Stimmung ist nervös, man erwartet weitere Zwischenfälle. Einige erhoffen sie sogar.“* Tatsächlich hatten drei jüngere Männer am Wedekindbrunnen am 20. Juni Gitarre gespielt, wozu einige Zuhörer und Zuhörerinnen tanzten. Die Polizei hatte unter lautem Protestpfeifen diesem Vergnügen ein Ende bereitet, aber niemanden festgenommen.
Am 21. Juni gaben eben diese drei Gitarristen ihr Können an der Leopold-/Ecke Martiusstraße zum Besten. Ein Anwohner fühlte sich zwar nicht vom Verkehrslärm, sehr wohl aber von der ihm unangenehmen Musik und ihrer Zuhörerschaft belästigt und rief gegen 23 Uhr die Polizei. Die Beamten nahmen die bereits einschlägig bekannten Musikanten fest, sahen sich aber von einer wütenden Menschenmenge umringt und die Reifen ihres Streifenwagens zerstochen. Weitere Polizeiwagen und Schaulustige fanden sich ein, so dass sich bald rund 800 Menschen drängten, meist ohne zu wissen, worum es ging. Erst als Mannschaftswagen der Polizei vorfuhren, von denen Beamte herabsprangen, um die Menge von der Fahrbahn weg an die Hauswände zu drängen, schlug die Stimmung um. Festnahmen folgten, oft beschleunigt durch Knüppelhiebe.
Dieses ungeschickte und überharte Vorgehen der Polizei verwandelte den anfänglich harmlosen Ablauf in einen Krawall. Die Leopoldstraße wurde von Jugendlichen blockiert, die Privatwagen umzuwerfen versuchten und johlend und schreiend Trambahnzüge enterten. Die Polizei räumte die Straße ohne Rücksicht auf Unbeteiligte. Ein hoher Beamter des bayerischen Staates beschwerte sich später in einem Leserbrief: *„Junge, wutverzerrte Polizisten stürzten durch die Straßen und verprügelten mich wie auch andere Passanten mit langen Gummiknüppeln. Es wurde kein Unterschied gemacht zwischen älteren Herren wie mir, sogenannten Halbstarken oder jungen Mädchen, auf die die Hüter der öffentlichen Ordnung besonders rücksichtslos einschlugen.“*
Seit jenem 21. Juni 1962 kam Schwabing nicht mehr zur Ruhe. Die „Süddeutsche Zeitung“ meldete am 25. Juni: *„Nacht für Nacht: Tumulte in Schwabing. Straßenschlachten zwischen Polizei und jungen Leuten. Im nächtlichen Schwa-*

bing herrscht Ausnahmezustand. Abend für Abend rotten sich Tausende von jungen Leuten zusammen."
Die brodelnde Menge beschädigte in blinder Wut mit Fußtritten, Bierflaschen und Steinen Autos und Straßenbahnen. Sehr viele Schaulustige strömten Abend für Abend in der Hoffnung nach Schwabing, die sensationellen Krawalle besichtigen zu können, ohne unter der Polizei leiden zu müssen. Oft erfüllte sich diese Erwartung jedoch nicht. Die Polizei machte ihrerseits rücksichtslos vom Gummiknüppel Gebrauch. Cafés und Eisdielen wurden von den Beamten als vermeintliche oder tatsächliche Schlupflöcher der Randalierer kurz und klein geschlagen. Selbst der Direktor des Stadtjugendamtes, Kurt Seelmann (1900-1987), wurde von der Polizei verprügelt. In der Nacht zum 26. Juni flammten die Unruhen noch einmal auf, die Polizei griff in gewohnter Weise ein. Um 2 Uhr nachts kehrte schließlich Ruhe im Viertel ein. Die ungelenkte Aggression hatte sich erschöpft.
Die Schwabinger Krawalle gingen als die ersten Jugendunruhen in der BRD in die Geschichte ein. 198 Menschen waren vorübergehend festgenommen worden, aber nur zwei Rädelsführer konnten daraus ermittelt werden. Einer von ihnen war gar ein *„bärtiger Franzose"*, wie die Polizei wissen ließ. Eines der Merkmale der Krawalle war nämlich, dass gewaltbereite Menschen aus Nah und Fern nach München geströmt kamen, um in Schwabing mitrandalieren zu können. Oberbürgermeister Vogel stellte auf einer Pressekonferenz fest: *„Es ist vor allem der Pöbel aus allen Stadtvierteln aus den Schlupflöchern gekrochen, um in Schwabing sein Unwesen zu treiben."* Mehr noch: Von den 198 Festgenommenen hatten nur 40 ihren Wohnsitz in München, 38 kamen sogar aus dem Ausland.
Die Reaktionen auf die Schwabinger Krawalle waren sehr kontrovers. Der Rektor der Universität, Julius Speer (1905-1984), erklärte: *„Die Übergriffe entspringen einer geradezu unwahrscheinlichen Langeweile. Die Leute haben zu viel Geld und zu wenig Arbeit. Infolge fehlender Ideale treiben sie sich nachts in den stumpfsinnigen Lokalen herum."* Auf alle Fälle legte er Wert auf die Feststellung, dass es sich nicht um studentische Krawalle gehandelt habe.
Eine Zeitungsleserin schrieb in einem Leserbrief: *„Keiner von diesen Schwabinger Wirtschaftswunder-Verwahrlosten wäre in der Lage, im ganzen Jahr auch nur annähernd das zu leisten, was ein Polizist in allein zwei Stunden am Stachus z. B. zu leisten hat! So genannte Unschuldige, die dabei niedergeschlagen worden sein sollen, sind keine Unschuldigen. Keiner hatte dort etwas zu suchen, erst recht nicht Frauen, denen die doppelte Tracht Prügel gehört hätte!"*
Ein Leser schrieb: *„Auf meinem gepflegten Opel-Rekord tanzte eine Ausländerschickse mit ihrem Stingl, 17 bis 19 Jahre alt, mit ihren Pfennigabsätzen am Kofferraum und Dach herum. Ein Kerl hupte andauernd in meinem Wagen. Mir hat das Eingreifen der Polizei viel zu lange gedauert. Ich bin Antimilitarist, aber wenn ich da eine Maschinenpistole mit tausend Schuß Munition gehabt hätte wie im Krieg, ich hätte rund um in die Bande herum*

geschossen. Wenn sie mich auch totgeschossen hätten oder ich wäre zu lebenslänglichem Zuchthaus verurteilt worden, würde es mich nicht reuen.“
Wieder ein anderer sah das Abendland gefährdet: *„Wenn Chruschtschow sagt, er wolle keinen Krieg, er könne es abwarten, bis der Westen in sich zusammenbricht, dann glaubt er doch in erster Linie daran, dass seine Hoffnung durch den Ausverkauf unserer sittlichen und kulturellen Werte in dem einstmals so genannten christlichen Abendland erfüllt wird. Mit Badewannentangos und sonstigen vom Westen gepflogenen, auf allen Gebieten unseres Lebens ausartenden Abnormalitäten erntet man eben nur jene Früchte, welche zur Zeit in der Leopoldstraße feilgeboten werden.“*
Es gab natürlich auch differenziertere Meinungen: *„Ich frage, ob solche brutalen Maßnahmen notwendig sind? Ob nicht rechtzeitig durchgeführte, vorbeugende Maßnahmen dieses bedauerliche und nur schwer entschuldbare Vorgehen der Polizei hätten verhindern können?“*
Auch im Polizeipräsidium erkannte man die gravierende Unfähigkeit der Polizei, mit kritischen Situationen und als bedrohlich empfundenen Menschenmengen Konflikt begrenzend umzugehen. Anstatt auf Gewalt begann man, verstärkt auf krisenentschärfende psychologische Taktik zu vertrauen. Nach den Schwabinger Krawallen entstand der Posten des Polizeipsychologen, der erste seiner Art in der BRD.

Akademiestraße 2

Im Jahr 1969 nahmen die studentischen Unruhen an der Akademie der Bildenden Künste an der Akademiestraße 2 besonders harte Formen an. Hintergrund dabei waren nicht allein politische Ursachen, sondern auch die ungewisse berufliche Zukunft der hier Studierenden. Der „Münchner Merkur“ beschrieb die misslichen Zukunftsaussichten: *„Das 'Berufsbild' der meisten Kunststudenten ist, wenn sie sich nicht aufs Lehrfach verpflichtet haben, mehr als vage. Solange sie an der Akademie studieren, können sie auf Stipendien rechnen, doch nach ihrem Abgang warten 'saure Jobs' und bittere Not. Eine wenig fundierte und funktionslose Ausbildung führt zur Verbreitung des künstlerischen Proletariats. Die Kunststudenten wissen das, doch niemand hilft ihnen.“*
Anlass für die Unruhen war das von der CSU im Landtag eingebrachte Hochschulgesetz, das nach dem 1. März 1969 jeden missliebig gewordenen Studenten mit Entzug der Studienerlaubnis bedrohte. Am 20. Februar stürmten Demonstranten die Akademie, zerstörten Türen und Glasscheiben und beschmierten die Wände mit Parolen. 130 Personen wurden festgenommen, die Kunstakademie durch Kultusminister Ludwig Huber geschlossen.
Im Sommersemester ab dem Mai 1969 fanden immer wieder „Happenings“ statt, sei es in der Form von Motorradrennen auf den Gängen oder durch Vernageln der

Rektoratstüren mit Brettern. Auch *„Kunstbarrikaden"* aus Baumstämmen, Klavieren und Gipsplastiken machten den freien Zugang zur Akademie unmöglich.
Über den Zustand der Wände berichtete der „Münchner Merkur" am 5. Juli 1969: *„Die Wandflächen in den Gängen und den Treppenhäusern sind voll gepinselt mit Bildern und Parolen, grafisch zum Teil recht gekonnt, deren Inhalt aber von Unflat strotzt."* So konnte man beispielsweise lesen: *„Schlage ich den erstbesten Bürger, so treffe ich keinen Unschuldigen"* oder: *„Schwarz wird der Tag, wenn wir Euch kastrieren."* In dieselbe Richtung wies folgende Kampfansage: *„Nicht nur dem Huber, sondern allen reaktionären Drecksäuen wie Kapitalisten, Staatsfunktionären, Rektoren und ähnliches* [!] *Gesindel müsst ihr permanent in den Sack treten! Mao."*
Diese Auswüchse veranlassten die CSU und die SPD, am 17. Juli 1969 im Landtag einen Dringlichkeitsantrag zur sofortigen Schließung der Kunstakademie einzubringen. In der Begründung verwies man auf die dort offensichtlich grassierende Anarchie und Herrschaft des Pöbels. Das nahende Semesterende zum August machte eine Schließung unnötig. Dennoch setzte sich das Chaos, diesmal auf höherer Ebene, fort: Der Präsident Paolo Nestler wurde wegen seiner liberalen Hal-

Anarcho-revolutionäre Ankündigung des Goldenen Zeitalters (BW)

tung vom Kultusministerium nicht unterstützt. Gleichzeitig musste er sich als angeblicher Reaktionär von Anarchoradikalen übel beschimpfen lassen: *„Paolo ist ein geldstinkender Leichnam"*, lautete eine Wandparole. Nestler trat am 14. Juli 1969 von seinem Amt zurück. Ein Nachfolger ließ sich für diesen Posten nicht leicht finden, bis Aloys Goergen die undankbare Aufgabe übernahm. Für längere Zeit noch genoss die Münchner Kunstakademie den Ruf eines langsam aber sicher sinkenden Schiffes, mit deren künstlerischen Bedeutung es bergab ging.

Akademiestraße 7

Im Jahr 1954 bezog das Generalkonsulat von Großbritannien Räumlichkeiten in der Akademiestraße 7 (> Delpstraße 6). Am Beispiel dieser Vertretung eines ausländischen Staates in München soll die Normalisierung der Beziehungen zwischen Westdeutschland und seinen ehemaligen Kriegsgegnern dargestellt werden. Angemerkt sei noch, dass Großbritannien in München nicht als Besatzungsmacht mit allen damit zusammenhängenden Problemen fungierte (> Ingolstäder Straße 193).
In das Jahr 1954 fiel auch der Abschluss der Städtepartnerschaft mit Edinburgh am 1. Mai, die erste Partnerschaft Münchens mit einer ausländischen Kommune. Das Zusammenkommen der beiden Städte fand seinen Grund darin, dass sowohl Edinburgh als auch München innerhalb der jeweiligen Staaten Hauptstädte von Ländern sind, deren Bevölkerungen im Ruf einer gewissen kernigen Eigenart stehen. Auf alle Fälle ließen sich zivile Gemeinsamkeiten finden, auf denen eine Städtepartnerschaft errichtet werden konnte.
Bereits im März 1912 hatten sich offizielle Kontakte zwischen den Stadtverwaltungen von Edinburgh und München angebahnt. Ende Juni 1914 schließlich besuchte eine Münchner Delegation die schottische Hauptstadt. Am 28. Juni 1914 jedoch wurden der österreichische Thronfolger Franz Ferdinand (1863-1914) und seine Frau Sophie in Sarajewo ermordet und damit der Erste Weltkrieg eingeleitet. Im Schatten dieses Ereignisses reisten die Münchner nach Hause zurück.
Genau 40 Jahre Weltgeschichte lagen zwischen jenem Besuch und dem Aufenthalt einer Münchner Schüler- und Schülerinnengruppe in Edinburgh im Juli 1954. Damit begann ein Austauschprogramm, an dem im Laufe der Jahre eine große Zahl Menschen auf privater und offizieller Ebene die jeweils andere Stadt und ihre Menschen kennen lernte.
Die beiden Weltkriege und das „Dritte Reich" nährten noch lange ein britisches Misstrauen gegen Deutschland und auch München, die ehemaligen „Hauptstadt

der Bewegung". Anlässlich des Oktoberfestes 1962 etwa bemerkte der „Daily Mirror" bei aller Bewunderung des Charmes der Isarstadt: *„Die bayerischen Melodien in den Bierzelten lassen ein fortgesetztes 'Shlamp, Shlamp' hören, dessen Rhythmus das Krachen der Knobelbecher auf dem Paradeplatz in Erinnerung ruft. Die Musiker tragen bäuerliche Uniformen und sind alle beinahe ebenso fett wie die Karikaturen auf den Postkarten."* Nach einer weiteren Anmerkung über die geheimnisvoll erscheinende Münchner Herzlichkeit, die *„in den Deutschen das Irre und Schlechte ebenso wie die feinsten Charakterzüge hervorbringt"*, endete der Bericht: *„Es wäre wichtigtuerisch und absurd, aus dem Oktoberfest Nazisymptome herauslesen zu wollen. Aber da ist etwas, das die ausländischen Freunde Westdeutschlands verwirrt und nicht minder viele Deutsche selbst. Vielleicht ist es nur der Gedanke, dass der Nazismus mit munterem Biertrinken in München begann und schließlich heranwuchs zum Klang stampfender Füße."*

Die Normalisierung der Beziehungen bahnte sich maßgeblich auf wirtschaftlichem Gebiet an und fand Ausdruck etwa in der Britischen Woche, die vom 8. bis 16. Juni 1963 in München stattfand. Organisiert von der Landeshauptstadt München und dem britischen Generalkonsulat, sollte sie nach den Worten des britischen Botschafters in Bonn, Frank Roberts, *„Einblick in das kulturelle, geistige, wirtschaftliche, sportliche und soziale Wesen von Großbritannien bieten."*

Bei der Eröffnung führte das Regierungsmitglied Viscount Hailsham aus: *„Unser Bestreben ist es, dass unsere beiden Völker zusammen den Grundstein legen mögen für ein neues, blühendes und einheitliches Europa, das für immer frei ist von der Not und dem Elend der vergangenen fünfzig Jahre. Trotz aller Verschiedenheiten ist die europäische Kultur eine Melodie mit Variationen über ein einziges Thema. Bisher hat nur eine einheitliche Richtung und Struktur gefehlt, um diesem so schönen Erdteil dauernden Frieden und dauerndes Glück zu schenken."*

Auf vierzehn Ausstellungen konnte man sich über die Produkte der britischen Industrie informieren, ein Doppeldeckerbus aus London verkehrte gratis, zwei britische Polizisten regelten den Verkehr am Stachus und vom Rathaus wehte der Union Jack. Kurz: München stand ganz im Zeichen der Völkerfreundschaft.

Das deutsch-britische Kulturabkommen aus dem Jahr 1958 sah die Eröffnung von Filialen des British Council in der BRD vor, eine davon in München. Diese staatliche Einrichtung zur Förderung und Verbreitung der englischen Sprache und Kultur unterhielt eine öffentlich zugängliche Bibliothek, organisiert Vorträge, Konzerte und anderes mehr. Der British Council ist das britische Gegenstück zum deutschen Goethe-Institut.

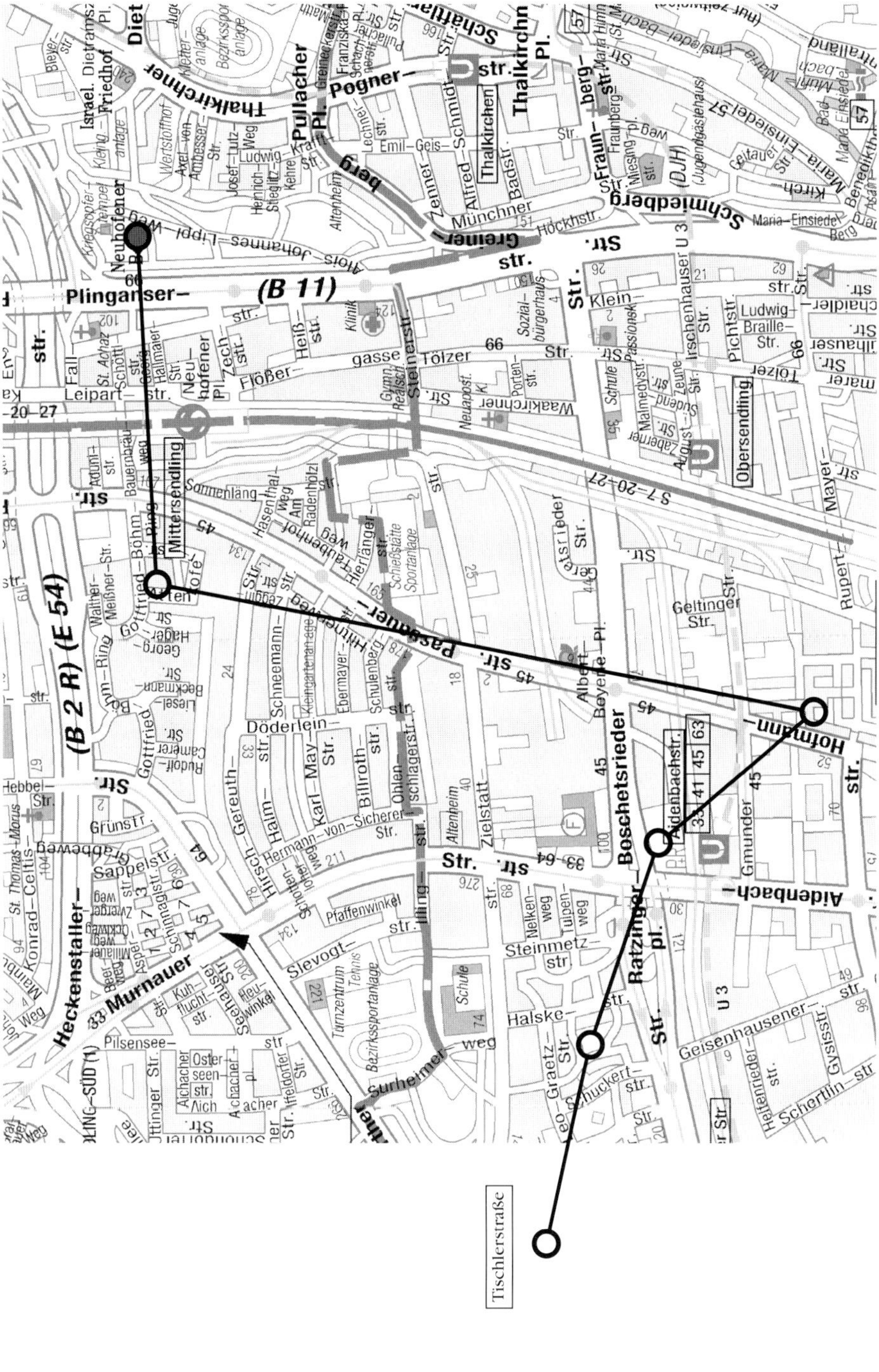
Tischlerstraße
Mittersendling
Obersendling
Thalkirchen
Plinganser–
(B 11)
(B 2 R) (E 54)
Boschetsrieder
Passauer–
Hofmann–
Aidenbach–
Aidenbachstr.
Murnauer
Heckenstaller–
Ratzinger pl.
Thalkirchner
Pullacher Pl.
Schmied–
Greiner–
Gmunder
Zielstattstr.
Halske–
Steinmetz–
Geisenhausener–

Sendling

Sendling zeichnet sich als Industriestandort und Wohnviertel zugleich aus. Einige historische Stätten spiegeln die Entwicklung der Bundesrepublik Deutschland auf politischer und wirtschaftlicher Ebene wider.

Neuhofer Berg

„Von den riesigen Schutt- und Abraumhalden, in denen München einen Großteil seiner Häuser und seines Vermögens begraben hat, nähert sich die Kippe in Neuhofen allmählich ihrer Abrundung. Hier wird sich einmal eine Ausblickterrasse ergeben“, berichtete die „Süddeutsche Zeitung“ am 4. Juli 1950. Zwei Millionen Kubikmeter Schutt wurden hier aufgehäuft und zwischen 1951 und 1960 in eine Grün- und Parkanlage verwandelt, die nun eine Verbindung zwischen Sendling und der Isar bildet.
Am höchsten Punkt des Schuttberges entstand 1955 eine Gedenkstätte für die Opfer des Luftkrieges. Insgesamt vier dieser Denkmäler gibt es im Stadtgebiet: im Luitpoldpark, auf dem (>) Oberwiesenfeld und dem Nordfriedhof an der Ungererstraße 130. Am 1. März 1956 beschloss der Stadtrat die Benennung Neuhofer Berg, im Jahr 1958 wurde in dem tempelartigen Rundbau eine von Hans Wimmer (1907-1992) gestaltete Brunnenschale aufgestellt. Am 28. Juni 1969 entschied sich der Stadtrat für eine Gedenktafel, die von Blasius Gerg und Josef Wiedemann geschaffen wurde. Ihr Text lautet: *„Diese Anlage steht auf Schuttmassen des Bombenkrieges. Sie ist der Erinnerung an die 6.000 Münchner gewidmet, die im 2. Weltkrieg den Bomben zum Opfer gefallen sind.“*

Attenkoferstraße

Vor der Währungsreform am 21. Juni 1948 und der damit beginnenden Sanierung der öffentlichen Finanzen war Wohnungsbau im großen Stil unmöglich. Erst danach konnte man beginnen, der drückenden Wohnungsnot mit Baumaßnahmen zu begegnen: Die Gemeinnützige Wohnungsfürsorge AG (GEWOFAG) als die größte Münchner Gesellschaft für Sozialwohnungen errichtete ab 1949 ihre Wohnanlagen im ganzen Stadtgebiet Allein entlang der Attenkoferstraße entstanden 47 Gebäude mit 282 Wohneinheiten in einer durchschnittlichen Größe von 47 Quadratmetern.
192 Wohnungen davon waren für Flüchtlingsfamilien gedacht und wurden mit

Geldern aus dem Marshallplan finanziert. Der US-General und Politiker George C. Marshall (1880–1959) entwickelte am 5. Juni 1947 in einer Rede an der Harward-Universität den Plan, die zerrütteten wirtschaftlichen Verhältnisse in Europa neu zu ordnen. Dies sollte drei Zwecken dienen: Die Verelendung und Resignation breiter Bevölkerungsschichten sollte beseitigt werden, die USA wollten leistungsfähige Handelspartner gewinnen und einem weiteren Vordringen der Sowjetunion sollte vorgebeugt werden. So sollte eine Vereinigung Europas unter Vorherrschaft der USA vorbereitet werden.

Der US-Kongress beschloss am 3. April 1948 das European Recovery Program (ERP), das Europäische Wiederaufbauprogramm. Es umfasste Sachlieferungen und Finanzhilfen auf Kreditbasis sowie Geschenke von Lebensmitteln und Rohstoffen. Da sich die Empfängerländer den USA politisch und wirtschaftlich unterordnen mussten, blieb ihr Kreis auf den nichtkommunistischen Teil Europas beschränkt. Alle diese Länder, auch neutrale und die aus dem Krieg als Gewinner hervorgegangenen, erhielten diese so genannte Marshallplan-Hilfe.

Die Bundesrepublik trat dem Programm am 15. Dezember 1949 bei. Sie erhielt von den 13,4 Milliarden Dollar des Marshallplans bis Ende 1952 1,4 Milliarden Dollar, von denen schließlich nur ein Drittel zurückgezahlt werden mussten. Ein ganz kleiner Teil dieser Gelder floss in die Attenkoferstraße, wo eine Tafel mit dem Staatswappen der USA an der Hausnummer 2 daran erinnert: *„Zur Stärkung der freien Welt. Hier half der Marshallplan.“* (> Ludwigsfeld)

Die einzige Erinnerung an den Marschall-Plan in München (BW)

Hofmannstraße 51

Im Verlauf des Kalten Krieges verlegte der Siemens-Konzern seinen Hauptsitz von Berlin nach München (> Wittelsbacherplatz 2). Zum Zentrum von Entwicklung und Fertigung wurde der Standort an der Hofmannstraße 51.

Während des Metallarbeiterstreiks vom 9. bis 31. August 1954 (> Krauss-Maffei-Straße 2) waren die bayerischen Siemenswerke Brennpunkte des Geschehens. In den Münchner Werken zeigte sich die große Mehrheit der Beschäftigten - von 12.000 waren es 10.000 - als arbeitswillig und nahm nicht am Streik teil. Deshalb drohten am 10. August Streikwillige, demnächst zur Hofmannstraße zu ziehen, um hier den Arbeitskampf durchzusetzen. Am 12. August versuchten rund 200 meist Betriebsfremde, die Streikbrecher mit Gewalt am Betreten des Geändes zu hindern. Mündlich und auf Transparenten beschimpfte man sie, und es kam zu Schlägereien. 200 Polizisten griffen in die Auseinandersetzungen ein. Der Arbeitgeberverband bezeichnete dies als *„Durchsetzung des Rechtes auf Arbeit“* für seine Angestellten und Arbeiter.

Am nächsten Tag versuchten 400 Polizisten, die Tumulte unter Kontrolle zu bringen. Insbesondere der KPD mit dem Stadtrat Josef Lettenbauer an der Spitze war daran gelegen, die Spannungen zu steigern, um sie dann in ihrem Sinne politisch ausnützen zu können (> Widenmayerstraße 25). Ein Bus, der Streikposten herangebracht hatte, trug ein DDR-Nummernschild, auch sprachen etliche der Streikposten ost-

Streikposten bei Siemens & Halske, 9. August 1954 (StAM)

deutschen Dialekt. Am 15. August schließlich bekam der DGB die Situation unter Kontrolle: Die von ihm organisierten Streikposten demonstrierten ihre Meinung, ließen die zunehmende Zahl der Arbeitswilligen aber unbehelligt passieren.
Der geschäftliche Erfolg der Firma Siemens und ihre wirtschaftliche Bedeutung für München zeigte und zeigt sich im 77 Meter hohen Hochhaus an der Baierbrunner Straße. Am 1. August 1961 begann sein Bau, pro Tag entstand ein Stockwerk im Rohbau, jede Stunde 18 Zentimeter. Noch nie war in München ein Gebäude so schnell gebaut worden. Tag und Nacht wurde gearbeitet. Die Zeitungen sprachen bewundernd von *„amerikanischem Tempo"*, von *„Wolkenkratzer"* und *„Stahlbetongigant"*. Beim Richtfest des damals größten Bürohauses Bayerns bezeichnete Bürgermeister Georg Brauchle (1915-1968) den Bau als Markstein in der Entwicklung der Firma Siemens und auch der Stadt München. Siemens habe nach dem Krieg in stetig steigendem Maße die wirtschaftliche Struktur und die städtebauliche Entwicklung Münchens beeinflusst. Mit seinen 37.000 Beschäftigten sei Siemens der größte Steuerzahler der Stadt. Brauchle stellte den Bau eines eigenen Bahnhofes Siemenswerke in Aussicht, der dann tatsächlich am 26. September 1966 eröffnet wurde.

Boschetsrieder Straße 99–103

Seit 1886 existierte der sozialdemokratisch ausgerichtete Konsumverein Sendling-München, der im Lauf der Zeit Filialen im ganzen Stadtgebiet betrieb. Seine Zentrale mit eigener Lebensmittelproduktion befand sich in der Boschetsrieder Straße 99-103. Am 1. Januar 1949 konnte der Konsumverein seinen selbständigen Betrieb wieder beginnen. Die Idee der Verbrauchergenossenschaften garantierte denselben Erfolg, den man bis 1933 vorweisen konnte: Einzelne Mitglieder ergaben zusammen eine Genossenschaft, die den gemeinsamen Großeinkauf oder die eigene Herstellung von Lebensmitteln und sonstigen Konsumgütern organisierte. Der dadurch erzielte Preisvorteil wurde an die Mitglieder weitergegeben, die Gewinne in Form einer Rückvergütung teilweise ausgeschüttet.

Schon 1951 eröffnete der Konsum das

Konsum-Reklame, 1955 (BW)

erste Selbstbedienungsgeschäft in München ganz nach amerikanischem Vorbild. Im Jahr 1954 erlaubte ein Bundesgesetz auch Nichtmitgliedern den Einkauf im Konsum. Überall wo die gewerkschaftseigene Neue Heimat Wohnsiedlungen errichtete, eröffnete die Konsumgenossenschaft ihre Läden. Die Erfolgsbilanz zum 75. Gründungs-Jubiläum im Jahr 1961 konnte sich sehen lassen: 54.000 Haushalte waren als Mitglieder eingeschrieben, 1.600 Menschen waren beschäftigt, man betrieb rund 200 Läden, davon 64 Selbstbedienungsläden. Das Aufkommen der großen, überregionalen Einzelhandelsketten beeinträchtigte allerdings auch den Erfolg der Münchner Konsumgenossenschaft. 1969 begab man sich unter das Dach des Deutschen Gewerkschaftsbundes und legte sich ein moderner erscheinendes Äußeres unter dem Namen „coop“ zu. Die bundesweite Zentralisierung aller coop-Läden führte 1973 zum Verkauf der Anlagen an der Boschetsrieder Straße, die allmählich verfielen und schließlich abgerissen wurden. Heute steht auf dem Grundstück ein Parkhaus.

Halskestraße

Die Nähe zum Siemens-Standort (>) Hofmannstraße 51 veranlasste die Firma, nördlich der Boschetsrieder Straße entlang der nach den Firmengründern Johann Halske (1814–1890) und Johann Schuckert (1840–1895) benannten Straßen 1953

bis 1954 eine Werkssiedlung zu errichten. Die Architektur der Gebäude spiegelt Selbstbewusstsein und Selbsteinschätzung des Konzernes wider. Insbesondere die beiden 17 Stockwerke hohen Hochhäuser mit sternförmigem Grundriss waren nicht nur die ersten ihrer Art in Bayern, sondern dominierten auch die gesamte Umgebung. Infolge ihrer Höhe kamen auch technische, für die damalige Zeit ungewohnte Neuerungen zum Einsatz: Müllschluckanlage und Gegensprechanlage für jede Wohnung sowie eine Gemeinschaftsantenne für den Rundfunk anstelle des sonst überall heranwachsenden Antennenwaldes auf den Dächern.
Beeindruckt schrieb die „Süddeutsche Zeitung“ am 3. April 1954 unter dem Titel „Siebzehnter Stock mit Alpenglühen“: *„Im Frühling rattern wieder die Baumaschinen, und hohe, schlanke Baukräne heben gewaltige Lasten. In ganz München wird gebaut, im Stadtkern ebenso wie in den Vorstädten und am Stadtrand. Münchens imposanteste private Baustelle befindet sich auf dem Sendlinger Oberfeld. Weithin sichtbar, ein neues Wahrzeichen des alten betriebsamen Sendlinger Bezirkes, erheben sich wie gewaltige, wohl gegliederte Türme die beiden Sternhäuser. Vorbilder gibt es in Schweden, in der Schweiz und in den USA.“*

Tischlerstraße

Das Gedenken an die Toten des Ersten und insbesondere des Zweiten Weltkrieges gestaltete sich häufig problematisch und zwiespältig, insbesondere auch hinsichtlich der Lehren, die man aus der Vergangenheit zog (> Hofgarten). Am 20. Juni 1965 wurde die Kriegsgräberstätte an der Tischlerstraße eingeweiht. In 3.543 gleichen Gräbern ruhen 1.988 Opfer des Ersten und 1.555 Opfer des Zweiten Weltkrieges. Unter den Toten des letzten Krieges befinden sich nicht nur Soldaten, sondern auch Zivilpersonen jeden Alters. Außer den deutschen Opfern ruhen auch 343 Ausländer aus 18 europäischen Ländern, darunter 105 sowjetische Soldaten, auf dem Friedhof. Die Namen aller Bestatteten, von denen 83 allerdings nicht identifiziert werden konnten, sind in eine Wand eingelassen. Jeder Tote erhielt ein Einzelgrab. Keines unterscheidet sich vom anderen: gleiches Schicksal, gleiches Opfer, gleiches Grab.
Diese für Kriegerdenkmäler ungewohnte, unheroisierende Konzeption zeigte sich auch ansatzweise in der Einweihungsfeierlichkeit. Konventionell und potentiell kriegsverherrlichend stellte sich noch die Szenerie dar: Abordnungen von Kriegervereinen, Studentenverbindungen, Bundeswehr, Bundesgrenzschutz und Bereitschaftspolizei waren mi Fahnen aufmarschiert, das Lied vom Guten Kameraden erscholl.
Der Staatssekretär im Innenministerium, Robert Wehgartner (1909-1974), erklärte, die Gedenkstätte solle nicht nur dem Gedächtnis der Gefallenen dienen, sondern mahnen, künftig den Frieden zu wahren. Dieses Vermächtnis der Gefallenen schließe die tröstliche Erkenntnis ein, dass ihr Opfertod doch nicht vergeblich gewesen sei.

Oberbürgermeister Hans-Jochen Vogel hingegen meinte, es genüge nicht, ein- oder zweimal im Jahr der Toten zu gedenken: *„Wenn wir es nicht mehr zulassen, dass sich totalitäre Systeme und Diktatoren unserer bemächtigen, wenn wir unsere Verantwortung für den Frieden, die Freiheit und eine gerechte Ordnung in der Welt erkennen und wenn wir uns nie mehr verblenden und verführen lassen von denen, die dem Machtrausch verfallen sind, dann werden die Menschen aller Völker im Leben vereint sein und nicht erst wie hier im gemeinsamen Tode. Das, so glaube ich, wollen uns die Toten sagen."*

Anonym in den Tod in den letzten Kriegstagen (BW)

Tod fern der Heimat durch Kriegsfolgen (BW)

Münchner Kriegsgräberstätte: der massenhafte Tod (BW)

Anhang

Verzeichnis der Parteien, Personen, Verbände, Vereine, Zeitungen und sonstigen Institutionen

Abendzeitung	122, 214, 255
ADAC (Allgemeiner Deutscher Automobilclub)	214
Adenauer, Konrad	18, 33, 40, 42, 43, 59, 88, 98, 109, 117, 160, 164, *172**, 211, 246
ADF (Aktion Demokratischer Fortschritt)	176
Aeroflot	82
AFN (American Forces Network)	70, 95, 211
Akademie der Bildenden Künste	266
Aktion Demokratischer Fortschritt (ADF)	176
Aktion für Internationale Solidarität	247
Aktion Maxvorstadt	251
Aktion Neue Rechte (ANR)	69, *141*, 142
Aktion Saubere Leinwand	127
Aktionsgemeinschaft zur Erhaltung des Lehels als Wohngebiet	149
Al Khaddafi, Muamar	65
Albrecht von Wittelsbach	202
Alexander I. von Jugoslawien	26
Alexander, Erzbischof	243
Alexandriewsky, Dimitro	9
Allende, Salvador	213
Allgemeiner Deutscher Automobilclub (ADAC)	214
Allgemeiner Studentenausschuss (ASTA)	250
Alliierte Hohe Kommission	92
Amann, Max	47
American Forces Network (AFN)	70, 95, 211
American Joint Distribution Committee	40
Amerika-Haus	190, 198, 207
Amt Blank	59
Amtsblatt für die Evangelisch-Lutherische Kirche in Bayern	192
Amtsgericht	197
Andrae, Alexander	98
ANR (Aktion Neue Rechte)	69, *141*, 142
Antibolschewistischer Block der Nationen	79, 81, 81
Arbeiterbund für den Wiederaufbau der KPD	144
Arbeitsgemeinschaft Deutsche Autobahnen	14
Ärztliche Bezirksvereinigung München	181
ASTA (Allgemeiner Studentenausschuss)	250
Auerbach, Philipp	60
Ausschuss der russischen Emigranten	50
Ausschuss zur Untersuchung unamerikanischer Umtriebe	190, 208

**Kursive* Seitenzahlen in allen Registern beziehen sich auf Ilustrationen.

Auswanderungsmission	58
Axel-Springer-Verlag	113, 186, 252
Baader, Andreas	180, 252
Baader-Meinhof-Bande	180, 198
Baader-Meinhof-Gruppe	180, 198
Bachmann, Josef	252
Bachmann, Kurt	144, 258
Bachmann, Walter	35
Bamberger, Elisabeth	154, *155*
Bandera, Stefan (alias Popel, Stefan)	79, 81, 81
Bartel, Ewald	231
Baumgartner, Josef	36, 158
Bauwens, Peco	161
Bayerische Bereitschaftspolizei	87, 205, 206, 276
Bayerische Hypotheken- und Wechselbank	77
Bayerische Motorenwerke (BMW)	67, 151, 219, 241, 242
Bayerische Politische Polizei	199
Bayerische Vereinsbank	169
Bayerische Versicherungskammer	149
Bayerischer Gewerkschaftsbund (BGB)	19
Bayerischer Heimat- und Königsbund	202
Bayerischer Kurier	171
Bayerischer Landtag	84
Bayerischer Rundfunk	232
Bayerischer Senat	85
Bayerischer Verwaltungsgerichtshof	130
Bayerisches Hilfswerk für die durch die Nürnberger Gesetze Betroffenen	45
Bayerisches Landesamt für Verfassungsschutz	107
Bayerisches Landesentschädigungsamt	60
Bayerisches Landes-Friedenskomitee	164
Bayerisches Landeskriminalamt (BLKA)	180, 197
Bayerisches Rotes Kreuz	13, 222
Bayerisches Volksecho	165, *165*
Bayerle, Albert	83, 118
Bayernkurier	171
Bayernpartei (BP)	35, 84, 118, 152, 158, 172, 234
BDM (Bund Deutscher Mädel)	195
Becher, Walter	34, 35, 134
Beck, Ludwig	99
Beimler, Hans	144
Belling, Rudolf	226
Ben Nathan, Asher	248
Benesch, Eduard	68
Ben-Horin, Eliashiv	228
Bergman, Ingmar	126
Bezirksverband für Säuglings- und Kleinkinderfürsorge	181

Bezold, Otto 17
BGB (Bayerischer Gewerkschaftsbund) 19
Bild-Zeitung 249, 252
Birk, Georg 22
Birkelbach, Willi 132
Blank, Theodor 59, 131
Bleeker, Bernhard 208
Bleibinhaus, Hans 123
Blieninger, Benno 163
BLKA (Bayerisches Landeskriminalamt) 180, 197
Blücher, Franz 19
BMW (Bayerische Motorenwerke) 67, 151, 219, 241, 242
BMW-Triebwerksbau 242
Boarman, Patrick 191
Bock, Lothar 256
Böddrich, Jürgen 123
Bojer, Hans 123
Bolds, Clarence M. 92, 231
Bonin, Reinar von 176
BP (Bayernpartei) 35, 84, 118, 152, 158, 172, 234
Brandt, Willy 33, 64, 122, 123, 124, 142, 175, 234, 249
Brauchle, Georg 119, 208, 224, 274
Braun, Werner von 15
Bravo 178
Brecht, Bert 114
Breitenbach, Paula 110
Breitner, Paul 213
British Council 269
British Information Services 47
Bruderschaft vom Heiligen Hiob 235
Brundage, Avery 229
Bund der Vereinigten Kroaten 26
Bund der Vertriebenen 34
Bund Deutscher Mädel (BDM) 195
Bund Ukrainischer Studenten 9
Bundesgrenzschutz 206, 276
Bundeswehr 59, 67, 74, 76, 131, 188, 206, 208, 221, 222, 232, 276
Canaris, Wilhelm
CDU (Christlich-Demokratische Union) 106
Central Intelligence Agency (CIA) 171
Chaban-Delmas, Jacques 196, 213
Charles de Gaulle 86
Christlich-Demokratische Union (CDU) 171
Christlich-Soziale Union (CSU) 22, 27, 35, 84, 106, 111, 118, 152, 158, 171, 232, 233, 266
Chruschtschow, Nikita Sergejewitsch 266
CIA (Central Intelligence Agency) 196, 213
Clark, James A. 232
Clay, Lucius D. 134, 166, 167
Cohn, Roy M. 191, 208
Columbus-Gesellschaft 70
coop 275
Coubertin, Pierre 144

CSU (Christlich-Soziale Union) 22, 27, 35, 84, 106, 111, 118, 152, 158, 171, 232, 233, 266
Czaja, Herbert 34
Daily Express 160
Daily Mirror 269
Daimler-Benz AG 242
Dalai-Lama 243
d'Alessandro, Aldo 207
Dankiw, Wasyl 79
Das Freie Wort 246
Das Haus Siemens 201
Dayan, Moshe 137, 233, 233
de Boer, Jerrit 44
de Gaulle, Charles 43, 86, 204, 204, 206
Deffner, Jakob 186
Demeter, Hans 123
Demokratische Widerstands- und Verfolgtenorganisationen 235
Denikin, Anton 235
Der Bund 231
Der Deutsche Block 83
Der Scheinwerfer 106
Der Spiegel 159, 172
Der Sudetendeutsche 232
Deutsch-Amerikanischer Damen- und Herrenclub 70
Deutsche Akademie der Künste der DDR 53
Deutsche Bank 46, 238
Deutsche Bischofskonferenz 110
Deutsche Bundesbahn 195
Deutsche Bundespost 195
Deutsche Friedensunion (DFU) 176
Deutsche Kommunistische Partei (DKP) 142, 143, 176, 226, 234, 257
Deutsche Nachrichten 141
Deutsche National-Zeitung 112, 233, 233
Deutsche Reichspartei (DRP) 139
Deutsche Soldatenzeitung 232
Deutsche Sozialdemokratische Arbeiterpartei in der Tschechoslowakischen Republik 70
Deutsche Volksunoin (DVU) 107, 234
Deutscher Anzeiger 232
Deutscher Bauer 232
Deutscher Block 231
Deutscher Fußballbund 161
Deutscher Gewerkschaftsbund (DGB) 19, 25, 28, 143, 183, 226, 234, 238, 274, 275
Deutscher Rentnerbund 37
Deutscher Tanzlehrerverband 263
Deutsches Museum 64, 83, 129
Deutsches Patentamt 129
Deutsches Rotes Kreuz 106, 221
Deutsch-Ukrainische Gesellschaft 52, 79
DFU (Deutsche Friedensunion) 176
DGB (Deutscher Gewerkschaftsbund) 19, 25, 28, 143, 183, 226, 234, 238, 274, 275

Dietzfelbinger, Hermann	193
Displaced Persons (DP)	40, 58, 64
Dittler, Wilhelm	231
DKP (Deutsche Kommunistische Partei)	142, *143*, 176, 226, 234, 257
Dollfuß, Engelbert	194
Döpfner, Julius	110, *110*, 260
DP (Displaced Persons)	40, 58, 64
Dreyfuß, Alfred	62
DRP (Deutsche Reichspartei)	139
Druckereigenossenschaft Cicero	80
Druckschriften- und Zeitungsverlag	232
Druffel-Verlag	106
Dulles, Allen	196
Dutschke, Rudolf „Rudi“	29, 185, 249, 252
DVU (Deutsche Volksunion)	107, 234
Eban, Abba	138
Eberhard, Rudolf	159
Ecevit, Bülent	189
Ehard, Hans	136, 158, *158*, 159, 162, 171
Eichmann, Adolf	25
Elternvereinigung zur Förderung der Gemeinschaftsschule	110
Engels, Friedrich	29, *103*, 123, 185, 253, 257
Ensslin, Gudrun	252
Erhard, Ludwig	185, 201
Ertl, Josef	34
Essl, Erwin	29, 239
Europäische Wirtschaftsgemeinschaft (EWG)	130
Europäisches Patentamt	83, 130
Evangelisch-Lutherische Landeskirche	31, 192
Everding, August	114
EWG (Europäische Wirtschaftsgemeinschaft)	130
Fabre, Robert	211
Faessler, Alfred	246
Falckenberg, Otto	114
Farah Diba	112, *113*
Faulhaber, Michael von	108
FC Bayern	213
FDGB (Freier Deutscher Gewerkschaftsbund)	240
FDJ (Freie Deutsche Jugend)	164
FDP (Freie Demokratische Partei)	17, 19, 84, 158, 234
Feilitzsch, Maximilian von	22
Feitenhansel, Karl	83, 106, 140, 232
Feuchtwanger, Lion	152
Fey, Helmut	195
Filbinger, Hans	101, *174*
Fischer, Helmut	103
Fischer-Rohn, Ingrid	123
Föhrenwald – Lager	135
Forster, Karl	259
Frank, Hans	106
Franz Ferdinand von Österreich	268
Frauenbuchladen	256

Frauenforum München	256
Freie Demokratische Partei (FDP)	17, 19, 84, 158, 234
Freie Deutsche Jugend (FDJ)	164
Freie Volkspartei	17
Freier Deutscher Gewerkschaftsbund (FDGB)	240
Freiheitsaktion Bayern	238
Freisinger Tagblatt	27
Freisler, Roland	195
Freizeitheim Maon Hanoar	45
Frey, Gerhard	83,107, 112, 232
Frings, Klaus	253
Gabert, Volkmar	34, 140
Gaier-Czenki, Margarethe	77
Galilei, Galileo	191
Gauting – Krankenhaus	135
GB/BHE (Gesamtdeutscher Block/Block der Heimatvertriebenen und Entrechteten)	68, 84, 132, 152, 158
Gebhardt, Karl	106
Geheime Staatspolizei (Gestapo)	26, 83, 195
Geiselberger, Siegmar	213
Gemeinnützige Wohnungsfürsorge AG (GEWOFAG)	271
Genscher, Hans-Dietrich	138
Gerg, Blasius	271
Gesamtdeutsche Friedens- und Wiedervereinigungsbewegung	84
Gesamtdeutscher Block/Block der Heimatvertriebenen und Entrechteten (GB/BHE)	68, 84, 132, 152, 158
Gesamtdeutscher Kurier	133
Geschwister-Scholl-Institut für Politische Wissenschaften	247
Gesellschaft für Christlich-Jüdische Zusammenarbeit	138, 181
Gestapo (Geheime Staatspolizei)	26, 83, 195
GEWOFAG (Gemeinnützige Wohnungsfürsorde AG)	271
Ghandi, Mohandas „Mahatma"	253
Giehl, Emmerich	233, 234
Giehse, Therese	114
Giesler, Paul	211
Godfrey, George H.	96
Goergen, Aloys	268
Goethe, Wolfgang von	27
Goethe-Institut	269
Gomulka, Wladislaw	167
Goppel, Alfons	8, 34, 35, 49, 55, 112, 122, 138, 159, *159*, 175, 247
Göring, Hermann	98
Graf, Oskar Maria	43
Graf, Willi	247
Grass, Günther	134
Griechisch-Orthodoxe Kirche	31
Grieser, Andreas	205

Grimm, Josef	238
Grünewald, Hans Isaak	106
Guardini, Romano	260
Guevara, Ernesto „Che“	29, 185, 252
Günther, Hans	24
Gürel, Osman	65
Haas, Albrecht	17
Habsburg, Otto von	35
Hagen, Lorenz	20
Hailsham, Viscount	269
Halske, Johann	275
Halt, Karl von	162
Hamm-Brücher, Hildegard	18, 177
Hanselmann, Johannes	194
Hans-Schemm-Hochschule für Lehrerbildung	194
Harbig, Rudolf	225
Harrison, George	178
Haus- und Grundbesitzerverein	148
Hausenstein, Wilhelm	41, 211
Heckel, Max von	119
Hegemann, Walter	177
Heinemann, Gustav	138
Heißler, Rolf	77
Henrich, Franz	260
Herberger, Sepp	161
Heß, Rudolf	106
Heß, Wilhelm	76
Hesse, Hermann	54
Heusinger, Adolf	59, 233
Heuss, Theodor	31, 233
Hilfsbatallion Nachtigall	133
Hilton-Hotel	169
Himmler, Heinrich	106, 196
Hitler, Adolf	18, 23, 99, 106, 117, 156, 165, 194, 196, 203, 205, 232, 233
Hitler-Jugend	235
Ho Tschi Minh	185, 199
Hochhuth, Rolf	260
Hoegner, Wilhelm	35, 84, 131, 158, 158, 202, 207, 231, 234, 254
Hohenemser, Herbert	150, 153
Holzer, Ernst	217
Hrvatska Sloboda	26
Huber, Heinz	132
Huber, Kurt	245
Humboldt-Universität	53
Hundhammer, Alois	61, 110
IGM (Industriegewerkschaft Metall)	21, 239, *239*, 273
Im Brennpunkt	*34*
Industriegewerkschaft Metall (IGM)	21, 239, *239*, 273
Initiativausschuss für die Wiederzulassung der KPD	142
Institut Francais	211

Institut für Strahlenschutz	218
Institut zur Erforschung der UdSSR	150
International Refugees Organization (IRO)	58, 221
Internationale der Kriegsdienstgegener	16, *59*
Internationale Jugendbibliothek	209
Internationaler Sozialistischer Kampfbund (ISK)	53
Internationales Kuratorium für das Jugendbuch	210
Internationales Olympisches Komitee (IOC)	162, 224
IOC (Internationales Olympisches Komitee)	162, 224
IRO (International Refugees Organization)	58, 221
ISK (Internationaler Sozialistischer Kampfbund)	53
Iskra	26
Islamische Gemeinde in Süddeutschland	65
Islamisches Zentrum	65
Israelitische Kultusgemeinde	105, 135, 181
Israelitisches Krankenhaus	181
Israel-Mission	40
J.F.Lehmanns Verlag	23
Jagger, Mick	179
James, Harry	211
Jensen, Herbert	89, 104
Johannes XXIII.	32, 110
JU (Junge Union) in der CSU	189
Jüdischer Studentenverband	235
Junge Union (JU) in der CSU	189
Jungk, Robert	191
Jungsozialisten (Jusos) in der SPD	37, 124, 213
Jusos (Jungsozialisten) in der SPD	37, 124, 231
Jürgens, Curt	16
Kaiser, Jakob	187
Kaiser-Illin	152
Kallen, Kitty	211
Kalmückische Buddha-Dharma-Gemeinschaft	243
Kampagne für Abrüstung	213
Kämpfende Jugend	105
Karoline von Baden	192
Kässler, Anton	98
Kästner, Erich	43, *43*, 177, 210, 246
Katholische Akademie in Bayern	109, 259
Kaufhof	46, 121
Kaulbach, Friedrich August von	211
Keese, Dietmar	124
Keller, Gottfried	41
Kennedy, Edward M.	169
Kennedy, John F.	168
KGB	81
Kiesl, Erich	22, 119, 125
King, Martin Luther	252
Kipphardt, Heinar	114
Klaiber, Manfred	86

Klarsfeld, Beate 235
Klarsfeld, Serge 235
Kleine Freiheit 44
Kluncker, Heinz 186
Knorr, Lorenz 176
Koch, Ilse 106
Koch, Ludwig 29, 124
Koeppen, Wolfgang 11
Kohl, Helmut *174*
Kokoschka, Oskar 156
Kolb, Annette 42
Kolping-Haus 64
Koltschak, Alexander 235
Komitee für die Freiheit der Völker Europas 167
Komitee gegen Atomrüstung 16, 176
Kommando 15. Oktober zur Befreiung der Ukraine 82
Kommunistische Partei der Sowjetunion (KPdSU) 144
Kommunistische Partei Deutschlands (KPD) 118, 163, 175, 246, 273
Kommunistische Partei Deutschlands/ Marxisten-Leninisten (KPD/ML) 105, 228
Konrad, Rudolf 206, 223
Konsulat Frankreich 46, 207, 211
Konsulat Griechenland 82
Konsulat Großbritannien 47, 207, 268
Konsulat Iran 45
Konsulat Israel 39, 136, 150
Konsulat Italien 46
Konsulat Türkei 64
Konsulat USA 207, 121
Konsum-Genossenschaft 28
Konsum-Verein Sendling-München 274, *274*, *274*
Koordinationszentrum des antibolschewistischen Kampfes 8, 52
Körner, Paul 98
Kosakischer Generalrat 51
KPD (Kommunistische Partei Deutschlands) 118, 163, 175, 246, 273
KPD/ML (Kommunistische Partei Deutschlands/Marxisten-Leninisten) 105, 228
KPdSU (Kommunistische Partei der Sowjetunion) 144
Krauss-Maffei 238
Kriegervereine 276
Kronawitter, Georg 22, 35, 86, 119, *119*, 125, 131, 200, 213
Kübler, Konrad 200
Kühn, Heinz 132
Kuhn, Karl-Heinz 77
Kusocinski, Janusz 225
Lallinger, Max Ludwig 36
Lama Lobsang Dargyay 243
Landeserkennungsamt Bayern 180
Lauck, Gerhard „Gerry“ 234

Lauritzen, Lauritz 89
Leber, Georg 21, 48, 55
Lehmann, Julius Friedrich 23
Leibbrandt, Kurt 7
Leipelt, Hans 247
Leistner, Franz Josef 234
Lenin, Wladimir Iljitsch *103*, 144, 253, 256, *257*
Lennon, John 178
Lepman, Jella 209
Lettenbauer, Josef 163, 273
Liebknecht, Karl 29
Liliencron, Detlev von 41
Linsert, Ludwig 185
Lippert, Franz 208
List, Wilhelm 206
Little Octoberfest 97
Livneh, Elijahu 39
Lobkowicz, Nikolaus 249
Long, Luz 225
Löwen-Brauerei 257
Lübke, Heinrich 101
Ludwig I. von Bayern 122
Ludwig III. von Bayern 202
Ludwig-Maximilian-Universität 245
Lustig, Moses 135
Luxemburg, Rosa 29
Mabry, Hannelore „Loreley“ 256
Mahler, Horst 228
MAN (Maschinenfabrik Augsburg-Nürnberg) 242
MAN Turbo GmbH 242
Mang, Wilhelm von 176
Mann, Heinrich 52
Mann, Thomas 53
Mao Tse-tung 29, *103*, 253
Marchionini, Alfred 254
Maricic, Vid 26
Marshall, George C. 272
Marx, Karl 27, 29, *103*, 123, 185, 250, 253, 257
Marxistischer Studentenbund Spartakus 249
Maschinenfabrik Augsburg-Nürnberg (MAN) 242
Matthöfer, Hans 186
Maunz, Theodor 111, *111*, 234, 254
Max I. Joseph von Bayern 192
Maxvorstadt Aktuell 251
Mayer-Fassold, Eugen 181
McCarthy, Joseph R. 190, 208
McCartney, Paul 178
McCloy, John J. 187
McDonald's 91
McGhee, George 168
Meersch, Eugene van der 203
Meier, Hans 250
Meinhof, Ulrike 180

Meiser, Hans 192
Meißner, Karl 83
Meitinger, Karl 147
Mende, Erich *17*, 18
Merkens, Toni 225
Meyer, Helmut 123
Miethe, Georg 195
Moskauer Patriarchat 236
Motoren- und Turbinen-Union (MTU) 242, *242*
MTU (Motoren- und Turbinen-Union) 242, *242*
Müller, Heinrich 152
Müller, Josef 61, 98, 119
Müller, Kurt 164
Mulzer, Josef 62
Münchner Block 153
Münchner Forum 261
Münchner Frauenvereinigungen 217
Münchner Grund 261
Münchner Jüdische Nachrichten 135, 182
münchner leben 255
Münchner Merkur 27
Münchner Tupamaros 77
Münchner Verkehrs- und Tarifverbund (MVV) 8
MVV (Münchner Verkehrs- und Tarifverbund) 8
Nakaschidse, Viko 81
Nation Belge 160
Nationaldemokratische Partei Deutschlands (NPD) 35, 37, 84, 85, 134, 139, *140*, 175, 232
Nationale Deutsche Arbeiterpartei (NDAP) 84
Nationale Sammlung, vormals Deutscher Block 83
Nationales Olympisches Komitee (NOC) 162
Nationalkomitee für ein Freies Europa 166
Nationalsozialistische Deutsche Arbeiterpartei (NSDAP) 16, 24, 97, 133, 139, 194, 199, 214, 231, 232
NATO (North Atlantic Treaty Organization) 59, 131, 188, 204, 207, 241
NDAP (Nationale Deutsche Arbeiterpartei) 84
Needham, George 47
Nehring, Joachim 106
Nestler, Paolo 267
Neue Heimat 28, 275
Neuhäusler, Johannes 168, 205
Neuland, Siegfried *135*
Nixon, Richard 213
NOC (Nationales Olympisches Komitee) 162
North Atlantic Treaty Organization (NATO) 59, 131, 188, 204, 207, 241
NPD (Nationaldemokratische Partei Deutschlands) 35, 37, 84, 85, 134, 139, *140*, 175, 232
NSDAP (Nationalsozialistische Deutsche Arbeiterpartei) 16, 24, 97, 133, 139, 194, 199, 214, 231, 232
NSDAP-Auslandsorganisation 234
NS-Kampfruf 234
NS-Lehrerbund in Österreich 194

Oberländer, Theodor 133, *133*
Obermeier, Ursula „Uschi" 255
Obradovic, Ratko 26
Oechsle, Richard 239
Ohnesorg, Benno 113, 252
Ollenhauer, Erich 33, 131
Oppenrieder, Karl 153, 200, 256
Organisation Ukrainischer Nationalisten 79
Organisation zur Befreiung Palästinas 137
Otto von Habsburg 35
Pacelli, Eugenio (Papst Pius XII.) 108
Page, Edward 207
Pahlevi, Mohammad Resa 45, 112, *113*, 252
Palästinensische Revolution 229
Parlamentarischer Rat 92
Paul VI. 110, 251
Pavelic, Ante 25
Peusel, Max 223
Picasso, Pablo 157
Pieracki, Bronislaw 79
Pisterer, Paul 234
Pius XII. 108, 260
Pohl, Oswald 106
Pohle, Rolf 198
Pöhlmann, Siegfried 35, 141
Poltavec von Ostranytza, Ivan 51
Pölzl, Leopold 70
Popel, Stephan (eigentlich Bandera, Stefan) 79, 81, *81*
Poschart, Kurt 234
Prawda 150
Preißinger, Hans 125
Preußische Akademie der Künste 53
Probst, Christoph 247
Pschorr-Brauerei 257
PX-Laden 95
Radio Freies Europa (RFE) 166, 207
Radio im Amerikanischen Sektor (RIAS) 166
Radio Liberation 167
Radio Liberty (RL) 167, 207, *224*
Radio Warszawa (Warschau) 160
RAF (Rote Armee Fraktion) 77, 180, 228
Rammelmayr, Hans Georg 46
Raschendorfer, Hugo 100
Ratzinger, Joseph 110
RCDS (Ring Christlich-Demokratischer Studenten) 249, 250
Rebet, Lew 80
Regierung von Oberbayern 149
Reichelt, Paul 209
Reichsluftschutzbund für Südbayern und Tirol 45
Reichsschrifttumkammer 194
Reichsverband 83

Reimann, Max 163
Remer, Otto Ernst 84, 232
Renault 151
Reppel, Ingrid 46
Republikanischer Studentenbund 257
Reuter, Ernst 187
Reuter, Georg 19, 238
Revolutionäre Befreiungsfront der Jugend des antibolschewistischen Blocks der Nationen in der Fremde 52
RFE (Radio Freies Europa) 166, 207
RIAS (Radio im Amerikanischen Sektor) 166
Richter, Hans Werner 177
Riemeck, Renate 176
Ring Christlich-Demokratischer Studenten (RCDS) 249, 250
Ringel, Julius 223
Ringelmann, Richard 199
RL (Radio Liberty) 167, 207, *224*
Roberts, Frank 269
Römisch-Katholische Kirche 32, 108
Rote Armee 16, 51, 52, 66, 79, 116, 167, 195, 235
Rote Armee Fraktion (RAF) 77, 180, 228
Rote Fahne 105
Rote Front 46
Rote Zellen 249, 250
Rudel, Hans-Ulrich 234
Ruediger, Wilma 25
Rukorina, Mila 26
Runge, Erika 246
Rupprecht von Wittelsbach 76, 202, *203*
Russisches Nationalkomitee 50
Russisch-Orthodoxe Exilkirche 243
Rykow, V.M. 258
Saucken, Dietrich von 208
Scharett, Mosche 40
Schaubühne, die 44
Scheel, Walter 33, 175, 234
Scheringer, Richard 165
Schiefer, Gustav 20
Schiefner, Arno 231
Schirbl, Anneliese 217
Schlach Peremohy 80
Schlesische Landsmannschaft 187
Schlesische Rundschau 232
Schmidt, Hans 168
Schmidt, Helmut 132
Schmorell, Alexander 247
Schnitzler, Karl Eduard von 225
Schöfberger, Rudolf 123, 125
Scholl, Hans 245, 254
Scholl, Sophie 245, 254
Schönhuber, Ingrid 35

Schörner, Ferdinand 117, *117*
Schreck, Rüdiger 253
Schroeffer, Joseph 126
Schuckert, Johann 275
Schulkampf 105
Schultz, Heinrich 150
Schütz, Klaus 101
Schutzstaffel (SS) 16, 70, 83, 134, 196, 225, 231, 238
Schwarzer September 228, 229, *229*
SD (Sicherheitsdienst) 83
SDS (Sozialistischer Deutscher Studentenbund) 137, 189, 199, 253
SED (Sozialistische Einheitspartei Deutschlands) 142, 165, 238
Seebohm, Hans-Christoph 32, 63
Seelenbinder, Werner 225
Seelmann, Kurt 126, 154, 265
Seidel, Hanns 112, 159, 171, 202
Seidl, Alfred 106, *106*, 232, 234
Seidl-Villa 260
Sender Freies Berlin (SFB) 166
SFB (Sender Freies Berlin) 166
Shine, Gerard D. 191, 208
Shuster, George N. 92, *93*
Sicherheitsdienst (SD) 83
Siebert, Ludwig 211
Siemens AG 201, 273
Sinai-Schule 45
Sobeck, Andreas 200
Solidaritätskomitee 229
Sommer, Siegfried 145
Sonntag, Ursula 195
Sophie von Österreich 268
Soubhy, Mohmoud 66
Sozialdemokratische Partei Deutschlands (SPD) 21, 35, 84, 110, 111, 118, 123, 130, 131, 143, 158, 175, 213, 234, 260
Sozialdemokratischer Hochschulbund 249
Sozialistische Einheitspartei Deutschlands (SED) 142, 165, 238
Sozialistische Reichspartei (SRP) 84, 98,
Sozialistischer Deutscher Studentenbund (SDS) 137, 189, 199, 253
Sozialliberaler Studentenverband 249
Spanier, Julius 181, *182*
Spanier, Zipora 181
Spatz, Otto 23
SPD (Sozialdemokratische Partei Deutschlands) 21, 35, 84, 110, 111, 118, 123, 130, 131, 143, 158, 175, 213, 234, 260
Speer, Julius 264
Speidel, Hans 59
Spies, Gerty 135
Sprecherrat 250
Spruchkammer 194

SRP (Sozialistische Reichspartei)	98, 232
SS (Schutzstaffel)	16, 70, 83, 134, 196, 225, 231, 238
Staatliche Hochschule für Musik	191
Staatsministerium für Landesentwicklung und Umweltfragen	49
Staatsregierung im Exil	52
Stadler, Hans	25
Stain, Walter	41, 68, 159
Stalin, Iossif Wissarionowitsch	69, *103*, 163, 167
Starr, Ringo	178
Staschyskij, Bogdan	81
Statistisches Amt der Landeshauptstadt München	120
Stauffenberg, Alexander von	246, 254
Stauffenberg, Claus von	99
Stein, Peter	114
Stetzko, Jaroslaw	79
Stimme Amerikas	207
Stoltenberg, Gerhard	218
Straaten, Werenfried van	187
Strauß, Franz Josef	34, 36, 141, 159, 171, *172*, *174*, 177, 186, 189, 206, 209, 246, 247
Strauß, Marianne	*174*
Streibl, Max	49
Streik-Nachrichten	239
Stuckmann, Horst	213
Studentenverbindungen	205, 245, 276
Stützle, Hans	214
Sucasna Ukraina	80
Suchenwirth, Richard	194
Südbayerische Volkszeitung	164
Süddeutsche Zeitung	122
Sudetendeutsche Jugend	32
Sudetendeutsche Landsmannschaft	32, 232
Sündermann, Helmut	106
TASS	116
Tauchner, Maximilian	138
Tegernseer Zeitung	27
Telegraaf	161
Testa, Gustavo	32
Teuber, Alfons	153
Teufel, Fritz	197
Thadden, Adolf von	139
Thalheimer, Josef	215
Thayer, Charles	208
The Beatles	178
The Munich American	*66*, 67, 70, *71*
The Rolling Stones	178, 179
Tito, Josip Broz	25
Todorov, Dimitri	46
Tolj, Kresir	26
Truman, Harry S.	167
tz	28

Ude, Christian 117
Ukraine und Diaspora - Zeitgeschichtlicher Forschungsverein 8
Ukrainische Exilregierung 79
Ukrainische Freie Akademie der Wissenschaften 79
Ukrainische Freie Universität 8, 52
Ukrainische Gesellschaft für Auslandsschulen 8
Ukrainische Sowjetische Sozialistische Republik 51
Ukrainische Volksrepublik 51
Ukrainischer Frauenverband in der BRD 8
Ukrainischer Medizinischer und Caritativer Dienst 8
Ukrainischer Oberster Befreiungsrat 79
Ukrainisches Informationsbüro 8
Ukrainisch-Katholische Exilkirche 52, 79
Ukrainiski Samostinik 80
Ukrainskyi Kosak 51
Ulbricht, Walter 164
University of Maryland *94*, 95
US-Militärregierung 11, 92, 207, 236
US-Streitkräfte 9, 30, 59, 66, 70, *71*, 76, 82, 88, 93, 156, 164, 180, 188, 209, 212, 217, 221, 222, 241, 243, 252, 259
Vaterländische Union (VU) 83, 140, 231, 232
VBM (Verein der Bayerischen Metallindustrie) 239
Verband der Kriegsbeschädigten Ukrainer 8, 52
Verein der Bayerischen Metallindustrie (VBM) 239
Verein der Griechen im Ausland 82
Vereinigung der Verfolgten des Naziregimes (VVN) 199
Vereinte Nationen 45, 59, 243, 256
Verlag Iwan Cholawka 80
Verlag Marxistische Blätter 144
Verlag Ukraine 8, 51, 52
Vertriebenen-Anzeiger 68, *69*, 134
Veteranen- und Kriegerverein Obermenzing 237
Vlady, Marina 262
Vogel, Hans-Jochen 15, 22, 33, 34, 47, 48, 55, 63, 86, 89, 105, *118*, 119, *119*, 122, 123, 131, 150, 168, 203, 228, 236, 249, 277
Volksgerichtshof 195
Vracaric, Lazo 26
VU (Vaterländische Union) 83, 140, 231, 232
VVN (Vereinigung der Verfolgten des Naziregimes) 199
Wagner, Adolf 211
Wagoner, Murray D. van 92
Wählergruppe der Flieger- und Kriegsgeschädigten und Evakuierten 37
Warschauer Pakt 143, 175, 176, 188, 257
Weber, Gerhard 247

Wehgartner, Robert	276
Wehrmacht	26, 51, 52, 59, 66, 76, 79, 82, 99, 115, 133, 167, 196, 208, 221, 222, 232, 238, 243
Weisbecker, Thomas	180
Weiße Rose	98, 245, 254,
Wendel, Joseph	63, 109, 206, 259
Westeuropäische Union	59
Westphalen, Graf von	176
Wicki, Bernhard	115
Wiczonke, Albert	231
Wiedemann, Josef	271
Wienerwald	91
Wimmer, Hans	271
Wimmer, Thomas	22, 116, 118, *118*, 123, 131, 161, 254
Winter, Franz	139
Wirtschaftliche Aufbauvereinigung	83
Wlassow, Andrei	50, 79, 167
Wolff, Karl	196
Wolff, Karl Dietrich	137, 249
Wönner, Max	20, 183
Wrangel, Pjotr	50, 236
Würmtal-Bote	237
Zarapkin, Semjon	257
Zehetmeier, Winfried	119
Zeitgeschichtlicher Forschungsverein Ukraine und Diaspora	52
Zentrale Stelle der Landesjustizverwaltungen zur Aufklärung nationalsozialistischer Verbrechen	97
Zentral-Röntgeninstitut	217
Zentralverwaltung der Ukrainischen Emigration in Deutschland	8
Zerban, Anne-Marie	214
Zeugen Jehovas	31
Ziegler, Hans	107
Zimmermann, Friedrich	37, 172
Zwischenstaatliches Komitee für die Auswanderung aus Europa	58

Ortsregister

Achatstraße 14 243
Akademiestraße 2 266
Akademiestraße 7 268
Am Durchblick 236
Am Staudengarten 95
Arcisstraße 12 190
Arcisstraße 57 254
Arnulf-/Seidlstraße 7
Attenkoferstraße 271
Attenkoferstraße 2 272
Aussiger Platz 69
Autobahn Nürnberg 62, *63*
Autobahn Stuttgart 236
Baierbrunner Straße 274
Bahnhofplatz 9
Baldurstraße 28 - Westfriedhof 64
Bayerstraße 5 15
Beethovenplatz 1 190
Bergsonstraße 34 236
Berliner Straße 261
Blutenburg - Schloss 210
Bogenhauser Kirchplatz 41
Böhmerwaldplatz 2 26
Bordeauxplatz 86
Boschetsrieder Straße 99-103 274
Brienner Straße 20 199
Brudermühlstraße 169
Chiemgaustraße 109 222
Christoph-Probst-Straße 247
Cincinnatistraße 95
Connollystraße 31 228
Corneliusbrücke 169
Corneliusstraße 130, *130*
Dachauer Straße 9 8
Dachauer Straße 128 222
Dachauer Straße 667 241
Delpstraße 6 47
Domagkstraße 33 58
Donnersbergerbrücke 62, 236
Dorfstraße 39 237
Dostlerstraße 219
Dülferstraße 75
Effnerplatz *48*
Englischer Garten 167
Erhardstraße 27 129
Eversbusch-/Pfarrer-Grimm-Straße 238
Föhrenwald - Lager 40, 135
Föhringer Ring 63

Frankfurter Ring	63
Frankfurter Ring 28	77
Fürstenried - Schloss	126
Fürstenrieder Straße 288 - Waldfriedhof	8, 64
Gablonzer Straße	69
Garchinger Straße 37	60
Gauting - Krankenhaus	135
Georg-Brauchle-Ring	*143*
Geschwister-Scholl-Platz	245
Goldschmiedplatz	75
Granatstraße 8	243
Hackerbrücke	62, 120, 236
Haimhauserstraße 13	258
Halskestraße	275
Hans-Leipelt-Straße	247
Harlaching	94
Harras	55
Heidemannstraße 50	66
Heinrich-Mann-Allee	52
Herzog-Max-Straße	105
Hirschgarten	236
Hofgarten	205, 223
Hofmannstraße 51	273
Hohenaschauer Straße	88
Holzhofstraße 6	83
Holzstraße 49	139
Ifflandstraße	169
Infanteriestraße 7a	221
Infanteriestraße 17	221
Ingolstädter Straße 193	70
Ingolstädter Straße 240	74
Isarring	168
Isartorplatz	120, 147
John F. Kennedy-Brücke	168
Kaiserstraße 46	256
Kardinal-Faulhaber-Straße 7	108
Karlsplatz	13, *14*
Karlsplatz 21	46
Karlstor	103, *104*, 120
Karolinenplatz	192
Karolinenplatz 3	198
Kaufingerstraße	103
Kaufingerstraße 1-5	121
Kaulbachstraßc 11	209
Kaulbachstraße 13	211
Kaulbachstraße 15	211
Kaulbachstraße 45	212
Kellerstraße	82
Kieferngarten	55
Knorrstraße 148	67
Kölner Platz 1	217
Königinstraße 11a	214
Königinstraße 5	212
Königsplatz	68, *177*, 183, *187*, *189*, *246*

Krauss-Maffei-Straße 2	238
Krumenauerstraße	69
Lachnerstraße 39	181
Landsberger Straße 4	35
Landwehrstraße 3	17
Landwehrstraße 7-9	19
Landwehrstraße 37	21
Lazarettstraße 33	171
Lenbachplatz 3	82
Leopold-/Martiusstraße	262
Leopoldstraße	258
Lerchenauer Straße 76	219
Linprunstraße 51	175
Lortzingstraße	237
Ludwigsbrücke	169
Ludwigsfeld	242
Ludwigstraße 2	47, 207
Ludwigstraße 10	247
Ludwigstraße 20	250
Luitpoldberg	271
Maillingerstraße 15	180
Mandlstraße 23	259
Mannhardtstraße 6	150
Manzingerweg 4	152
Maria-Josefa-Straße	261
Maria-Theresia-Straße 11	39
Marienplatz	104,*118*, *120*, *140*, *151*
Marienplatz/Altes Rathaus	115
Marienplatz/Neues Rathaus	118, *113*
Marsstraße 43	176
Martin-Luther-Straße 26	91
Maxburgstraße	197
Maximiliansbrücke	169
Maximilianstraße	147, 215
Maximilianstraße 26	114
Max-Joseph-Brücke	169
Max-Joseph-Platz	112
Max-Planck-Straße 1	84
Meiserstraße 13	192
Mittlerer Ring	48, 93, 167
Möhlstraße 3	46
Möhlstraße 5	46
Möhlstraße 10	46
Möhlstraße 14	45
Möhlstraße 17	44
Möhlstraße 35	45
Morsering	74
Mortonstraße	74
Münchner Freiheit	58, 257
Museumsinsel - Deutsches Museum	64, 131, 262
Neuhauser Straße	103
Neuhauser Straße 3	106
Neuhauser Straße 8	108
Neuhauser Straße 39	45

Neuherbergstraße	67
Neuhofer Berg	271
Neuperlach	88
Nikolaiplatz	260
Nymphenburg - Schlosspark	192, 236
Oberanger 38	123
Oberwiesenfeld	221, *224*
Odeonsplatz	120, 202, *203*, *204*, 222
Oettingenstraße 67	166
Olympiagelände	224
Olympiastadion	227
Orleansplatz	87
Paosostraße 2	231
Pariser Straße	87
Paul-Heyse-Straße 2-4	27
Paul-Heyse-Straße 25	25
Paul-Heyse-Straße 26	23
Peter-Auzinger-Straße	*94*
Pettenkoferstraße 18	25
Pettenkoferstraße 39	37
Pienzenauerstraße 15	52
Pienzenauerstraße 30	50
Pilotystraße	*148*
Pippinger Straße	236
Pippinger/Dorfstraße	237
Platz der Opfer des Nationalsozialismus	178, 199
Poschingerstraße 1	54
Prager Straße	69
Prielmayerstraße 5	194
Prinzregentenbrücke	169
Prinzregenten-/Lerchenfeldstraße	46
Prinzregentenstraße	147
Prinzregentenstraße 1	156
Prinzregentenstraße 7	158
Prinzregentenstraße 9	160
Prinzregentenstraße 28	95
Prinzregentenstraße 70	46
Professor-Huber-Platz	246
Rathenaustraße	76
Reichenbachbrücke	169
Reichenbachstraße 19	132
Reichenbachstraße 27	134
Reisingerstraße 5	142
Richard-Strauß-Straße	47, *48*
Riem - Flughafen	*42*, 43, 137
Rockefellerstraße	74
Rosenheimer Straße	82
Rosenheimer Straße 29	82
Rosenheimer Straße 130	87
Rosenkavalierplatz 2	49
Rubinstraße 14	243
Saarstraße 14	221
Säbener Straße	95
Salvatorplatz 2	110

Sankt-Anna-Platz 2	152
Sankt-Anna-Straße 22	153
Schellingstraße 39-41	252
Schillerstraße 51	25
Schirmerweg 78	235
Schleißheimer Straße 393	76
Schleißheimer Straße 426	76
Schmorellplatz	247
Schönfeldstraße 5	208
Schuckertstraße	275
Schuttberg	226, *227*
Schwanthalerstraße 64	28
Schwere-Reiter-Straße 35	221
Seidlstraße 7	222
Sendlinger Straße 8	122
Sendlinger Straße 10	122
Sendlinger Tor	120
Sendlinger-Tor-Platz 11	126
Siebertstraße 3	40
Siegfriedstraße 14	256
Spiegelstraße 6	232
Stadelheimer Straße 24	97
Steinickeweg 7	254
Stiglmaierplatz	59
Sudetendeutsche Straße	69
Tal 13	115
Tegerseer Landstraße 202-234	92
Thalkirchner Straße 54	145
Theresienhöhe 13	32
Theresienwiese	30, *30*
Thiemestraße 1-7	261
Thomas-Mann-Allee	52
Thomas-Wimmer-Ring	147
Tiroler Platz	95
Tischlerstraße	276
Triester Straße	88
Trogerstraße	47
Tucherpark	169
Türkenstraße 4	180
Ungererstraße 75	55
Ungererstraße 130	271
Verdistraße	236
Wallnerstraße 1	64
Weinstraße 11	47
Wenzelstraße	69
Widenmayerstraße 11	150
Widenmayerstraße 25	163
Widenmayerstraße 51	211
Willi-Graf-Straße	247
Wittelsbacherbrücke	169
Wittelsbacherplatz 2	201
Wörthstraße	86
Zeppelinstraße 67	79
Zweibrückenstraße 12	129

Themenregister

Akademisches Leben	245, 266
Antisemitismus	228, 248
Arbeitsmarkt	145
Atomverseuchung	217
Ausland – Frankreich	46, 204, 211
Ausland – Griechenland	82
Ausland – Großbritannien	47, 268
Ausland – Iran	45, 112
Ausland – Israel	39, 150
Ausland – Italien	46
Ausland – Jugoslawien	25
Ausland – Konsulate	261
Ausland – Muslimische Welt	64
Ausland – Sowjetunion	50, 150, 235, 243, 256
Ausland – Ukraine	8, 51, 79
Ausland – USA	190, 198, 207, 212
Auswanderung	40, 58, 145, 243
Bundespolitik	129
Einwanderung	10, 40, 46, 50, 51, 58, 64, 67, 145, 189, 220, 242
Essgewohnheiten	91
Europa	41, 129, 204
Evangelisch – Lutherische Landeskirche	31, 192
Film	15, 115, 126
Flüchtlinge	50, 51, 58, 67, 75, 202, 221, 242
Frauen	220, 245, 254
Gewerkschaften	19, 28, 183, 238, 273, 274
Industrie	151, 201, 219, 238, 241, 242, 273
Jüdisches Leben	40, 45, 60, 105, 134, 181
Jugend	126, 153, 209, 258, 262
Justiz	194
Kalter Krieg	11, 63, 163, 166, 188, 190, 207, 213, 218, 224, 228
Katholische Kirche	32, 108, 259
Kommunalpolitik	22, 118, 152
Kriegsgefangene	115
Kriegsvermisste	221
Kriminalität	9, 46, 180
Kunst	156
Landespolitik	49, 84, 87, 158
Linksradikalismus	105, 142, 163, 180
Literatur	41, 52
Marshall-Plan	271
Monarchismus	202
Motorisierung	13, 47, 62, 168, 214, 219
Musik	178, 262
NS-Verbrecher	97, 106, 117, 194
Parteien	17, 21, 35, 83, 84, 123, 132, 139, 142, 163,

	171, 175, 231
Populisten	187
Presse	27, 122, 122, 231, 252
Protestbewegungen	59, 72, 185, 197, 246, 247, 252, 257, 262, 266
Rechtsradikalismus	23, 32, 35, 68, 83, 106, 111, 132, 139, 231
Rundfunk	166, 207, 211
Russisch-Orthodoxe Kirche	235, 243
Rüstung	15, 21, 59, 66, 70, 76, 131, 176, 185, 221, 222, 238, 242
Schulpolitik	110
Spätaussiedler	243
Sport	160, 224, 227
Stadtentwicklung	7, 13, 44, 47, 55, 62, 75, 82, 88, 93, 96, 103, 120, 129, 147, 226, 236, 250, 260, 271, 274, 276
Städtepartnerschaft	9, 86, 96, 118, 268
Terrorismus	46, 77, 137, 152, 180, 212, 228
Theater	114
Umweltschutz	49
US-Militärregierung	92
US-Streitkräfte	9, 30, 66, 70, 74, 76, 82, 88, 91, 94, 95, 156, 188, 211, 221
Verfassungsschutz	108
Vergangenheitsbewältigung	7, 16, 18, 39, 52, 97, 106, 152, 156, 160, 194, 199, 203, 205, 208, 222, 224, 226, 237, 238, 247, 254, 276
Verlage	23
Vertriebene	32, 58, 67, 187, 202, 242
Zeugen Jehovas	31

Literaturverzeichnis

Bayerischer Architekten und Ingenieurverband (Hrsg.): München und seine Bauten nach 1912. München 1984

Delius, Friedrich Christian: Unsere Siemenswelt. Berlin 1972

Dietzfelbinger, Hermann: Veränderung und Beständigkeit. Erinnerungen. München 1984

Dollinger, Hans: München im 20. Jahrhundert. Eine Chronik der Stadt von 1900 bis 2000. München 2001

Eiber, Ludwig: Frauenholz. Lagerleben in der Nachkriegszeit. München 1992

Gerstenberg, Günther: Hiebe, Liebe und Proteste – München 1968. München 1991

Hagen, Louis: Der heimliche Krieg auf deutschem Boden seit 1945. Düsseldorf/Wien 1969

Hanko, Helmut: Thomas Wimmer 1887-1964. Entwicklung und Weg eines sozialdemokratischen Kommunalpolitikers. München 1976

Hoegner, Wilhelm: Der schwierige Außenseiter. Erinnerungen eines Abgeordneten, Emigranten und Ministerpräsidenten. München 1959

Hollweg, Ludwig: Stadtgeschichte in Jahresportraits. Was was wann in München. München 1982

Kock, Peter Jakob: Der Bayerische Landtag. Eine Chronik. Bamberg 1991

Koeppen, Wolfgang: Tauben im Gras. München 1951

Kritzer, Peter: Wilhelm Hoegner. Politische Biographie eines bayerischen Sozialdemokraten. München 1979

Landeshauptstadt München (Hrsg.): Frauenleben in München. Geschichtswettbewerb 1992. München 1993

Meitinger, Karl: Das neue München. Vorschläge zum Wiederaufbau. München 1946

Mitscherlich, Alexander und Margarete: Die Unfähigkeit zu trauern. München 1967

Mitscherlich, Alexander: Die Unwirtlichkeit unserer Städte. München 1965

Müller, Ingo: Furchtbare Juristen. München 1989

Roepke, Claus-Jürgen: Die Protestanten in Bayern. München 1972

Schleich, Erwin: Die Zweite Zerstörung Münchens. Stuttgart 1978

Schwierz, Israel: Steinerne Zeugnisse jüdischen Lebens in Bayern. München 1992

Seligmann, Rafael: Mit beschränkter Hoffnung. Juden, Deutsche, Israelis. Hamburg 1991

Seligmann, Rafael: Rubinsteins Versteigerung. München 1991

Strauß, Franz Josef: Die Erinnerungen. Berlin 1989

Unger, Ilse: Die Bayernpartei. Geschichte und Struktur 1945-1957. Stuttgart 1979

Vogel, Hans-Jochen: Die Amtskette. München 1972

Wagner, Bernd: Handbuch Rechtsextremismus. Hamburg 1994

Weyerer, Benedikt: München 1919-1933. Stadtrundgänge zur politischen Geschichte. München 1993

Weyerer, Benedikt: München 1933-1949. Stadtrundgänge zur politischen Geschichte. München 1996

Bisher erschienen

Benedikt Weyerer: **„München 1919-1933“** – Stadtrundgänge zur politischen Geschichte

München 2002; 248 Seiten
ISBN 3-931231-10-0; Preis: € 12,30

Der Stadtteilführer beschäftigt sich mit der politischen Geschichte Münchens zwischen 1919 und 1933. Jene Zeit ist in vieler Hinsicht ein „dunkles“ Kapitel in der Geschichte der bayerischen Hauptstadt. Dennoch gehört sie ebenso zu unserer Vergangenheit wie Zeiten, an die wir uns lieber erinnern. Die Rundgänge bieten die Möglichkeit, jene oft verdrängten Jahre im wahrsten Sinne des Wortes zu begreifen. So können Häuser, Straßen und Plätze zugleich vertraute Umgebung und mahnende Erinnerung an die Vergangenheit sein.

Benedikt Weyerer: **„München 1933-1949"** – Stadtrundgänge zur politischen Geschichte

München 1996; 320 Seiten
ISBN 3-927984-40-X; Preis: € 17,40

Der Stadt(teil)führer beschäftigt sich mit der politischen Geschichte Münchens zwischen 1933 und 1949. Er setzt sich mit der Zeit der nationalsozialistischen Herrschaft, mit ihrem Ende, ihrem Erbe und den ersten Nachkriegsjahren auseinander. Dieser Tiefpunkt deutscher Geschichte hat sich prägend im kollektiven Bewusstsein und im Stadtbild niedergeschlagen. Die Rundgänge bieten die Möglichkeit, jenen dunklen Jahren und den ihnen folgenden Anfängen eines demokratischen Zeitalters an ihren Schauplätzen nachzugehen. So können Häuser, Straßen und Plätze zugleich vertraute Umgebung und mahnende Erinnerungen an die Vergangenheit sein.

Verlagsprogramm

Geschichtswerkstatt Neuhausen (Hrsg.): **„Die Nymphenburger Straße“**
Geschichte – Entwicklung –Ereignisse. Vom Stiglmaierplatz zum Grünwaldpark

München 2003; 208 Seiten
ISBN 3-931231-12-7; Preis: € 16,00

Begleiten Sie die Geschichtswerkstatt Neuhausen bei einem historischen Streifzug durch die Nymphenburger Straße vom Stiglmaierplatz zum Grünwaldpark. Dieser Prachtboulevard lädt ein zum „Flanieren“ durch zwei Jahrhunderte Münchner Stadt(teil)geschichte.

Geschichtswerkstatt Neuhausen (Hrsg.):
„Nymphenburg – 100 Jahre Münchner Ausflugsort und Vergnügungsviertel"

München 3. Auflage 2003; 240 Seiten
ISBN 3-931231-07-7; Preis: € 16,00

„München, 31. Dezember 1898. Willkommen! Wenn heute nachts der Uhrzeiger die zwölfte Stunde anzeigt, vollzieht sich außer der Jahreswende auch ein bedeutungsvolles lokales Ereignis. Unser schöner Nachbarort Nymphenburg, der beliebte herrliche Ausflugsort der Münchner, mit dem schönen Schloß und prächtige Park, wird in den Burgfrieden der bayerischen Residenz einbezogen und wenn die Nymphenburger morgen früh erwachen, können sie sich mit Stolz Münchner nennen." (Münchner Neueste Nachrichten)

Franz Schröther: **„S'Geld muaß unter d'Leit"**
Die Lebensgeschichte von Lorenz Hauser, dem „Millionenbauern" aus München-Neuhausen

München 2002; 144 Seiten
ISBN 3-931231-11-9; Preis: € 13,00

Sein Lebensmotto lautete „S'Geld muaß unter d'Leit" und das setzte er konsequent um. Lorenz Hauser (1869-1918), in ganz München bekannt geworden unter dem Namen „Hauser Lenz", verschwendete einen großen Teil seines Vermögens zwar völlig sinnlos, aber öffentlichkeitswirksam. Zahlreiche Geschichten, Legenden, Sagen und Märchen sind seitdem über ihn im Umlauf. Erstmals liegt nun eine gründlich recherchierte Biografie über den „Millionenbauern von Neuhausen" vor. Ein Buch über ein hochinteressantes Leben voller Lust und Laster, voll Verschwendung und Angeberei und voll von derben Scherzen und Späßen.

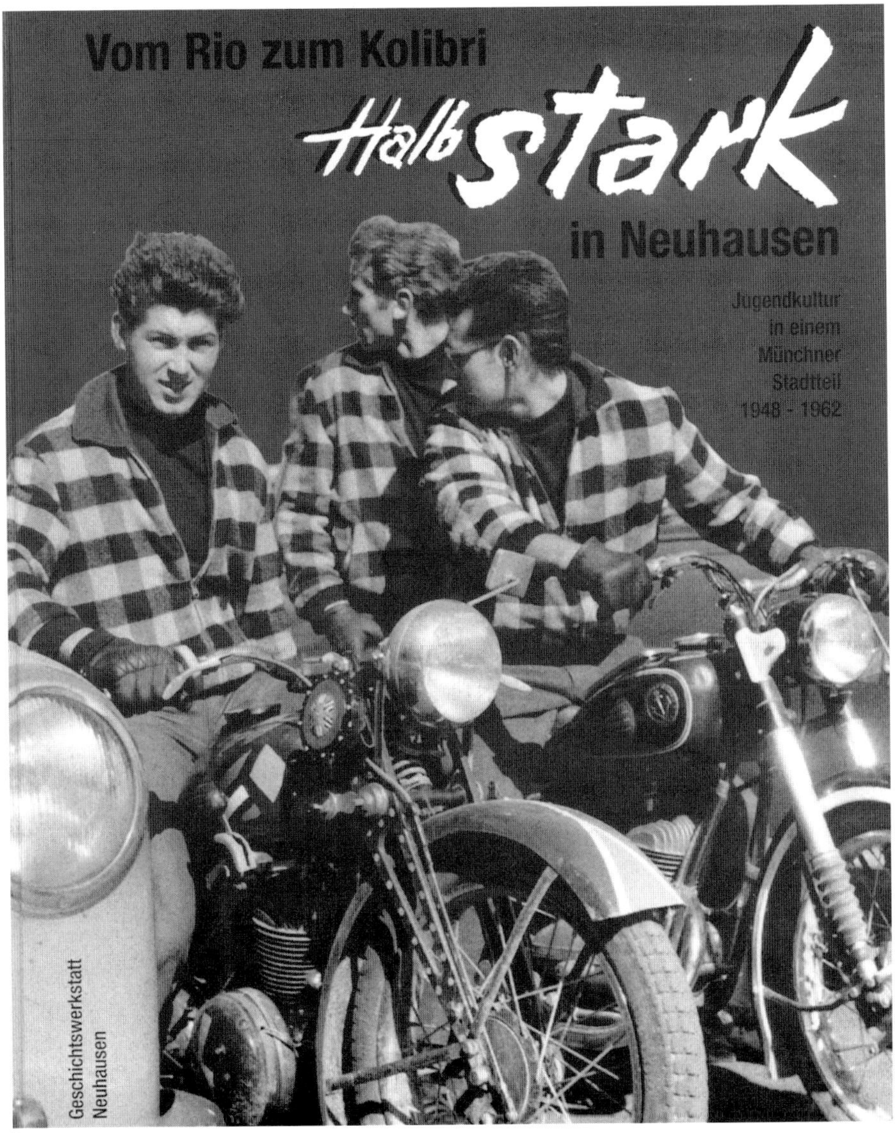

Geschichtswerkstatt Neuhausen (Hrsg.): **„Vom Rio zum Kolibri – Halbstark in Neuhausen"**
Jugendkultur in einem Münchner Stadtteil 1948-1962

München 2001; 180 Seiten
ISBN 3-931231-09-7; Preis: € 17,50

Mitglieder der Geschichtswerkstatt Neuhausen, darunter auch Zeitzeugen und ehemalige Halbstarke, versuchten sich unter den verschiedensten Blickwinkeln an das Thema „Halbstark in Neuhausen" heranzutasten. So entstand ein „Kaleidoskop von Aspekten", das möglichst bunt und authentisch das Lebensgefühl der 50er Jahre vermitteln soll: von „Halbstark" bis „Halbzart".

Geschichtswerkstatt Neuhausen (Hrsg.): **„Hollywood in Neuhausen"**
Band II: Die Stummfilmzeit aus der Sicht eines Münchner Stadtteils

München 2002; 248 Seiten
ISBN 3-931231-10-0; Preis: € 16,00

Mehr als 200 Jahre Dorf- und Stadtteilgeschichte spiegeln sich auf dem alten Winthirfriedhof wider. Hier befinden sich die Ruhestätten zahlreicher Familien, die in der Geschichte Neuhausens wichtige Rollen gespielt haben (heute oft vergessen). Daneben hat sich der idyllische Gottesacker auch zu einem Prominentenfriedhof entwickelt. Ein Einblick in den „Garten der Zeit".

Heft 1/Winter 1998

Heft 2/Sommer 1999

Heft 3/Winter 1999

Heft 4/Sommer 2000

Heft 5/Winter 2000

Heft 6/Sommer 2001

Heft 7/Winter 2001

Heft 8/Sommer 2002

Heft 9/Winter 2002

Heft 10/Sommer 2003

Sonderheft 2000

Alle Bücher und Zeitschriften
erhalten Sie im Buchhandel
oder direkt bei:

Geschichtswerkstatt
Neuhausen

Nymphenburger Str. 171
80634 München
Telefon 089 / 13 99 96 89
Fax 089 / 13 99 96 95

Weitere Bücher des Verlages
Geschichtswerkstatt
Neuhausen auf Anfrage

Notizen

Notizen